W I Z A R D

プライスアクションの基本と原則

FX 5分足スキャルピング

Understanding Price Action
Practical Analysis of the 5-Minute Time Frame
by Bob Volman

ボブ・ボルマン［著］
長尾慎太郎［監修］
井田京子［訳］

Pan Rolling

【免責事項】

※この本で紹介してある方法や技術、指標が利益を生む、あるいは損失につながることはない、と仮定してはなりません。過去の結果は必ずしも将来の結果を示したものではありません。

※この本の実例は、教育的な目的でのみ用いられるものであり、売買の注文を勧めるものではありません。

監修者まえがき

本書はボブ・ボルマンによる“Understanding Price Action : Practical Analysis of the 5-Minute Time Frame”の邦訳で、FX市場におけるプライスアクションのパターンを分かりやすく整理してまとめたものである。ところで、トレードではエントリー（仕掛け）とエグジット（手仕舞い）のどちらが重要だろうか、という議論がある。これはどちらかが必ず正解であるというわけはないのだが、本書におけるエグジットは、ほかの多くの個人投資家向けのFX指南書と同様に、利食いは20ピップスの指値、損切りは10ピップスの逆指値のブラケット注文を使用することが推奨されている。このエグジットについては、どの本を読んでもこれでリスク・リワード比が１対２となると書いてある。だが、利食いの値幅を損切りの値幅の２倍にしても、現実にはそれぞれの値幅に到達する確率は等しくはないので、真のリスク・リワードは必ずしも１対２ではない。

ここで、思考の単純化のために価格変化の対数正規性を仮定し、例えば利食いを２σ（標準偏差）、損切りを１σに設定すると、ランダムに取ったポジションが利食い目標値に到達する確率は、損切り目標値に到達する確率の約７分の１しかない。８回に１回しか勝てないのでは、利食いで値幅が２倍取れてもトータルで利益を出すことは難しい（この場合の、確率密度を考慮したリスク・リワード比は４対１と絶望的だ）。逆に、利食いを0.5σ、損切りを0.25σに設定すると、利食い目標値に到達する確率は、損切り目標値に到達する確率の約４分の３である。このように７回に３回勝てれば、利食いの値幅が２倍であればトータルで利益を出せる（リスク・リワード比は２対３と有利になる）。

このため、こうした目標値を設けるエグジットを用いる場合には、期待リターンのボラティリティに対し小さめの値幅を設定するか、もしくは期待リターンの正規性が破壊された有利な局面でポジションを建てる必要がある。それらはどちらも、勢いのある値動きが発生する直前にマーケットに入るべきであることを意味する。結論として、ここではエグジットよりもエントリーのほうがはるかに重要になる。著者が本書の大半をエントリーのタイミングの解説に充てているのはそのためで、プライスアクションのパターン認識によってその見極めが可能であるというのが彼の主張である。

実際、FXの値動きの変化はきれいな正規分布をしているわけではないし、株式や商品と言ったほかのアセットクラスと比較すると、保ち合いとトレンドとの２つの異なった位相が際立っている。したがって、著者の意見は荒唐無稽でもなんでもなく、むしろFXの特性を踏まえた試みであり、読み手はエントリーの重要性を認識したうえで相場に臨めばよいことになる。定性判断で行うトレード手法の常で、本書の解説はルール化が荒削りなところもあるが、幸い第９章には多岐にわたる実例が極めて豊富に収録されている。ほかの章とあわせて活用していただきたい。

翻訳にあたっては以下の方々に心から感謝の意を表したい。翻訳者の井田京子氏は分かりやすい翻訳を、そして阿部達郎氏は丁寧な編集・校正を行っていただいた。また本書が発行される機会を得たのはパンローリング社社長の後藤康徳氏のおかげである。

2015年７月

長尾慎太郎

ＦＸ ５分足スキャルピング

目次

監修者まえがき 1
序章 7

第1部 実践的な分析

第1章 トレードするとき、勉強するとき 13

第2章 プライスアクションの原則――理論 17
ダブルの圧力 18
支持線と抵抗線 21
ダマシのブレイク、ティーズブレイク、適切なブレイク 24
ダマシの高値、ダマシの安値 30
プルバックの反転 35
天井への試し 40
切りの良い数字の効果 45

第3章 プライスアクションの原則――実践編 49

第4章 注文と目標値と損切り 87

第5章 トレードのセットアップ 93
パターンブレイク 96
パターンブレイクプルバック 119
パターンブレイクコンビ 132

プルバックの反転 151

第6章　手動による手仕舞い 171
ニュースで手仕舞う 172
抵抗線で手仕舞う 176
反転で手仕舞う 185

第7章　トレードを見送るときと、失敗ブレイクからのトレード 209
典型的な間違い 211

第8章　第1部のまとめ 247

第2部　評価と管理

第9章　連続した日中チャート 285
2012年3月 291
2012年4月 313
2012年5月 334
2012年6月 357
2012年7月 378
2012年8月 400

第10章　トレードサイズ――複利で増やす 423

第11章　ボラティリティが低いときのトレード　　433

第12章　最後に　　467

序章

ハイテク機器でトレードでき、ボタンをクリックすれば最新のガジェットが使える現代において、プライスアクショントレーダーは、少し保守的に見えるかもしれない。使うのは価格チャートのみで、デジタル時代を示すようなものはほとんど見当たらない。彼らは消えつつある過去の名残りで、近いうちに絶滅するのだろうか。それともトレードの進化に頑固に抵抗し続けることに何かメリットがあるのだろうか。

そのひとつの答えとして、過去何年かにトレード業界で流行したさまざまな指標の利点を挙げてみてほしい。これがあまり思いつかない。もしかしたら、プライスアクショントレーダーに注目して、彼らの唯一のツールである価格のみのチャートをよく理解することのほうがずっと簡単なのかもしれない。

そこで、本書はプライスアクションという手法の長所を述べるだけでなく、その実践的な手引書となるように書かれている。本書でしっかりと学べば、喪失感に襲われたり困窮したりすることなく、近い将来必ず価格チャートのみを使い、自信を持ってトレードし、利益を上げることができるようになるだろう。

内容を説明するために使うチャートは、基本的に何でもよいのだが、ユーロ/ドルの５分足チャートは最適なひとつだと思う。これは長年、世界中で非常に多くのトレーダーが好んでトレードしているマーケットで、テクニカル分析について語るうえでこれ以上身近なチャートは考えられないからだ。

私は本書の執筆を決めたとき、いくつかの厳選したチャートでトレードの概念を並べるのではなく、日々、実際に利用できるということを示したいと思った。そのため、本書は２つのパートに分かれている。

第１部では、プライスアクションの原則を紹介したあと、仕掛けと手仕舞のテクニックをさまざまなチャートを使って学んでいく。そして、第２部ではこれらのことが継続的に有効かどうかを見ていく。この検証には、連続した６カ月分のユーロ/ドルのチャートを使っている。これは、膨大な量の教材であるだけでなく、これを見ればプライスアクションというテーマには、驚くべき継続性と効果が毎日のようにあるということが確信できると思う。

私の最初の著作である『**FXスキャルピング**』（パンローリング）が出版されたあと、最も多く寄せられた質問のひとつが、短期のスキャルピングチャート（70ティックチャート）で紹介したことはそれよりも長い日中の時間枠（例えば、２分足や５分足や１時間足）にも応用できるのかということだった。答えはひとつしかない。プライスアクションの原則も、需要と供給という普遍的な法則に基づいているため、あらゆる時間枠に応用することができる。特定の時間や特定のマーケットに限定されないのだ。銘柄が違っても、時間枠が変わっても、平均的な値幅や動きを調整するだけで、プライスアクショントレードの概念は、先物でも、指数でも、株でも、商品でも、債券でもそれ以外の何でも、FXと同じように使えるのである。

また、プライスアクションの原則はマーケットや時間枠を選ばないばかりか、あらゆるトレード環境にも応用できる。このことを示すため、本書の後半では低ボラティリティが続く状況に合わせて通常の方法にひねりを加えて対処する方法も紹介している。そのセクションでは、例としてユーロ/ドル以外の通貨ペアの日中の短い時間枠や、FX以外の人気のマーケットのチャートを使っている。

ちなみに、まったくの初心者の場合は、常に分析のみに集中するということを念頭に置いて読んでほしい。本書では説明のペースを乱さないために、一般的なトレード本やインターネットに書いてある初歩的な説明は省いてある。ただ、テクニカル的に言えば、本書は新人トレーダーと、経験を積んだトレーダーと、それ以外のプライスアクショントレードのメリットと可能性を追求したい人すべてに向けて書いている。

ホームページ（http://www.upabook.wordpress.com/）から本書の一部を無料でダウンロードできる。

第1部
実践的な分析

Part 1
Practical Analysis

第 1 章

トレードするとき、勉強するとき

A Time to Trade and a Time to Study

さまざまなトレード指標の流行はいつの間にか自然に収まり、多くのトレーダーが「少ないほうが良い」という見識に注目し始めている。そして、それには理由がある。不要なものをすべて取り払ったチャートは、とびきり穏やかだ。解読しなければならない謎もないし、矛盾するシグナルを避ける必要もないし、画面に情報を詰め込む必要もない。あるのは事実のみで、すべてが明らかになっている。チャートの足は何も隠していないし、情報が遅れることもない。これらのメリットが分かっていれば、プライスアクショントレーダーは単純に、「チャート上に高勝率のトレードが見つからなければ、仕掛けるべきトレードはない」という前提を順守することができる。

とはいえ、マーケットの仕組みを正確に理解していなければ、どんなトレーダーでもマーケットのよく知られた教訓と、それに伴う高いコストから逃れることはできない。しかし、何段階にもわたる学びの旅は簡単ではないし、その途中には痛みも困難もある。そして、多くの人が手ごわい最初の段階すら超えることができない可能性が高い。しかし、あまりコストをかけなくても生き残るためにトレーダーができることはたくさんある。要するに、正しい知識を学べばよいのだ。

ただ、トレードは黒板を使ってすべてを教えることができるものではなく、せいぜい準備の重要性を強調することくらいしかできない。

しかし、多くの人たちが成功する前に散って行った戦場で生き残ることこそが目的ならば、そもそも十分な準備を整えないで参入することなど考えられないはずだ。

安全な練習場にどれくらい長くいるのかは、その人次第だ。古くからある原則を、数カ月かけて何度も繰り返して覚える人もいれば、ずっと早く準備が整う人もいるだろう。しかし、すべての概念やテクニックが分かりかけてきたとしても、成功したければ、しっかりとした計画ができるまではマーケットにけっして飛び込まないでほしい。経験に学ぶことは大事だが、それを試すのに不当に高いコストをかけたり自滅的な体験をしたりする必要はない。

頭からダイビングする以外に、とにかくトレードを始めたくてあわてて他人の手法を導入する新人も多くいる。しかし、このような学びの近道をしても、その方法を仕事として継続して使うことはできない。特に、マーケット環境がその手法に合わない時期はどうにもならない。結局のところ、十分な時間と努力を重ねて、どのような時期にも適合できる自分に合う手法を作り上げ、予測不能な変化や他人の勝手な変更などに惑わされないトレーダーになるほうがはるかに効率的なのである。

これから紹介するのは十分機能的で独立した手法で、本書ではこれを「私たちの」手法と呼んでいるが、それは便宜的にそうしているだけで、これをすべてそのまま使ってほしいということではない。これらの概念やテクニックはあくまで構造的な基盤であり、必要に応じてカスタマイズしながら使っていってほしい。

自分に最も合うスタイルを見つけるには多少の時間と経験が必要かもしれない。しかし、個人の好みに関係なく、少なくともテクニックは、どれも繰り返す動きをとらえるという同じ目的のためにある。つまり、だれにとっても最初の課題はプライスアクションの原則のデータベースを頭に叩き込むことなのである。次の２章では、これらの必須事項を、理論的な観点と実践的な観点の両方から詳しく見ていく。そして、それ以降は５分足チャートを使ったトレードについて、さらに細かく見ていくことにする。

第2章

プライスアクションの原則 ―― 理論

Price Action Principles -- Theory

プライスアクションの原則は、どれも安定的なトレードテクニックを構成している。このテクニックは、見た目もそれをトレード計画に組み込む方法も無限にあるように見えるが、実はすべてテクニカルチャートに繰り返し出てくるいくつかの初歩的な概念が基になっている。この中核をなす原則は次のことに関連している。

ダブルの圧力
支持線と抵抗線
ダマシのブレイク、ティーズブレイク、適切なブレイク
ダマシの高値と安値
プルバック（押しと戻り）の反転
天井への試し
切りの良い数字の効果

図2.1は、実際のチャートを使ってプライスアクションの原則を図に表している。もしこの動きを普通の足で表せば、ユーロ/ドルの5分足チャート（ほかのチャートでもかまわない）が取引時間を通して50ピップスのレンジを蛇行している典型的なチャートになる。

ただ、いきなり価格チャートに取り組むのではなく、まずは今後の

図2.1　プライスアクションの主な原則を表した図

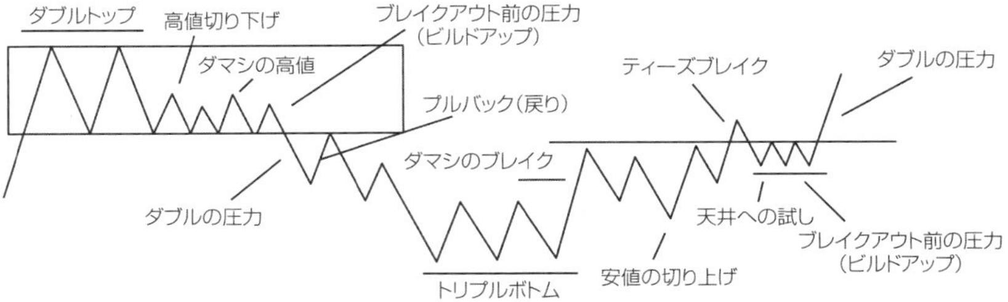

学習の基礎を固めておくために、７つの原則を理論面から見ておこう。

ダブルの圧力

私たちは、自分でマーケットを動かしてトレードの目標値まで持っていくことはできない。同じ市場のトレーダーの行動や反応にだれもが依存している。しかし、それは私たちがマーケットの気まぐれな糸につるされた操り人形でしかないということなのだろうか。あるトレードアイデアに資金を投じてリスクをとる前に、考えておくべき重要な概念がある。価格が大きく動くためには、マーケットの両側からの助けが必要だということである。もし一方の側（例えばブル側）にポジションを建てたいときは、同じブル派の仲間を探すだけでは十分ではないかもしれない。できれば、ある程度の数のベア派が大きく上昇するマーケットから急いで逃げ出してくれるのが望ましいのだ。できるだけ多くのベア派が売りを買い戻さざるを得なくなれば、マーケットが反転する前に私たちのトレードが目標値に達する可能性も高くなるのである。

ブル派とベア派が一時的に力を合わせてマーケットを同じ方向に動かせば（もちろん熱意の差はあるだろうが）、それはダブルの圧力と呼ばれる状況になる。どのようなチャートにも、たくさんの上下の動きが見られることを考えれば、需要と供給の不均衡は珍しいことではない。しかし、その不均衡は拡大するよりも、近いうちに修正されることのほうが多い。ただ、特定の条件の下では、ダブルの圧力がさらなる圧力を呼び、大きな動きにつながっていくこともある。価格が一方向に大きく動く状態は、通常フォロースルーと呼ばれている。

フォロースルーのときは、それに反応するよりも、その発端を予想して、最初の段階でポジションを建てることでそれを利用するほうが良い。つまり、これは突然起こるわけではない。実際、どのようなマーケットのどのような時間帯でも、プライスアクションがビルドアップされると、遅かれ早かれ限界に達してダブルの圧力がかかり、その方向に抜ける。実は、この「スイートスポット」とも言うべき攻撃と防御の境界線をチャートのなかから探し出すことが、ブレイクアウト投資法の本質と言ってよい。

多くのトレーダーが、ダブルの圧力の概念の利点は認めるだろうが、ブレイクアウトのトレードという発想に共感する人は多くないかもしれない。今日の厳しいマーケットでは、さまざまなタイプの平均的なブレイクアウトの失敗率が非常に高いことは事実だし、かつて人気を誇った戦略も今ではせいぜいつまらない提案でしかないと言う人もいるだろう。このような批判がまったく的外れだというわけではない。実際、ブレイクしてもフォロースルーがない場合も多いうえ、そもそもそれを期待すべきではない場合すらある。しかし、高勝率のケースと低勝率のケースが区別できるようになれば、ブレイクアウトのトレードに悲観的になる必要はないし、それどころか大いに期待できる。この先の章で見ていく何百ものブレイクアウトの例を見れば、高勝率のトレードが可能だということに納得してもらえると思う。

ただ、どのケースも、条件がものを言う。大きな圧力と同じ方向のブレイクであっても、テクニカル的な条件がそろっていなければ、失

図2.2　ダブルの圧力はビルドアップ後に動く

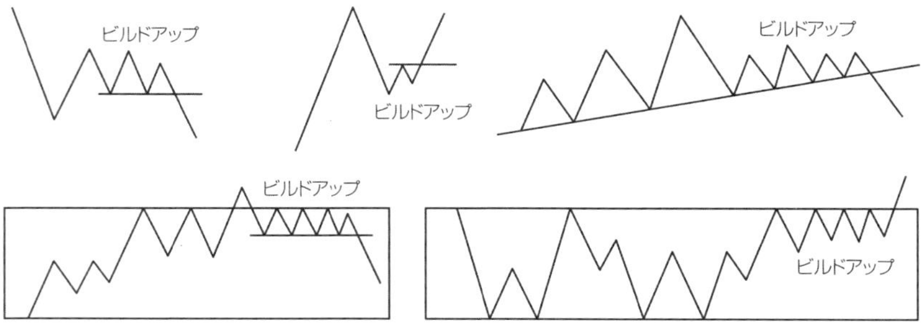

敗するリスクは高くなる。ちなみに、ブレイクのビルドアップの仕方を見れば、ブレイクが起こることだけでなく、どれくらいの勝率かという情報も提供してくれる。また、最高のチャンスはブレイクアウトの水準をめぐる目に見える攻防に端を発することがよくある。比較的狭い価格帯で、ブル派とベア派の攻防を示す陰線と陽線が交互にできている場面である。この主導権争いは、いくつかの方法で表面化するが、チャートのスイートスポットは、たいていは何本かの足があれば突き止めることができるし、それがあれば大きく動く可能性を秘めているかどうかも分かる。このようなクラスター（複数の足の塊）の進展のことを、ビルドアップとかブレイクアウト前の圧力と呼ぶ。

図2.2に、ブレイクアウトの前によく見られるビルドアップをランダムに示してある。普通のチャートでは、このように方向感のない展開は必ずしも明快ではないが、ビルドアップの要素は簡単に見つかる。攻撃側も防御側も、価格が問題の水準に向かっては反転するということを、どちらかがあきらめるまで繰り返すからである。

ビルドアップのクラスターには、それぞれブル側とベア側があるが、たくさんのトレード可能なケースのなかでトレードする価値がある側はたった1つしかない。通常、その側はブレイクアウト前の圧力をより多くビルドアップしているため、見れば明らかだということは興味深い。ただ、「ブレイクしない」側のプライスアクションにも意味があり、それもブレイクのタイミングを知るための役に立つ。

そして、ビルドアップが進んで特定の足がブレイクしたときがポジションを建てるきっかけになる。ただし、このブレイクのみで仕掛けることはけっしてない。仕掛けの判断には、考慮すべき変数が複数ある。このとき、正しい状況で判断を下すためには、プライスアクションの原則をしっかりと理解しておくことが不可欠なのである。

支持線と抵抗線

テクニカル分析の本流において、支持線と抵抗線の概念は価格のテクニカルな現象の最たるものとみなされている。簡単に言えば、チャートのなかで以前に反転した水準では、将来も同じことが起こるかもしれないが、いずれどこかの時点でブレイクするということである。これらを観察するメリットは、経験を積まなくても分かるだろう。

支持線と抵抗線には、興味深い副作用がある。いずれこの「バリア水準」が克服されても、それまでの重要性は必ずしも失われないということである。これらの水準は、１回ブレイクされると最初の役割を反転させることも多い。以前の支持線は下から攻められれば今度は抵抗線になるかもしれないし、抵抗線がブレイクされれば次は上からの攻めを受けとめる抵抗線になるかもしれない。これは、非常に分かりやすいテクニカル的な現象で、これだけを利用した戦略が無数にあることも想像に難くない。

このように、支持線と抵抗線はプライスアクションにおいて突出した割合を果たしているが、ここではすべての天底を中立的に見て、主に情報源として使っていくことにする。特に、新人トレーダーは、以前の天底がそのまま有効だとして積極的に逆張りしたり（以前の高値で売り、以前の安値で買う)、ブレイク後のフォロースルーを期待して仕掛けたりすることは(新高値でやみくもに買い、新安値で売る)勧められない。

保守的な手法では、支持線や抵抗線でのブレイクや反転ですぐに反応するのではなく、まずはこの水準の近辺でマーケットがどのような動きをしているのかを観察したうえで、すべきことを決めてほしい。例えば、以前の高値を超えたとしても、水面下の小競り合い(ビルドアップ)の末にその水準を突き抜けた場合のほうが、低い水準からまっすぐ上げて前の高値を超えた場合よりもはるかに大きな影響力がある。ちなみに、後者のタイプのブレイクは、ひどいしっぺ返しを伴うことでも知られている。マーケットには、ブレイク(特に十分なセットアップがないとき)に反撃することを好む人たちが数多くいるということもぜひ知っておいてほしい。

支持線や抵抗線の水準はさまざまなことに利用できるが、なかでも最大のメリットはチャートを支配しているグループの存在と彼らの思惑が分かることだろう。これは価値ある情報で、トレードすべき正しい方向を示してくれるだけでなく、マーケットのどちら側を避けるべきかも教えてくれる。

支配している側を効果的に探すには、単純にマーケットの全体的な傾斜をたどっていけばよい。チャートがブル派に支配されているときは、あまり強い勢力でなくても、価格は全体的に高値を更新し、その途中で下げの調整があってもなかなか前の安値を下回ることができない。そして、価格がチャートの高値水準で行き詰まり始めたとしても、テクニカル的に言えば、前の重要な安値以上の水準が続いているかぎりブル派の支配は続いている。

もちろん、どこかの時点で支配側が弾切れになることは避けられないし、そうなれば後退せざるを得ない場面でうまく復活できなくなる。そして、これはいずれ起こる権力移行のサインかもしれない。しかし、

図2.3　マーケットが反転するには時間がかかる。ほかの条件が同じならば、ポイントcのブレイクのほうがポイントaのブレイクよりもベア派のフォロースルーがある可能性が高い

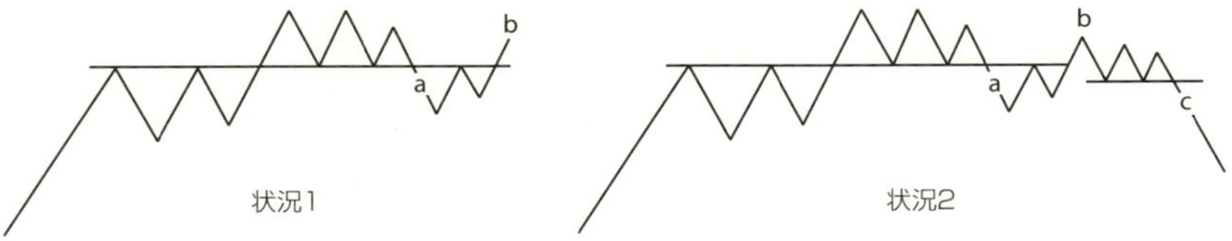

それまでの支配が強ければ強いほど、最初の反転の試みにマーケットが従う可能性は低くなる。

図2.3の２つの状況を比べてほしい。２つのチャートもポイントｂまではまったく同じ動きをしている。ポイントａでベア派の攻撃が失敗したことは、妥当なブレイクでもテクニカル的には支配的な圧力に対抗することの危険性を示している。このブレイクは「典型的な」天井パターン（ダブルトップと高値の切り下げ）に続いているため、熱心なベア派はそこで反転したとだまされてしまうかもしれない。しかし、彼らがブル派の支配に抵抗してトレードしても、その時点では警告的なモメンタムのサインしか出ていない。

状況２では、下方にブレイクしたポイントｃで、フォロースルーがある可能性はすでにかなり高くなっている。その根拠がｂ－ｃの展開で、これはａのブレイクに対してブル派がそれを解消できなかったことを示しているため、ベア派は売りを仕掛け、ブル派は逃げ出す可能性が高くなる（ダブルの圧力）。そして、これも重要なことだが、逆張り派もこのブレイクに盾つくつもりはあまりないだろう。

もちろん、もっと大きな枠組みで見れば、どの要素を考慮するかにもよるが、ａのブレイクもｃのブレイクもトレードには向かないということもあり得る。ただ、ａのブレイクがトレード可能であったとしても、２つを比べれば、ポイントｃで仕掛けるほうが間違いなく良い賭けになる。単純に、ベア派に有利な情報がより多くあるからである。

支配的な圧力を正しく認識することは、ブレイクアウトトレードにおいて最も重要なことである。意欲のあるトレーダーは特に、この圧力に合わせてトレードするか、中立的な状態からのブレイクが新たな支配につながるようなポジションを建てるべきだろう。ただし、その時点で支配している側に逆らうのはやめておいたほうがよい。

もちろん、支配側に逆らってトレードすることが劣った提案だと言っているわけではけっしてない。ただ、このような積極的な逆張りの道を行く前に、まずは今ある圧力に沿って、自信の持てるトレードで利益を上げる方法を学ぶことを勧めておきたい。

逆張り戦略も大いに注目すべきものではあるが、これは反対圧力の大きさがブレイクアウトの成否に大きく影響する。しかし、反対勢力の優勢が分かれば、目の前のブレイクが危ないということにも早めに気づくことができるようになる。このことについてはさらに後述する。カウンターブレイク戦略に引かれる読者もいるかもしれないが、あとで導入するチャンスはいくらでもある。

ダマシのブレイク、ティーズブレイク、適切なブレイク

現在の支配的な圧力の方向と合っていても、マーケットには３通りのブレイクがある。ひどいブレイクと、鈍いブレイクと、正当なブレイクだ。その違いを述べる前に、ぜひ理解しておいてほしい重要な概念を再度強調しておきたい。ブレイクアウトトレードを好むマーケット参加者はたくさんいるが、それと同じくらい逆張りのトレードも人気がある。後者はまったく逆の発想で、マーケットの出来事と反対のポジションを取ることに誇りを感じている。このことは、最初は奇妙

に見えるかもしれない。反対ポジションを取ることができるところはたくさんあるのに、なぜ彼らはブレイクを選び、ダブルの圧力に踏みにじられるリスクをあえてとるのだろうか。答えは簡単で、彼らはブレイクアウトが失敗に終わると予想しているからだ。

逆張り戦略に危険が伴うことは明らかで、これが万人向けではないことは間違いない。しかし、マーケットには逆張りに専念している人たちがいるので安心してほしい。彼らは１日中、これをしている。ただ、彼らが仕掛けるのは典型的なブレイクだけではない。彼らは上昇相場でも下降相場でも、同じくらい楽しげに売ったり買ったりしているのだ。

強力な敵が常に周りにいる状況では、自分たちのトレードアイデアの良い面ばかりを見るのではなく、敵側の要求にも同じくらい注目する必要がある。つまり、逆張り派もブレイクに対抗するチャンスに飛びつく前に、注意深く勝率を検討する必要があるということを忘れてはならない。どちらの側にとっても、マーケットに絶対はないのだ。ブレイクアウトトレーダーと逆張りのトレーダーは対立する見方をしているかもしれないが、両者とも任務の本質は、ブレイクの性質を見極めることなのである。

もしブレイクが「適切に」ビルドアップされていなければ、ほとんどのブレイクアウトトレーダーはそれが本物だとは確信できない。そして、ブレイクした足がそのまま反転してしまえば、ブレイクに便乗した人がほとんどいなかったことが分かる。仕掛けてしまった人にとっては、しまったと思う瞬間だ。それ以外に、多少のフォロースルーがあってもすぐにそれが衰えて、結局はブレイク自体がなかったかのような状態に戻ってしまうこともある。いずれにしても、ビルドアップが鈍いブレイクは、多くのブレイクアウトトレーダーが、その動きが継続する可能性が低いとみなして仕掛けないため、失敗する可能性が高い。その一方で、多くの逆張り派は、ブレイクの失敗を期待して仕掛けようとしているのかもしれない。

また、弱いブレイクになると、その方向にポジションを建てている人たちは、どの水準で仕掛けたとしても、安全と引き換えに傍観することを選ぶかもしれない。すると、それがブレイクと反対の圧力をさらに強め、ブレイクの失敗確率も高くなる。もちろん、弱いブレイクが必ず逆張り派の思いどおりになるわけではないし、私たち自身が逆張り派になることもある。いずれにしても、恐ろしいダマシのブレイクが珍しくないことは、どのチャートを見ても分かる。

有利なシナリオを検証する前に、まずは避けるべき状況をいくつか見ておくと役に立つと思う。大いに疑うべきブレイクアウトには、２つのタイプがある。１つは、最も分かりやすいダマシのブレイクトラップで、もうひとつはそこまでの害はないが、それでもぜひ避けるべきティーズブレイクトラップである。ちなみに、この２つの違いは、その結果ではなく、それが起こる前のビルドアップの仕方だということを覚えておいてほしい。言い換えれば、素晴らしいブレイクでもまったくフォロースルーがなかったり、ひどいブレイクがそのまま突き進んでいったりするということも十分あり得るのである。ただ、このような結果は、近い将来覆されることになる可能性が高い。

ブレイクでポジションを建てるかどうかは、フォロースルーに対するテクニカル的な支持がどれくらいあるかによって決まる。そして、そのためにはすべての状況において、少なくとも次の３つのことを検証する必要がある――①このブレイクは、支配的な圧力と同じ方向か、それとも逆か、②マーケットはレンジ相場か、それともトレンド相場か、③上昇または下落したときにそれを上方や下方で遮るかもしれない障害があるか。

これらのことは、チャートがリスクをとるべき状態にあるかどうかを判断するための要点になるが（具体的なことは後述する）、それだけで仕掛けが保証されるわけではない。ポジションを建てるまえには、

図2.4　ブレイクアウト前のビルドアップの違いはフォロースルーの可能性だけでなく、損切りを置く位置にも影響する

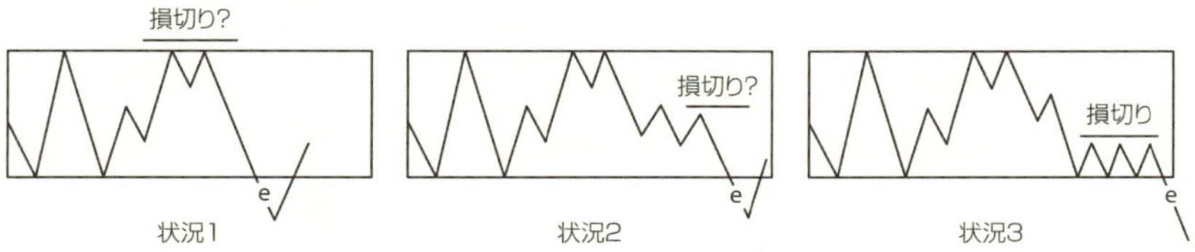

どのタイプのブレイクでも、その直前にマーケットがどのような動きをしたかを検証する必要がある。そして、もしそこにビルドアップがなければ、仕掛けは見送ったほうがよい。

次は**図2.4**の３つの状況について考えてみてほしい。ほかの条件が同じで、ｅは圧力の方向と合った妥当な仕掛けポイントだとした場合、この状況はそれぞれダマシのブレイクトラップと、ティーズブレイクトラップと、正当なブレイクの原則を完璧に表している。

ビルドアップの重要性と、それがブレイクの成否の決め手になるということは十分述べてきた。この原則の根拠は分かりやすい。ある水準が突破されるまでの防御の強さによって、最終的な勝者の支配力も分かるからである。しかし、ビルドアップがないとブレイクしてもフォロースルーの可能性が低くなる理由はほかにもある。損切りの置き方だ。

どのような賭けでも、トレードの全体的な考え方において守りの水準は重要な意味を持つ。フォロースルーがなかった場合にどこで撤退するかをきちんと決めないで仕掛けるべきではないからだ。どのようなトレードでも、ある時点でリターンがなくなってトレードが無効になるため、手仕舞うべきポイントがある。ただ、これにはもちろん厳密なルールがあるわけではなく、戦略の内容やトレーダーの個人的な

状況判断によって決まる。ここで、少し仕掛けと損切りの問題に目を向けて、テクニカル的にはさほど珍しくない一般的なテクニックを検証してみよう。まず、売りの場合、損切りは仕掛けよりも前の目立つ高値の少し上に置くとする。

もしこの戦略を**図2.4**の３つの状況に当てはめれば、違いは明らかだ。どれもポイントｅで仕掛けているが、損切りまでの距離はかなり違う。

損切りを「遠く」に置くメリットを無視するわけではないが、一般的には「損切りを遠くに置くにはテクニカル的な理由が必要で、順張り派にとってはブレイクアウトの魅力が下がるが、逆張り派にとってはより魅力的になる」と言ってよいだろう（状況１）。

次は、ティーズブレイクのシナリオを検証してみよう（状況２）。今回は、ベア派の仕掛けも損切りの水準も少し改善している。ただ、ビルドアップがレンジの下限に達していないため、十分とは言えないし、損切りまでもまだ距離がある。このタイプのブレイクは、傍観していたベア派にとっては状況１よりも魅力的だが、まだ逆張り派のメリットのほうが大きい。

結局、ティーズブレイク（これからもたくさん見ていく）はフォロースルーの可能性がかなりあるが、すぐにそうなるとは限らない。だからこそティーズ（からかう、悩ましい、もったいぶる）なのである。状況２に見られるように、マーケットの典型的な反応は、まずはブレイクに反撃してそれを解消しようとするが、価格がそれまでのレンジに引き返すと、再びビルドアップの下限を試すかもしれない。そして、この抵抗線（以前の支持線）の辺りから価格はまた下落を試み、次は下限のバリアを本当にブレイクするかもしれない。

このような展開はいくらでもあるし、それが損切りに達することもあれば、達しないこともある。つまり、失敗ブレイクよりは少しマシなティーズブレイクアウトも、損切りを近くに置いている人にとっては大きな脅威になり得るということである。しかし、損切りを近くに置くことは私たちの作戦のカギとなるため（詳しくは第５章で述べる）、私たちは最も質が高いブレイクアウトに集中することにする。

次の状況３は、ブレイクアウトでの素晴らしい仕掛けを示している。これを見れば、適切なビルドアップの効力が分かると思う。このブレイクはバリアでの攻防から発しているだけでなく、ベア派が優勢なため、ブレイクアウトトレーダーはビルドアップのすぐ上に損切りを置くことができる。もちろん、ブレイクアウトはすぐに失敗に終わるかもしれないが、テクニカル的に見ればこれが最も有利なシナリオと言える。

状況３にはもうひとつ良い点がある。もし価格がある時点で反転して先のバリアを下から試せば（よくあること）、支持線と抵抗線の原則がここでも役に立つからだ。ブレイクされたレンジの下限でもあり、直近のビルドアップの下限でもあるバリアは、逆張りのブル派が攻めてきても、それを跳ね返す可能性が高いだけでなく、すでにポジションを持っているブル派があわてて売る可能性もあるし、これから仕掛けるベア派はプルバックの戻りを利用した２回目のチャンスに便乗することもできる。これが、売り側のダブルの圧力である。

このように、ブレイクアウトはブレイクした水準だけでなく、いくつかの値や勢力や見方にも影響を及ぼすため、勝率を見極めるときにはこれらすべてを考慮しなければならない。ただ、最も重要なのは、しっかりとしたビルドアップがないブレイクを避けるという単純なことである。

幸い、セットアップが鈍いブレイクはたくさんあっても、基本的なブレイク戦略を理解していれば簡単に避けることができる。例えば、状況１のようなビルドアップのないブレイクには手を出すべきではない。ただ、公正を期して言えば、ティーズブレイクと正当なブレイクの境界線は紙一重のときもある。この差については、５分足チャートを分析するときに詳しく述べることにする。

ダマシの高値、ダマシの安値

ある足が前の足の高値か安値を超えれば、その足をブレイクアウト足と呼ぶことにする。そして、もし次の足がそのブレイクアウト足を同じ方向に超えれば、直近の足が新しいブレイクアウト足になる。ただ、ブレイク自体よりも、それに対するマーケットの反応のほうが興味深い。例えば、強気のブレイクが連続してあれば、それはフォロースルーのサインで、それが続くかぎりブル派の熱意を示している。しかし、もしマーケットが強気のブレイクに弱気の足で対抗し、その安値が次の足でさらにブレイクされれば、それも価値ある情報になる。このような状態は、テクニカル的にはダマシの高値と呼ばれている。強気のブレイクにはフォロースルーがなく、その代わりに弱気のブレイクが続いたからだ。

通常、十分なビルドアップがあるダマシのブレイクアウトに比べれば、１本の足のダマシのブレイクアウトにさほどの意味はないが、それでもダマシのブレイクには変わりない。ただ、混乱を避けるため、本書ではほとんどの場合、パターンブレイクの失敗（複数の足がかかわっていることが多い）をダマシのブレイクと呼び、１本の足のダマシや高値（または安値）のブレイクが失敗に終わったときはダマシの高値、ダマシの安値と呼ぶことにする。

トレンドのスイングのなかのダマシの高値やダマシの安値は、支配的な圧力のなかの小さなしゃっくり程度のことが多く、マーケットの方向に関するコンセンサスにほとんど影響はない。しかし、重要な場面（例えばビルドアップの最中など）では、ダマシの高値やダマシの安値が、その小競り合いの結果について重要な意味を持っているのかもしれない。ブレイクが失敗に終われば、それによって含み損になった人たちはポジションを持ち続ける自信を失うかもしれない。そして、さらなる反対圧力に遭えば、手仕舞って撤退するかもしれない。そうなれば、ダマシの高値やダマシの安値は反対方向のダブルの圧力の前兆になる可能性もある。

この情報はどのように役に立つのだろうか。あるマーケットの支持線の辺りで強気に転じることが予想されるため、ブレイクしたら買おうとしている状況を想像してほしい。もし現在のプライスアクションが狭いスパンで小さなクラスターを形成している状態（ビルドアップ）ならば、まずはベア派がクラスターの下にブレイクして、それにブル派が反撃するのが望ましいのではないだろうか。これには、ブル派にとって有利に働く点がいくつかある――①弱気のブレイクが失敗したのを見て、傍観していたベア派は慎重になり、傍観を続けることにするかもしれない、②ポジションを持っているベア派も同じことを考えてすぐに手仕舞うか、そうでなくても次にブル派がブレイクしたときに（ダマシの安値の確認）そうしようと思うかもしれない、③同じとき、傍観していたブル派は喜んで、次の強気のブレイクで仕掛けようと思うかもしれない、④ポジションを持っているブル派のなかには手仕舞おうとしていた人もいるかもしれないが、少しほっとするかもしれない（売りの圧力に寄与しない）。

このような有利な力が同時にたくさん起こるほど、上昇する可能性もより高くなる。

ダマシの高値やダマシの安値も、チャートの重要な水準で起これば その重要性は高まる。もし支持線でダマシの安値を付けたり、抵抗線でダマシの高値があったりすれば、それを無視するわけにはいかないからだ。この仕組みをよりよく理解するために、**図2.5**を見てほしい（架空のチャートだがよくある状況）。

状況１はブル相場なので（全体的に高値と安値が切り上がっている）、ポイント１のダマシのブレイクは現在の圧力の方向と同じダマ

図2.5　ダマシの高値やダマシの安値には士気をくじく強力な効果があり、反転を示唆することが多い

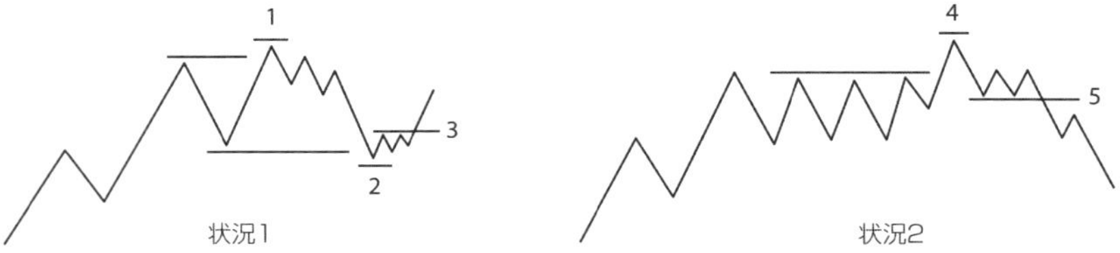

シの高値に分類できる。もちろん、すべてのスイングはある時点で調整されることになるため、天井におけるダマシの高値が必ずしも強気の環境が終わる前兆とは言えないが、モメンタムが衰えていることは分かる。つまり、ブル派のなかに高値でもう買おうとしない人たちがいると推測できる。少なくとも彼らの熱意が一時的に反対勢力（利食ったブル派と売っているベア派）に劣ったということだ。言い換えれば、その時点では供給が需要を上回っていたのである。しかし、全体的に強気にあることを考えれば、ブル派が新たな活力を得て盛り返し、もっと「魅力的な」価格水準を取り戻すことも十分あり得る。そのため、ポイント１のダマシの高値は、モメンタムに関する価値ある情報ではあるが、支配勢力の交代を示しているわけではない。

注意　支配的な方向にブレイクしたとしても、それがフォロースルーを約束するものではないということを理解しておくことは重要だ。実際、その正反対の結果になることもよくある。抜け目のない逆張り派は圧力とモメンタムを深く理解しており、何らかの進展を確信したときに反撃に出るという戦略をよく用いる。しかし、彼らは新しくブレイクするまで待ってから反撃することも珍しくない。このとき、そのブレイクにビルドアップがほとんどあるいはまったくなければ、彼らはダマシのブレイクトラップを期待してさらに喜ぶ。

すでに書いたことだが、失敗とフォロースルーの間で逆張り派が必ずしも難しい戦いを制するわけではない。ブレイクしたときのダブルの圧力の程度が過小評価されることも大いにあり、その結果、逆張り派が損切りに達してしまうこともある。簡単な経験則として、ブレイクまでの圧力が大きく、ブレイクのセットアップは小さければ、一時的かもしれないが、反撃は大きくなる。

次は、ポイント2のダマシの安値を見てみよう。全体的な圧力はまだ上昇しており、価格は前の安値の水準にある。傍観しているたくさんのブル派が、次に上げたら仕掛けようと目を光らせていることは想像に難くない。積極的な人ならば、すでに前の安値の水準で反転を期待して買いを仕掛けているかもしれないが、そのような意欲に危険がないわけではない。損切りが近ければ特にそうだ。このようなときは、マーケットがその水準でどう反応するかをよく観察することが望ましい。そうすれば、もう少し時間をかけて状況を見極めることができるだけでなく、仲間のトレーダーもさらなる情報を得ることができる。ブル派とベア派の両方に協力してトレードを推進してもらうためには、ある程度のコンセンサスが必要だということを覚えておいてほしい。

支持線の水準に近いプルバックの安値で失速すると、多くのマーケット参加者の目を引くことは間違いない。ほかに何もなければ、それはもう売り手の勢力が買い手を上回っていないことを視覚的に示しており、それはブル派の支配が近いうちに復活する前兆かもしれない。しかし、プルバックが反転するときの小競り合いがかなりちゃぶついたり、近くに置いた損切りがたくさんあったりする場合もあるため、注意するに越したことはない。

弱気のブレイクが失敗に終わって深押しすることなく、すぐに強気のブレイクにつながるという展開になれば、ブル派が有利に決着するための触媒になる可能性がある。結局、ベア派が彼らのブレイクを推進することができず、むしろそれを利用して上方にブレイクされてしまえば、だれが攻撃側かは分かる。

ダマシの高値とダマシの安値も価値ある情報を伝えてくれるが、それだけで行動する理由にはならない。状況1で、ダマシの安値が付いたことをトレード判断に組み込んだ好例が、3の水準のブレイクでの買いである。このセットアップでは、2のダマシの安値が今後の展開を示す優れた標識になっているが、実際のトレードの基盤になったのはそのあとのビルドアップだった。

同じダマシの高値でも、ポイント1（状況1）と比べると、ポイント4（状況2）のほうがブル派の士気に与える影響は大きい。上方にブレイクする前の横ばいのビルドアップは、ブル派がブレイクに向けてかなりの力を注いだことを示しているが、それがすぐに失敗に終わったからである。これは期待できない。ビルドアップからブレイクに至っても、価格が大きく前進しなければ、さらなる危険があるのかもしれない。ブレイクは、必ずしもマーケットが完全に反転する前兆ではなく、ブル派にとってのトラブルの前兆かもしれない。そのため、ここはすべての参加者がそのあとの動きを細かいところまで注視したほうがよい。もしダマシの高値の水準を回復できずに弱気にブレイクするようなことになれば（例えば5の水準よりも下で）、マーケットはさらに強いメッセージを発していると考えてほしい。

仮定ではあるが、実際にもよくある今回の例からは、次のようなことが言える――①スイングの最後に支配的な圧力の方向にダマシのブレイクがあれば、一時的な調整のきっかけになるかもしれない（ポイント1）、②調整の最後にあるダマシのブレイクは、近いうちに支配的な圧力が再び強まる前兆かもしれない（ポイント2）、③支配側の適正なビルドアップがあるブレイクが失敗に終われば、もっと深刻な勢力交代につながるのかもしれない（ポイント4）。

プルバックの反転

テクニカルトレーダーにアンケート調査をして人気のセットアップを聞けば、おそらく何らかの形のプルバックの反転が上位に来るだろう。このセットアップが頻繁にトレード本で称賛されていることや、どんなチャートにも完璧な例が見つかることを考えれば、その魅力は明らかに見える。しかし、これは正当な評価なのだろうか。

その答えを探る前に、プルバックの特徴を検証してみよう。プルバックの標準的な定義は、現在のトレンドに対して斜めに近い角度で進んでいく調整的な価格スイングである。もちろんそのとおりだが、プルバックにはさまざまなタイプがあり、おそらくそのほとんどは「トレンド」に反するものではない。例えば、レンジ相場では上下の動きが続くが、その半分はプルバックとも言える（どちらがそうかは好きに解釈してほしい）。また、価格がまったくリトレースしないいわゆる「時間の調整」も、やはりプルバックなのである。さらに言えば、良い動きも悪い動きも、見方や時間枠によって大きく変わるため、どの時点で、だれがだれに反撃しているのかを長い時間枠で考えてみる必要がある。

当然ながら、トレーダーは何よりもまず自分自身の見方を確立すべきで、そのためには自分のチャートで最も抵抗が少ないところを見つけなければならない。また、現在のテクニカルチャートをどちらかが支配しているならば、ある程度のリトレースメントは注視しておく必要がある。ただ、解決すべき難問は常にある。価格がどこまでリトレースすれば、「安心して」反転を期待できるのだろうか。

調整スイングの予想される安値近辺に小さいビルドアップがあり、そこからのブレイクで仕掛ける反転のテクニックについては、ダマシの高値とダマシの安値の項ですでに触れた（**図2.5**の状況１、３の上での仕掛け）。次は、それをさらに掘り下げて、転換点の見つけ方を学んでいこう。

プルバックを利用した数多くの転換戦略のなかでも、注目すべきものが2つあり、どちらにもトレード計画に組み入れることができる要素がある。最も一般的な方法は、支配的な動きの長さを測り、その特定割合だけリトレースするプルバックを待つ方法である。もしトレンドの高さが10ポイントならば、多くのトレーダーは4～6ポイント程度リトレースするまで待って、反対ポジションを仕掛ける。つまり、慣習的なリトレースメントの水準は、40%、50%、60%になる。

このテクニックは、統計的な成果とは別に、明らかな欠点がある。ほかに基準がない場合、損切りを比較的遠くに置かなければ、予想以上に深い調整を切り抜けることができないからだ。

不確実な要素にある程度対抗するためには、もうひとつの人気の戦略、つまりプルバックがまずトレンドのスイングのなかの支持線や抵抗線（できれば40～60%程度調整したところにあるのが望ましい）に達するのを待ち、有利な反転を期待して仕掛けるという方法がある。このテクニックは、テクニカル的な試しを待つ手法とも呼ばれている。トレンドのスイングの大部分は、その途中で何らかの形の横ばいになり、そのあとの調整でその水準に達すると反転することが珍しくない。

テクニカルな試しは、必ずしも典型的なトレンドとプルバックでなくても注目されることがある。どのような調整でも、以前の支持線や抵抗線の水準に達すれば、大きくても小さくてもテクニカルの試しと呼べるし、反転する可能性も秘めている。もしビルドアップを待たずに反転で仕掛けるならば、試しに向かって仕掛けるほうが、何もないところで仕掛けるよりも有利なことは間違いない。ただ、それはかなりの積極策ではある。

あとでさらに詳しく見ていくが、もっと保守的になるならば、試しであってもなくてもリトレースしたときにすぐに買ったり売ったりしないで、まずは反転しそうなところでマーケットがどう動くかを観察

図2.6　プルバックの反転は重要な支持線や抵抗線から始まることが多い。ただこれらの水準で、すぐに反転することを期待していきなり仕掛けるのではなく（どちらもポイントe）、少し時間の余裕を持ってマーケットがビルドアップから反転のセットアップになるのを待つ価値はある

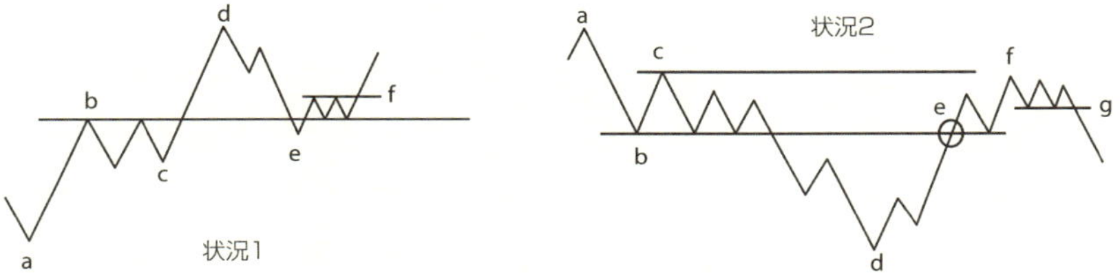

するという方法がある。この成り行きを見守るという戦略は、ほとんどのプルバックが急には反転しないという前提に基づいている。5分足チャートでは、通常、調整の終盤と見られる辺りでブル派とベア派の小競り合いを示す1本か2本（あるいはそれ以上）の足が見つかる。その場合は、時間的な余裕を持って反転の可能性を調べられるだけでなく、ブレイク前に必要な圧力のビルドアップから、ブレイクの正確な水準を見極めることもできる。

もちろん、これはもう少し我慢すれば、損切りに達したり、早めに仕掛けてしまったり、仕掛けられずに終わったりすることがまったくなくなるという意味ではない。しかし、損切りを近くに置いて反転で仕掛けるつもりならば、価格の動きが止まるのを待たずにやみくもに買ったり売ったりするよりも、この保守的な方法を選ぶべきだろう。

図2.6の状況１では、ｄ－ｅのプルバックの押しが上昇トレンドａ－ｄのなかの横ばいの水準ｂを試す典型的なケースと言える。

ｂの水準は、このチャートで重要な役割を担っていると言ってよい――①トレンドの次のレッグに向かって圧力をビルドアップしている、②その後のプルバックでテクニカル的なマグネットの役割を果たしている、③40～50％調整したところにテクニカル的な試しの水準を提供している、④調整の「最終的な」安値を決めるためのブル派とベア派の攻防の場を提供したことで、プルバックでビルドアップから反転するセットアップになっている（ｅ－ｆ）。

もう分かったかもしれないが、ビルドアップを待っていると、ときには反転を逃すことも避けられないし、実際にそのようなことはかなりよくある。しかし、そうすることで仕掛けてもすぐにふるい落とされるのを避けることもできる。結局、組むならば熱意よりも忍耐のほうがはるかに良い相手であり、そのことを示す例は今後の章にいくらでも出てくる。状況１のｅとｆの間のビルドアップは非常によくある展開で、望ましい形でもある。この圧力のビルドアップはｂの支持線の水準に収まっていると同時に、ｆの水準よりも下にある。もしこの圧力が上方に抜ければ、ダブルの圧力の引き金を引く可能性が高い。

ただ、どこで仕掛けるとしても、ｆの上で仕掛けることが、より経済的なｅの仕掛けと比べて必ずしも不利ではないことをぜひ覚えていてほしい。まず、ｆの下のビルドアップは、反転の可能性をさらに確認しており、それだけでも有利だ。しかし、もうひとつ考えるべきことは、２つの賭けの分析上の可能性である。そこで、損切りと目標値を仕掛けの水準との関係で考えてみよう。もしｅで反転したときに仕掛けたトレードと、ｆを上抜いたときに仕掛けたトレードを「テクニカル的に」守るため、どちらも損切りを前の重要な安値の下に置くと、興味深い点がいくつかある。

ｆよりも上で仕掛けたトレードの場合、前の重要な安値はｂの水準になる。そこで、損切りはその少し下になる。

一方、ｅで反転したときに仕掛けたトレードでは、テクニカルな損切りはすぐ左の安値であるポイントｃの下になる。目標値はどちらもｄの高値としよう。もしそこに達すれば、積極的なトレーダーのほうが、チャートの下のほうで仕掛けているため、利益が大きいかもしれないが、割合で見たらそうではないのかもしれない。それを検証するために、リスクとリワードの比率で考えてみよう。例えば、反転トレードのほうの損切りが仕掛けから16ピップス離れているならば、目標値を32ピップス先に置けばリスクとリワードの比率は１：２になる。これは不可能なトレードではないが、保守的なトレーダーならば、もっと上で仕掛けて、似たような比率にするだろう。一方、ｆで仕掛けた場合、目標値ｄまでの距離は約24ピップスだが、ｂの下の損切りも近いところにある。そのため、もし損切りを仕掛けから12ピップス程度のところに置けば、リスク・リワードはやはり１：２になる。

もし「さらに保守的な」モードに徹したとしても、早すぎる仕掛けと遅すぎる仕掛けの差はほんのわずかかもしれない。忍耐強く待てば、マーケットが必ず最高の仕掛けポイントを与えてくれるなどということはもちろんない。どの手法も目の前の状況をどう見るかで違ってくるため、どれが統計的に実行可能かという議論も意味がない。ただ、ブレイクの前のビルドアップが比較的小さくても仕掛けるのは、普通はかなりの積極策と言ってよい。

図2.6の状況２は、ビルドアップを待つ間に何を避けるべきかを教えてくれる。ａ－ｄの下降トレンドは、状況１の上昇トレンドとほぼ対照になっているが、今回はプルバックの反転の仕方が少し違う。テクニカル的に見れば、ここでもｂの水準は反転の可能性が最も高い候補になっているが（前の支持線で、現在の抵抗線まで50～60％リトレースしたところにある）、ポイントｅですぐに売れば、積極的なベア派は、実際に反転する前に深刻な状況に陥ることになる。

この状況では、価格は反転する前にテクニカルな試しがあるが、マーケットは前の支持線の水準（ｂ）ではなく、前の抵抗線の水準で反転した（ｆとｃ）。ｅもｆも有効な試しで、どちらも同じくらいよく起こる。しかし、マーケットがどの水準を選ぶのかを事前に知ることはできないため、それが明確になるまでは傍観しておきたい。マーケットがこの追加情報をいつも与えてくれるわけではないが、そういうことも十分あるため、トレード戦略において忍耐は重要な要素なのである。

状況2の保守的な売りについては、ｇの水準の下で仕掛けて損切りをそれに近いｆの水準の上に置けば、多くのベア派に適したトレードになるだろう。

天井への試し

プルバックの反転について述べてきたなかで、価格がそこに達したら反転する可能性（跳ね返りの効果）がある水準としてテクニカル的な試しを評価してきた。ただ、それと同じくらい興味深いのは、この水準には、そもそも最初の調整を起こす力と傾向があることなのである（マグネット効果）。

このマグネット効果と反転の原則が連動していることを示すため、価格がＡからＢに動き、そこで少し止まってからさらにＣに上昇したという状況を想像してほしい。もし私たちが強気の見方をしながら傍観しているときに、価格がＣの高値から下げるのを見れば、どのようにして守りを固めるだろうか。もちろん、一般的に答えることしかできないが、価格がＢに達するまで待つのが妥当な作戦と言ってよいだろう。つまり、私たちはＢの少し上よりも、まだ達していないＢの水準のほうを「安全」にトレードできるゾーンとみなしていることになる。ここで大事なことは、この方法にテクニカル的な理由があるのならば、ほかの多くのプレーヤーもＢの水準に達するまで仕掛けを先延ばしするということである。そうなれば、みんなが買うのをやめたことで、調整はマグネットに達するまで続くことになる。

もちろん、マグネットが必ず試されるわけではなく、その可能性があると言っているだけだが、マーケットではそのわずかな可能性が大きな意味を持つこともよくある。そして、これはプライスアクションの自己実現的な性質とも言える。

実は、このマグネットと反転の原則は、典型的なトレンドとプルバックの状況だけでなく、上下の動きをしているチャートならばたいてい見つかるし、ごく小さなテクニカルパターンにさえ見られる。しかし、この仕組みをどのようにして将来のトレード計画に生かしていけばよいのだろうか。そこで、テクニカルな試しのひとつである天井への試しを見ていこう。

この仕組みを紹介するには、天井への試しの原則を、レンジブレイクアウトの観点で調べるとよい。ブレイクにフォロースルーがある可能性を示す3つのタイプを覚えているだろうか。ひどいブレイクと、鈍いブレイクと、正当なブレイクだ。これらの違いを別の言葉で言えば、早すぎるブレイク、少し早いブレイク、そして準備が整ったブレイクとなる。もちろん、私たちの目的に合っているのは、ブレイク前に望ましいビルドアップがある後者だ。ただ、かなり早すぎるブレイクも、実はあまり問題にはならない。ビルドアップがまったくなければ、みんなあまり考えずに見送るからだ。そうなると、最も難しい状況は少し早いブレイクで、これは最低限の希望を示してトレーダーをだまし、少し早いタイミングでマーケットに誘い込むのである。

このようなブレイクが起こったときは（ティーズブレイクトラップかもしれない）、誘いを却下するのが最善策だが、それでも状況から絶対に目を離してはならない。もし最初のブレイクにフォロースルーがなくても、完全に撤退していなければ、攻撃側が近いうちに再度攻めてくるかもしれないからだ。もしそうなれば、次のブレイクアウトで仕掛けるべきかどうかは、天井への試しがあるかどうかで分かる。例を見てみよう。

まず、天井の概念を理解するために、チャートのなかでアーチの形

図2.7　レンジ相場における天井への試しの原則（それぞれ5の地点）

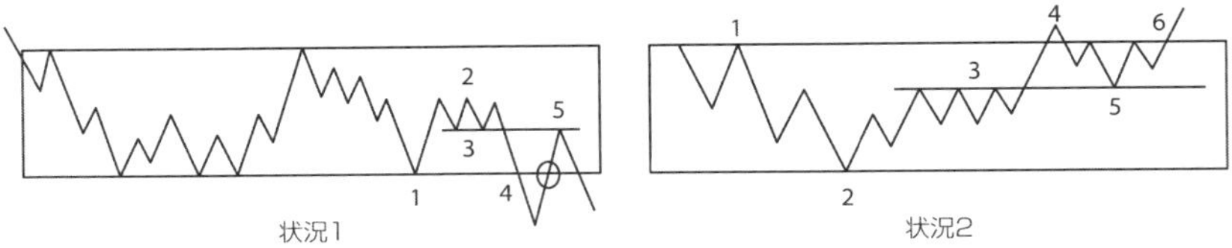

を想像してから、高値部分を形成する足に注目してほしい。**図2.7**の状況１では、１－２－４が弱気のアーチを形成している。通常、アーチは高値から安値に動く前に、高値圏で少し横ばいになる（足１本だけのときは、尖ったアーチになる）。もちろん、これらの高値は、チャートのなかでは中間的な高値だが、この部分の安値が天井であり、小さな支持線（３）になっている。ちなみに、強気のアーチの場合はＵ型でもＶ型でも、安値圏のなかの高値が「天井」になる（底とも言える）。本書ではこのような底も、天井と呼ぶことにする。

この３の水準を右側に伸ばすと、ある時点でプルバックの戻りがこの小さいバリアを下から試すことになる（５）。これは、教科書どおりのティーズブレイクアウト後の天井への試しで、容易に予想される展開でもある。実際、天井を試す可能性が少しでもあることは、４のブレイクアウトが早すぎるとみなされる主な理由のひとつになっている。

ただ、天井の逆マグネット効果でリスクにさらされるのは、ティーズブレイクトレーダーだけではないかもしれない。最初のブレイクアウトを見送って傍観しているベア派も、もし下からレンジバリアに達する最初のプルバックであせって仕掛ければ、困ったことになるかもしれない（◯で囲んだところ）。この行動は、損切りが近いときに侮らないほうがよいあるテクニカルな概念を無視している。実は、強気のプルバックは最も分かりやすい前の支持線（下のバリアならば抵抗線）だった水準よりも、前の支持線の最後の水準（全体的に見ればあまり目立たないところでも）で反転しようとする（３の水準）。別の言い方をすれば、レンジバリアと天井への試しの延長線上の空洞を「埋めて」いるのである。これは、基本的には先に紹介したマグネット効果によるもので、珍しいことではまったくない。

熱心なプレーヤーが逆マグネットが不利に働くリスクを冒せば、忍耐強いトレーダーはそれを利用した素晴らしいチャンスに恵まれる。価格が天井への試しから反転してレンジバリアを再び攻めれば、激しい攻撃がまだ続いていることは無視できなくなる。そうなれば、防御側はさらに怖気づき、次のブレイクでポジションを投げ出す可能性もある。

図2.7の状況２は同じ原則の変形パターンで、１－２－４のアーチに注目してほしい。レンジの高値は４でブレイクされたが、上のバリアのすぐ下にビルドアップがないため、これも結果に関係なくティーズブレイクに分類される。

４のブレイクで仕掛けを見送ったブル派は、すぐにフォロースルーがあることを疑っていた可能性があるが、それは必ずしも全体的なブル派の支配が変わるということではない。つまり、彼らがこのティーズブレイクが失敗に終わることを期待していた可能性もある。もし価格が本当に後退せざるを得なければ、価格はレンジのなかの支持線の水準に引き付けられていく（５の安値が３の高値の天井を試す）。しかし、これは次の上方の攻撃の素晴らしい舞台となるかもしれない。

ちなみに、この「天井」（Ｖ型の底）は、１－２－４のアーチの最も深いところにあるわけではないが、この水準はレンジ内の前の抵抗線の最後の水準であり、ティーズブレイクアウト後に支持線になる条件がそろっている最初のマグネットなので、これも天井と呼ぶことができる。このとき、積極的な人たちは５に達したらすぐに反転するこ

図2.8　天井への試しの原則を示すほかの例（4と8の地点）

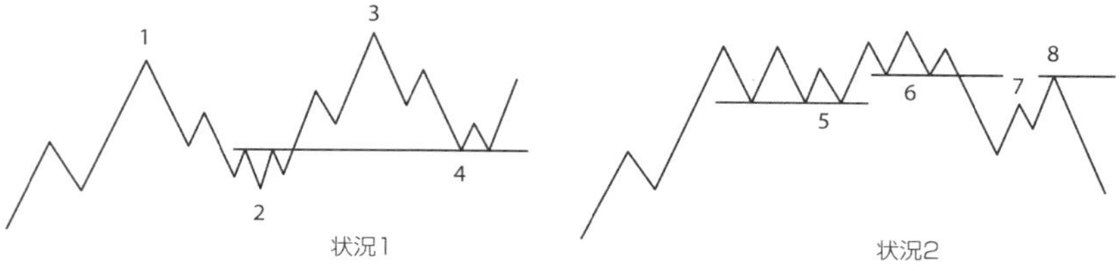

とを期待して買うかもしれないが、保守的な人は試しの結果を見てから仕掛けようとするかもしれない。また、バリアの上のレンジが２回目に本当にブレイクされるまで（6）様子を見る人もいるだろう。

いずれのケースも、ティーズブレイクアウトがのちの素晴らしいブレイクを約束しているわけではないが、特に支配的な圧力がブレイクアウトの方向と合っているときは、そうなることもよくある。ヒントや手がかりをテクニカルの画面に重ね合わせると、天井への試しの有無は、ブレイクで仕掛けるかどうかの判断に大きく影響する（具体的な仕掛けについては第５章で述べる）。

ほとんどのプライスアクションの現象に言えることだが、天井への試しの原則は特定のマーケット環境に限定されたものではない。これはレンジ相場やトレンド相場だけでなく、ほぼすべてのタイプの反転やブレイクでも起こる。**図2.8**の状況１も、天井への試しの教科書どおりの例で、４の安値が１－２－３のアーチの底のクラスターの高値を試している。

注意　チャートで安値の切り上げや高値の切り下げを探していると、その大きさにかかわらず、完璧な天井への試しが反転のきっかけになるケースがたくさん見つかる。特に、チャートが継続を強く示唆していれば、例えば強気相場ならば調整があってもブル派が天井への試しの水準で買ってしまうため、前の安値まで達しないかもしれない。

状況２は、天井への試しの興味深いタイプである。このチャートでは、６の水準がブレイクされてブル派の支配が圧力にさらされている。ブル派が形成を立て直そうとするなかでプルバックの戻りがあり、それが傍観しているベア派に高い価格で仕掛けるチャンスを提供した。５の安値を延長した７ですでに売りを仕掛けた人たちにはそれなりの理由があったのだろうが、それによって８で天井への試しに遭う危険にさらされることになった。６の安値は前の支持線の最後の水準なので、プルバックがそのマグネットに向かい、そこで反転する可能性が高い。ただし、すべては確率上の話ではある。

切りの良い数字の効果

FX市場では、どの通貨ペアでも大きな方向性は大口プレーヤーが決めている。通貨相場を大きく動かすために必要な出来高は、平均的な個人トレーダーがどれほど大きく仕掛けても到底追いつかないサイズだからだ。このマーケットで典型的な大口投資家と言えば商業銀行、中央銀行、機関投資家、巨大ファンドなどで、彼らはFXという舞台で激しく競っている。ただ、彼らのそのときどきの動機を知る必要はまったくない。彼らは、マクロ経済、ファンダメンタルズの見通し、金利の変化、テクニカル分析などあらゆる情報に基づいて動いているからだ。それに、もし彼らの狙いが分かったとしても、それと正反対のことをする大口プレーヤーも同じくらいいる。つまり、どのような場合でも、チャートに集中することが最善策なのである。結局、何がどれだけ売買されても、すべてはプライスアクションで見ることができるからだ。

プライスアクションの主な原則の最後に、切りの良い数字の効果について見ていこう。プライスアクションが切りの良い数字に近づいてその近くを動き回ることは、チャートを見ればすぐに分かる。このように定期的に起こることについては、その理由を検証する価値がある。

まず、通貨チャートで切りが良い数字とは何なのだろうか。通貨市場では、多くの通貨が小数点第４位まで表示されており（ピップ以下のピペットは無視）、最後が０の価格を切りの良い数字と呼ぶ。短い時間枠、例えば１分足チャートならば、1.2630などが切りの良い数字で、その次の段階は1.2620か1.2640になる。また、それよりも長い時間枠、例えば２分足チャートや３分足チャートならば、たいていはその水準が１段階上がり、いわゆる「20レベル」（1.2600、1.2620、1.2640など）に達するとプライスアクションはジグザグになる。ただ、通貨市場で最も目立つ切りの良い数字で、５分足チャートでも常に注目されているのは、１セントと0.5セントの水準と言ってよいだろう（例えば、1.2600、1.2650、1.2700など）。これらの水準を「00レベル」「50レベル」と呼ぶことにする。

ほとんどの取引日において、価格は遅かれ早かれ00レベルや50レベルに達する。そして、これらの水準の近くで価格が何時間も蛇行することも珍しくない。一方の側がこの水準を攻めると、他方がそれを守る。この攻防がどうなるか事前にはけっして分からないが、敵をだましたり混乱させたりするための避けるべきたくらみやワナもないので安心してほしい。ただ、切りの良い数字の攻防の早い段階で、あせって一方の側を選ばないほうがよい。

主導権争いはみんなそうだが、切りの良い数字の攻防も、どこかで決着がつく（現在の取引時間中とは限らないが）。私たちの仕事は、傍観している安全地帯から、さまざまなヒントや手がかりを探し、査定してどちらの側が他方よりも有利かを判断することで、その方法はこのあと順次説明していく。

マーケットの方向は、勝る側が体当たりした結果なのか、それともそれまでのさまざまな動きが組み合わさった複合的な結果なのかはどうでもよいことだ。大事なのは、マーケットではガキ大将のように自分勝手がずっと許されるわけではないことを知っておくことだろう。大口プレーヤーでさえ、いつさらなる大物に遭遇して、痛手を被ることになるかもしれないことは分かっている。それに、彼らも人間であり、家でトレードしている個人トレーダーと同じように、愚行や、間違った見方や、作戦の失敗などがないわけではない。つまり、強力なプレーヤーにおびえるよりも、彼らの出来高がなければ価格がすぐに大きく動くことなどないことを考えれば、彼らの存在を歓迎すべきだろう。

面白いことに、切りの良い数字に注目すると、これらの水準もテクニカルマグネットのように機能することが分かる。もし適切なセットアップがあるトレードならば、支配的な圧力と合わせてダブルの圧力が最も期待できるのは、00レベルや50レベルから約20ピップスの辺りと言えるだろう。これも前述のマグネット効果の変形と言える。ただ、主要な切りの良い数字の吸引力は逆方向に機能することもあり、そうなればトレードは損失を被ることになる。このような状況を逆マグネット効果と呼ぶことにする。

この仕組みを考慮して、00レベルと50レベルの有利なマグネットを利用し、逆の引きをできるだけ避けてトレードすることを主な目標のひとつとしたい（この例は、この先の章で何回も出てくる）。

ユーロ/ドルのマーケットは、活発なマーケットで、１日の価格レンジは平均100ピップスを超えている。つまり、毎日最低１回は切りの良い数字で攻防が行われていることになる。これらの小競り合いをしっかり観察していくためには、チャートの00レベルと50レベルに薄く線が入るように設定しておくとよい。

注意　ボラティリティが低い環境では（かなり長く続く可能性もある）、00レベルと50レベルの間のスイングが少なくなる。そうなると、マーケットはこれらの水準よりも20レベルに注目するようになる。これがプライスアクションの本質に影響するわけではないし、切りの良い数字近辺の攻防が変わるわけでもないが、細かいレベルに合わせてトレードの仕方を調整していくほうがよいのかもしれない。第11章では、その方法をいくつかの人気のマーケットの動きの速い日中のチャートを使って検証していく。

主なプライスアクションの原則の理論的な紹介はこれで終わりにする。次章では、これらの概念について、５分足チャートを使って実践的な観点からさらに詳しく述べていくことにする。

第3章

プライスアクションの原則――実践編

Price Action Principles -- Practice

　プライスアクションの原則について理論武装を終えたあとは、ユーロ/ドルの５分足チャートを使って実際のプライスアクションに応用してみよう。ちなみに、これから紹介するチャートの順番に深い意味はない。それぞれのチャートには、主な原則の実例が少なくともいくつかは含まれている。ここでは、典型的な切りの良い数字の攻防、ダマシのブレイク、ティーズブレイク、正当なブレイク、プルバック、テクニカル的な試し、天井への試し、ダマシの高値、ダマシの安値などについて、実践に使えるさまざまなヒントや手がかりを紹介していく。

　ただ、過去の動きを研究しても、それは過去のマーケットの動きでしかないことをぜひ理解しておいてほしい。幸い、このような動きは何回も繰り返し起こっているため、プライスアクションを粘り強く勤勉に学んだ人が、マーケットの過去のメッセージを将来実行可能な戦略に組み込むのは、難しいことではない。ただ、学びの努力を怠れば、ライブトレードの本当の本質を理解することはできないが、それが準備を怠る言い訳にはけっしてならない。

　意欲的なトレーダーが犯しかねない最大の間違いのひとつで、最もよくある愚行は、良さそうな手法を見つけたときに、きちんとバックテストをして自分のものにしないまま、すぐにマーケットでトレードしてしまうことである。また、少額で利用することができる独立ベンダーの優れたチャートソフトを使わずに、トレード用プラットフォーム会社が提供するチャートを使うという間違いもよくある。たまに例外もあるが、無料のチャートは過去のデータが少ないため、バックテストに適さないものが多い。優れたチャートソフトは、５分足のデータが少なくとも１年分は含まれている。この非常に役に立つ情報が、ボタンひとつで利用できるのだ。さらに、プロ用のチャートは細かくカスタマイズができるようになっており、価格軸や時間軸を簡単に調整できるし、チャートに書き込みをしていたら誤って注文が出てしまうようなイライラもない。もちろんすべては個人の自由だが、トレードで最も重要なツールであるチャートは、適切なものを選ぶことの重要性をよく覚えておいてほしい。

本書では、すべての説明にユーロ/ドルの５分足チャートを使っていく（第11章以外）。チャートの種類はローソク足で、陽線の実体は白、陰線は黒で表している。ちなみに、プライスアクショントレーダーには、アラームの音などは必要ないが、足25本の25EMA（指数平滑移動平均線）だけは場所をとらずに役に立つので勧めておきたい。もちろん、「指標」がなくてもトレードはできるが、この平均線は分析にもトレードにも素晴らしい指針兼フィルターになる。

25EMAはその名のとおり、過去25本の足の終値の平均を表したものだが、少しひねった計算方法で、直近の足を加重している。25EMAは、同じ目的でより多く使われている20EMAよりも少し遅くなる。25EMAの指数関数的なひねり自体はさほどの影響はないし、マーケットの圧力を測るために使われているだけなので、足の数が18〜30本くらいの間ならば同じように機能する。もし25EMAの傾斜が上がっていてほとんどの足の終値が切り上がっていれば、ブル派が一時的に優勢だし、傾斜が下がっていれば、ベア派が主導権を握っている。ただし、これはすべて相対的な強さである。

　また、足を詰め込みすぎないようにするために、１枚のチャートには６～７時間程度のプライスアクションを表示すれば、そのときのマーケットの性質を適切に示してくれる。ちなみに、ライブでトレードするときは、あと何時間分かさかのぼって表示してもよい。ただ、５分足チャートは、画面に１日分を超えて表示してもあまりメリットはない。情報が多すぎると、むしろ矛盾が生じることもある。

　チャートの横の長さを設定するときは、足と足の間に少しスペースが開くようにしておくと見やすくなる。しかし、右側の目盛りのほうは圧縮して足の長さを短くしている。こうすると、チャートは穏やかな感じになり、足を縦長に伸ばした場合とはまったく逆の雰囲気になる。そして最後に、チャートをすっきりとさせておくために、線は引かず、00のレベルと50のレベルだけに細い線を入れている。

　また、FXマーケットの場合は３つの時間帯を反映させるようにすることが望ましい。そこで、本書のユーロ/ドルの５分足チャートは、中央ヨーロッパ標準時（CET）で00:00から始まるアジア市場、08:00から始まるヨーロッパ市場と09:00から始まるロンドン市場、そして、15:30から始まるアメリカ市場（アメリカの株式市場の開始時間）を続けて表示している。

　チャートのなかの矢印はいわゆる仕掛けの足（前の足のブレイクに基づいて仕掛けた足）を示しているが、仕掛けのテクニックについては第５章で説明するため、今の時点ではのちに使うものとして、プライスアクションが重なると強力なブレイクアウトにつながるということだけ覚えておいてほしい。

図3.1は、ダブルの圧力がビルドアップ（３－４、７－８、13－14の上昇スイング）から生じる概念を分かりやすく表している。仕掛けや手仕舞いのテクニックに触れずに、強力なブレイクアウトにつながる兆しとなるプライスアクションの原則があるかどうかを見ていこう。

図3.1

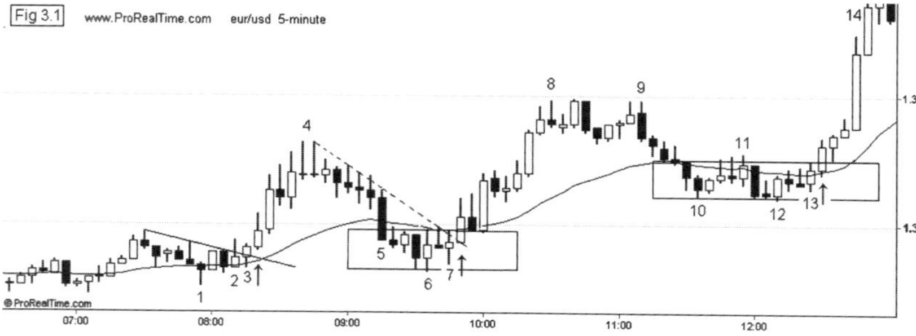

ヨーロッパの取引が始まる08:00の少し前に、ブル派がゆっくりと主導権を握り始めたが（価格が25EMAを上抜いた）、まだそれほど明らかではない。実は、彼らは足１でベア派の攻撃を退けたことで、わずかだが安値を切り上げた。これが強気を示す小さいヒントになった。

価格が再び25EMAに重なると、図のように短いパターンラインを描くことができる。これは意味のある境界線というわけではないが、それでもメリットがある。足２が途中でこの線を上抜いたが、結局、線の下で終わったからだ。ここはベア派の勝ちだった。

注意　視覚的な助けとなる線を描き入れるときに、大げさなものは必要ない。短い境界線（１時間程度のプライスアクションにかかる線）でも、十分効果がある。また、強気の動きを見るための線は、上昇する線ではなく、水平か、高値の切り下げを結んで傾斜が多少下がっている線を引き、弱気の場合はその逆になる。ただ、パターンラインは、長くても短くても、個人的な解釈で引くということを覚えておいてほしい。そうしなければ、この線の小さな貫通が最高のトレードシグナルにはならない。反対に、５分足のブレイクは明白で、その足と周りのプライスアクションとの位置関係が重要であるほどブレイクの影響も大きくなる。この原則は、私たちのトレード作戦の基本であり、そのような足のブレイクとパターンラインの貫通を合わせてトレード判断を下していく。ときには、パターンラインを貫通する前に仕掛けてしまう場合もあるが、通常は貫通してすぐに仕掛けることが多い。

後者の好例が、最初のブレイクアウトである。足３の始値（白い実体の安値）がパターンライン辺りにあり、少し下げてからパターンを抜けて強気の終値（白い実体の高値）を付けた。これは、ブル派が盛り返した印だが、まだ重要なブレイクには至っていない。しかし、足３の高値が上抜かれると、ブル派は一気に買い進め、ベア派は逃げ出すしかなかった。典型的なダブルの圧力の状況である（ただ、足３までの動きだけ見ると、本当に仕掛けるべきところかどうかは分からない）。

足４から足６への押しで買う場所はたくさんあるが、保守的に行くならば、調整を待ってテクニカル的なポイントに達するのを待ち（支持線や抵抗線への試し）、何らかの足場（ビルドアップ）が築かれるかどうかを見極めればよい。もし魅力的なリトレースの水準に達したというだけで（例えば、前のスイングの50％）仕掛けてしまえば、それは希望的観測と神頼みの作戦でしかない。また、テクニカルの試しですぐに仕掛けても、価格はそのまま突き進んで損切りを近くに置いている人たちをふるい落とすこともあるため、安全とは言えない。そこで、何本かの足がどこかで落ち着くのを待つ方法を勧めたい。

最初の上昇スイングが始まった１－３のクラスター（複数の足の塊）は、テクニカル的な支持線のエリアの好例と言える。結局、左側のブロックに厚みがあれば、それを突き抜けて下落するのは難しくなる。

角度のついた線と同じように助けになるのが、関心のあるエリアのクラスターを囲む四角い枠である。特に、プルバックの高値や安値で反転する可能性があるときは、これが役に立つ。ブレイクしそうな側に１本水平線を引くだけでも十分だが、枠があると反転（５－６－７）の圧力がとても見やすくなる。

プルバックを示す点線の下で、足7がすぐ前の足を下抜いてダマシの安値を付け、枠の中で安値を切り上げた。そして、この足が上抜くと、枠の抵抗線も、プルバックの線も、25EMAも、切りの良い数字も超えてしまった。このように1回で複数のスイートスポットがブレイクされると、同じブレイクに注目が集まるため、フォロースルーの可能性が高まる。そして、このようなときは逆張り派が反撃する可能性も低い。

現在のマーケットの高値（8－9のダブルトップ）に至るまでには、何回かの押しがあったが、足9が下抜かれると、ブル派はついにあきらめてベア派が勝って下落した（9－10)。この調整が、前のスイング7－8の約50％しかリトレースしていないのは、ブル派が圧力を維持しようとしたことを示している。

私はマーケットでの保守主義を大いに推奨しているが、積極主義で何の問題もなくトレードしている人たちがたくさんいるという面白い事実もある。例えば、50％の調整で買うのはトレードの格言にある「落ちてくるナイフ」をつかむようなことかもしれないが、実はそれが間接的にブレイクアウトトレーダーの利益になる場合もある。この種の勇敢さは、プルバックのモメンタムを緩めて「保守的」なトレーダーのために横ばいの舞台を整えてくれるかもしれないからだ。

ビルドアップからブレイクを効率的に予想するためには、プルバックの現在の安値とそのあとの最初の高値を注視しておくとよい。価格がその高値から下がったときに、両方の極端な値を含む枠を描き、それを右側に伸ばしていくのだ（今回のチャートでは、最初の枠は足10の安値と足11の高値が入るように描いたが、実際にブレイクアウトする前に、上のバリアを足13の高値に合わせて調整した)。

枠を描くと、次の何本かの足はたいていそのなかで上下する。これがビルドアップの最初の段階だ。もちろん、枠の中に何本の足が入るかは分からないが、足が増えればブレイクアウト前の圧力も高まっていく。価格はどちらの方向にもブレイクする可能性があるが、マーケットは以前の支配側に合わせて最も抵抗の小さいほうを選ぶ可能性が高い。そうなると、枠の「不利」な側にはブレイクアウトトラップになる可能性も考えられる。

ビルドアップの途中のある時点で、トレーダーは打席に入って仕掛けなければならない。しかし、枠のバリアをブレイクしただけでは、たとえ有利な側であっても、十分なフォロースルーを呼び込むには至らないかもしれない。このとき望ましいのは、ブレイクアウトの前に必要以上の圧力がたまっていることで、これはビルドアップのなかのビルドアップとでも言っておこう。この最後の圧力は、ほんのわずかで見つけにくいかもしれないが、けっして「感覚」で判断しないでほしい。すべきことは、必ず足が教えてくれる。

次は、２つ目の枠の進展を詳しく見ていこう。10－11の上昇スイングは、ブル派が調整を終わらせようとする最初の試みだったが、ベア派がすぐに盛り返して以前の安値まで押し下げた。このような上下の動きは、プルバックで反転しそうなときによく見られる。興味深いのは、足12が一時的に足10を下抜いてもすぐに買われたことで、これはかなり積極的だった。これが教科書どおりの逆張り派のワナである。

そして、このダマシの安値からほどなく、価格が枠のなかで上下しているときに、足13がテクニカル的に重要なメッセージを発した。この足も、最初はその前の小さな陰線の安値を下抜き、そのあと大きく上げて終わったのだ。これによって新しいダマシの安値が付いただけでなく、枠の中で安値が切り上がった。この動きを以前の足７と比べると、２つの価格の動きはテクニカル的に同じだったことが分かる。

２つ目の枠は、最初の枠に比べてブレイクするまでに約２倍の時間がかかったが、これは多くの場合、ダブルの圧力の可能性を高めることになる。結局、ビルドアップのなかでたくさんのトレードが行われれば、最後にブレイクアウトしたときに間違った側でワナにはまるトレーダーも増え、彼らが逃げ出すときにブレイクアウトの圧力はさらに高まる。

これらのことは、足13を上抜くブレイクアウトのトレードが必ずうまくいくことを約束するものではないが、①チャート全体の圧力が強気、②価格が50％リトレースメントゾーンに入っている、③足12がダマシの安値になった、④足13がダマシの安値を付けて安値を切り上げた、⑤枠を上抜いた、⑥上方に50レベルのマグネットがある —— などの点を考えると、少なくとも強気のフォロースルーがある可能性は高い（仕掛けと手仕舞いについては、第５章で詳しく説明する）。

プライスアクションを分析する方法はたくさんあるが、過度の分析は不要だ。特に、保守的なスタイルでゆったりとトレードするならば、チャートを切り刻む必要はほとんどない。ただ、これは一部の足が無意味だということではない。すべての足は重要だ。しかし、すべての小競り合いに時間を費やす意味もあまりない。勝率が高いトレードをセットアップするためには時間がかかるということをぜひ覚えておいてほしい。トレンド相場でもレンジ相場でも、ブレイクしてもプルバックでも、いずれは限界に達し、ほとんどの取引時間中にそれが起こる。そのときこそが集中すべきときなのである。

図3.2は、一連の動きを２本のパターンラインでとらえることができる。この３時間以上のプライスアクションは一言で言えば、09:00に始まったロンドン市場のブル派の勢い（１－３）を吸収している。しかし、ざっと見ても足３の高値からの押しは50％を超えておらず、ずっと強気のサインが続いていることは、売りを避ける主な理由になっている。もちろん、下げたところで何ピップスかスキャルピングすることも可能だが、それはこれから紹介する保守的なスタイルには似合わない。それよりも、まずは議論の余地がないほど高勝率のチャンスに集中すべきだろう。このようなチャンスはそう多くあるわけでは

図3.2

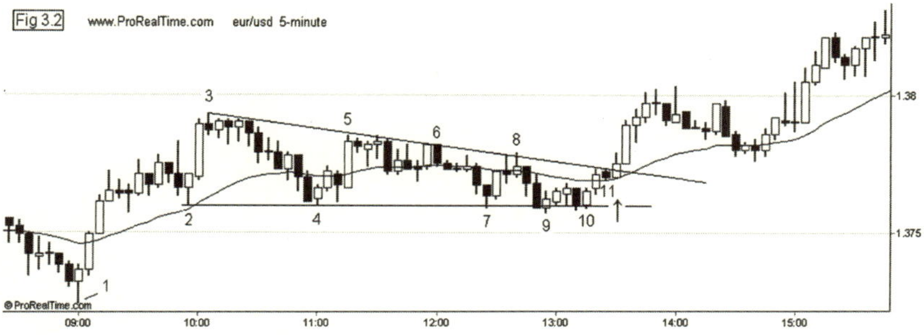
Fig 3.2
www.ProRealTime.com eur/usd 5-minute
1
2
3
4
5
6
7
8
9
10
11
1.38
1.375
© ProRealTime.com
09:00
10:00
11:00
12:00
13:00
14:00
15:00

なく、どのようなマーケットでも取引時間中に１回か２回程度かもしれない。しかし、それでもこの分野で成功することは十分可能なのである。

保守的なブレイクアウトトレーダーのなかでも、正当なブレイクの正確な意味については議論の余地がある。それでも、パターンラインと足11をブレイクアウトしたブル派の潜在力について異論を唱える人はあまりいないと思う。これがこの時間帯の最高のトレードかどうかは別として、ここではこのチャンスを予想することができたかどうかを検証してみよう。

まず、もし寄り付きからの上昇１－３を見ればブル派の圧力は否定できないが、その始まりは盤石とは言えない。25EMAの下から上昇しても、その前にブレイクにつながるようなビルドアップがないこのような動きには、多くのマーケット参加者が疑いを持つ。そのため、この上昇は最初のプルバックのあとに必ず上昇を続けるかどうかは分からない。もちろん、これはこの圧力に抵抗するよう促しているのではなく、まずは観察を続けてマーケットの反応を見極めたほうがよいということだ。この影響を理解し、評価するためにもう少し時間を必要としているのは、おそらく私たちだけではないだろう。

もうひとつ気になるのは、この上昇が50レベルを超えたあと、それを試していないことである。これは絶対的な否定材料ではないが、最初に突破したときのビルドアップが少ないほど、逆マグネットの可能性は高くなることが多い。このことも、ブル派の力に少し慎重になる理由のひとつになる。

最初の重要な調整が始まると（３－４）、ブル派は安値２の水準で攻防し、足４でダブルボトムを形成した。寄り付き後に超えた切りの良い数字のマグネットに打ち勝ったのである。この好材料のあとのブル派の課題は、25EMAを上抜いて彼らのテクニカル的な優位を再度視覚的に訴えることである（４－５）。

足５から足６への動きは、25EMAを超えるための10本の足の小競り合いとなった。このなかで、ブル派は25EMAを割り込まないように繰り返し買っているが、少し上がるとすぐに売られている。どちらかがあきらめなければならない。そして、足６で再度強力な陰線ができると、ブル派がまずあきらめて６－７の調整につながった。保守的な傍観者にすれば、これはトレードのセットアップとは言えないが、ロンドンの午前の取引で高値を切り下げたことで、良いパターンラインを引いて、今後のために延長することはできた。

注意　少なくとも数時間をカバーするパターンの境界線は、少し余裕を持たせて描くとよい（特に重要な高値や安値が一直線に並んでいないときは）。そして、常にできるだけたくさんの足が入るように気をつけながら、現在の足よりずっと先まで線を引いておく。もちろん、それでも足らなければ、さらに伸ばせばよい。また、フォロースルーに合わせて途中で少し修正しなければならないこともある。もしパターンラインが無効になったり不要になったりしたときは、チャートをすっきりさせておくために削除すべきだが、ブレイクアウトした場合はすぐに消さないでほしい。プルバックしたときに、この延長線が役に立つかもしれないからだ（詳しくは第５章参照）。

ちなみに、今回のチャートは売りの目的で観察しているわけではないため、水平の線は実はいらないのだが、ダマシのブレイクトラップの教科書どおりの例（足７）を示すためにここではあえて引いている。ここから分かるように、ブル派は足６で25EMAをあきらめたように見えるが、ベア派がダブルボトムの安値（足２と足４）を下抜くと、すぐに復活した。このとき、ビルドアップがないことを確認した逆張り派は、彼らが最も好きなこと、つまりビルドアップがないブレイクに反撃した。この作戦は非常にうまくいき、ダブルボトムはトリプルボトムになった（２－４－７）。

皮肉なことに、支持線のダマシのブレイクのあと、足２～３本先の足８で、ブル派はほぼ同じワナにはまった。このブレイクも、全体的な圧力の方向ではあったが、質は低かった。価格はパターンラインの下で止まることなく（ビルドアップなく）、安値からまっすぐ上昇してブレイクした。これはブレイクのセットアップとしてはあまり良くない。そこでまた逆張り派が参入したが、今回彼らはブル派の失敗を期待していた。行き場を失ったブル派は急いで売り、それが８－９の下降スイングの圧力を強めた。

パターンのどちらの側もブレイクできないことは珍しくない。これはビルドアップの裏づけがないブレイクで仕掛けるのが明らかに危険だということを示している。それでは足９のダマシのブレイクはどうなのだろうか。

もちろん、このように行き詰まった状況がずっと続くわけではない。遅かれ早かれ、一方の側が他方の守りを突破することになることは分かっている。しかし、トレードできるブレイクとワナかもしれないブレイクをどのように見分ければよいのだろうか。それには、足のなかの圧力を注意深く観察すればよい。なかでも、価格が引き締まったクラスターを形成しながらパターンラインを引き上げたり押し下げたりしている状況は注視しておかなければならない。

ブレイクアウトが近いことを示す最も大きなヒントのひとつは、クラスターの右側に強力な足ができることである。足10や足６はその好例と言える。足10が上抜かれたときも、価格は大きなパターンのなかにあったが、次の陰線が支持線に跳ね返され、今回はビルドアップもあった。そうなると、次は上をふさぐパターンラインを攻めることになる。ここからは、保守的なブレイクアウトトレーダーも、集中して準備を整えておかなければならない。

圧力を大きくするためのビルドアップの形はほかにもある。ブレイクアウトするかもしれないエリアで価格がパターンラインと25EMAに挟まれている状況は、スクイーズと呼ばれている。今回のチャートは、この非常に効果的な形のブレイクアウト前の圧力の例としては最適ではないが、それでもブレイクアウトの前に、パターンラインと25EMAに小さく押しつぶされた（スクイーズされた）足11がある。できれば、このような足が少なくとも２～３本かそれ以上あると、さらに大きな圧力をバネのようにため込むことができる。そのような例も、このあとたくさん出てくる。

ほかにも、８－９－10－11のWパターンからブレイクした足11が興味深い。このような効果的なパターンがプライスアクションのなかに有利な形でできると、上方にブレイクアウトする前兆だということは広く知られている（ベア派の側ならばMパターンになる）。WとMのパターンは、さまざまな形や大きさで登場し、仕掛けや手仕舞いのテクニックにおいて非常に役に立つ。これらの形や意味については、今後の章で詳しく説明していく。

そして何よりも、このパターンのブレイクアウトは非常に強力な援軍に支えられている。価格は「正当」にブレイクした途端に、切りの良い数字である1.38に文字どおり吸い込まれていったことに注目してほしい。しかもこの間、ベア派の姿は見えない。これが有利なマグネットの威力なのである。

図3.3

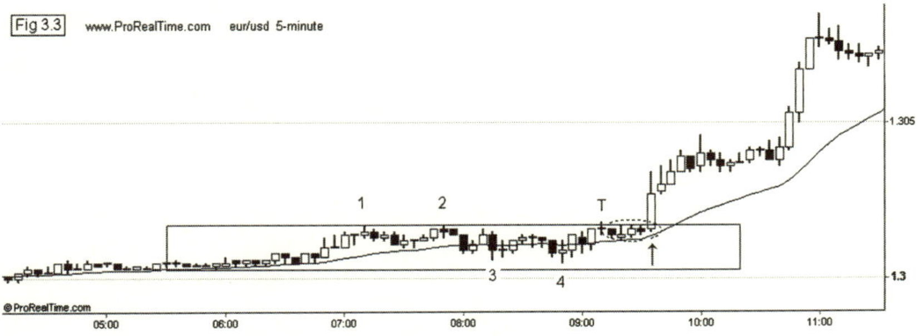

程度の差はあっても、価格が何時間も横ばいのときは、通常レンジ相場とみなす。このようなときは、枠で囲むのも、それを延長するのも難しくない。しかし、バリアだけでなく枠も書き入れると、レンジのなかの圧力やビルドアップがより見やすくなる。もちろん、線も枠も引かずに分析をすることもできるが、視覚的なメリットは**図3.3**を見ると、無視することはできないことが分かるだろう。

注意　レンジブレイクアウトの説明を始める前に、ユーロ/ドル市場の興味深い特徴について少し書いておく。ユーロ/ドルの場合、アジア時間の後半はイギリスとアメリカという大市場が引けたあとで、ニュースも動機もあまりないため、派手な動きは期待できない。アジアのトレーダーがほとんど横ばいで推移するであろうマーケットで特にポジションを持とうとは思わないのも理解できる。しかし、この情報が何の役に立つのだろうか。絶対とは言えないが、一般的にアジア時間の後半はかなり狭いレンジで推移し、EUとイギリスが朝を迎えて出来高が増えてくるとブレイクする傾向が強いということが言える。出来高が増えるということは、値幅が急に広くなることで分かる。通常は08:00ごろ（EU市場の寄り付き）だが、09:00（イギリスの寄り付き）には間違いない。つまり、この出来高が増える時間帯に寄り付き後最初の妥当なトレードが見つかるということで、この時間帯にトレードするつもりならばそこに注視しておく価値はある。ほかのマーケットについても、トレードできる可能性がある銘柄の特徴を調べておいて損はない。

図3.3は、イギリスの朝のブレイクアウトの好例である。この枠は、足２が高値を付けて足１と共にダブルトップになったときにはすでに描かれていたかもしれない。現在、足は25EMAよりも上で推移しており、下のバリアにはあまり意味がないが、それはのちに調整すればよい。

08:00からは少し動きが出てくるが、それでも足は狭いスパンに固まっている。09:00にイギリスの取引が始まる少し前に、ベア派は足４で足３の安値を下抜いたが、切りの良い数字のマグネットには達しなかった。これだけでもヒントになる。このことは、ブル派の復活（ベア派の弱体化とも言える）を示すだけでなく、チャートにはダマシの安値が付いた。ただ、足４の安値が足３の安値を下抜いたと言っても、わずか１～２ピップスなので、これはほぼダブルボトムと言ってよい（３－４）。それからほどなくして、価格は再び25EMAを上抜いた。すべては強気を示している。

ここで、２－３－４－Ｔ（ティーズブレイク）の推移に注目してほしい。ここもWパターンになっており、**図3.2**の８－11の変形とも言えるが、今回のほうが平たい形をしている。足を左から右にたどっていくと、このパターンに強力なブレイクアウトの可能性が潜んでいる理由はすぐ分かる。ダブルボトムが組み込まれていて、右の足は上にスイングしていれば、圧力は間違いなく上方に向かっているからだ。

足４のダマシの安値から、熱心なブル派はすぐにＴ（ティーズブレイク）で上方にブレイクしようとした。これは、少し時期尚早に見えるかもしれないが（ブレイク前にあまりビルドアップがない）、注視すべき状況であることは間違いない。継続的な攻撃が続いていることはすでに分かっており、最初に撤退を余儀なくされたあとも状況は変わっていない。チャートの圧力が彼らに有利になれば、このあと再び攻勢をかけてくる可能性は高くなる。

ちなみに、ティーズブレイクアウトからの撤退は、非常に控えめだった。次の何本かの足は上のバリアを攻めているがこれはブル派の決意のサインに違いない。実際、点線の楕円で囲んだ４本の足は、教科書どおりのスクイーズになっており、これらの足が上のバリアを押し上げようとしているだけでなく（ティーズの高値は別にして）、25EMAも下からそれを支えてやさしく枠から押し出そうとしている。保守的なブレイクアウトトレーダーにとって、これは最高のセットアップのひとつであり、ビルドアップがWの右側のスイングに付いていればさらに良い。ブレイクアウトに対するブル派の反応は、少し大げさかもしれないが、状況は明らかだ。ブル派が買ってベア派が逃げ出しているのである。

スクイーズは、レンジの上のほうや下のほうのみでできるわけではない。角度のあるパターンラインの上や下にできることもあり、その場合は反対側から25EMAが力を加えている（**図3.4**の左の点線の楕円）。

この形ができる少し前に、ブル派は足４で大きな境界線をブレイクした。そこまでのビルドアップは、少し浅いが、全体的な状況は間違いなく、それを推進している。ちなみに、このチャートには載っていないが、これ以前も強気だったことは、左端の25EMAが上昇していることから分かる。つまり、１－３の前は上昇していたのだ。ちなみにこのパターンは、通常ブルフラッグと呼ばれている（ここではフラッグのみが見えている）。

通常、有利なフラッグパターンは、①ポールと同じ方向にブレイク

図3.4

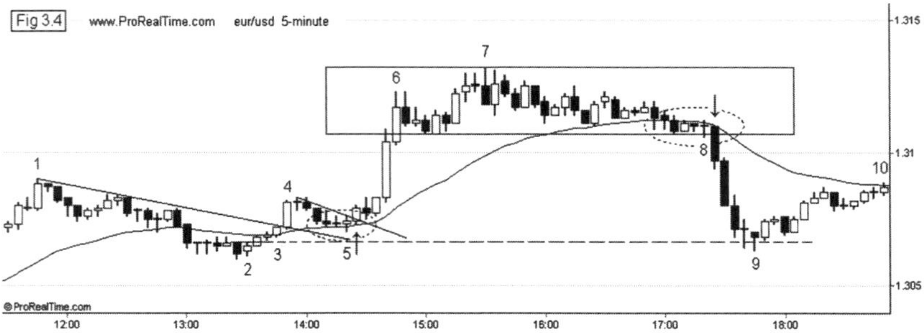

することが多い、②フォロースルーの長さはポールの長さと同じくらいになることが多い――と言われている。このような見通しに基づいて、フラッグパターンは、継続方向にトレードするための興味深い候補になる（ブレイクしたら、それまでの支配側の方向にトレードする）。

さらに言えば、ビルドアップがあまりないままフラッグ（またはそのほかのパターン）をブレイクすると、多くのブレイクアウトトレーダーは傍観したまま動かない。しかし、彼らにはまだ希望がある。ブレイクしたあとで、価格がいったんパターンまで引き返すことがよくあるからだ。このようなプルバックを、ブレイクアウトのテクニカル的な試しと呼んでいる。これは、ブレイクアウト後の「2回目のチャンス」として、多くの人が注目している。

足4から足5への押しには、小さい足が静かに規則正しく並んでおり、ベア派の積極性が見られない。買いを仕掛けたい人にとっては、良い展開だ。調整で逆張り派の圧力が抑えられれば、プルバックのモメンタムが衰えたときに反転する可能性は高くなる。最善の仕掛けポイントについてはさまざまな意見があるかもしれないが、作戦のカギを握る要素は2つある。ひとつはプルバックライン（うまく描ければ）

で、もうひとつは調整の安値や高値近辺の重要な足のブレイクである。

ちなみに、小さなパターンラインの最も「役に立つ」傾斜は、突き抜ける直前に明らかになることもある。ただ、それでも足が完成するまでには５分間かかるため、現在の足が高値や安値を更新していたとしても、たいていはその角度を検証するための時間は十分ある。

もうひとつ面白いのは、足５の小さいダマシの安値である。この足は、その前の２本の足を短く下抜けたが、結局、終値は25EMAを上回った。プルバックの反転で買うチャンスをうかがっていたブル派にとって、ダマシの安値はほんの一瞬でも敵の弱さを示しているため、常に歓迎すべきことなのである。そして、足５が上抜かれると、ダマシの安値の一件（下方のブレイクのあと上方にブレイクしたこと）は「テクニカル的に確認」され、それと同時に図のようなプルバックライン（もしあれば）をブレイクしたのもさらに良かった。

このプルバックラインのブレイクは、よく見ると、別のブルフラッグ（２－４のスイングがポールで、４－５がフラッグ）もブレイクしている。実は、大きくブレイクしたあとに、プルバックが変形して小さなフラッグになることはよくある。もしこの小さなフラッグを大きなブレイクと反対方向にブレイクすれば、価格が本格的に跳ねることも珍しくない。今回のチャートでは、まさに教科書どおりの例になっている。

マーケットには、まったく活気がないときもあるが、いずれどこかの時点では50レベルか00レベルで長めの攻防になる。通常、多くのトレーダーが切りの良い数字に注目しているため、この周りで衝突が起こりやすいのはよく分かる。ただ、典型的な切りの良い数字の小競り合いで難しいのは、多くの場合、最初のブレイクにはあまり抵抗がないことだ。しかし、そのあと価格の勢いがなくなると、本当の戦いが始まる。価格がブレイクした切りの良い数字までリトレースする傾向は、逆マグネット効果とも呼ばれている。マーケットが最初の調整でブレイクした水準を試す必要はないが、そうなればそのあとの動きが分からなくなり、多くのトレーダーが傍観を続けることになるかもしれない。

EUとイギリスの朝と同様、アメリカ市場の早い時間帯も出来高が多くなる。この時間帯は、UK/USオーバーラップ（イギリス市場とアメリカ市場が重なる時間帯）と呼ばれ、アメリカの主な株式市場が始まる約1時間前からロンドン市場が閉まったあと（CET14:30～18:00）ごろまでを指す。先のケースのように、アメリカの寄り付き前に大きく上昇していると、オーバーラップは寄り付き前の圧力に合わせるのではなく、それに反して動くことで知られている。もしこの仕組みを知っていれば、含み益を抱えているブル派はマーケットの動きを注視するに違いない。まだ重要な調整がなく、5－6のブレイクアウトのあと少し上昇したとしても、現在の状況に安心はできない。むしろ、アメリカ時間が始まった15:30に足7が目立たないダマシの高値を付けたあと陰線になったことに注目すべきだろう。

テクニカル的に見れば、枠全体の進展はマーケットが5－7の上昇を吸収し、見極めている状態を示している。まだ重要な安値がブレイクされたわけではないが、ゆっくりと高値が切り下げているのは、ブル派がもう高値で買おうとしていないことをはっきりと表している。さもなければ、彼らの熱意は何らかの供給が出てきたことで（そのなかには仲間のブル派の売りも含まれている）簡単に阻止されたのかもしれない。

枠が崩壊する何本か前の足（2つ目の点線の楕円）は、教科書どおりのスクイーズで短い足が25EMAと枠のバリアのなかに押し込められており、圧力がビルドアップされている。ベア派の優位を示す興味深い手がかりとなるのは、短小線8のダマシの高値で、これは、ベア派の影響力が強いスクイーズから逃げ出そうとしてブル派が上方にブレイクしたが、何のフォロースルーもなかったことを示している。このような失敗は、チャート上ではほとんど目立たないが、その後のブル派の士気には大きく影響する。

皮肉なことに、枠が崩壊する前にベア派は小さいワナを仕掛けた。足８の５分間のなかで、レンジの下のバリアをブレイクしたあと、レンジ内に戻って終わったのだ。これは、パターンバリアの小競り合いのなかの気まぐれな行動と言ってよいだろう。

このときのトレードの仕方の詳細については後述するが、もしレンジをブレイクしても、そのすぐ下の切りの良い数字によって少し危険にさらされるということは想像できる。この数字自体はテクニカル的な価値を持たないが（以前にこの近辺で攻防があったわけではないため、テクニカル的な支持線ではない）、それまでのプライスアクションは非常に強気だったため、1.31に押したところかその下で執行されるたくさんの買い注文が出ているかもしれない（逆張り派がよくやる手法）。その一方で、UK/USオーバーラップは終わりかけており、しばらくしたら出来高が細るのを知ったうえで、ブル派は本当に枠を下抜くブレイクに抵抗したいのだろうか。

ブレイクのあとにどうなるかが確実に分かる方法はないが、ポジションを建てる前に状況を両方の立場から見ることは重要だ。また、自分の目的だけでなく、敵の有利な点を考えることで、目の前のトレードの正しい見通しをつかむことができるかもしれない。

結局、ブル派は足８のブレイクでこれ見よがしにタオルを投げた。点線は、天井（足２の高値）への完璧に近い試しを示している。ただ、これが天井への試しなのか、ダブルボトムなのか、それともこの下落を止めたダマシの安値なのかは、実はどうでもよい。ここでトレードしてはならないことに変わりはないからだ。ただ、ポジションを建てているベア派にとって、この水準はミニ暴落による思いがけない利益の一部または全部を実現するための素晴らしい目安となる。それと同時に、この水準は勇敢なブル派がダブルの圧力で25EMAに向かう戻り（9－10）に賭けるチャンスでもある（勧めはしない）。

図3.5で、足3が足1の高値を上抜いたときと、足4が足3の高値を上抜いたときと、足6が足4の高値を上抜いたときに買ったブル派に何が起こったのかを検証してみよう。これらのブレイクは、どれも現在の支配的な圧力の方向ではあるが、それが必ずしも素晴らしいチャンスにつながるわけではない。どのケースもその前にビルドアップはなく、ブレイクアウトに至る動きはすでにかなり「行きすぎ」ていた。つまり、これらのブレイクは（一時的かもしれないが）失敗する可能性が高いのである。

もちろん、仲間のトレーダーたちがどのような作戦を用いようと私たちが口出しすることではない。もしかしたら、彼らは前の高値や安値を超えたところにある損切りを狙って2～3ピップス程度の利益を目指す機敏なスキャルパーか、もっと長い時間枠でトレードしていてかなり離れたところに安全な損切りを置いている人たちなのかもしれない。しかし、私たちのような保守的なトレーダーにとって、このようにビルドアップのないブレイクでトレードするのは、通常は勝機のない計画と言わざるを得ない。

足4から足5への押しは、ブレイクされた切りの良い数字を試し（逆マグネット）、それと同時に上昇が始まって以来初めて25EMAに達した。これは注目すべき興味深い進展だ。価格は少し下げたかもしれないが、重要な切りの良い数字である1.35辺りではしっかりと持ちこたえている。

レンジバリアをブレイクするためには、通常かなりのビルドアップが必要だが（少なくとも小さなクラスターにはなる）、反対にプルバックの反転は素早いこともある。25EMA上の1本の「反転足」でもトレード可能な反転になることもあるのだ（足5）。上昇トレンドでは、弱気の調整の安値で強気の足をブレイクしたときに仕掛ける方法もよ

図3.5

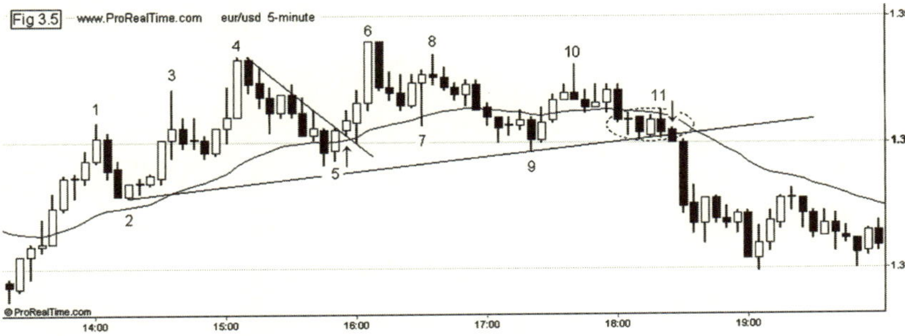

く用いられている。ちなみに、このときは損切りを押しの安値の下に置く。ただ、これをするときは、高勝率で反転することと、低勝率で反転しないことの違いをはっきりと見極めておいてほしい。例えば、足７は典型的な反転足（いわゆる同時線、実体が小さくヒゲが長い）かもしれないが、ブレイクアウトのセットアップとしてはあまり良くない。まず、その上で仕掛けても、その前のスイングの高値（足６）に近いため、抵抗線かもしれない水準に達する前に「反転」してしまうかもしれない。２つ目に、足７の長さを考えると、損切りをある程度離して置く必要がある。３つ目は、この損切りが00レベルの逆マグネットの途中という、あまり良いとは言えない場所にあることだ。足５のブレイクと比べると、足７のブレイクはまったくダメではなくてもあまり有利とも言えない。

25EMA自体は単なる平均値で、支持線や抵抗線になることはない。しかし、上下の動きが続くプライスアクションにおいては、40～60％程度プルバックすると、直近の足25本の終値の平均と同じになることがよくあり、何らかの支持線とぶつかることも珍しくない。足７の安値はその好例で、25EMAと足５の高値の両方を試し、それと同時に、①天井を試している（４－５－６のアーチの底）、②前のブレイクアウトを試している、③前のスイング５－６を60％リトレースしている。この種の「明らかな」支持線は、足７の安値での積極的な買いにも当然影響を及ぼす（スキャルパーがよく使う作戦）。ところが、足７のブレイクでこのような積極性は見られなかった。

足８から足９への押しでは、下げの途中で足７の安値を切り下げたが、さらに深い押しの４－５の安値には届かなかった。これによって強気の圧力はいったん維持されたが、切りの良い数字のマグネットの威力を無視することはできなかった（価格は何回もここに引き付けている）。

もし最初のパターンラインが足２と足５の反転を結んだものだったとすれば、足９はその延長線を下抜くことになる。このことですぐに線を修正する必要はないが、足９のことは念頭に置いておくべきだろう。もしこの先、同じような水準で安値が付けば、修正したほうがよいのかもしれない。しかし、そのあとスクイーズ（点線の楕円）になったため、結局、今のままの線が最適だったようだ。

点線の楕円部分について説明する前に、９－10のスイングについて書いておきたい。これは快調に始まったが、前の高値である足８の高値に近づくと、撃沈した。ある時点まで長大陽線だった足10が、途中で反転して安値で終わったのだ。上昇スイングの高値にある弱気の同時線（足８と足10）は、下降スイングの安値の強気の同時線（足７）と同じで、多少脅威的なところがある。これらの足は、反転足と見られることが多いが、同時線自体にこのような特性はない。これらの足の影響を見極めるには、必ず全体を見なければならない

ブル派の前途はあまり有望ではなくなってきた。1.35の水準を何回追い抜こうとしても、逆マグネットの引きはなくならない。高値を２回切り下げたことで（足８と足10）、低い水準の供給が続いていることは明らかだ。もしこの状態が続けば、近いうちにベア派が切りの良い数字に踏み込んでくるだろう。

一方、主要な安値である足２と足５と足９が切り上がっていて、潜在的な需要があることも見逃してはならない。中立な立場で、高値の切り下がりと安値の切り上がりだけを見れば、要するにトライアングルパターンが形成されている。そして、このパターンは必ずある時点で結果が出る。

点線の楕円のなかの４本の足は、これから展開する一連の出来事のお膳立てとなった。価格が支持線であるパターンラインと、抵抗線である25EMAの間に挟まれているのは、イチかバチかの状況だ。もしこの線が持ちこたえればブル派にも望みがあるが、もし攻防できなければその結果は想像に難くない。

もちろん、ベア派にも課題はある。典型的なスクイーズになっているということは、敵が攻撃できる距離にいるということでもある。ここは、彼らを逃がさないようにしなければならない。

プライスアクションをより深く理解するためには、足をテクニカル的な視点で見るだけでなく、そこでどのような心理が働いているのかまで考えることが助けになる。マーケットでは、希望と夢が毎分ごとに膨らんでは砕け散り、どちらの側がこの接戦を制すのかはだれにも分からない。ただ、確かなことは、負けた側の損失は勝った側の利益になるということである。支持線や抵抗線という重要な水準の小さなスクイーズが、テクニカル的な勝敗を分ける境界線を最もよく表していると言ってよいだろう。

価格がパターンラインと25EMAの間を行き来しても、マーケットは最後にはどちらかの側を選ぶことになる。足11がその前の陽線を上抜くと、ブル派はほんの一時トライアングルで勝ったと感じたかもしれないが、残念ながら、フォロースルーがまったくなく、結局このブレイクはトラップに終わった。スクイーズではよくあることだ。

これも、プライスアクションの一方の端で小さなダマシのブレイクがあると、反対側に大きくブレイクする前兆になるという好例である。

もし買いポジションを持っているときに、足11が上方にブレイクしてから反転して「安値」（その足の下のほう）で終われば、どう感じるだろうか。そして、そのあとさらにこの足が下抜かれ、主要なパターンラインと切りの良い数字をブレイクしたら、それでもまだ傍観組の助けを期待して待つだろうか。それともロープを放して痛みから逃れるだろうか。それどころか、自ら売りに転じるのだろうか。

パターンラインの上で起こっていることは、マーケットが強気から弱気にゆっくりと反転する典型的な展開と言える。興味深いのは、このパターンの間中、弱気の調整が切りの良い数字に到達するまでにたくさんのブル派がポジションを建てていることで、そのさらに下でもまだ買われている。しかし、支持線がビルドアップを経て崩れ落ちると、価格は一気に50ピップス下落し、そのときブル派の姿はなかった。このことは、マーケットで重要なのが価格ではなく圧力だということをはっきりと示している。

図3.6で、ブル派は、08:00にEU市場が始まって最初の足から自分たちの意図を明確に示し、ベア派に対抗する余地をほとんど与えなかった。価格が上昇すると、ベア派は繰り返しの売り攻勢でブル派を押し出そうとしたが、どれも25EMAに達する前に追い返された。反撃に失敗したことは、寄り付きの上昇中にいくつかのダマシの安値をもたらし、なかでも最も特徴的なのが足１の安値だった。実際、これは売りを仕掛けるにはひどいブレイクで、ブル派は賭けに出たベア派を簡単に締め出した。

マーケットが大きく上昇するときによく見られることだが、賢い逆張り派は、最低でも前の支持線や抵抗線に達するまでは手を出さない。もしこのような水準にある程度近づいたら、その近くの切りの良い数字が魅力的な仕掛けポイントになることが多い。しかし、すぐに反転することを期待して切りの良い数字で仕掛けてもうまくいくことはあ

図3.6

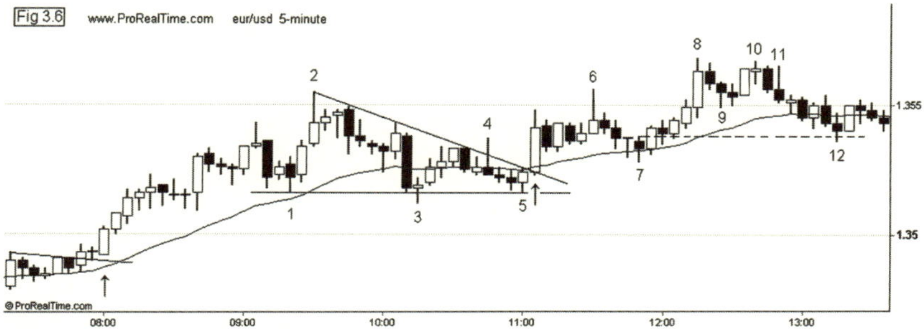
Fig 3.6
www.ProRealTime.com　eur/usd 5-minute
1
2
3
4
5
6
7
8
9
10
11
12
1.355
1.35
© ProRealTime.com
08:00
09:00
10:00
11:00
12:00
13:00

まりない。この水準で攻防があることを「期待」しても、ある程度そこを超えたあとで防御が始まることも珍しくないからだ。その意味では、50レベルをブレイクした足２はかなり控え目だった。

足２から足３への押しは、寄り付きの上昇の約50％を奪ったが、これは最高のトレンドでもよくあることだと分かっている。ここでは、足３が足１の安値を若干下抜いたが、すぐに買われたことに注目してほしい。これは興味深いダマシの安値だ。価格が再び上げて平均線の上でその存在を主張すると、パターンラインの抵抗線にぶつかって前の高値で下げに転じた。この境界線の最初のブレイクは、支配側と同じ方向ではあっても、ビルドアップが少なかったため、逆張り派のやる気を刺激した可能性が高い（足４）。

水平のパターンラインは、１－３－５のトリプルボトムを結んでいる。よくあることなので、価格が前の上昇の50％調整するのは当たり前だと思うかもしれないが、これを起こした側の勇敢さを無視してはならない。そして、それよりも深いプルバックもたくさんある。それに比べて、ブレイクアウトトレーダーはビルドアップの形成には関与しないため、勇敢とはほど遠い。彼らの仕事は、トレード可能なブレイクアウトがあればただ便乗するだけだからだ。それでは、足５のブレイクはどうだろうか。

足５が重要な足だというのは見れば分かる。この足の安値でトリプルボトムが形成され、高値は頭上のフラッグ線に到達している（スクイーズの一種）。２本のパターンラインが鋭く収束していくなかで、どちらかの方向にブレイクすることは避けられない。早い時間からブル派が支配していたことや、足５も上げて終わったことを考えれば、強気にブレイクアウトする可能性は高い。

足６は、足２に対するダマシの高値で、これも切りの良い数字が抵抗線になっているサインと言える(上ヒゲに注目してほしい)。そして、ダブルトップを付けると（２－６)、そのあと押す可能性が高いが、そのときポジションを建てているブル派全員がすぐに反対圧力を恐れるわけではない。実際、控えめな調整は、傍観組が有利にトレンドに乗るチャンスでもあり、それがトレンドをさらに活気づけるため、トレンドを間接的に推進することになる。もちろん、すべてのプルバックが「トレンドを推進する」わけではないが、調整を利用するための戦略がだてにたくさんあるわけではない。

足７から足８への上昇スイングのなかで50レベルがブレイクしたすぐあとに、価格はマグネットに捕まったが（８－９)、自信があるブル派はすぐに上方への攻撃で報復した。しかし、今回は前の高値を超えることができずに、足10で高値を切り下げた。

安値が切り上げていることと、ほとんどの足が25EMAを大きく上回っていることだけを見れば、この時間のブル派の優位に議論の余地はない。そして、このような状況ならば、保守的なトレーダーは売りは避けたほうがよい。しかし、この先も上げるかどうかについては、強力な抵抗線のゾーンに入ったということに注目する必要がある。７－８－９－10－11の展開の、特に切りの良い数字よりも上の部分を見てほしい。面白いことに、これは典型的なダブルトップの一種で、Ｍパターンになっている。ちなみに、この逆で強気のＷパターンについては以前の例で見た。どちらも非常に強力なビルドアップの形で、見つけるのも難しくないが、ブレイクで仕掛けるときは支配側の方向に合わせたほうがよい。ただ、今回のMパターンのように反対方向にブレイクしても、たくさんの人が手仕舞うことで強い反応になることもある。そのため、これらのパターンは決して軽視してはならない。

点線は、典型的な天井への試しの例（足12の安値が足７の高値を試した）を示すためのものだが、不気味なMパターンが頭上にあるため、大きく反転する余地はあまりない。

図3.7で分かるように、イギリスの午前中、ベア派はわずか足５本で80ピップスという物騒な下げをもたらし、それがこの時間帯に無視できない跡を残した（１－２）。この動きが少し収まると、ブル派は失った領地の一部を取り返そうとしたが、さらなる下落を止めることしかできなかった。この形はベアフラッグ（２－４）と呼ばれている。通常、フラッグパターンは、ポールの方向にブレイクするビルドアップと考えられている（継続的なブレイク）。これはよくあるパターンだが、いくつか重要な違いを知っておく必要がある。テクニカルパターンが示唆する動きに無条件に従えば、そのメリットよりもデメリットのほうが大きくなることもある。

ブレイクしたときにマーケットが最初に注目する主な要素は、25EMAとの位置関係である。簡単に言えば、仕掛けが25EMAから「遠い」ほど、トレードのリスクは高くなる。損切りを近くに置いておけばなおさらだ。もしトレンドがあったとしても、価格は常に25EMAに向かって調整しようとするため、平均線は常にマグネットになる。この傾向を念頭に置いたうえで、トレード手法に組み込むことができる最も効果的なフィルターのひとつが、25EMAに達するのを待って、そこから離れていく流れに乗るという方法だ。このような簡単な選択をすることで、仕掛けの成功率は劇的に向上するのである。

図3.7

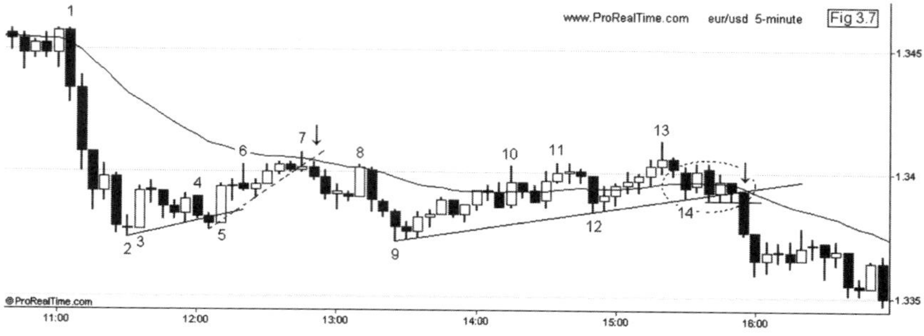

もうひとつ考慮すべきことは、ポールに対するフラッグの大きさの比率である。もしポールが比較的大きくて、フラッグが比較的小さいと、マーケットはその２つの比率が少し「外れている」と見て、フラッグがブレイクしても仕掛けを渋るかもしれない。この概念は、ハーモニーの原則に関連しているのだが、これについては第５章の仕掛けのテクニックのところで詳しく説明する。

フラッグのブレイクのなかの有害なタイプが足４の下にある。このブレイクは比較的小さいフラッグ（１－２のポールと比べて）から発しただけでなく、25EMAからの距離もかなり離れている。

早すぎるブレイクでの仕掛けを危険にさらすもう一つの大きな要因は、逆張り派が常に目を光らせていることである。彼らは自分たちに有利なトレードを鋭く見極める目を持っている。つまり、未熟なトレーダーにはこの鈍いブレイクを進めてくれる仲間がいないだけでなく、恐ろしい反対陣営のたくさんの参加者にも遭遇することになる。しかも、フォロースルーが期待できない最初のサインを見て、仲間のトレーダーが裏切りの行動に出ることが困難に拍車をかける。５－６の動きを考えてみてほしい。これは単純に強いブル派が動いただけでなく、ベア派が次々と逃げ出していったことを示している。

ここで興味深いのは、たった１本の足（足５）がベア派の支配継続の見通しを絶ったことである。このように、周りの足の平均に比べて長い足はパワーバーと呼ばれている。パワーバーは、足の一方の側で始まり、大きく動いて反対側で終わる。よく見ると、足３もこれとほとんど同じ形をしている。この足も強力なパワーバーで、ベア派の圧力に抵抗したが、その最初の足だったため威力はあまりなかった。一方、足５のほうは横ばいのあとでベア派のモメンタムがすでに止まっていたうえに（ビルドアップ）、フラッグのダマシのブレイクアウトも確認していた。今回は、２－５がW型の反転ブレイクのすべての特徴を備えていたため、多くのベア派はわずかな逆行でも警戒したのである。

Wパターンの全体像は、左のレッグの足１から始まり、下落したあとスイングの安値近くで上下動があり、あとは足５が上にブレイクすれば、一気に足１の水準まで行くと思われた。しかし、実際にはそのように対称になることはかなり例外的で、さほどの意味もない。ほとんどの場合、Wパターンで最も重要なのは右のレッグではなく、左のレッグに続く中心部（２－５）の展開なのである。この部分が塊状になっているほど、上にブレイクすれば多くのベア派が逃げ出すことになる。さらに言えば、このブロックの右にパワーバーができれば、足５の場合と同じように、損切りを近くに置いていたベア派は中心部の高値に達するのを待たずに損切りしてしまうこともある。パワーバーのブレイクを利用してすぐに手仕舞おうとするのもひとつの方法だ（もちろん、上昇スイングの高値ならば、Mパターンでも同じことが言える）。

ただし、支配的な圧力と逆のセットアップができたときは、中心部がブレイクしても大きなフォロースルーがなかったり、トラップになったりする場合もあることを覚えておいてほしい。そこで、ほとんどの場合は、これらのブレイクですぐに仕掛けずに、ポジションを持っている人が手仕舞うのに利用すればよい（手動で手仕舞う方法は第６章参照）。

足５から足７への戻りは、25EMAまでのギャップを埋める途中でベア派の小さい抵抗に遭った。それに対して、調整の高値の短小線は、ブル派の熱意がひどく衰えていることを示している。そうなれば、切りの良い数字の力も働いてはいるが、ベア派はその上で手仕舞うよりもすぐに売る可能性が高い。この反転では、いくつかトレードの仕方があるが、保守的に行くならば、妥当な売りシグナルを待ってから仕掛ければよい。それが、足７で強気にブレイクしたのにフォロースルーがまったくないばかりか、弱気にブレイクしたときだった（ダマシの高値を確認した）。しかも、そのときブレイクが点線のプルバックラインをブレイクしたことも、ベア派にとって追い風になった。

そして、再び下げていると、突然意地悪な強気のパワーバーが切りの良い数字に下から攻め込んできた（足８）。仕掛けたばかりのトレードが強力な逆行に遭うのはあまり気持ちの良いものではないが、マーケットは癒しの場ではないということを覚えておくべきだろう。ちなみに、ここは落ち着いて注意深く分析すれば、ブル派の仕掛けの根拠となった有利な要素のなかで、この意地悪な足によって無効になったものはないということが分かる。下降トレンドはまだ続いており、価格も25EMAを下回っている。切りの良い数字は抵抗線になるし、足７の安値に達すれば天井への試しになり、それは前のブレイクアウトの試しにもなる。

早い時間からの激しい動きを考えると、新安値９でさらなるフォロースルーがなかったのは少し意外に見えるかもしれないが、実はこのようなことは珍しくない。イギリスの朝にほんの何本かの足で大きく動いても、そのあとの横ばいに吸収され、15:30に始まるアメリカ時間まで蛇行するということはよくあるのだ。このようなゆっくりとした展開になると、ブレイクアウトトレーダーはより好みする傾向があり、それは逆張り派にとっても同じことだ。ちなみに、彼らは40～60％リトレースした辺りで支配的な方向とは逆にブレイクしたときに反撃するのを好む。例えば、足11が足10を上抜いたときや、足13が足７を上抜いたときに、逆張り派が見せた典型的な反応に注目してほしい。もちろん、彼らは足９ではブレイクで抵抗しなかったが、ここではビルドアップがまったくないうえ、支配側の方向のブレイクでこの時間帯の安値も付けているため、仕掛けるにはかなりの勇気が必要だった。

どんなマーケットにも、ブル派とベア派の両方にチャンスがあるが、大きなフォロースルー（最低でも20ピップスくらい）を期待するならば、支配的な圧力の方向に仕掛けたほうがよい。横ばいの調整が長引くと、そこから高勝率のブレイクのセットアップができるまでにはかなりの時間がかかるが、だからといってあきらめてはならない。ほぼすべての時間帯で、遅かれ早かれチャンスは来る。そのため、重要な高値や安値を結んだパターンラインを引いて、それを右に伸ばしておけば、いずれ必ず役に立つ（例えば９－12－14を延長する）。良い線が引ければ、あとはビルドアップをしっかりと観察しておけばよい。

そして、アメリカ時間が始まる15:30辺りからは足の値幅が急に広くなっていることに注目してほしい。これはヨーロッパやイギリスが始まるときにもよく見られる。点線の楕円で囲んだ５本の足は、パターンラインを攻防している。この間を水平に近い25EMAが通り抜けているが、足が支持線であるパターンラインと抵抗線である切りの良い数字の間に挟まれていることから、これもスクイーズの一種と言える。最初にパターンラインが下抜かれたあと、ブル派はフォロースルーを何とか食い止めたが（パターンの外側に３つの同じ安値が並んでいることに注目してほしい）、結局はあきらめざるを得なかった。

図3.8の左端の25EMAの傾斜からは、アジア時間の序盤にかなり売られていたことが分かる。しかし、そのあとはイギリス時間が始ま

図3.8

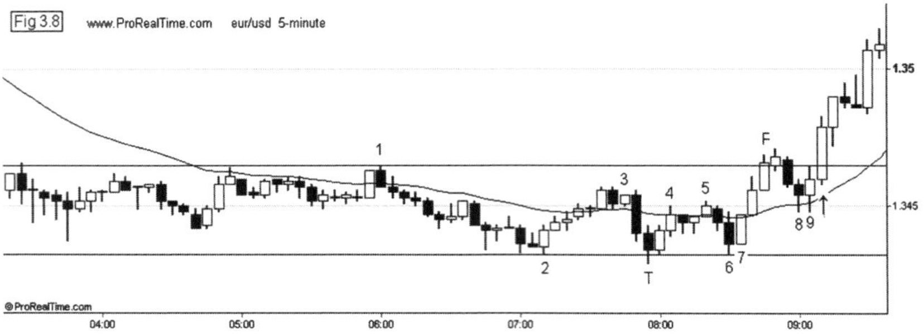

Fig 3.8
www.ProRealTime.com eur/usd 5-minute
1.35
1.345
1
2
3
T
4
5
6
7
F
8
9
© ProRealTime.com
04:00
05:00
06:00
07:00
08:00
09:00

るまで50レベルの攻防が続いた。07:00ごろになっても、ベア派の支配は無視できないが、一気に反対攻勢をかけてくることが多いEUとイギリスの取引時間（08:00と09:00）が近づくなかで、アジアのトレンドがそのまま続くのかどうかはまだ分からない。

足２から足３への戻りは、上昇するためのブル派の最初の攻撃だったが、切りの良い数字のすぐ上で勢いが衰えると、マーケットは再び売られた（足３－T）。しかし、そのあとのTでバリアをブレイクしたものの、良いブレイクではなかった。これは、形としてはティーズブレイクだが、ダマシのブレイクトラップに分類したほうがよいのかもしれない（ビルドアップがまったくない）。これによって、ベア派は無防備なまま08:00のEU時間に突入した。T－足４のブル派の反応は、このような状況における教科書どおりの反応と言える。

注意　**図3.8**の枠の下のバリアは、足６の安値が足２の安値の水準に達する前に描いておくことも可能だった。ダマシの高値や安値（T）が付いたときには、ブレイクする前の水準になるべく早くレンジバリアを引いておくとよいことを覚えておいてほしい。マーケットは、次にその水準に達したときに前の高値や安値（足６はTではなく足２に達した）のほうを重視するからだ。テクニカル的に見ても、ダマシのブレイクは、前の水準を無効にするのではなく、それを認識させることになると言える。もうひとつ例を挙げると、足９の高値と足１の高値がそろっているため、Ｆは無視されている（**図3.6**の１－３－５も同様）。このことは、どのような枠にもおおむね当てはまるが、ビルドアップが形成し始めたときに最も重要な水準から目を離さないためには、少し大きめの枠を描いておくと特に役に立つ。もちろん、ダマシのブレイクにそろっていくようならば、それに合わせてバリアを調整してもよい。

足４の高値が足３の安値の水準に達すると、天井を試したことになり、それを利用するかどうかはベア派次第である。結局、切りの良い数字の近くで小競り合いとなり、ベア派は足５で小さなダマシの高値を付けたが、そのあと撤退を余儀なくされ、それからすぐに価格は下のバリアに向かってもう一段下げた（足６）。

この段階で、ベア派がそれまでの展開に満足していることは想像に難くない。EU市場が開いて最初のブル派の攻撃（Ｔ－足５）を防いだだけでなく、全体の圧力も下向きで、価格が再び安値近くにあるのも良い。そのあとの不快な展開など予想もしていない。

皮肉なことに、強力な足６－Ｆの急騰は、さらなる下落というベア派の期待を打ち砕き、典型的なブルトラップになった（Ｆ）。ちなみに、Ｆ－８の反応は、レンジの反対側の反応Ｔ－４とちょうど対称的になったことに注目してほしい。

ブレイクアウトが失敗すると、攻撃側には完全に撤退するか、再度攻めるかという２つの選択肢がある。このとき、マーケットの圧力とは別に、最初のブレイクにビルドアップがあったかどうかが重要な意味を持つ。もしビルドアップがなくて失敗したときは（ＴやＦ）、攻撃側が再度攻勢をかけてくる可能性が高い。

価格がダマシのブレイクから回復するときは、支持線や抵抗線からレンジのなかにいったん後退することが、戦略の基本になっている。

そう考えると、ブル派も今の状況に不満があるはずがない。足８の安値が４－７のクラスター（支持線）を試したときに、この足はうまい具合に切りの良い数字と25EMAにも達したうえに、足６－Ｆのスイングも50～60％リトレースした。しかも、イギリスの取引開始に重なって出来高が多くなることは分かっている（足８）。これらの材料が合わされば、レンジの上に向けてブル派の素早い攻撃がブレイクにつながるかもしれない。

もしこれらがすべてその前のアジア時間の弱気の圧力に抵抗した動きであったとしても、それが強力なイギリスの取引開始の動きを止めることはほとんどない。マーケットの流れの変化をさらに検証するためには、枠の後半（足１－Ｆ）に広がった横長のＷの動きとそのなかのトリプルボトムの要素に注目する必要がある。これは、コンセンサスが弱気から強気に変わる大きなヒントになっていた。また、大きなＷのなかにある小さなＷである足３－Ｆの動きも見てほしい。そして、最後はこのパターンの右のレッグのすぐあとにある２本の足によるスクイーズで、下からの25EMAと上からのバリアが圧力をビルドアップしている（８－９）。

後者のスクイーズはわずか２本の足で、短小線でもないため、保守的なブル派が足９の上のブレイクで仕掛けるのは積極的すぎるとみなしてもそれを責めることはできない。もしスクイーズがもう少し平たくて、あと１～２本足が多く、足自体ももう少し短ければよかった。ちなみに、イギリスの取引が始まると、マーケットの動きは少し速くなることが期待できる。

トレード手法の細かい仕組みを説明する前に、プライスアクションの原則を示す例をあとひとつ、**図3.9**で見ておこう。

レンジの上のバリアは、最初は足１と足２の高値を結んだ線だったかもしれない。すると、足３の高値はダマシの高値かティーズブレイ

図3.9

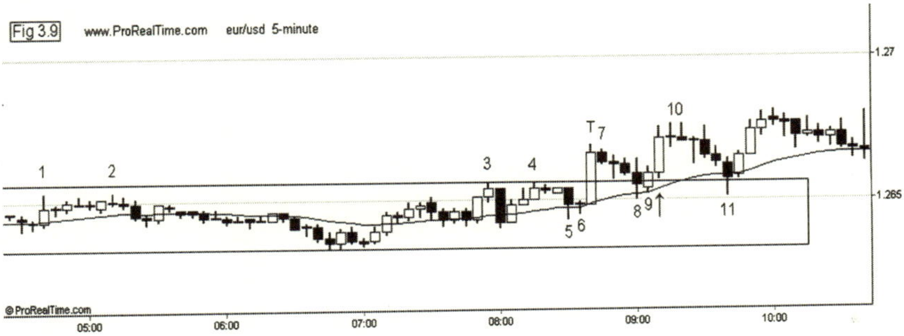

クになる（どちらでもよい）。しかし、ほどなく足３の高値の水準を再び付けて押したため、新しいダブルトップが形成された（３－４）。これによって、バリアを**図3.9**のように調整してみた。

この辺りは、すべての足が25EMAよりも上で終わっているため、EUが08:00に取引を開始して以来、ブル派の流れは続いているが、09:00のイギリス市場開始前に、彼らの支配は絶対とは言えなくなっていた。彼らがすべきことは明らかで、価格を切りの良い数字から引き離さなければならない。その方法を見ていこう。

３－４のダブルトップのあと、足５が短く25EMAを下抜いたが、すぐに上げて終わった。これはブル派が立ち直りかけたサインで、枠の中の安値も切り上げた。

ブル派は、小さな足６からパワーバーで強引に上のバリアを超えた（T）。このようなティーズブレイクアウトは、扱いが難しいこともある。しっかりとしたビルドアップがない反面、無視するわけにもいかないからだ。これにはたくさんのブレイクアウトトレーダーが、仕掛けるべきか却下すべきかで迷うかもしれない。私たちとしては、ティーズブレイクの貫通は時期尚早とみなすが、そのあとの動きから目を離してはならない。

パワーバーの威力と、それがブレイクされたときの強い影響力については前にも書いたが、この足の親戚で、いわゆるはらみ足も興味深い。はらみ足は、前の足の高値も安値も超えない足と定義できる。長大線の次の足だと、はらみ足でもかなりの長さになることもあるが、普通は短小線で、チャートのなかでも見つけやすい。

パワーバーのブレイクのように、はらみ足のブレイクもプライスアクションにかなりの影響を及ぼす。特に、重要な場所にある足ならば、そのブレイクはかなりの数のトレーダー（ポジションを持っている人もいない人も）の行動を促すことが知られている。この傾向を考えると、はらみ足は１本の足で形成されるビルドアップと言ってもよい。

このチャートのほとんどの足はあまり長くないが、それでも興味深いはらみ足がいくつかある。例えば、足６はＴでパワーバーがブレイクアウトする前兆になっているし、足７からの下方のブレイクに対して、マーケットは抵抗線までのプルバックで反応した。そして、足９は、ブレイクされたレンジの上で、プルバックの反転のセットアップになった。

ちなみに、足９は本当に興味深い足である。この足９は足８の隣でブル派の顔をしているが、実は大きな役目を果たしている。足８の安値が、いわゆるトリプルになったからだ。つまり、押しが25EMAと切りの良い数字に達し、それと同時にテクニカル的な試しにもなっているのである。足８の安値は足６の高値に達しているため、これは天井への試しだった。

強気のチャートでは、トリプルは３倍の威力がある支持線で、多くのブル派がすぐに買おうとする。そして、弱気のチャートならばトリプルで売ろうとする。しかし、トリプルの本当の反発力を担っているのは、25EMAや切りの良い数字ではなく、試しの要素である（支持線と抵抗線の原則）。テクニカル的な試しが欠けている弱いダブル（25EMAと切りの良い数字のみ）で価格が「適切に」反転しないことが多いのはそのためなのである。しかし、もし25EMAと天井への試しのダブル（強いダブル）ならば、試しが入っているため、反転する可能性ははるかに高くなる。つまり、トリプルは反転を生み出す最強の形と言ってよい。素晴らしいトリプルの直近の例は**図3.8**で、このときは足８の安値が25EMAと切りの良い数字に達し、４－７のクラスターの高値を試していた。

もしプルバックが切りの良い数字に達していないが、その代わりに前のスイングの50～60％まで調整したら、それもトリプルになる（25EMAに達してテクニカルの試しがあれば）。このような例は、これ以降にたくさん出てくる。

はらみ足はほかにもある。次は足10の２本の同時線を見てほしい。２本目の同時線は１本目の足のはらみ足になっており、両方ともその左の大きなパワーバーのはらみ足になっている（実際には少しはみ出しているが、その威力にまったく影響はない）。もちろん、１本でも圧力をビルドアップしているのだから、２本あればさらに強力になる。２本目の同時線のあと、下にブレイクしたのは、逆張り派が支持線までの下げ（10－11）の間にスキャルピングで何ピップスかを狙って仕掛けたことを示している。

このチャートは、トレンドがあるとは言い難いが、それでも支配側は比較的簡単に分かる。07:00以降の取引は、高値と安値が切り上がっていて、ブル派が高値圏でも資金をリスクにさらす準備ができていることをはっきりと表している。ただ、これは単純にその流れに乗ることを勧めているのではなく、売るならば特に注意してほしい（あるいはまったく仕掛けない）ということである。

ちなみに、ブル派が２回、枠の上のバリアと25EMAまで調整したときに大きく買っていることに注目してほしい。

ここまでで、プライスアクションの主な原則の初歩的な説明を終わる。すべてのチャートは、ここで紹介した構成要素の組み合わせなので、これらの原則は今後の章でも繰り返し出てくる。これ以降は、これらの原則について理解したことをどうすれば実践的なトレード手法に応用できるのかを検証していく。

第4章

注文と目標値と損切り

Orders, Target and Stop

　ポジションサイズや、トレード管理についてインターネットで検索すれば、おそらく見慣れないテクニックがいくらでも出てくるだろう。トレーダーのなかにはナンピンしたい人もいれば、一度で仕掛けたい人もいるし、目標値を柔軟に変えたい人もいれば、事前に決めた目標値を厳守する人もいる。多くのトレーダーが利益を守るためにトレイリングストップを使っているが、それよりも多くの人がブラケット注文（利食いと損切りの注文を同時に出す注文方法）で済ませている。簡単に言えば、仕掛けや手仕舞いの仕方は無数にあり、そのどれにも擁護すべき点があるのだろう。

　本書も、いくつかのアイデアを提供するが、どれも絶対的なものではない。ただ、仕掛けと手仕舞いの厳格なルールを順守すれば、感情に振り回されることもなくなると私は確信している。そこで、最初に勧めたいのが、よく使われているトレード管理のテクニックで、これによって物事を非常に単純にすることができる。詳しい方法は後述する。

　トレード用プラットフォームの多くは、さまざまな種類の注文ができるようになっているが、私たちにとっては基本的な２つのことができればよい。まず、仕掛けるときは、手動で成り行き注文を出す。そして、執行されたらブラケット注文が自動的に有効になり、利益が出ても損失が出ても、あらかじめ設定した水準で手仕舞うことである。

行動すべきタイミングが来たら機敏さが求められるため、成り行き注文は当然の選択だ。「成り行き」注文は、指値注文（特定の価格を指定した注文）と違って必ず執行されるため、チャンスを逃すことはない。ブレイクを見つけた瞬間に、買いか売りのボタンをクリックすれば、必ずマーケットにポジションを建てることができるのである。

また、手仕舞うときも成り行き注文にすべきだが、未決済のポジションは常に追跡しておく必要があるし、接続の問題が生じる可能性も常に考えておかなければならない。そこで、使い勝手が良く、安心な方法が、ブラケット注文である。その名のとおり、ブラケット（囲むの意味）注文は仕掛けた水準に合わせて自動的に目標値と損切りを設定してポジションを囲みこむ。ブラケットの両側の値をどれくらい離すかはトレーダー次第だが、そのどちらかに達したら手仕舞われる。この注文の良いところは、一方の側で手仕舞ったら、反対側の注文は即座に取り消されることである。そのため、ブラケット注文はOCO（一方が約定すると他方は即座に取り消される）注文とも呼ばれている。

ここで、ユーロ/ドルの５分足チャートを使い、次の第５章で説明するトレード手法を使った場合に勧めたい標準的なブラケットの設定を書いておく。目標値のほうは仕掛けから20ピップス離し、損切りは10ピップス離すのである。

この設定は、使いやすさで選んだわけではない。通常活発なユーロ/ドルの時間帯で、私たちが関心ある状況、つまりビルドアップからダブルの圧力に至って動いたときに、20ピップスに達することがかなりあるからである。また、10ピップスの損切りについては、かなりきついと感じる人もいるかもしれないが、これもよく考えて選んだ数字で、多少の余裕はあっても、希望的観測にすがるほどは離れていない。私たちの観察によれば、ビルドアップがあって、支配側の方向の厳選したブレイクで仕掛ければ、損切りをこれ以上離してもあまり得ることはない。本書でこれ以降に出てくる何百ものトレード例がこの大胆な前提を実証している。

また、防御的な撤退を常に可能にしておくために、ブラケットの損切りの側は必ず成り行き注文にして、そこに達したらポジションが必ず手仕舞われるようにしておく。ちなみに、成り行き注文には、スリッページが生じることがある。これは、注文が処理されるあいだに価格が瞬時に逆行したときに起こり、狙ったよりも悪い価格で執行されることである。これは、このビジネスの小さなコストとして受け入れたほうがよい。比較的普通の状況では、スリッページは最低限の１～２ピペット（１ピップスの10分の１）程度だが、マーケットの動きが速いと、仕掛けるときも手仕舞うときもそれ以上になることがある。ちなみに、これは有利に働くこともある。

いずれにしても、手仕舞うときは多少の金額をケチって指値注文に変えてはならない。もし手仕舞いたい水準で相手が見つからなくて執行されなければ、結局はコストのかかるミスになってしまうからだ。もちろん、損切りが執行されないままその水準を通り過ぎてしまうこともある。そのため、ほとんどのプラットフォームはブラケットの損切り側には指値の選択肢すら用意していない。ちなみに、目標値の側は、指値注文でもよい。

手数料などを含めて10ピップスの損切りと20ピップスの目標値を設定すると、このリスク・リワードは１：２になる。言い換えれば、１回目標値に達するたびに２回損切りに遭うペースならば、結果はトントンになる。勝ちトレードと負けトレードの数が同じならば、非常に有望な展開になると思えばさらに励みになるはずだ。

注意　ブラケット注文は長い間維持できるものもあるが、過去の設定が現在のマーケットの状況に適しているかどうかは定期的に評価し直すべきだろう。例えば、日中に大きく動いたり、2008～2009年のユーロ危機のときのようにめちゃくちゃな水準になったりしたときは、標準の10ピップスの損切りでは近すぎるのかもしれない。単純な解決策としては、損切りを少し遠くに離して、その分、ポジションサイズを小さくするという方法がある。もし損切りにある程度合わせて目標値も変えるならば、それまでのリスク・リワード・レシオに合わせればよい（例えば、損切りを13ピップス離すならば、目標値は26ピップス離すなど）。

ブラケット注文は、少し変えて使うこともできる。例えば、目標値は必ず損切りの２倍離さなければならないわけではない。もし目標値の20ピップスは良くても10ピップスの損切りはきつすぎるならば、後者をもう少し離したり、裁量で決めたりすることだって可能ではある。ただ、それによってリスク・リワード・レシオが変わることは言うまでもない。

勝ちトレードの場合は、目標値をあらかじめ決めておく代わりに、プライスアクションに応じて利食いする方法もある。ただ、このような柔軟な方法は非常に理にかなっているが、すべてのトレーダーに向いているわけではない。例えば、突発的な出来事で被害妄想に陥ったり、欲望にかられたりする傾向が少しでもある人は、自分の感覚よりもブラケットに任せたほうが良い結果につながると思う。このタイプの管理方法が、だてにあらゆるレベルのトレーダーに広く使われているわけではないのだ。

仕掛けのテクニックについてもまだ説明していないのに（次の第５章のトレードのセットアップで述べる）、その先の手仕舞いについてここで細かくは述べることはしない。ただ、それは、裁量による手法を探究する必要がないということではないし、むしろその逆だ。このテクニックについては、第６章の手動による手仕舞いで詳しく見ていくことにする。

もしブラケット注文を活用するならば、段階的にではなく、一気にポジションを仕掛け、一気に手仕舞ってほしい。ちなみに、トレードする単位（トレードサイズ）は、もちろんトレーダーが決めることだが、これは現在の能力とトレード資金の量によって決まる部分が大きい。ただ、トレードという仕事に真剣に取り組むつもりならば、この時点ではサイズよりもいわゆる複利の価値に最も注目してほしい。トレードサイズについては、第10章で詳しく述べていく。

FXトレードのスプレッドや手数料に関して、ブローカーは２つのモデルを提供している。手数料はないがスプレッドがかかるいわゆる個人向けモデルか、スプレッドは小さいがそのほかに手数料がかかるモデルである。ユーロ/ドルに関しては、どちらのモデルも１トレード（往復）のコストはあまり変わらない。個人向けのブローカーの多くは、取引が活発な時間には１ピップスのスプレッドを課し、手数料タイプならばスプレッドは0.5ピップスかそれ以下かもしれないが、それに加えて往復で約0.5ピップス程度の手数料がかかる。

まだ学びの段階の人は、トレードサイズを小さく抑えておけば、スプレッドが小さいブローカーを無理に探す必要はない。仕掛けで何ピペットかを節約するよりも、初期段階ではプライスアクションとトレードテクニックの知識を深めるほうに集中してほしい。10ピップスの損切りが100ピペット以上に相当することを考えれば、１週間に１回不要な負けトレードを回避するだけで、スプレッドで支払った何ピペットかは簡単に取り返すことができるのである。

そのうえで言えば、時間をかけて上達し、トレードサイズが大きくなり、複数のマーケットでトレードしたくなったときには、手数料タイプのブローカーが適しているのかもしれない。人気の通貨ペアの多くは、妥当なスプレッドと手数料でトレードできる。個人向けのブローカーは、一部の通貨ペアのスプレッドが大きくなっているかもしれないが、以前と比べればトレードのコストは全体的にかなり下がっているし、その流れは今後も続くと思われる。いずれにしても、ブローカーを選ぶときはサイトの宣伝を鵜呑みにせずに、サービス内容を精査してほしい。できれば無料のデモ体験を申し込んで、スプレッドがリアルタイムでどうなるかを自分がトレードする時間帯で体験してみてほしい。

第5章

トレードのセットアップ

Trade Setups

プライスアクションの基本の多くを理解したところで、次は戦いに備えて観察力を磨いていこう。マーケットの動きが繰り返すことを認識することと、それを利用することはまったく違う。特定のルールをいくつか守らなければ、プライスアクションの専門家でさえ、自らの感覚に翻弄されることになる。特に、損切りを近くに置くのなら、たとえメリットがあっても直感や衝動でトレードする余裕はない。すべてのトレードは、テクニカル的に見て正当な理由があり、防御策を講じていなければ仕掛けてはならないのである。

私は、1つのトレードアイデアに3つの条件を課しており、そのうちの2つについてはすでに詳しく述べた。支配側の方向にトレードすることと、ビルドアップがあるブレイクで仕掛けるということである。3つ目の条件は、ビルドアップの内容で、このなかにトレードのセットアップにつながる進展がなければならない。

ブレイクアウトトレードで面白いのは、プライスアクションの形は無限にあっても、ビルドアップがブレイクにつながる形はそう多くはないことだ。本章では、4つのトレードセットアップについて見ていくが、そのうちの3つはパターンブレイクアウトからの仕掛けで、残りのひとつはプルバックの反転を利用した仕掛けである（これもパターンブレイクの一種であることが多い)。

パターンが「ブレイク」するということは、そこに何らかの境界線があるということになる。私たちは、注目の動きを線や枠で区切るメリットについては、すでに見てきた。これらのツールは、価格がブレイクするか反転するかの岐路となる重要な水準を探すための素晴らしい助けになってくれる。ただし、将来役に立たない無駄な線を何本も描き込んでチャートを汚してはならないということを覚えておいてほしい。ほとんどの場合、1本の線か1つの枠があれば、目の前の展開に集中することができる。

注目の境界線を視覚化したら、次はそのバリアが攻撃を受けたときにどれくらい持ちこたえられるかを観察する。もちろん、少しブレイクした程度ではまだ仕掛けられないが（ティーズやダマシのブレイクトラップかもしれない）、攻撃側と守備側の足がバリアに向かって交互にできるとますます面白くなる。このビルドアップのなかで、重要な足、つまりブレイクして仕掛けのきっかけになる足を見つけなければならないのである。この足は、例えば教科書どおりの強気のブレイクアウトならば、現在のクラスターの最後に位置する陽線になり、パターンバリアの外側に向かって終わっている。そして、この足を次の足が上抜けば、そのパターンの守りはブレイクされたとみなし、買いを仕掛けられる。売りの場合はその逆だ（陰線のブレイクで売る）。このようなときに、トレードをセットアップする足をシグナル足と呼び、それをブレイクした足を仕掛け足と呼ぶ。

注意　これは絶対的な条件ではないが、FXトレーダーは価格を1ピップス単位で示すチャートを使うとよい。そうすれば、隣の足や同じ枠の中のパターンの足の高値や安値をうまくそろえることができ、注目すべきバリアが明確になる。残念ながら、ピペット単位のクオートをそのままチャートで示すトレードプラットフォームはあまりない。本書の手法は、重要な足を別の足が1ピペットでもブレイクすれば仕掛けるが、幅広く使われている1ピップス単位のチャートではそれがよく分からないため、早すぎる仕掛けにつながる恐れもある。ただ、ピペットチャートでトレードすることは不可能ではないが、ピップチャートのメリットも捨てがたい。もしあなたのブローカーが提供するプラットフォームにこのチャートがないときは、少額の月額料金を払ってチャート専用パッケージを借りれば問題は解決する（勉強のためだけであっても強く勧める）。ちなみに、1ピップスの設定はチャートの表示だけで、注文のためのクオートもそうなっているわけではない。

完璧な世界では、パターンは4段階でブレイクされる。①攻撃側が境界線に突撃する、②防御側が最初の攻撃を払いのける、③境界線の辺りで攻守の足が交互にある小さなクラスターができ、圧力がビルドアップされていく、④ブレイクアウトとフォロースルーがある。

ただ、パターンの境界線が降伏するまでに（するとしたら）、それよりもはるかに多い攻防や、ダマシやワナが見られることもよくある。それに、トレード可能なセットアップが必ずしも「完璧」でなくてもよい。

例えば、もし強気のティーズブレイクアウトで後退せざるを得なければ、価格はパターンのなかの支持線の水準まで引き返し、そこからまた境界線に向けた攻撃が始まるかもしれない（天井への試しと再ブレイクのフォローアップについて考えてみてほしい）。あるいは、パターンが少し乱暴にブレイクされ、次の何本かの足がバリアの外で止まっていることもある。フォロースルーという意味でもあまり有望な状況とは言えないが、逆張り派はブレイクアウトを止めただけで、押し返すことはできなかったことが、結局は継続に非常に有利に働くのかもしれない。ほかには、ビルドアップがあまりないままかなり大きくブレイクしても、そのあとプルバックでブレイクされた境界線を試すこともあるかもしれない。このような例は、明らかに「理想」のブレイクではないため、最初の動きで却下できるかもしれない。ただ、そのあとの動きが、何らかの形でトレード可能なセットアップになる場合もないわけではない。

パターンブレイクアウトは、非常にちゃぶついて、最終的にどちらに向かうのかほとんどヒントがないこともある。このようなときは、パターンバリアの場所を調整したり、いったんバリアを完全に消したりして改めて考えたほうがよい場合もある。

結局、パターンブレイクアウトのトレードは非常に分かりやすいが、細かい仕組みを知らないと、難しい局面もある。ちなみに、私たちの仕掛けの方法について言えば、パターンブレイクと、パターンブレイクプルバックと、パターンブレイクコンビという３つのセットアップに分けることができる。それぞれの型については、典型的な形と、複数の例を合わせてこれから紹介していく。そして、最後にプルバックの反転のセットアップを紹介すれば、どのようなチャートにも対応できる保守的でも非常に効果的なブレイクアウトトレードに必要なすべての武器が手に入る。そして、第７章ではレンジブレイクアウトのテクニックをさらに発展させた強力かつ若干高度な失敗ブレイクからのトレードのセットアップを紹介する。

パターンブレイク

パターンブレイクには、ダマシやワナを含めてたくさんの種類があるが、やはり単純な型で起こることが多い。パターンが形成されていく過程は、最初は少しあいまいかもしれないが、５分足チャートに適当な線や枠があればそれをあまり調整しなくても「今のパターン」はたいてい見つかる。通常、重要なパターンの境界線に達する回数が多いほど、このバリアは「堅く」なり、防御側を払いのけるにはさらなるビルドアップが必要になる。

トレード可能なシナリオでは、このビルドアップは陽線と陰線が交互にある小さなクラスターで、これはブレイクアウト前の圧力とか、場合によってはスクイーズなどと呼ばれている。このなかでは、激しい心理戦が行われている。もし現在攻撃されているのが支持線の水準ならば、ポジションを持っているブル派はこの最後の砦を守るために傍観している仲間が参入してくれることを願う。しかし、ポジションを持っているベア派も問題を抱えている。ブル派の守りを崩すためには、彼らも助けが必要だが、みんなそう簡単には来てくれないからだ。もちろん、傍観しているベア派の多くは支持線の下で売りたいと思っているが、だれも最初に突撃するという割に合わない仕事はしたくないのである。

このような期待や恐れはチャートのさまざまなところにあるが、支持線や抵抗線の水準にビルドアップができると、その水準に圧力が貯まっていることがはっきりと見える。そして、マーケットのなかでも外でも、たくさんの人たちがその境界線に注目している可能性が高い。

いずれにしても、ブレイクのセットアップがどのようなものだったかは、仕掛ける前に参考にする要素のひとつにすぎないことを理解しておいてほしい。どのようなときも、注目すべきなのはチャートの全体的な圧力であり、目標値までに障害になりそうなことや、損切りに引き込もうとする逆マグネットの可能性について調べることもそれと同じくらい大事である。このことについては、すぐあとで述べる。

そして、全般的に状況が良さそうなときでも、カギとなるのは忍耐だ。近くに置いた損切りが機能するためには、プライスアクションが適切なセットアップに至るまで十分待つことが何よりも重要である。仕掛けの条件を十分に満たしたブレイクで仕掛けるか、まったく何もしないかのどちらかしかない。私たちの仕事は、ビルドアップの形成に干渉したり、早すぎるブレイクアウトや確信の持てないブレイクアウトで仕掛けたりすることではない。

最初に紹介する仕掛けのテクニックは、標準的なパターンブレイクのセットアップである。これから何枚かのチャートを使ってこの戦略を説明していくが、プライスアクションのパターンは無数にあるため、これはマーケットで実際に起こることのほんの一部でしかない。これから先の章では、さまざまなタイプのブレイクアウトの例をたくさん紹介していく。最初の説明で不明な点があっても、あとになればきっと納得できると思う。

詳しい説明を始める前に、世界のマーケットをカバーするチャートに少し慣れておいてほしい。そこでまずは最も抵抗の少ない線や、切りの良い数字での攻防、妨害的な要素、クラスターの進展、重要な高値や安値など、チャートの重要なヒントや手がかりを探してみてほしい。この練習は、プライスアクションの感覚を楽しく活性化するだけでなく、これから紹介するチャートのテクニカル的な説明も理解しやすくなると思う。

図5.1のように横ばいの典型的な特徴は、水平に近い25EMA（指数平滑移動平均線）の上と下を価格が交互に動いていることだろう。最初の段階では、支配側がないなかで、どっちが勝つのかヒントはあまりない。しかし、プライスアクションが25EMAを中心に推移する様子を忍耐強く観察し、高値と安値をきちんと追跡していけば、どちらが少しずつ優勢になっていくかが見えてくることが多い。

この時間帯の最初の注目すべき出来事は、1－2のポールに付いた2－3の横ばいの「調整」だった。水平のプルバックは、マーケットがその前の動きを吸収したことを示している。価格は、いずれある時点で必ず支配方向にブレイクするか（フラッグ）、反対方向にブレイクして、もしかしたら何らかの反転のセットアップになる（MやWパターンの中心部）。

ベア派は、後者の展開（足４）が面白くない。彼らは、少し前まで下方の50レベルに向かっていたが、突然敵が上の切りの良い数字を目

図5.1

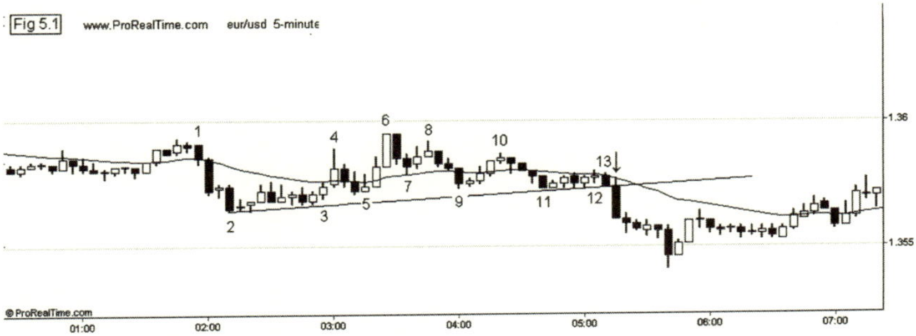

指し始めたからだ。３－４のスイングでＷパターンが完成していることに注目してほしい。

この反撃のあとは、25EMAを巡って長い小競り合いになったが、結局はベア派が制した。この勝利を決定した要因は、ブル派が切りの良い数字である1.36を繰り返し目指しても、そこに達することすらできなかったことだった。このようなことは、ベア派の士気に影響を及ぼすことになる。

まずは、ブル派の最初の攻撃に注目していこう（足４）。25EMAはいったん下抜かれたが、そのあと何本かの足が何とかその上で終わっているため、ブル派は25EMAを取り返したと見てよいだろう。しかし、そのあと価格はなかなかそれ以上上昇しないものの、25EMAまで下げれば戻していた。特に最初に25EMAに達したときは大きく戻した。支持線があれば、やはりそうなっていただろう。

価格の動きが遅くて値幅も狭くなった展開では、支持線と抵抗線があまり離れていない。例えば、足７の安値が足５の高値の水準を付けると、これは正確な天井への試しで、それと同時に25EMAと、５－６の上昇の50～60％の調整に達した。前述の３つのことが重なるトリプル（強力な転換点になり得る）を思い出してほしい。支持線までのプルバックを利用するのが好きなスキャルパーならば、ほんの何ピップスかをかき集めるだけでも仕掛けるだろう。しかし、もっと圧倒的もしくは継続的な動きを望むならば、通常は傍観している人たちの助けが必要になる。今回のチャートでは、ブル派に説得力のある助けはなかった。25EMAを奪還してもそのあとすぐにあと２回、25EMA以下に後退せざるを得なくなり（８－９と10－11）、３回目はそこから回復できなかった。

注意　前にも書いたが、チャートのなかの小さな競り合いをすべて分析する必要はない。ほとんどの場合、その近くで仕掛けることはないため、全体の動きを把握しておけばよいだろう。ただし、どちらかの側の攻撃が次の切りの良い数字に達したときはどのチャートでも興味深い局面なので、しっかりと観察しておきたい。どちらの側も、それぞれ狙う水準があり、いずれ勝負はつく。もちろん、これらの水準に必ず１回で到達するわけではない。しかし、繰り返しマグネットを目指してもうまくいかず、目指すことすらやめてしまえば、主導権は移ったと見てよいだろう。言い換えれば、一方の側が何回も切りの良い数字に達することができなければ、それは反対側の切りの良い数字に達するセットアップにつながることが非常に多い。

大まかに言えば、それが今回のチャートで起こっていることなのである。さらに、足１、足４、足６、足８、足10、そして足12でも00レベルに達することができなかったことは、ブル派の士気に影響するだけでなく、同じくらいベア派の自信を強めることにもなる。

パターンラインは、最初は２－３と足９の安値を結んでいたため、もっと傾斜がついていた。しかし、11－13の形が見えてくるころになると、線を若干調整する必要が出てきた。そこで、チャートのような線を引くと、７本の足がパターンラインと25EMAに挟まれて教科書どおりのスクイーズになった。このように「捕らわれた」ところからブレイクすると、非常に強力なダブルの圧力になることがある。

このなかで、もうひとつ教科書どおりなのは、ブル派がベア派の支配から逃れようとして失敗したところである（足12）。このように小さいダマシの高値はさほど気にとめなかったかもしれないが、これはその先でブル派が降伏することを示す前兆なのかもしれない。ブル派の窮状を想像してみてほしい。これまでのブル派の攻撃はことごとく失敗し、それどころか支持線を上げることもできていない。もし支持線をブレイクしても傍観しているブル派が助けに来てくれなければ、ポジションを持っているブル派はどう思うだろうか。

弱気のブレイクが近づいているため、パターンブレイクの仕掛けのテクニックについて説明しておこう。まず、足12は素晴らしいヒントをくれたにもかかわらず、これ自体はシグナル足の条件を満たしていない。この足の下で売っても、すぐにパターンラインの支持線に突っ込んでしまう。

トレーダーは、ときどき普段よりも積極的になることがあるが（詳しくは後述する）、チャートの動きが遅いときはあまり得策ではない。ここは、マーケットセットアップを形成するための十分な時間をおいたほうがよい。

足13が有効なシグナル足である理由は、少なくとも５つある――①しっかりとしたスクイーズの一部である、②25EMAとパターンラインの間にきちんとはまっており、スクイーズに次の足が入る余地がない、③足12のダマシの高値を確認した、④下げて終わり、それが予想されるブレイクと同じ方向で、パターンラインと反対方向に向かっている、⑤約25ピップス下には、非常に有利な50レベルのマグネットがある。売りを仕掛けるのに、これ以上何が必要だろうか。

ほとんどの仕掛けにおいては、仕掛け足がシグナル足の高値か安値を１ピップス超えたときにポジションを建てる（今回は足13の下で売り注文を出す）。その瞬間が近づいたら、カーソルを売りか買いのボタンの上に置いておくが、けっして先走ってはならない。仕掛けるのは、シグナル足を本当に超えたあとにしてほしい。

マーケットにポジションを建てた瞬間に、あらかじめ設定しておいたブラケットが自動的に発動され、利益が出ても損失が出ても、いずれそのトレードを手仕舞ってくれる。前述のとおり、注文の設定の仕方は無数にあるが、今のところは私が勧める10ピップスの損切りと20ピップスの目標値で話を進めていく。この設定は「通常活発な」５分足チャートでトレードする場合に非常に適しており、そのことは、本書のさまざまな例を見ても分かると思う。裁量ベースでトレード管理をすることもときには必要だが、今の学びの段階では物事を単純かつあいまいさがない状態にしておくほうが学習効果は高くなる（そのほかの管理テクニックは第６章の手動による手仕舞いのところで述べる）。

注意　ほとんどのブレイクアウトでは、どのようなセットアップであっても、シグナル足の方向とブレイクが予想される方向が合っているときしか仕掛けてはならない。これは、陰線のシグナル足の下で売り、陽線の上で買うということを意味している。ただ、ときには中立の同時線がシグナル足になり、小さい陽線の下で売ったり、小さい陰線の上で買ったりする場合もある（はらみ足の場合を考えてみてほしい）。しかし、どのようなときでも、長い陽線の下で売ったり、長い陰線の上で買ったりすることはできるだけ避けてほしい。このようなトレードは、すぐにフォロースルーを呼び込む可能性が低いため、良いスタートにはならないからだ。特に、損切りを近くに置きたいときは、避けたほうがよい。

図5.2を見れば分かるように、08:00にヨーロッパ市場が取引を開始したときに、圧力が上を向いていたことは否定できない。１－２の上昇スイングには陰線が１本もないのだ。ただ、これを見た抜け目ない逆張り派が期待をふくらませたとしても、私たちがこのような寄り付

図5.2

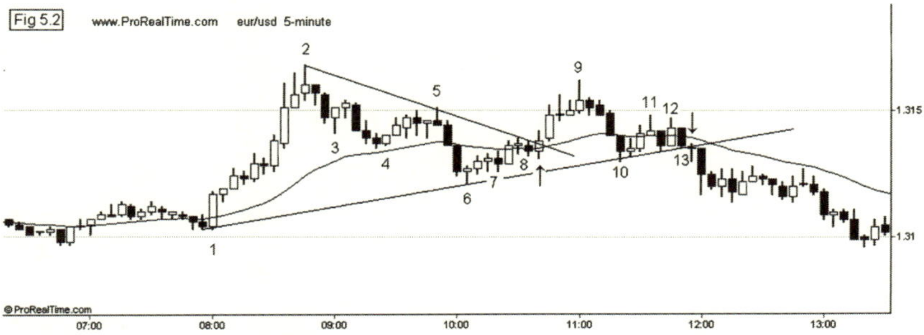
Fig 5.2
www.ProRealTime.com
eur/usd 5-minute
1
2
3
4
5
6
7
8
9
10
11
12
13
1.315
1.31
© ProRealTime.com
07:00
08:00
09:00
10:00
11:00
12:00
13:00

きの上昇で売ることはない。

足2までの3本の足は、いわゆる上ヒゲが長い。日本のローソク足分析で、ヒゲは足の実体の外側にある部分を指す（下ヒゲもある）。もし長いヒゲならば、足が形成される過程で価格がある程度の高値か安値に達したものの、終値はそこからかなり離れたところで付いたことを示している（最初の価格を拒否した）。ヒゲがスイングの高値や安値にあるということは非常に価値ある情報ではあるが、そのことだけで反対ポジションを取るのは非常に危険である。意欲的な逆張り派はよく覚えておいてほしい。

とはいえ、どのようなスイングも永遠には続かないし、どこかである程度のプルバックがある。しかし、もし良いトレンドならば、たくさんの人たちが調整などで仕掛けようと待ち構えている。そうなると、価格がどこまでリトレースするかを知りたくなる。

プルバックの転換点をただ推測することの危険性についてはすでに述べた。それならば、価格がまず止まるのを待ってから仕掛けたほうが安全だ。しかし、残念ながらこれも難しい。たいていの場合、最初に止まるのはほんの一時で、さらに深くプルバックするかもしれないからだ。例えば、足3かその上で買いを仕掛けたブル派は、プルバックの反転の失敗で最初に犠牲になる。また、足４をブレイクしたとき（あるいはもっと前）に買った人たちも、すぐに後悔しただろう。

ここでブル派を困らせているのは、１－２の上昇が一方的で（途中で止まっていない）、プルバックで仕掛けたり反転したりする妥当な支持線がないことである。このような場合は、買うつもりのブル派がたくさんいたとしても、どこで反転するかのコンセンサスがあまりできていない。そのため、バラバラと買われて、価格も一気には動かない。足４のように、25EMAが助けになることもあるが、この傾斜と同時に何らかのテクニカルな要素がないかぎり、25EMAが下支えする力は幻想に近いのかもしれない。

結局、ブル派が出てきて寄り付きの上昇を維持するためには、もう少し深いプルバック（５－６）が必要だった。足６の下ヒゲがブル派の熱意を示す最高の目印とは言えなくても、価格が１－２の上昇スイングの60％リトレースメントという危ない水準にあることで、ベア派はこの足のメッセージを警戒した。一方、ブル派にとってもこれは圧力を上げておくための苦肉の策と言える。

６－８の進展は注意して見なければ特徴のない小さな同時線の集まりにしか見えないかもしれないが、詳しく検証すると、これらの足はプルバックの底におけるブル派とベア派の興味深い攻防を物語っている。このとき、ほとんどの足の終値が安値から離れたところにあることだけでも、ベア派が少しずつはねのけられていったことが分かる。

さらによく見ていこう。足８の２本の同時線が完成するまでの10分間に、図のようなパターンラインを完成させる時間は十分あったはずだ。これらの同時線の高値はパターンラインである抵抗線に阻止されているが、実は安値のほうも別の同時線のペアである足７の高値が支持線になっている。これは完璧なスクイーズではないかもしれないが、このようにどちらかにブレイクしなければ動く余地がないときは、圧力がたまっていく。

ブル派のブレイクアウトに有利に働いたのは、仕掛け足（矢印）が前の足の安値を下抜いたあと、強く反転したことである（ダマシの安値）。実は、それがパターンラインを上抜いた前か後かはこの図からは分からないが、仕掛け足の始値を考えれば、ダマシの安値が最初に付いたと考えてよいだろう。ちなみに、これが先でも後でも強気の見通しを考えれば、もちろん仕掛けの前にダマシの安値が付いていたほうが望ましい。

良い結果につながった状況を調べると同時に、目標値に到達する前に障害となり得る要素についても見ておくべきだろう。ちなみに、目標値まで一気に行けることはほとんどないということを覚えておくとよい。前のスイングの高値や安値はさほど大きな問題にはならないかもしれないし、ダブルトップやダブルボトムを突破するのは少し大変かもしれないが、かなりの大きさでなければ必ずしも恐れる必要はない。あまりうれしくないのは、チャート中盤以降にある幅広のクラスターで、それを越えなければ目標値に到達できない場合である（この例は近いうちにたくさん出てくる）。

今回のブル派のトレードで、20ピップスの目標値を悲観視する必要はない。実際、このトレードには、助けになりそうな２つの要素があった。価格を引き上げてくれる50レベルのマグネットがあり、仕上げに前の高値である足２が引き上げてくれるからである。前の高値や安値も強いマグネットになるというプライスアクションの原則を思い出してほしい。

今回のケースでは、目標値（足９）の直前に抵抗線が邪魔をするかもしれない。しかし、何の障害もなく目標値までまっすぐ到達するトレードはほとんどないため、落ち着いてトレードが回復するまで待っていればよい。もちろん、突然のプルバックで含み益がすべてなくなり、それどころか損切りに向かっていればうれしくはない。しかし、これはトレードという戦いで避けることのできない部分だということを受け入れ、冷静に対処してほしい。うまく反転してくれることを期待して（例えば、足10で）損切りを動かせば全滅は避けられるかもしれないが、全体的に見ればこれはしてはならないことだし、最終的には負けにつながる。スタイルやテクニックに関係なく、トレーダーにとって最初の課題は損失を素直に受け入れることなのである。

1－6－10のパターンラインの攻防では、多少のブル派が応戦したが、さらなる上昇に加わる人はあまりいなかった。上の切りの良い数字と、その少し上にある今では明らかなダブルトップ（2－9）も、ブル派の熱意を削いだのかもしれない。

次は10－13の進展に注目したい。このビルドアップは水平の25EMAが中心を通っているが、これはスクイーズの一種であり、支持線であるパターンラインと抵抗線である50レベルに挟まれている。足のクラスターが2つの対立する要素に挟まれているときは、どのような形でも圧力は必ず高まっていき、遅かれ早かれ結論が出る。

この7本の足のスクイーズから、足13を下抜くブレイクを予想できたかどうかを詳しく見ていこう。まず、このビルドアップは、10－11の上昇スイングから始まり、これは8－9－10のアーチの天井を完璧に試したが、ブル派は50レベルのマグネットに到達することができなかった。価格が再びパターンラインまで下げると、ブル派はすぐに反応して上昇した（安値の切り上げ）。しかし、足11の高値に達する前に、価格は再びパターンラインまで下げてしまった（高値の切り下げ）。スクイーズのなかに2つのダマシの高値があり、価格がパターンライン上に下げて終わっていることは（足13）、重要な段階に達したことを示している。もし足13が下抜かれれば、それは足12のダマシの高値をテクニカル的に確認するだけでなく（強気のブレイクのあとに弱気のブレイク）、傍観しているブル派には、もうパターンラインの支持線を守る力も意欲もないことを示している。そうなると、ポジションを持っているブル派はかなり無防備な状態になり、多くは損失を抑えるために逃げ出そうとするだろう。そのことと、ブル派の見通しを合わせると、ダブルの圧力が下方に弾ける材料がそろうため、足13をブレイクしたところで売りを仕掛けることができる。

今回の仕掛け足は（下向きの矢印）、仕掛けてすぐには下がらなかったことに注目してほしい。明らかに、しっかりとブレイクしても、逆張り派は回復力がかなり高いかもしれない。ただ、それに惑わされてはならない。ブレイクアウト近辺における多少の押しや戻りは、支配権をめぐる戦いの一部でしかない。どのようなときでも、仕掛け足の間に手仕舞うことはしないでほしい。これは10回中９回は恐れによる手仕舞いで、うまい手とは言えない。それに、損切りをきちんと置いておけば、何を恐れることがあるのだろうか。もちろん、これは未決済ポジションが損切りか目標値に達する前に手仕舞えないと言っているわけではないが、仕掛け足が終わる前に逃げ出すのが有効なことはほとんどない。今のところは、20/10のブラケット注文を厳守してトレードしていこう。

支配側に向かうトレードは避けるため、どの時間帯でもまずは全体像を検証する必要がある（**図5.3**）。そこで、最初は25EMAの方向を観察するとよい。この線の傾斜は下がっているのだろうか、ほとんどの足はその下にあるのだろうか、マーケットは現在下落しており、その傾斜と同じ方向に仕掛けたほうがよい（フラッグ型の調整が長引いた場合は例外かもしれない）。

現在の圧力は、25EMAが水平に近ければ、チャートのなかの過去何回かのアーチを探してその関係を調べると、信頼できる情報が見つかる。その理由は、**図5.3**を見れば分かる。ここでは、07:00から４つのアーチが切りの良い数字である1.33の支持線の上に形成されている。１－２－F、F－３－T、T－４－５、５－６－７。４つのアーチは、よくあるように、最初のアーチが最大で、だんだん小さくなっていく。

図5.3

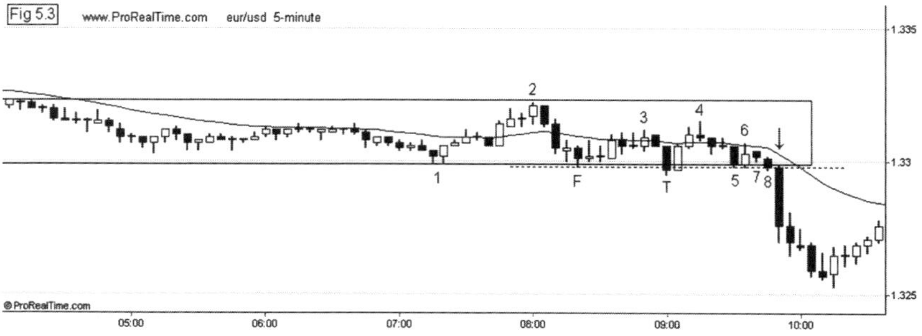

ときには、ヘッド・アンド・ショルダーズの変形で真ん中のアーチが最も目立つこともあるが、そのあとに小さなアーチが続けば基本的な意味は変わらない。当然、最後のアーチは最も注意して観察しなければならない。圧縮されているときはなおさらだ。また、このアーチは平たくなっていることも多いため（例えば、５－６－７）、実際にはアーチに見えないこともある（スクイーズなど）。当然ながら、これらのことはすべて強気のチャートにも言えることで、その場合はＵ型のアーチがバリアからぶら下がり、上方のブレイクにつながっていく。さらに、アーチは水平のバリアの上や下だけでなく、傾斜のあるパターンラインの上や下にできることもある。**図5.2**を再度見て、上昇するパターンラインの上に３つのアーチがあるのを確認してみてほしい。また、最後のアーチはスクイーズで、それが足13の下のブレイクにつながっていった。

このようなアーチの進行の素晴らしいメリットは、観察が容易で、形成されている途中で特に注意を払う必要がないことにある。集中すべきタイミングになると、何らかの警告があることが多いからだ。例えば、ダマシのブレイク（Ｆ）で、ティーズブレイク（Ｔ）とダマシの高値（足３と足４）は、どれも興味深いところだったが、トレードにつながることはなかった。結局、私たちは一方の目で全体の動きを見ながら集中すべきとき（今回は足５の辺り）を待つことになる。

ほとんどの時間帯において、攻められている側と攻めている側は少しよく見ればたいていは分かるが、その結果を決めつけてはならない。しかし、優勢な側の立場が変わらないかぎり、抑圧されている方向にトレードするのをやめることはできる。今回のチャートでは、右下がりの25EMAと縮小していくアーチは、ベア派が勝っていることを明らかに示している。実際、ブル派は切りの良い数字の1.33で繰り返される攻撃に防戦することしかできていない。まだ売りを考えるときではないが、この時点で買いに賭けないほうがよいことは分かる。

切りの良い数字の攻防でよくあることだが、偶発的にブレイクしてもそれがすぐに敵の崩壊にはつながらないこともある。切りの良い数字の防御は非常に頑強で、何らかのビルドアップの裏づけがないまま貫通しても、なかなかフォロースルーが得られないということを覚えておいてほしい。

ここで、Ｆのダマシのブレイクは、まだ枠を引き直す理由にはならないということに注意してほしい（これがダマシになったのは、前の安値１があったから）。しかし、そのあとで足５と足６がＦと同じ安値を付けたため、バリアを点線のところに下げた（今度はＴのブレイクを無視する）。ただ、切りの良い数字の影響がまだあるなかで、この「難しい」バリアをブレイクしたことがどれほどの意味を持つのかは、さらに観察を続けなければ分からない。線を描きこむのも悪いことではないが、今回のチャートは早すぎるブレイクにだまされないよう十分に注意すべきことが分かる好例と言える。切りの良い数字で大事なことは、ビルドアップを注意深く観察していくことなのである。

５－８は、４本の足がバリアと25EMAに挟まれてスクイーズになっているが、足８は下げて終わる前に、点線をすでに１ピップス下回っている。あまり保守的でないベア派ならば、これを十分なシグナルとみなし、足８が終わって次の足がそれを下抜くのを待たずに、すぐに売ってしまうかもしれない。しかし、そうするとスクイーズのビルドアップは小さくなる。同じような状況で、特に切りの良い数字という難しい場面では、チャンスを逃すことを恐れて早すぎるブレイクで仕掛けるよりも、足があと１本できてスクイーズが大きくなるのを待ってから仕掛けるよう勧める。今回も、足８の下で仕掛けるほうが教科書どおりのパターンブレイクに近い。

チャンスを逃すのを恐れて、少し早く行動してしまうことが多い人は、疑問の余地がないブレイクアウトのみに集中するということを考えてみてほしい。そうすれば、条件を満たさないすべてのブレイクを正当に見送ることができるし、そのあともしフォロースルーがあったとしても怒る必要がないというメリットがある。

トレードに絶対はないため、「正当」なブレイクと早すぎるブレイクの差は紙一重の場合もある。経験則で言えば、パターンが大きければそのバリアも強力になるため、攻撃側もかなり頑張らなければ説得力のある突破はできない。そのために必要とされる足の本数が具体的に決まっているわけではないが、ビルドアップが大きければ（例えば最低でも足４本）、スクイーズを突破する可能性が高いのがどちら側かを想像しやすくなる。反対に、プルバックの反転では（大きなパターンのブレイクアウトではないケース）、反転でのブレイクがすぐに形成され、足１本のセットアップでも有効な場合もある（本章の後半でまた取り上げる）。

このような状況は、疑いようのないパターンラインや完璧なシグナル足は必ずしも必要ではないということを教えてくれる。通常は、バリア付近の最も重要な足で仕掛けると思っておけばよいだろう。ときには、パターンの境界線をはっきりとブレイクする前に仕掛けポイントが見つかることもあるが、普通はシグナル足がバリアとそろうか、少し超えたとき（足８のように）に仕掛けることが多い。

注意　先が飛び出しているシグナル足で仕掛けるときに、その足が長すぎたり、仕掛けポイントがブレイクしたパターンラインから離れすぎてしまったりしているのはあまりよくない。もちろん例外もあるが、パターンブレイクのシナリオでは、損切りがパターンのなかにあることが望ましい。そうすれば、損切りに達することなくプルバックがブレイクしたバリアを試すことができる。

もしビルドアップのあとで仕掛ければ、10ピップスの損切りと20ピップスの目標値のトレードが十分実行可能だということは、本書で紹介するたくさんのチャートが示している。もちろん、プライスアクションを学び始めたばかりの時期は、疑う余地のない仕掛けと少し時期尚早な仕掛けの差が明らかでないかもしれないが、それは心配しなくてよい。どの段階においても、最終結果に本当に大きな影響を及ぼすのは、つまらない賭けを見分けられるようになることである。つまり、利益を最大にすることよりも、損失を最低限に抑えることのほうが絶対に不可欠なのだ。しかも、そのほうが簡単だ。自分の資金を不必要に減らさなければ、あなたの成長とともに資金も順調に増えていく可能性が高い。

それではいくつかの例を見ていこう。

図5.4のチャートの前半にも、パターンラインの上に３つのアーチが形成されている。足10の下での売りは、分かりやすいパターンブレイクの仕掛けだが、ひとつ注目すべき要素がある。それが、切りの良い数字の逆マグネット効果である。

反転足である３本の陽線（足１と足２と足３）は、切りの良い数字のマグネット効果をよく表している。ベア派は全体的な圧力では勝っていたかもしれないが、それでもブル派に一種のトリプルボトムの形成を許してしまった。逆マグネットの概念とその危険性を理解するためには、例えば13:30ごろに売りを仕掛けたベア派の気持ちになって

図5.4

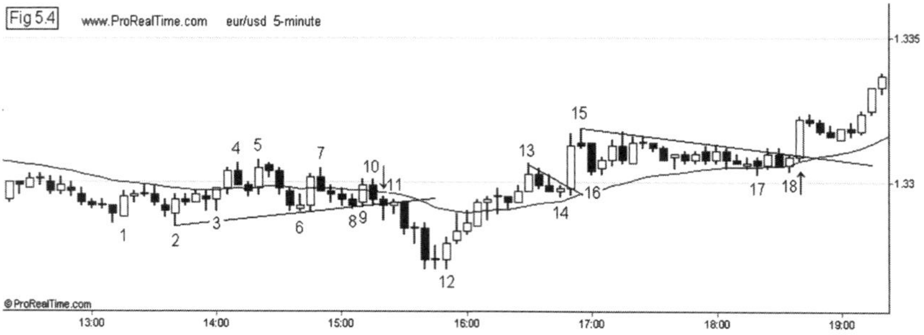
Fig 5.4
www.ProRealTime.com eur/usd 5-minute
1.335
1.33
1 2 3 4 5 6 7 8 9 10 11 12 13 14 15 16 17 18
© ProRealTime.com
13:00
14:00
15:00
16:00
17:00
18:00
19:00

少し考えてみてほしい。また、切りの良い数字で再度ブレイクした足４か足５辺りで買ってワナにはまったブル派の気持ちも確認しておこう。どちらも逆マグネットの犠牲になったのである（マグネットがそれぞれのポジションに逆行している）。

要するに、切りの良い数字と反対方向に仕掛けるときは、特に気を付ける必要がある。この水準に向かって仕掛けるのとは状況が全く違うのだ。特に、切りの良い数字の攻防の初期段階はそうで、プライスアクションは非常に変わりやすく、たとえ支配側に合わせても、仕掛けるには危険な状態にある。この小競り合いが続けば、いずれ値幅は狭まっていくだろうが、もしかしたら一方のダマシが他方よりも多くなっていくかもしれない。こうなったら、さらに注視すべきサインだと思ってほしい。

それでは、なぜ足10の下で売ることにしたのだろうか。まず、このチャートは全体的に弱気なので（25EMAが右下がりで、ほとんどの足の終値はその下にある）、もしブル派が優位になりたければ行動を起こさなければならない。つまり、彼らが４回連続で1.33の水準の奪還に失敗したことは（足４、足５、足７、足９）重要な意味を持っている。ほかには、３つのアーチがパターンラインの上に形成されている２－５－６と６－７－８と８－９－10も興味深い。最後のアーチはスクイーズの一種で、足９と足10は支持線のパターンラインと、抵抗線の切りの良い数字に挟まれている。つまり、下げて終わった足10は、直近のブル派の攻撃（足９）が失敗したことを示すだけでなく、３つのアーチの高値の切り下げを完成させて、支持線のパターンラインの上にシグナル足を設定したのである。

これらのことから、切りの良い数字のマグネット効果は弱まっており、価格はそこから離れかけていることが推測できる。ただ、それが実現するまでには数時間かかったということも覚えておいてほしい。

ブル派は、パターンラインを貫通したにもかかわらず、足10を下抜いたブレイクに対抗しようとした。この反対圧力によって、仕掛け足（矢印）はパターンラインの水準まで上げて終わった。そして、その次の足も、ブル派とベア派のどちらにも決定力がないまま５分が経過した（足11の小さな同時線）。ベア派は、アメリカ市場の取引開始（15:30）を恐れて積極的に売りに出なかったのだろうか。理由はどうでもよい。ただ、足11が下抜かれた途端にベア派の遠慮がなくなり、マーケットがすぐに降参したのは興味深い（はらみ足のブレイク）。

ベア派の勝利があまり長く続かなかったことは、すぐに分かった。ただ、先に仕掛けたトレードは突然上昇に転じる前に20ピップスの目標値に達したようだ。今回のケースは、大きすぎない目標値を事前に設定することのメリットを示していると同時に、今回のケースが幸運だったという点も無視できない。ただ、本書のすべてのトレード例は、確率について考えてもらうための教育的な目的で載せているだけであり、それぞれのトレードの成否は重要ではない。

不利な状況については第７章で詳しく述べるが、ブル派側に継続が難しそうな小さなブルフラッグ13－14ができたことに読者も驚きはしないだろう。前に切りの良い数字を巡ってあれほどの攻防があったことを考えれば、ベア派が戦わずしてこの場所をあきらめるとは考えられない。ただ、ポール12－13に対してフラッグが小さいことはブル派にとってあまり有利なことではない。しかも、ポール自体は25EMAの下から「突然」出てきたため、そもそもブル派の勢いがそのまま継続することは考えにくい（支配側の変更を推進するビルドアップがない）。

もちろん、すべてのチャートが「テクニカル理論」どおりになるわけではない。経験を積めば、マーケットでは何でも起こり得るし、いつかは必ず起こることは分かるが、だからこそ疑わしいプライスアクションでは、基本的に仕掛けてはならない。また、自分の計画がうまくいかないときに、ほかの人たちに引きずられないこともとても重要だ。言い換えれば、ビルドアップがない反転がさほどの抵抗もなくチャートをひっくり返すこともあると認めることと、そのようなときに継続方向に仕掛けることはまったく別なのである。特に、20ピップスという5分足としては大きな動きを狙うならばよく覚えておいてほしい。そう考えれば、足14をブレイクしたときにあまり悩まなくても買いを見送ることができる。

しかし、その2時間後はどうだろうか。前よりもはるかに大きいブルフラッグ（15－18）は、ブル派が明らかにチャートを支配していることを表している。ただ、このフラッグには、ベア派の積極性がまったく見えないという明らかにおかしな点がある。実際には1回だけ逆張り派が切りの良い数字のマグネットに向かって仕掛けたことがあったが（15－16）、支持線に近づいただけですぐにあきらめた。ベア派はそれから1時間以上、25EMAを攻めることがなかったため、大きなフラッグが形成されることになった。

強いトレンドがあるときに、平たくて長いフラッグができることはよくあり、そのときはチャンスがあればぜひ継続方向に仕掛けるとよい。ただ、このチャートはどれくらい強気なのだろうか。別の聞き方をすれば、テクニカル的な推進がないという理由で足14の上の仕掛けを見送ったのに、足18の上では仕掛けるならば、見送るブレイクと仕掛けるブレイクの違いはどこにあるのだろうか。

残念ながら、このパズルの答えはひとつではない。チャートにまったく同じ状況はないため、トレーダーはブレイクアウトのたびに自分で判断しなければならない。そして、もし「境界線」上のケースであれば、おそらく最も難しいのは自分の目を信じて、どう見えるかで（どう考えるかではなく）トレードすべきか見送るべきかを決めることだろう。今回のチャートは、その好例だ。テクニカル的に見れば、ベア派の圧力はブル派に撃退されたが、チャート自体はまだあまり強気には見えない。反抗的な切りの良い数字のマグネットに正当な試しがない間は、マーケットのみんなも上方の可能性についてはまだ遠慮しているのかもしれない。このように考えれば、足18の上でブレイクしたときに少なくとも小さな違和感を持つのは当然だろう。

一方、事実に目を向ければ、確かに15－18は妥当なポール（12－15）についた妥当なフラッグで、その長さはブル派の支配を十分証明していた。そのうえ、そのなかの足はかなりの圧力をビルドアップしてから上方にブレイクした。そして、最終段階で、ベア派が恐ろしいスクイーズから２回逃げ出そうとしたが、どちらもすぐに失敗に終わった（足17と足18のダマシの安値）。そうなると、下降するパターンラインと、上昇する25EMAに価格が挟まれている状態で、ブレイクアウトトレーダーはプライスアクションを尊重して足18を上にブレイクしたときに買いを仕掛けるしかない。

ただ、これはけっして私の好みのセットアップではない（ちなみに、今回のフラッグは、アメリカが昼休みに入って停滞する難しい時間帯の18:00～20:00にブレイクした）。

図5.5のようなチャートは、どちら側を避けるべきかについて議論の余地はあまりない。価格が足１の安値に達したときは、少なくとも

図5.5

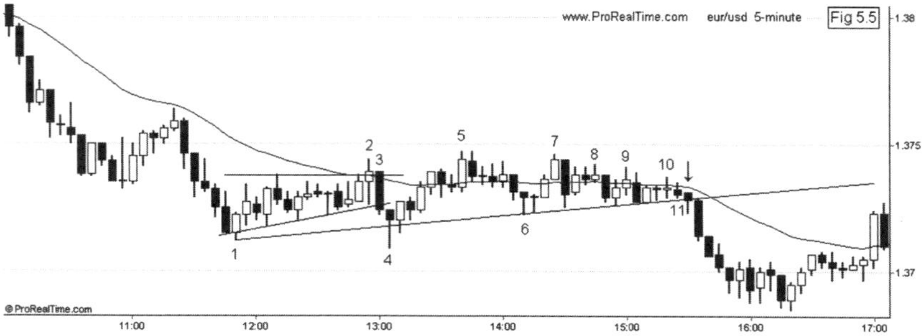

これから何時間かのうちに、ブル派がこの波に対抗する余地はまったくないという明らかな警告を発していた。ただし、これはベア相場で買って利益を上げることができないと言っているのではなく、20ピップスの目標値に達するのが簡単ではないというだけのことである。それに、流れに乗ることができるのに、なぜわざわざ逆らう必要があるのだろうか。

自ら面倒に巻き込まれた好例が、足２のダマシの高値である。ブル派は無理やり上方にブレイクしたことで、ベアフラッグ１－２の流れに抵抗しようとした。しかし、これはベア相場で、しかも25EMAから離れていくのはあまり良い考えとは言えない。もちろん、ベア派は即座にブル派の夢を打ち砕いた（足３）。

足２の強気のブレイクに反撃するのは、有名な逆張り戦略で、失敗ブレイクからの仕掛けと呼ばれている。これは支配側と逆行するブレイクは、近いうちに尊重されるよりも避けられるという前提を利用している。第７章（トレードを見送るときと、失敗ブレイクからのトレード）では、このような「バカげた」ブレイクを利用する方法について詳しく見ていくが、現段階では、そもそもワナにはまらないようにしたい。

しかし、トレンドトレーダーも細かい点に注意する必要はある。「不利な」方向のダマシのブレイクが、必ずしも敵側にとって素晴らしい賭けになるわけではない。例えば、強気のブレイクアウトを撃退したベア派のパワーバー（足３）は、売るにはひどいシグナル足である。この足は高勝率のブレイクのセットアップとしてははるかに長すぎるうえに、マーケットの安値圏に入っていた。これでは、25EMAのマグネットに向かう「害のない」プルバック（よくある）でさえ、損切りを超えてしまう。

このことは、たとえマーケットがすべて一方の圧力に支配されていると思えても、抵抗が最も小さい方向にトレードするためには十分注意して計画を立てる必要があるということを示している。下げ止まった安値周辺で継続するブレイクを探してうまくいくことはあまりない（上げ止まった高値周辺も同じ）。結局、フォロースルーの可能性が最も高いのは、大きなプルバックが反転したときか、長い横ばい（１－11）のあとのブレイクしかない。

弱気のパターンのブレイクが予想されるときは、最も関連がありそうな安値の下にパターンラインを引くとよい。今回のチャートでは、足４のダマシのベアスパイク（スパイクは突出高・突出安のこと、ここでは下ヒゲの部分）は無視してそのあとの安値を使ったことで、非常にきれいな線が引けた。パターンブレイクの戦略では、このような議論の余地がない境界線は、ブレイクしたタイミングが正確に分かるため、大きなメリットになる。

そして、この線の上のいくつものアーチも同じくらい美しい。なかでも目を引くのが１－２－４と４－５－６と６－11である。これらは全体で、巨大なベアフラッグを形成している（ポールはイギリスの朝の時間帯の下落相場）。

また、最後のアーチをよく見ると、６－11のなかにいくつか小さいアーチがあることが分かる。それらが少しずつ小さくなって最後にパターンの沸点に至っているのだ。パターンラインと25EMAに挟まれて、最後の小さいアーチは教科書どおりのスクイーズになっている。これでブル派の窮状は十分察することができる。

ところが、ヒントはまだある。少し前のダマシの高値５から、ブル派は切りの良い数字のマグネットに到達することができず、足７、足８、足９、足10と失敗し続けた。一連の高値切り下げは、傍観しているブル派にとってもポジションを持っているブル派にとっても自信を高めるきっかけにはならない。特に、最後に失敗した足10のダマシの高値は、弱気のスクイーズから逃れようとして失敗しているため、特に興味深い。これまでの失敗は、ブル派が完全に戦意を失う十分な証拠と言ってよいだろう。

そして、ダマシの高値を付けたあとの小さいはらみ足11が、パターンラインと25EMAの間の空間を埋めてしまった。いよいよだれかがあきらめるしかない。

実は、足11の下での売りは、よく見るとパターンラインをまだブレイクしていない、というよりもむしろ線上にある。しかし、非常に良いセットアップであることと、ベアフラッグの機が「熟している」ことを考えると、崩壊前のチャンスを逃すリスクを冒して仕掛けを待つ意味はないと思う。もちろんマーケットに確実なことなどないため、あと１ピップス程度待ってパターンラインがまずブレイクされるかどうかを確認してから売りを仕掛けるという方法もある。しかし、あと１本足ができてスクイーズが伸びるのを待つのは、間違いとは言わないまでも慎重すぎるのかもしれない。後者の方法も、**図5.3**の足８のようにもう少しビルドアップがないと適正なセットアップにならない状況では必要になる。しかし、今回のチャートはそうではない。

シグナル足11の安値が足10の安値とそろったのもよいことで、この売りはダブルの足のブレイクから始めることができる。ダブルの足のセットアップは、注視していた高値や安値が５分ではなく10分持続したということなので、１本の足のセットアップよりも明らかに圧力が強くなっている。そして、ブレイクアウトの前の圧力が大きいほど、妨害よりもフォロースルーに期待できる。そのうえ、この売りが損切りに達するためには、ブル派はスクイーズを突破してその上まで戻さなければならない。それまでに何回も失敗したことを考えれば、それにはかなりの大胆さが必要になる。これらのことはすべてベア派の積極性が勝ることを示している。そして何よりも、約25ピップス下にある切りの良い数字（1.37）のマグネットがベア派の味方をしている。

これまで挙げた通常のパターンブレイクのセットアップは、テクニカル的にも理にかなっていて分かりやすかったと思う。これらの例について覚えておいてほしいのは、十分なビルドアップの重要性で、特に損切りを近くに置いたブレイクアウトのトレードではぜひそのことに気をつけてほしい。

パターンブレイクプルバック

通常のパターンブレイクのセットアップは、よく目にすることがあるが、１回目では仕掛けることができないブレイクアウトもたくさんある。ブレイクする前のビルドアップが小さすぎることもあれば、パターンラインに疑問の余地がある、シグナル足が信頼できない、プライスアクションが荒かったり活気がなさすぎたりするなどといった場合もある。理由は何であれ、このようなときは最初のブレイクを見送るしか選択肢がないことも多い。ただ、これは今回のブレイクにまったくチャンスがないということではない。ブレイクアウト後の動きを注視していれば、流れに乗る２回目のチャンスが巡ってくることもあるからだ。

このようなときに、集中して見ておくべき状況が２つある。１つ目は、ブレイクアウトのあと、価格がブレイクしたバリアの近くにとどまっている状態で、これはフォロースルーをすべきか、ブレイクがダマシだったことを示すべきか迷っている状況である。これは明らかに防衛側の復活を示す動きだが、それと同時に攻撃側の士気もそう簡単に下がらないことを示している。この戦い（ビルドアップ）が続くかぎり、マーケットが前と同じ方向に再度ブレイクする可能性は十分ある。

もうひとつの状況は、最初のブレイクアウトでフォロースルーがあっても、そのあとのプルバックがブレイクしたバリアを試そうとしたときである。

どちらの状況もさまざまな変形があり、そのどれでも最初のブレイクと同じ方向に仕掛けられる場合がある。そこで、私たちは最初のブレイクアウトのあとに、有効なシグナル足（そのあとのブレイクで仕掛けられる足）を探さなければならない。この仕掛けのテクニックを、パターンブレイクプルバックのセットアップと呼ぶ。

図5.6の足９の下で売りを仕掛ければ、ブレイクを見送り、プルバックの戻り、天井への試し、パターンブレイクプルバックのセットアップに基づいた２回目の仕掛け――という一連の流れが完結する。このトレードを細かく見ていく前に、このチャートと１つ前の**図5.5**を比較してみると面白い。そうすれば、全体はよく似ているにもかかわらず、トレード可能なブレイクと、すぐにはトレードできないブレイクの違いがよく分かると思う。まず、**図5.5**ではブレイク前に価格はパターンラインの上で圧力をビルドアップしていたため、私たちはブレイクで仕掛けることができた。しかし、今回のチャートでは、パターンの境界線から離れたところにクラスター（Ｍパターンの中心部の６－７）があり、そこからブレイクした。しかも、突然の崩壊で、足８のブレイクでは通常のパターンブレイクの仕掛けができなかった。

図5.6

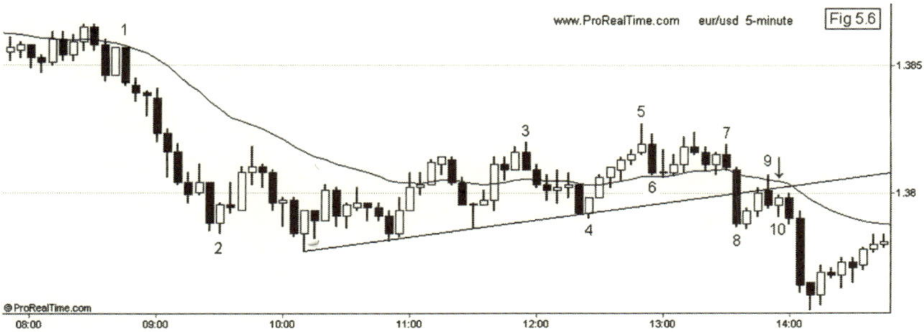

ただ、トレードするチャンスが消えたわけではない。

パターンラインの上のプライスアクションは、間違えようがないブルフラッグの特徴（ベア派の大きなポール１－２と若干傾いた横ばいのフラッグ）を示している。このようなパターンでは、一連の安値の切り上げが、需要が伸びている印象を与えている。しかし、買い手は気をつけてほしい。もしトレンドを示すポールが本物ならば、ベア派がただ黙って支配権が奪われるのを見ているわけではないからだ。このようなときは、フラッグの上部でブル派が息切れするのを待って、急激な売りを浴びせるという作戦がよく使われる。この逆張り的な方法が実際に行われた例が足３や足５のダマシの高値なのである。

テクニカルトレーダーのなかでは、フラッグがブレイクアウトしたときのフォロースルーは、ポールの長さと同じくらいになると広く信じられているが、これには実績がある。そこで、この現象をポール・フラッグ・スイングの原則と呼ぶことにする（稲妻の形とも言える）。この前提を完全に信じるかどうかは別として、妥当なフラッグパターンのブレイクは、常に注目に値する。今回のチャートで見てみよう。

皮肉なことだが、ブレイクの前にはフラッグのなかで４時間に及ぶ上下動があり、最後にブル派は何本かの足を25EMAの上に維持していたのに（６－７)、突如形勢が逆転した（足８)。

また、足７のダマシの高値がフラッグの反対側でブレイクアウトのお膳立てをしていたことにも注目してほしい。そして、ベア派が参入し、ブル派が逃げ出すと、パワーバー８がMパターンの右側のレッグを完成して反転した（４－５－６－７－８)。頭上に不吉な中心部６－７があれば、傍観しているブル派は前回のようにパターンラインを防衛しようとはもう思わない。そして、価格はまっすぐ下落した。

そこで、パターンブレイクプルバックを利用して足９の下で仕掛けることについて、細かく見ていこう。まず、８－９の戻りは、ブレイクアウトした７－８のスイングを50～60％リトレースした。そして、足９はパターンラインの延長線ばかりか、切りの良い数字と25EMAも試してトリプルとなっただけでなく、高値は６－７のブロックの天井も試した。また、足９はパターンラインを上抜いているが、終値は再度パターンの外側に出ており、大きく下げて終わった。ブル派もベア派も８－９の反転を賢く使ったことは明らかで、前者はそこで売り逃げ、後者は売った。

テクニカル的に言えば、足９は有効な２回目の売りのセットアップだが、楽しみを台無しにしかけた小さな問題があった。このシグナル足が比較的長く、仕掛けが切りの良い数字の逆マグネットを試す水準から何ピップスかしか離れていないことだ。これは損切りの置き方が難しいかもしれない。しかし、それでこのようなチャンスを簡単にあきらめないでほしい。今回のケースのように、テクニカル的にすぐに継続する可能性が高いときは、リスクをとる価値があるかもしれない（もちろん個人的な意見だが)。結局、３回の賭けのうち１回だけ予想どおりのフォロースルーがあれば、結果はトントンになる（リスク・リワードが１：２の場合)。言うまでもないことだが、このような理屈は仕掛けの時点でフォロースルーがある確率が非常に高くなければ正当化できない。

注意　もう少し上達したら、多少のひねりを加えて仕掛けのテクニックの幅を広げ、積極的にトレードしたくなるかもしれない。そのときは、足８がMパターンの中心部を下抜いたときに売ることも考えられる。強気の例ならば、第３章の**図3.2**で足10がブレイクしたケースを参照してほしい。このような鋭い仕掛けは非常に効果的な場合もあるが、大きなパターンがブレイクアウトするまえに行動を起こしているため、より積極的な仕掛けと言える。注意して行ってほしい。

図5.7を見れば分かるように、07:00を少し過ぎたころに、価格はアジア時間の狭いレンジから一種のティーズブレイクになった（T）。しかし、ブル派はあまり関心を示さず、反撃もしなければ、そのすぐ下の切りの良い数字での防衛もしなかった。価格は少しずつ下げながら08:00にEUの取引が始まった。

EUの寄り付きの最初の何本かの足は陽線だったが（２－３）、枠の延長線と25EMAが行く手を阻み、ベア派は簡単に需要を阻止した。戻りの２－３に５本連続の長い上ヒゲがあることに注目してほしい。

大きなパターンをブレイクしたあとに、その外側に小さなパターンができることはよくある。もしそれが幅広のクラスターで、ブレイクされた枠の下に反抗的にぶら下がっていれば、それはベア派のブレイクアウトに強く抵抗していることを示している。反対に、このパターンが小さくて、比較的なだらかな角度のあるプルバックならば、抵抗はずっと少ないと考えてよい。今回の２－３の動きは、１－２のポールに付いたベアフラッグと見ることもできる（テクニカル的には継続パターン）。

足３は、５分間の間に枠のバリアを上抜いてから下げて、枠の外側で終わり、同時線になった。ここには、パターンブレイクプルバックのセットアップの条件がすべてそろっている。しかし、シグナル足が決まる前に、その周りの状況がブレイクを支持しているかどうかを必

図5.7

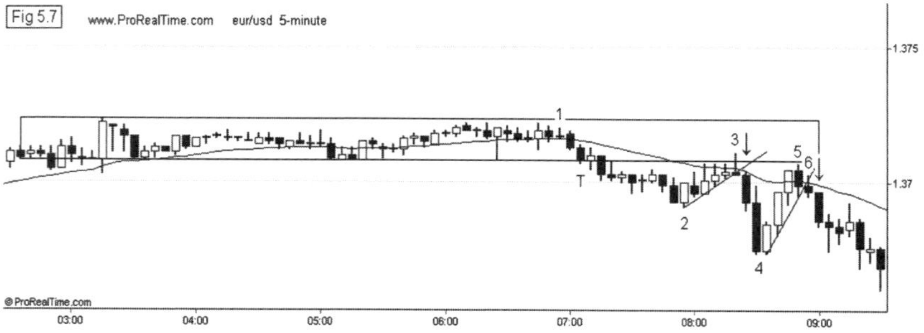

ず確認してほしい。

そのヒントや手がかりはどこにあるのだろうか。次の点を考えてみてほしい――①戻りの２－３は、ブレイクアウトスイング１－２を50％リトレースしている、②足３が戻り高値で反転の同時線になっている、③この足は25EMAを上抜いたが再び下げて終わった、④足３を下抜いた仕掛け足は枠のバリアの延長線と25EMAに近くて有利（逆マグネットがない）、⑤この売りの仕掛けはプルバックラインをブレイクした水準と一致している。

これらの点がすべて不利になるブル派には、1.37の切りの良い数字が威力を発揮するかもしれないというあわい期待しかない。つまり、売りのほうが買いよりも勝率がかなり高いと推測できる。そこで、パターンブレイクプルバックによって、足３の下で売りを仕掛けることにする。

注意　パターンブレイクプルバックでは、シグナル足がブレイクされたバリア周辺にあるだけでなく、25EMAにも近いことが望ましい（足３のように）。ちなみに、そうなることはよくある。しかし、もしプルバックのなかで25EMAに達する前に反転足が見つかったときは、より強力なセットアップができるまで待つほうがよい。調整がまだ完全に終わっていない場合が多いからだ。

仕掛けてからわずか２本の足で目標値に達すると、価格は同じくらいの勢いで反転した（４－５）。枠のバリアの延長線に達すると、それが抵抗線になっていることは、足５が下げて終わったことで分かる。これは新たなシグナル足だが、今回は前回ほど調和していない。下落に対する反動の４－５が強力すぎるからだ。

さらに詳しいことは、本章後半のプルバックの反転の項で述べるが、注意深い読者ならば、プルバックは長さだけでなく、強さも重要な要素として観察しておくべきだということに気づいたかもしれない。経験則で言えば、強いプルバックであるほど、それを反転させるための攻防（ビルドアップ）も激しくなる。実際、プルバックのなかにはあまりにも強力なので、反転のセットアップを見送ったほうがよい場合もある（第７章参照）。

もっと判断に迷うブレイクでは、ほんのささいな点が仕掛けるか見送るかの判断を左右することもある。その好例が、足６の下で売りを仕掛けるかどうかの判断だった。

まず、４－５の動きは３－４のスイングをほぼ100％リトレースし、しかもかなり勢いがあった（３本の陽線のパワーバー）。このことだけでも、先の反転にとっては望ましくない。しかし、良い点は、足５が抵抗線である枠の延長線と支持線であるプルバックラインに挟まれていることである（スクイーズの一種）。そして、次の足６がプルバックラインをブレイクした。ただ、足５と足６の安値は同じなので、足６ははらみ足になっている。つまり、これはダブルの足のブレイクのセットアップなのかもしれない。

それについて書く前に、足５の安値を足６がブレイクした場合についても考えておこう。足５は積極的な戻りにできたたった１本の反転足なので、売りの仕掛けとしては弱く、見送ったほうがよいのかもしれない。実際には、足６は足５と合わせてはらみ足になり、反転の圧力が２倍になったため、弱気のブレイクでフォロースルーがある可能性はかなり高まった。わずか１本の足がこれほどの違いを生むのだろうか。状況にもよるが、大いにあり得る。

重要な局面で、反転足のあとにはらみ足ができると、非常に有効なセットアップになる。これについては、次のパターンブレイクコンビの項でさらに詳しく見ていく。ただ、その前にもう少しパターンブレイクプルバックの例を見ておこう。

図5.8のように、すべての足が25EMAのはるか上にある強力な上昇トレンドは、さらに長い時間枠で見ると強力な下降トレンドになっているときでも軽視はできない。しかし、全体的な圧力が明らかに一方向を向いていて、すべてのサインが継続を示唆していたとしても、仕掛ける前には注意深く計画を立てる必要がある。損切りを近くに置くのならばなおさらだ。

継続を狙っていても、トレンドとプルバックの間のハーモニーの原則は必ず検証する必要がある。これについては、４つ目のセットアップであるプルバックの反転の項で詳しく説明する。すべてのブレイクアウトに言えることだが、今のところは経験則として、25EMAからかなり離れたところでの仕掛けは見送ってほしい。25EMAにはマグネット効果があることも多いため、いつもの調整の「基点」からトレードしたほうが恐れは少ない。例えば、足１と足３を上抜いたブレイクは、どちらも支配側の方向で、ビルドアップがないわけでもない。しかし、どちらの仕掛けも25EMAの逆マグネットのリスクにさらされているうえ、切りの良い数字のマグネットにも逆らっている。

ただ、注意はしなければならないが、トレンドには避けるべき方向が明らかだという無視できないメリットがある。私たちはトレンドと同じ方向のセットアップができるまで待つか、何もしないかしか選択肢がない。これは必ず把握しておいてほしい概念で、点線の下でダマ

図5.8

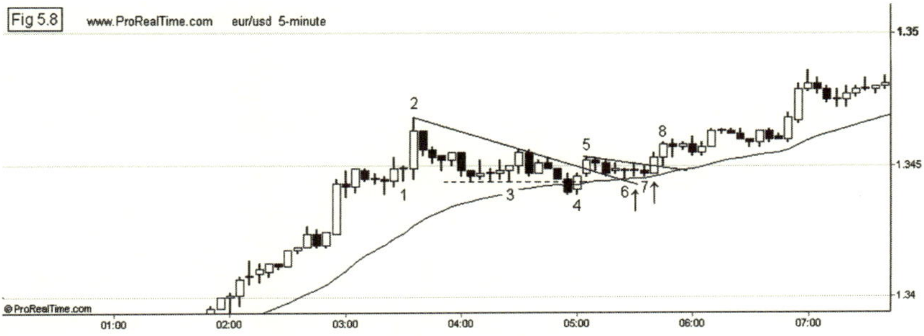
Fig 5.8
www.ProRealTime.com
eur/usd 5-minute
1.35
1.345
1.34
© ProRealTime.com
01:00
02:00
03:00
04:00
05:00
06:00
07:00
2
1
3
4
5
6
7
8

シのブレイクにつかまった不幸なベア派もこのことを知っていればよかったのにと思う（足４）。ただ、下方のダマシのブレイクにだまされたのはベア派だけではない。ブル派のなかにも、利食おうとした人や、もっと高値で買っていて、さらなる損失を避けるために売った人もいたはずだ。

敵が追い出されそうなときにブレイクで仕掛けるのは、ダブルの圧力があるので危険だと言うと矛盾しているように聞こえる。しかし、これはフォロースルーが約束できる状況ではまったくない。特に、ブレイクがトレンドのある25EMAに達していると（点線の下の足のように）、支配側と反対方向のダブルの圧力は、ほとんどあるいはまったく続かないこともある（逆張り派には注意）。言い換えれば、ここでブル派が買いトレードを手仕舞うのはいいが、ベア派が売りを始めるところではない。

ダマシの高値（または安値）の原則を思い出せば、一方の側のダマシのブレイクは、反対方向のブレイクがうまくいく前兆かもしれない。特に、後者が支配側の方向ならばなおさらだ。そのことを知っていれば、足４が上抜かれたところで新たにブル派が参入してきたことにも驚かないですむ。前に、このテクニックは失敗ブレイクからのトレード（**図5.5**参照）と紹介した。有利なチャートでは、これは非常に儲かる方法だが、ブレイクアウトトレードの経験を十分積んでから取り組んでほしい。これについては第７章で詳しく述べる。今のところは、切りの良い数字でもう少し攻防があるという想定の下、足４のブレイクでの仕掛けは見送るのが妥当だと思う。

パターンの境界線（２－５）がブレイクされたときは、それが有効かどうかを判断し、それに乗るか、反撃するか、見送るかを決めなければならない。このとき、もしコンセンサスが分かれているようでも、ブレイク自体がダマシになっていなければ、ブレイクした大きなパターンの外側に小さなパターン（５－７）ができることも珍しくない。

先のパターンブレイクプルバックの例とは違い、５－７の押しは傾斜がはるかに緩やかで水平に近く、特徴もないが、これもプルバックで、大きなパターンのブレイクアウトの有効性を試す目的があった。ブル派のトリプル（切りの良い数字、バリアの延長線、25EMA）に推進されて、この小さなフラッグの最初の陽線は次のブレイクアウトのシグナル足にもなり得る。必ず注視しておいてほしい。

この小さなフラッグのなかで、最初に上抜いたのは足６だった。これは小さな足だったが有効なシグナル足である。この足は、押しの安値から始まって、前述のトリプルの水準にもかかっている。さらに、足６は左隣の足を下抜いて小さなダマシの安値を付け、それを次の足（仕掛け足、最初の矢印）が高値を上抜いて確認した。

ここでも、価格は大きく上昇もしなかったが、大きくリトレースすることもなかった。トレードが仕掛け直後からうまくいかないときは、常に落ち着いて、自分の損切りを信じ、マーケットが展開する猶予を与えてほしい。経験則で言えば、少なくとも25EMAがトレードと同じ方向にあるかぎり、価格が順行する確率は高い。そして、停滞していれば、圧力は貯まっていく。このようなシナリオの多くでは、ある時点でマーケットが現状を打破する正確なスポットを予測することができる。例えば、足７ができると、フラッグ線と25EMAのスクイーズに次の足が入る余地はない。そうなれば、だれかがあきらめなければならない。

あとから見れば、足７の上の仕掛けは足６の仕掛けよりも優れていた。結局、そのほうがビルドアップは２本足が増え、フラッグ線も貫通してブル派のブレイクを助けている。このとき、あと何本か先の足で「より良い」セットアップができるかどうかを知る方法はない。つまり、もし十分良いセットアップならば、それでよしとすべきだろう。ちなみに、標準的なトレード戦略では、最初にできた有効なチャンスで仕掛けるとしている。

小さなフラッグがブレイクされたすぐあとに、足８がブレイクアウトをいったん試し、切りの良い数字のマグネットにも達した。もしブル派が何らかの理由でまだポジションを建てていなければ、この小さい調整を利用して、別の足が上抜くのを待たずに急いで買うこともできる。ただし、このような方法は標準的な手順を無視しているため、最後の手段としてのみ使ってほしい。この仕掛けは、何らかの理由で仕掛けられなかったときに、少し遅れて仕掛けたのと同じこととも言える。もちろんこれは、有効なブレイクをあえて見送って若干プルバックしたときにさらに有利な価格で仕掛けて、執行価格を少し改善する賢い方法などではない。もしそのような「たくらみ」がうまくいって、毎回１ピップス程度節約できたとしても、20ピップスのトレードを１回逃したら元の木阿弥だ。

注意　スイングの高値や安値で継続方向に仕掛けるのは難しいことだが、それを最初から避ける必要はない。もしプルバックで価格が動かなくても、時間がセットアップを提供してくれることもある。通常、このような動きは長いほうがよいため、少なくとも価格が25EMAに達するまでは待つことを大いに勧めたい。

プライスアクションとは別に、パターンラインの傾斜の角度は、X軸とY軸の設定の仕方によっても決まる（**図5.9**）。チャートを見やすくするためには、２つの軸の比率を決めておくよう強く勧める。常に同じ設定にしておけば、自分が注目しているマーケットのリズムに目が慣れ、パターンラインとトレンドライン（通常はこちらのほうが急で強い）も見分けやすくなる。これらのラインは、ある角度を超えると、ブレイクがトレード可能な条件を満たさなくなるということを意味しているからだ。残念ながら、角度について明確な規則はないが、時間と価格の軸を常に一定の比率にしておけば、それがどんな設定であっても、あなたが注目する銘柄と時間枠で動きを評価する役には立つ。私は個人的にはチャートを縦に押しつぶして横に伸ばすことを勧めており（逆ではない）、本書のチャートもそうなっている。いずれにしても、パターンラインが平均的な傾斜よりも急なときは、マーケットに勢いがあり、支配側は攻められてもすぐに回復する可能性が高いということを覚えておいてほしい。もし価格が調整する「余地」がかなりあるように見えたとしても、ブレイクアウトすれば執拗な防衛を誘う可能性が高いため、近くに置いた損切りがいつまでもつかは分からない。もちろんすべては目の前の状況と、トレーダーが仕掛けや手仕舞いのテクニックにどれくらい柔軟に対応できるかによって変わってくる。ブレイクアウトのトレードの10ピップスの損切りと20ピップスの目標値という設定も絶対というわけではない。

図5.9は、はっきりとしたパターンラインの上に、複数のアーチが形成されている（１－２－３のアーチのあとに３－７のヘッド・アンド・ショルダーズが続いている）。また、４－７の進展はそれまでで最も平たいアーチで、その上部に上ヒゲの長い同時線が何本か並んでおり、抵抗線の明らかな兆しがある（５－６）。この時点で売りを考えるのは早すぎるかもしれないが、ブル派が強い敵に遭遇したことは間違いない。そして、足７も状況を好転させることはできなかった。

図5.9

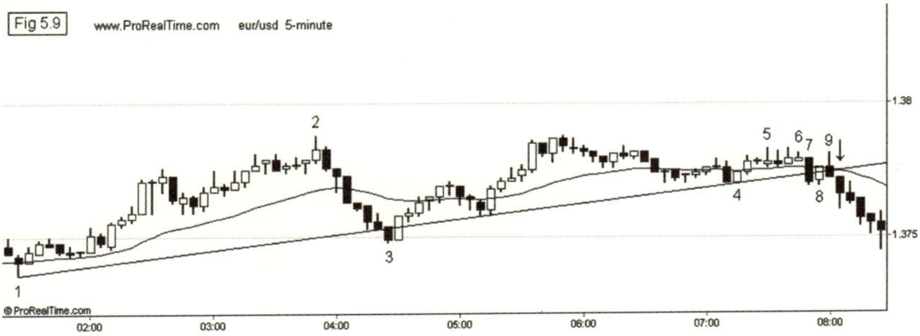
Fig 5.9
www.ProRealTime.com eur/usd 5-minute
1.38
1.375
1
2
3
4
5
6
7
8
9
© ProRealTime.com
02:00
03:00
04:00
05:00
06:00
07:00
08:00

今回の例は、パターンブレイクプルバックの３つ目の使い方を示している。ちなみに、１つ目はブレイクされたパターンラインに角度のあるプルバックが突っ込むケースで（**図5.6**と**図5.7**）、２つ目はブレイクしたあとパターンの外で価格が停滞するケースだった（**図5.8**）。最後となる今回は、ブレイクアウトの水準で価格が停滞し、パターンラインがビルドアップをブレイクしているケースである。これは、パターンラインが少しずれているのかもしれないが、もともとのパターンラインに疑いの余地がない場合にもよく起こる。今回の線も、図の場所で問題はなかったように見える（足３の安値は少しずれているが全体を考えるとこうなる）。

足７は、ベア派の意図をはっきりと表しているが、パターンラインに接するビルドアップがなかったため、シグナル足にはならなかった。しかし、足８でブル派がすぐに反撃しても、ベア派も足７とほぼ同じ安値を守った。一方、ブル派は最初のブレイクアウトを何とか抑えたが、次は５－６のブロックが抵抗線として立ちはだかっているため、助けを必要としている。

EUの取引が始まると（08:00）、ほんの一瞬その助けが来た。足９は最初は勇敢な陽線だったに違いない。しかし、その姿は５分間ももたなかった。

足９は撤退しただけでなく、終値はパターンラインを下回り、ベア派は再びブル派の士気をくじいた。そうなれば、その足がブレイクされただけでベア派は降伏するしかない。

このような展開を、安全なところで傍観できるのはいいものだ。相手側にまず戦わせておき（ビルドアップ）、私たちはブレイクしたときに、トレード可能ならば仕掛けのタイミングを計るだけでよい（足９の下で売る）。

今回の売りは、50レベルのマグネットも有利に働く。ビルドアップの外で仕掛けたとして、約20ピップス離れた切りの良い数字は、このトレードに強力な道筋をつけてくれる（少なくとも逆効果にはならない）。もちろん、切りの良い数字は意地悪な敵にもなり得る（足３）。見方は立場によって変わるのである。

パターンブレイクコンビ

パターンブレイクコンビは、通常のパターンブレイクセットアップと、パターンブレイクプルバックのさまざまな特徴を兼ね備えている。コンビとは、２本足のパターンで、パワーバーのあとにはらみ足が続いている。この組み合わせにはさまざまなパターンがあるが、どれも基本的には同じことを意味している。パワーバーは圧力の方向を示し、はらみ足はその圧力をビルドアップしているのだ。パワーバーの方向に有利な状況ならば、はらみ足はシグナル足になる。

コンビブレイクアウトは、単独に近い形で起こることも多いが（はらみ足の戦略）、これがさらに大きなブレイクアウトの一部になっているときは、強力なフォロースルーにつながることが多い。パターンブレイクコンビという名前はそこから来ている。

図5.10に、単独のコンビセットアップをいくつか挙げておく。最

図5.10　典型的なコンビセットアップの例

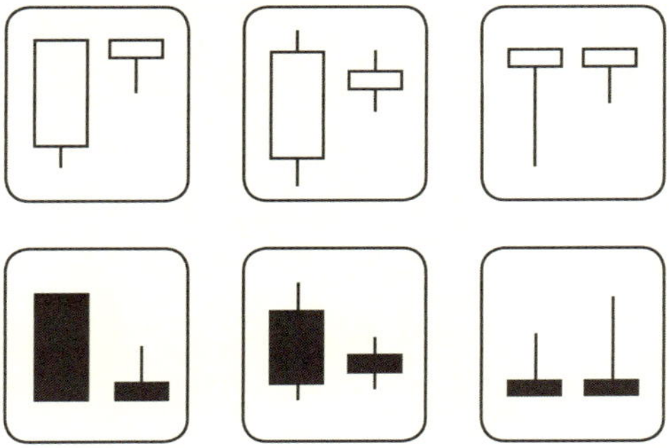

初の３つは強気、あとの３つは弱気のセットアップである。最後の例は、逆コンビ、つまりはらみ足がパワーバーの前にある。ただ、面白いことに、それでもパターンの意味合いは変わらない。右側の背の高い同時線がその次の足に下抜かれるとすれば、それが実質的にダマシの高値を確認しているため（上にブレイクしたあと下にブレイクする）、それだけでも弱気の展開を意味しているからである。

頻繁にはできないが、長い同時線が２本並び、同じ方向で終わっていて、終値が足の中心から離れていれば強力なコンビになる。あるいは、２本目が長い同時線ではなく小さなはらみ足でもよい。

はらみ足の実体の色は、中立を示すただの横棒でなければ、パワーバーの色と同じになっていることが望ましい。また、ブレイクするほうの先端（高値または安値）が同じ価格だとさらによい（ダブルの足のブレイク）。しかし、これらはコンビパターンの必要条件ではない。例えば、陰線のはらみ足と陽線のパワーバーの組み合わせでも、はらみ足がパワーバーの高値近くに位置していればコンビパターンになり得るのである。

そして最後に、もし２本目のはらみ足のあとにさらにはらみ足ができれば、圧力はさらに上がる。ほかの条件が同じならば３本足のコンビも２本足のそれと同じ効果がある（さらに強力かもしれない）。

ほとんどのコンビブレイクアウトは、はらみ足をブレイクしたら仕掛けることができるが、パワーバーが抜かれるまで待って仕掛けるという選択もある。ただ、そのほうが「強力」なシグナルかどうかはそのときの状況による。いずれにしても、単独のコンビパターンで買いか売りかを判断しないということは覚えておいてほしい。コンビは、ブレイクアウトしたときに仕掛けのタイミングを計るツールでしかないのである。

図5.11のようにユーロ/ドル市場は、アジア時間の最初の２～３時間は妥当なスイングがあっても、しばらくすると停滞し、ヨーロッパの寄り付きまで活気のない状態が続く。出来高が明らかに減ってきたら、注意を怠らないでほしい。**図5.11**の05:00～06:30は、マーケットが停滞している典型的な例と言える。このとき、このプライスアクションをビルドアップと間違えないようにすることが重要だ。活発なマーケットに横ばいの小さなクラスターがあれば、圧力をビルドアップしているのかもしれないが、停滞ぎみのマーケットで横ばいが長く続いても、目的のない足が意味なく並んでいるだけにすぎないことが多い。そしてもちろん、このような状況はブレイクアウトトレーダーよりも逆張り派に向いている。

幸い、注意深く観察を続けていれば、停滞したアジア時間でも、プライスアクションはその後の役に立つ価値あるヒントや手がかりを与えてくれる。そこで、まずは**図5.11**の全体像を把握してから、パターンブレイクコンビのセットアップ（点線の楕円）を細かく見ていこう。

左端の25EMAの傾斜を見ると、アジア時間の序盤はベア派が支配していたことが分かる。そして、横ばいの時間帯に入るとブル派が何回か攻めを試みたが、攻めきることも、25EMAの守りを突破するこ

図5.11

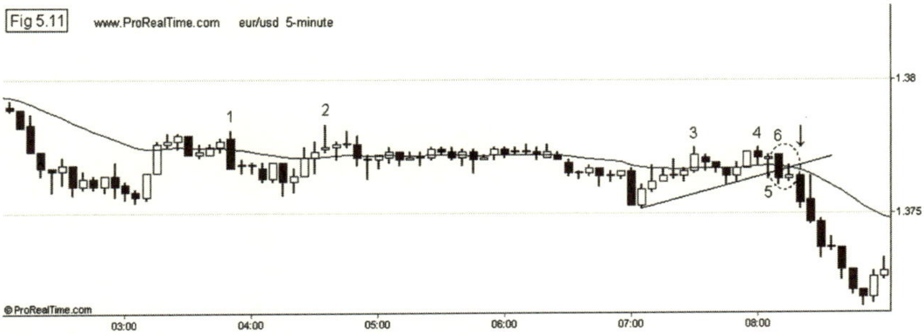
Fig 5.11
www.ProRealTime.com　eur/usd 5-minute
1
2
3
4
6
5
1.38
1.375
© ProRealTime.com
03:00
04:00
05:00
06:00
07:00
08:00

ともできなかった。

ブル派が25EMAを奪還できなかったことは、弱気を示唆するヒントになっている。結局、25EMAの上に行くことすらできないブル派が、ベア派を倒せるわけがない。ブル派の負けは、足１、足２、足３、足４のダマシの高値のあと、上方のフォロースルーではなく、ベア派の売りを招いていることからも分かる。

ブレイクがいつ、どのような形で起こるのか、あるいは起こらないのかを、事前に知ることはできないため、あらかじめどうするかを決めておくようなことはしないほうがよい。私たちはさまざまなセットアップに対応できるのだから、落ち着いてマーケットがどうするかを待てばよい。視覚的な指針となるパターンラインや枠を引いてもよいが、最もすべきことは注目しているビルドアップに新しくできた足をただ観察することなのである。

ブル派はEU市場が始まる08:00に合わせて、支持線であるパターンラインに強力な同時線５で最後の攻撃を仕掛けたが、あまり効果はなかった。もしこの足がブル派に再度希望を与えることができたとしても、次の足６がその幻想を打ち砕いたからだ。私たちにとって、これは次の仕掛けに備える明らかなサインと言える。

点線の楕円のなかのはらみ足は、パワーバーのポールに付いた１本足の小さなフラッグと見ることもできる。ここでは、この小さな足が隣のパワーバーの安値近くで終わる前に、パターンラインの延長線と25EMAに達した「ダブル」だということにも注目してほしい。このことは、大きな枠組みのなかではあまり重要ではないが、この小さな上昇がすでに２つの逆マグネットに対処していることで、仕掛けたあとにこのマグネットを再度試す可能性は低いという効果がある。

さらによく見ると、このはらみ足は「強気」で終わっているが、実体がここまで小さいと心配する必要はない。この足が下抜かれたら、すぐ売りを仕掛ければよい。

日本のローソク足分析を知っている人ならば、コンビについて、はらみ足だけでなく、「コマ」「ナイト・ウィズ・クロス」（十字架を持った騎士）などという名前も聞いたことがあるかもしれない。強力なパターンなのだからほかにも呼び名があるかもしれない。しかし、大事なのは名前ではないし、パターン自体でもない。

図5.12のなかの動きを詳しく見ると、トレード可能かもしれない小さいコンビがいくつかあったが、どれも重要なセットアップではなかった。機敏なスキャルパーならば、何ピップスかを狙って足２や足５や足７のコンビで素早く仕掛けたかもしれない。しかし、コンビ３をブレイクした足４は間違いなく却下しただろう。これは前の高値の水準にあり、25EMAからは離れているうえ、仕掛けても切りの良い数字の逆マグネットに阻まれることになる。たとえスキャルピングであっても、有害なコンビと言える。

うまくいかないブレイクにつかまる危険を最小限に抑えるためには、環境が仕掛けに有利に働くかどうかを最初に必ず見てほしい。ポジションを建てる前に、マーケットのペースや、支配側の圧力、ビルドアップの厚さ、逆マグネットの有無、目標値までに障害となる要素があ

図5.12

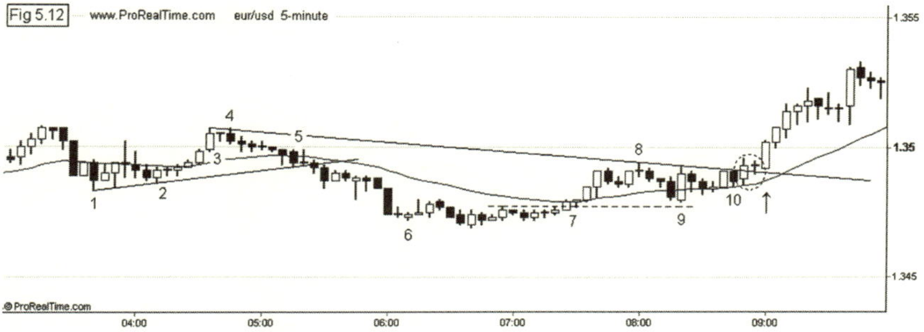
Fig 5.12
www.ProRealTime.com
eur/usd 5-minute
1.355
1.35
1.345
1
2
3
4
5
6
7
8
9
10
© ProRealTime.com
04:00
05:00
06:00
07:00
08:00
09:00

るかどうかなどを確認するのである。このチェックリストは、少し練習すればほんの何秒かで確認できるようになるが、それが結果に驚きの効果を及ぼすのである。

プライスアクションの見方は無限にあり、個人的にはまったく受け入れがたいものが、ほかの人には教科書どおりのチャンスに見えることもある。ただ、あらゆる見方ができるとはいえ、足４の強気のブレイクや、足６の弱気のブレイクのような非常に分かりやすいワナにはまる必要はない。

足２や足５や足７のコンビのブレイクは、どれもビルドアップがあり、メリットもあるが、セットアップに20ピップスの伸びが期待できるだけの厚みがあるかどうかを疑ってみるべきだろう。

セットアップの「薄さ」と「厚さ」の違いを理解するために、１－２や６－７のクラスターと、点線の楕円のコンビにつながるビルドアップ８－10を比較してみよう。まず、後者のほうが内容が濃い。また、点線の楕円のブレイクは、その前にブル派が25EMAを抑えたことで、ビルドアップが25EMAの上にある有利な展開になっているが、足２と足７はそうはなっていない。また、10までのクラスターでは、弱気のブレイクに対してブル派が積極的に反応したため（足９）、強力なダマシの安値ができたことも興味深い。

足10は、スクイーズのなかで陰線になったため、強気のブレイクアウトのシグナル足には向かない。そこで、その上では仕掛けないが、目を離してはならない。結局、ツールボックスにコンビのセットアップがあれば、次の足のブレイクが有効なセットアップになった。点線の楕円のはらみ足の上で買いを仕掛ければよい。

注意　もしあなたがトレードしている時間帯にイギリスの寄り付き（09:00）が入っていて、堅実なトレードチャンスがあれば、それはぜひ仕掛けるべきである。確かに、寄り付きの動きは変わりやすくて危険かもしれないが、適切なビルドアップがあるブレイクならばうまくいくことが多い。第２部の長期の連続チャートが示すとおり、EUとイギリスの朝の最初の妥当なトレードは、ブレイクを推進する十分な出来高に達するイギリスの寄り付き前後に見つかることが多い。ただ、イギリスの寄り付きに向かうスイングの高値や安値にできる鈍いブレイクアウトや、継続のセットアップは、避けたほうがよい。このようなブレイクは、最初の大きな出来高の波を逆方向に向かわせることが多いからだ。

反転は、さまざまな形や大きさで起こるが、なかでも有名なのがヘッド・アンド・ショルダーズである。このタイプは、教科書どおりならば３つのアーチが、ネックラインと呼ばれる水平もしくは若干傾斜した線上にある。アーチは真ん中が最も高いが（ヘッド）、最も注目すべきは右肩である。ネックライン上で圧力がビルドアップし始めたら、重要なベア派のブレイクが続く可能性がある。どのパターンにも言えることだが、逆のパターンも同じくらいよくある。**図5.13**は、強気のタイプで、３つのアーチがパターンライン（07:00から最初の点線の楕円まで）にぶら下がっている。

ただ、このような「典型的な」パターンを見つけても、そのブレイ

図5.13

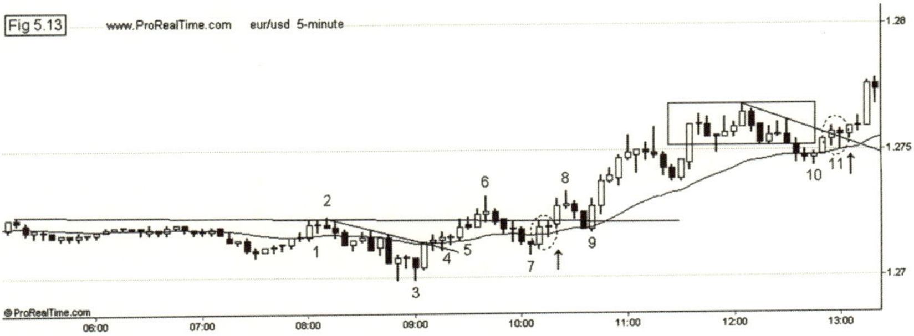
Fig 5.13
www.ProRealTime.com　eur/usd 5-minute
1.28
1.275
1.27
1
2
3
4
5
6
7
8
9
10
11
© ProRealTime.com
06:00
07:00
08:00
09:00
10:00
11:00
12:00
13:00

クで妥当な勝率のトレードを仕掛けられるとはかぎらない。そのため、２つのことに注意しなければならない。パターンのブレイクが明らかに支配側の圧力に逆行していないことと、ブレイクの前に十分なビルドアップがあることである。

圧力が不利になる危険性について理解するために、チャート右端の12:00ごろの枠を見てほしい。これは最初のパターンよりもはるかに小さいが、ヘッド・アンド・ショルダーズの一種になっている（３つのアーチがある）。ただし、このベアブレイクは明らかに支配側に逆行しているため、うまくいく可能性が低いことはすぐに分かる。パターンのタイプを知っておくのは良いことだが、全体像にも目を向けなければ、その「知識」は利益よりも害になるかもしれない。

最初の点線の楕円のコンビセットアップを見る前に、いくつかの難しいコンビについて書いておきたい。例えば、コンビ１は典型的なブルトラップで、**図5.12**のコンビ３とよく似ている。このように小さいブレイクのときは、仕掛ける前に次の２つの点について考えてみてほしい――①このブレイクはほかの多くのブル派にも受け入れられそうか、②この時点で、ベア派はどれくらい士気を失っているか、つまり足２のブレイクでベア派はタオルを投げるのか、それとも新たに売りを仕掛けようと思うのかということである。

いつものように、その本当の答えは実際に起こってみなければ分からないが、圧力と状況とビルドアップを見れば、最もありそうな結果を推測できる。

それでは、コンビ４のブレイクはどうだろうか。非常に小さいコンビだが、こちらのほうがメリットがある。今回は25EMAの上にあるだけでなく、パターンラインの延長線を基盤にしているからだ。とはいえ、マーケットは安値から抜け出したばかりなので、このまますぐ継続すると考えるのは楽観的すぎる。それに、頭上には抵抗線もある（前の高値を通るパターンラインの延長線）。

確実に却下するのは、コンビ５のブレイクである。その前のブルスイング３－５を見ると、これは安値から始まって、途中で少し止まっているため、このパターンブレイクアウトはティーズブレイクトラップになる要素をすべて備えているからだ。

ただ、コンビ５には、興味深い特徴がある。はらみ足の高値が、パワーバーの高値よりも若干高いのである。実は、コンビセットアップはこのようなことがよくあるが、パターン自体の意味合いは変わらない。このブレイクを却下した理由は、単にその前のビルドアップが少なかったからである。

このブレイクのあと、マーケットは何ピップスか上昇したが（足６）、そこでフォロースルーはなくなり調整に入った。リトレースメントは３－６のスイングの約60％に達したところでブル派が勢いよく参入してきた（足７）。足７の安値が足３の高値の天井を試して反転したことに注目してほしい。

最初の点線の楕円のコンビに話を戻そう。このパワーバーはすでにヘッド・アンド・ショルダーズのブレイクアウトに向けたブル派の意欲を表している。ただ、保守的に見れば、この足がそのままブレイクしたとしても、ビルドアップが小さいため、ティーズとみなしていただろう。

ブレイクアウトしそうでも、現在のビルドアップが浅すぎるときは、ブレイクしないまま足を重ねてブレイク前の圧力を増していくほうが望ましい。今回は、その追加的な足がはらみ足で、その前のパワーバーと合わせてコンビセットアップになった。そのうえ、コンビの２つの高値がそろっているため、ダブルの足のブレイクになるというボーナスまであった。

その間、25EMAが下からはらみ足を下支えして、１本足のスクイーズを形成した。ヘッド・アンド・ショルダーズの右肩が「丸くなり」、価格はまっすぐなネックラインを突き抜けたため（ティーズブレイクアウトを無視して)、ここは簡単にスイートスポットが分かる。ここで、上方にブレイクしたことをポジションを持っているベア派が懸念するかと再度考えれば、今回は間違いなくすると思う。欲を言えばビルドアップにあと１本足があればよかったが（３本足のコンビになる)、このままでも却下することは考えられない。そこで、最初の矢印で買いを仕掛けた。

注意　トレードは仕掛けたらすぐに目標値に向かってほしいが、そうはならないことが多い。最初から避けられない問題があることもあれば、最初はうまくいっていたのに途中で反転して含み益がすべてなくなることもよくあるからだ(８－９)。これは楽しい場面ではないが、不運な展開になってもバカげたこと（例えば、さらなる損失を避けるためにトントンになったところで手仕舞うなど）をせずに、潔く受け止め、耐える訓練をする必要がある。恐れを脇に置いて、中立の立場で状況を見れば、10回中９回はプルバックがブレイクの有効性を試しているだけだということが分かるはずだ。率直に言って、トレードを仕掛けようとしている人の多くがプルバックを望むのに（パターンブレイクプルバックセットアップなど)、なぜポジションを持つとおびえてしまうのだろうか。特に、ブレイクアウトしたあと最初の調整ならば、自分のトレードにテクニカル的な試しから回復するチャンスを与えないのは最悪な対応と言わざるを得ない。このような神経質な行動は、損切りに達するのを阻止できるときもあるかもしれないが、うまくいったかもしれないたくさんのトレードを途中でやめることにもなる。そのうえ、8－9は、ブレイクアウトを試しただけでなく、7－8のスイングを50％調整したところで25EMAに達した。このような強気のトリプルの強力な効果についてはすでに書いたとおりだ。

この時間帯の2つ目のトレード可能なコンビは、右端の点線の楕円で、これはトレンドのあるマーケットの回復力と、それに逆行して仕掛けることの危険性を示している。コンビ11で、最初に逃げ出したのが、その少し前の小さな枠のブレイクで売ったベア派だったことは間違いない。

コンビ11の強気のブレイクは、その時点ですでにかなり上昇しており、50レベルを超えてからはベア派に積極性が見えることを考えれば、その前のヘッド・アンド・ショルダーズよりも心理的に受け入れにくいかもしれない。しかし、25EMAの傾斜はマーケットが明らかにまだ強含んでいることを示しており、25EMAでさらなる買い手が参入する可能性は高い。

今回のセットアップは、通常のコンビとその逆（パワーバーがはらみ足の次にある）の中間の形になっている。しかし、これが実質的に強気を意味していることは変わらない。さらに言えば、高値に近いパターンラインの外で終わる前に、コンビ11の安値は足10の高値の支持線だけでなく、切りの良い数字と25EMAにも達している（強気のトリプル）。ただ、非常に良いセットアップであっても、前のトレードのような有利なマグネットはないし、大きくもないし、出来高が小さい昼休みの時間帯（12:00～14:00）のなかでできている。ちなみに、活発な時間帯かどうかは普通はあまり考慮する必要はなく、それ以外では有効なチャンスをやめる理由にはならない。しかし、動きがないときは、昼休みということが継続方向のトレードのさらなる足かせになる。ただ、今はこのことはあまり気にしなくてよい。状況の良し悪しの判断については、第７章で詳しく説明する。

状況が非常に変化しやすい切りの良い数字の攻防がこれほどよく分かる**図5.14**のようなチャートはあまりない。パターンラインが崩壊する前に、50レベルから上や下に何回か離れようとする動きがあったが、そのたびにマグネット効果が発揮され、価格を引き込んでいた。このような環境では、ブル派もベア派もマーケットが示唆することに十分注意を払わなければ、何回もワナにはまることになる。そして、足が平均的な長さを超え、強気と弱気を何度も行き来するようなときはさらに注意する必要がある。このようなときは、大口プレーヤーが参入していることがよくあり、近くに損切りが見つかるだろう。

水平のパターンラインからは、いくつかの小さな線を引くことができたが、それでもイギリス時間の序盤にブル派とベア派の境界線に引いたバリアは役に立った。この線の上にある４つのアーチのうち、最後の３つは明らかにヘッド・アンド・ショルダーズになっている（07:00～09:45）。

この反転の形が完成する前に、Ｔ（ティーズブレイク）やＦ（ダマシのブレイク）で仕掛けてしまった気の早いベア派は、その報いを受けた。特にＦのほうはイギリスの寄り付きの時間帯でビルドアップもなく、逆張り派の反撃を誘っただけだった。また、Ｔのプライスアクションにはスクイーズの要素もあり（何本かの足がパターンラインと25EMAの間に挟まっている）、これは売りを仕掛けたくなるセットアップではない。価格は少しずつ下降する25EMAの下でも抑えられることなく、パターンバリアの水準も明確ではない。そのうえ、「シグナル」足が強気の同時線になっている（足２）。いずれにしても、これは素晴らしい売りのセットアップとは言い難い。

図5.14

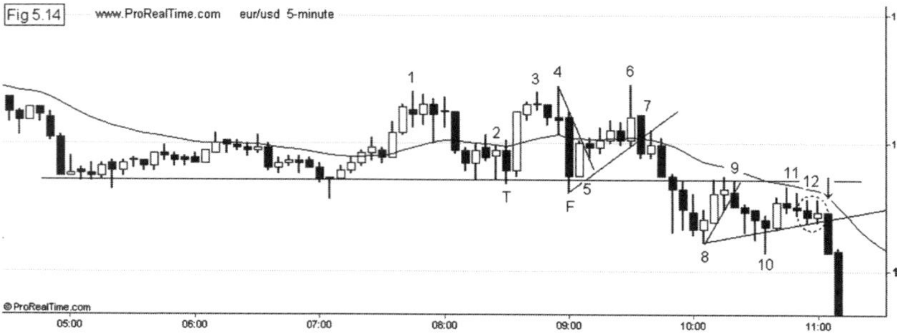
Fig 5.14
www.ProRealTime.com eur/usd 5-minute
1.36
1.355
1.35
1
2
3
4
5
6
7
8
9
10
11
12
T
F
© ProRealTime.com
05:00
06:00
07:00
08:00
09:00
10:00
11:00

そして、切りの良い数字の反対側では、ブル派も苦しんでいた。何回高値を攻めても、即座に撤退させられていたからだ。足３は足１と合わせてダブルトップになっており、足４は足３のダマシの高値になっている。足６も、足４の高値を超えたものの似たような運命をたどった。しかし、それは意外なことなのだろうか。このときのブル派の攻撃が、ほとんどビルドアップがないまま高値に達していることを考えれば、当然だろう。

もし前に高値や安値を付けた足にマグネットの効果があるのならば、レンジバリアにはさらに強い効果があっても不思議ではない。つまり、ダマシのブレイクでワナにはまるリスクがあるのはブレイクアウトトレーダーでなくても、このレンジでトレードして損切りをそのすぐ外に置いていれば、みんな同じなのである。Ｔの２～３ピップス下に損切りを置いて「安心」していたブル派の苦境を考えてみてほしい。また、足３か足４の高値の上に損切りを置いていたベア派はどうだろうか。結局、価格がかなり不安定な動きを見せているときは、きちんとしたビルドアップができるまでトレードする側を決めてはならないということなのである。

そう考えると、コンビ５の強気のブレイクは見送ったほうがよい。

また、コンビ７の弱気のブレイクも、足５よりも圧力が大きいという意味では勝っているが、やはり見送るべきだろう。

ブレイクアウトした６－８のスイングの長さを考えると、８－９の戻りは調整としては浅すぎて、足９が有効なパターンブレイクプルバックのセットアップにはなりにくい。この足の下で仕掛けると、25EMAからかなり離れてしまうだけでなく、頭上には天井への試しのマグネット（コンビ７の安値）と、その２～３ピップス上には切りの良い数字の試しが待ち構えている。明らかな逆マグネットがあれば、トレーダーはプルバックが反転しても調整が終わっていないことを恐れて積極的に仕掛けようとはしない。だからこそ、ポジションを建てる前にこれらのマグネットを「排除しておく」ことが望ましいのである。特に25EMAには気をつけてほしい。

10:00～11:00に、マーケットはベアフラッグの一種を形成した（６－８のポールに８－12のフラッグが付いている）。そうなると、ブル派はヘッド・アンド・ショルダーズがブレイクしただけでなく、ポール・フラッグ・スイングの危険もある。ちなみに、フラッグがブレイクアウトすると、６－８のスイングと同じくらいの反応が起こる可能性がある。それに、大きな切りの良い数字である1.35レベルにも確実にマグネット効果があり、それもあまり助けにはならない。

この困難な状況を考えると、ヘッド・アンド・ショルダーズがブレイクした下でベア派に立ち向かったブル派も多少は評価したい。彼らの断固たる抵抗は00レベルのマグネットを払いのけ、ダブルボトムの一種（８－10）を形成した。しかし、これはベア派に有利な売りのチャンスを提供しただけだった。結局、価格はコンビ７の安値である天井を試すことも、25EMAに達することもなかった。

ベア派の支配は明らかだが、フラッグのなかの動きは以前のフラッグの例ほど圧縮されていなかった。また、フラッグライン自体もあまり質が高いものではなかった（絶対的な線ではない）。このようなときは、保守的な戦略を守っていると、仕掛けられなくなることが多い。ブレイクによっては、フォロースルーがある確率が高いため、標準的な手順を逸脱することが十分正当化できる場合もある。ただし、それをするときは慎重に、細かい注意を払いながら行ってほしい。

フラッグのブレイクアウトに関しては、少し積極的に仕掛けてもよいと思う。25EMAのきちんとした試しはまだないが、フラッグのなかでは連続した４本以上の弱気の同時線が圧力をビルドアップしており（足11と足12のコンビ）、ブル派の抵抗はかなり衰退していると見てよい。ここは、もし自分が買いのポジションを持っていれば、コンビ12の下でも好転することを祈り続けるのか、それとも潔く負けを認めて撤退するのか、と考えてみればよい。

もちろん、保守的なトレーダーは見送ってもよいが、このようなチャンスで売りを仕掛けるならば反対もし難い。結局、コンビ12がブレイクされたのに合わせてポール・フラッグ・スイングの原則が発揮され、そのとき逆張りするブル派はもういなかった。ただ、それもすべては結果論でしかない。

図5.15の１－２のスクイーズは、ブル派に有利だったかもしれないが、ブレイクするためには仲間の応援が必要だった。しかし、それが失敗すると、今度はベア派が足３で主導権を握ろうとしたが、結局あまりうまくいかなかった。３－４が形成されると、ブル派は再び主導権を取るためにベア派の士気をくじき、圧力をビルドアップしていった。

足４の上のブレイクは、有効なパターンブレイクの仕掛けのセットアップだが、そこは何らかの理由で仕掛けられなかったとしよう。つまり、まだこの波に便乗できる機会があるかどうかを状況をよく見て判断しなければならない。そこに、パターンブレイクプルバックと同じくらい強力なセットアップであるパターンブレイクコンビができた

図5.15

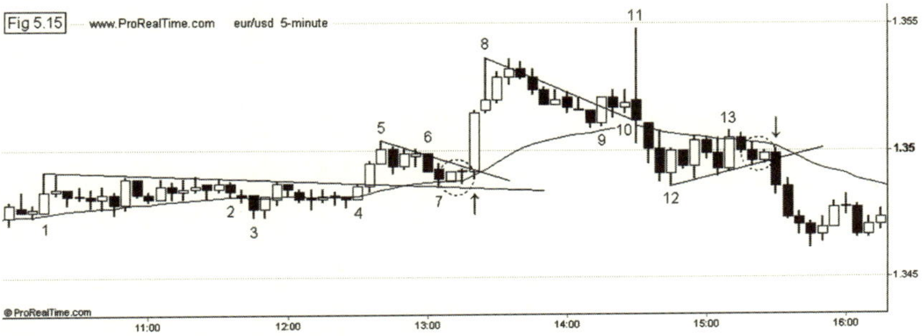

のである。

コンビのセットアップ（点線の楕円）の完成までには、９本の足（45分）を要した。このコンビが押しの最後にパターンラインである支持線の上にできたことを考えると、これはパターンブレイクプルバックのセットアップと言うこともできる。ただ、大事なのはもちろんセットアップの名前ではない。

見方によっては、足４を上にブレイクしたときのマーケットの最初の反応は、まったく教科書どおりだった。まず、切りの良い数字のマグネット（足５）に向かって価格が上昇し、その水準で足何本分か停滞し、そのあとパターンラインの延長線上まで押した。このとき足７の安値が25EMAに達し、それは４－５のスイングの約60％の調整でもあった（トリプル）。ブレイクアウト後の、このような動きはよく見かける。

この押しの高値に線を引くことで、コンビが追加されると５－６の幅広のクラスターが少し角度のあるフラッグに変わっていったことが分かる。これは、前に紹介した大きなパターンの外側にできた小さなフラッグになっている。もしこの小さなフラッグもブレイクしたら、逆張り派は大きなパターンのブレイクを無効にできなかったということで、それは強い継続性を示している。

注意　すべてのトレーダーがブレイクアウト戦略を使っているわけではない。例えば、テクニカル的な試しで仕掛ける人もたくさんいる。傍観しているブル派のなかには、見通しは十分だとして足７の安値がトリプルになった瞬間に買った人もいるかもしれない。これは私たちの戦略とはまったく違うが、メリットがないわけではない。実際、今回のケースで、有効な足４の上の仕掛けを逃したとしても、足７の安値で仕掛ければ、余計なコストをかけずに逃したチャンスを取り戻すことができる。ただ、仕掛けは常に現在の状況と合わせて判断すべきであり、そのときどきの理由を理論だけで片づけることはできない。そう考えると、フラッグパターンに入る前に、５－６のクラスターは、Mパターンの中心部の弱気の特徴を示していた。足７の安値で買うということは、形成されつつある弱気のブロックに抵抗するということである。つまり、最初の仕掛けのチャンスは逃すほうがよいという場合もある。うまくいかないトレードを仕掛けずに、安全な立場で状況を再度評価するチャンスが与えられたからだ（もちろん長期的に見れば、ブレイクを逃せば後悔することになる）。しかし、そうなるとまた別の問題がある。もし足４の最初のブレイクですでにポジションを持っているとしたら、足７ではどうすべきなのだろうか。結局、足７で仕掛けないということは、足４で仕掛けた買いも有効性を失っている。つまり、このトレードは、足６の下で手仕舞うべきなのである。率直に言って、これも有効な選択肢だが、それについては第６章の手動による手仕舞いのなかで詳しく述べることにする。

これまでのことをまとめると、もしブレイクで仕掛けられず、そのままマーケットが進んでしまい、２回目のチャンスがすぐに訪れなければ（例えば、仕掛け足やその次の足くらいまでに小さなプルバックがなければ）、ミスに対する最善の対処は、起こってしまったことをただ受け止め、それを修正しなければならないことだと考えるのをやめればよい。状況を素直に見つめ、そこからすべきことを考えればよい。

図からも分かるように、塊状の押し（5－6）があまり長く続かなければ、次の2～3本の足でそれが継続パターンに変わることもある（5から点線の楕円まで）。点線の楕円のなかのコンビは逆、つまりパワーバーがはらみ足のあとにあるが、それでもこのセットアップ自体の意味は変わらない（その上で買いを仕掛ける）。

このとき、コンビの最初の足（強気のはらみ足）の上で仕掛けてもよかったのだろうか。ここは意見が分かれるところかもしれないが、それではブレイク前のセットアップに厚みがない。25EMAの支持線とパターンラインの延長線上にあることは良いことだが、小さい足はその上の塊状のパターンを拒否していても、それを脅かすものではないし、ブル派の士気を高めるものでもない。しかし、同時線ができると状況は明らかに好転した。この足が最初にはらみ足を下抜いたあと、反転して上げて終わったことに注目してほしい（ダマシの安値）。買いを考えているならば、これは常に有利な要素と言える。

それから1時間ほどして、別の興味深いコンビである3本足のセットアップができた（9－10）。足9のパワーバーのあとに2本のはらみ足があるセットアップは、ブレイクしたフラッグ（8－9）の外側にあり、再び強気に跳ねるための圧力を貯めている。厳密に言えば、これらは本当のはらみ足ではないが（少しはみ出ている）、圧力をビルドアップしているし、ダブルの足のブレイクの形にもなっている。それでは周りの状況はどうなのだろうか。最初のコンビのときのように有利な状況になっているのだろうか。

その答えは、このセットアップ（右の点線の楕円）と、前のコンビ（左の点線の楕円）の下の支持線を比較してみると分かる。左側のコンビは、1－4の厚いクラスターが基盤にあり、25EMAに沿っている。一方、3本足のコンビ9－10は支持線がない（少なくとも損切りまでの間にはない)。それどころか、トレードの障害になり得る2つの逆マグネットがある――仕掛けの約12ピップス下にある25EMAと、そのさらに何ピップスか下の00レベルである。後者は前にブレイクされてまだ試しがないということを考えれば、そこに達することも十分考えられる。

今回のトレードを見送るのに十分な懸念はほかにもある。よく見ると、足11のブレイクは、アメリカの主要なニュースが(もしあれば)発表される14:30にちょうどかかっているのだ(その1時間後にアメリカの株式市場が始まる)。長大線となった突出高は、何かのニュースによるものだと推測できる。このような出来事によってテクニカルチャートが台無しになることや、仕掛けや損切りのスリッページが拡大してしまうことはだれでもすぐ分かる(ニュースに関する動きについては第6章で詳しく述べる)。

ニュースによる突出高は、50レベルのマグネットの近くまで達しているが(足11)、悪名高い逆襲が、勇敢なブル派や愚かにも抵抗を試みたブル派をはねのけてマーケットを再び押し下げた。下落の勢いは、1－4の高値付近で勢いを失うまで続き、再びここが支持線になった(足12)。結局、足12の安値は足7の安値とぴったりと同じになり、ベア派がこのミニ暴落による濡れ手に粟の利益を実現したり、積極的なブル派が支持線からの反転を狙ったトレードを仕掛けたりするのに(勧めない)良い水準となった。

次に現れたのは、ニュースによる突出高からのスイング11－12をポールとしたベアフラッグを構成するブル派とベア派の小競り合いである。フラッグの下のラインは明快で、結局これはパターンにそれ以上足が入る余地がないところまで有効だった。フラッグが形成されている途中で、ブル派は何回かブレイクしようと試みたが、なかでも最も目立つ失敗が足13だった(スクイーズのなかのダマシの高値)。

スクイーズのなかのコンビがブレイクのセットアップになることは

よくある（２つ目の点線の楕円）。ここでは、シグナル足であるはらみ足が陽線であることに注目してほしい。これは売ろうとしているときに望ましいことではないが、これほど小さい足ならば、心配する必要はない。

それでも、このトレードと最初のコンビで仕掛けた買いトレードは質が違う。買いならば、素晴らしい支持線がマーケットの圧力を有利に働かせてくれるかもしれない。しかし、フラッグが下にブレイクしたのは、中ごろでニュースによる下落から環境が変わった結果起こったことだった。つまり、これは継続方向のトレードに最も適した状況ではない。それでも、私たちは常に最高の勝率で仕掛けているわけではなく、妥当な勝率が見込めればそれでよい。そう考えると、ベアフラッグのブレイクアウトは仕掛ける価値があるのかもしれない。１回勝てば、２回の失敗が帳消しになる。ただ、ニュースによるブレイクの場合は、最大リスクが見込めないため、このような楽観的な理由は当てはまらないし、逆にスパイクする場合もある。つまり、足10の上では仕掛けない。

プルバックの反転

どのチャートにも、上下動がたくさんあり、プルバックの反転を利用した戦略の人気が高いのもうなずける。ただ、一般的な前提は興味深いが、意欲のあるトレーダーは、この作戦をあまり軽視しないほうがよい。逆張り派の動きには常に注意が必要だ。反転自体は支配側の圧力と方向が合っていても、プルバックにも圧力があるからだ。

プルバックには、あらゆる形や大きさのものがあるが、すべては２つのタイプに分類できる。価格の調整か、時間の調整である。時間の調整の場合、プルバックは水平か若干傾いたフラッグに似ている。このようなケースの多くは、「反転」したときに通常のパターンブレイクセットアップ（またはその変形）と同じようにトレードすることができる。

価格の調整は、通常もっと斜めに形成される。このタイプのプルバックが反転するときは、通常支配方向のスイングの50～60％程度調整する（強いトレンドでは、しっかりとしたセットアップがあれば40％程度でもよい）。

しかし、リトレースメントの程度を数値で測るのではなく、調整がまず25EMAに達し、できればそれを少し突き抜けたあとに反転するのを待つほうがよいのかもしれない。実際、このフィルターに従うだけでも、ほとんどのプルバックの反転のトラップを避けることができる。

そして、もし反転する前に調整が支持線や抵抗線の要素（パターンラインの延長線や天井への試し、支配側のスイングの前の高値や安値、切りの良い数字など）を試せばさらによい。

プルバックの反転でも、通常はシグナル足がブレイクされたときに仕掛ける。この足は、プルバックの高値や安値自体のこともあるが（１本の足の反転）、普通はその前に少なくとも何本かの足が押したり戻したりすることのほうが多い。

とはいえ、ここに書いたことは、あくまで調整の成熟度と反転の準備が整ったかどうかを測る指針でしかない。反転の戦略は、どのようなときでも全体像に左右されるため、それに基づいて判断していく必要がある。

以前に、トレンドとプルバックの比率について少し触れた。これをハーモニーの原則と呼ぶことにする。これは、ある程度個人的な解釈によるところもあるが、そのなかにもかなり役に立つ要素がいくつかある。ハーモニーの最初のサインは、リトレースメントの有利な角度で、これは簡単に見つかる。もうひとつは、プルバックの足の様子で

図5.16

ある。これらの足は、すべてが陽線だったり、すべてが陰線だったりする必要はないが、平均的な長さは支配側のスイングの足の長さを超えないことが望ましい。結局、最高の反転候補は、支配側の圧力に「しぶしぶ」抵抗しているような形になる。

図5.16を見てみよう。反転の割合を推測するためには、直近の支配側のスイングの始まりから観察を始めたほうがよい（足１）。そうすると、プルバック３－６は、１－３の約50％戻し、プルバック９－10も７－９を同じくらい戻した。このチャートを見ると、５分足チャートでなぜ25EMAを使うと良いのかが分かる。比較的静かなトレンドでは、25EMAがちょうど良い具合に「遅行」して、プルバックが前の反転とぶつかるのである。

次は、足５の下のベアトラップに注目してほしい。この小さなブレイクが仕掛けのシグナル足にならない理由が少なくとも４つはある――①ブレイクが左側の強気の小さなブロック（足４）の圧力に逆行している、②抵抗線であるプルバックラインと反対方向になっている、③25EMAに適切な試しがない（つまりビルドアップがない）、④プルバックの高値をまだ試していない。

このなかのどれも積極的な買いを示しているわけではないが、売らない理由には十分なる。

同じくらい有害なのは、その何ピップスか下にあるプルバックラインを貫通したことである。反転をめざしているのならば、プルバックは全力で反転の瞬間を遅らせるか回避しようとする。だからこそ、最初はダマシの反転が何回もある。最初のブレイクのあとそのまま進まずに、逆張り派がプルバックで一時的に勢いがなくなったことを利用しようと参入してくるからだ。プルバックラインをブレイクしたことだけでもシグナル足として信頼できないのに、調整が支持線や抵抗線の要素がある水準に達していなければなおさらだ。

後者について言えば、障害となる要素は明白であればあるほどよいが、あまり重要ではないように見える足の高値や安値でもよい。例えば、下降スイング１－３を見ると、足２は下降トレンドのなかにある１本足の「しゃっくり」のようなもので、これは基本的にブル派の反転の試みが失敗したことを示している。この足は最初はあまり重要には見えなかったが、のちに、この足の安値がプルバックの高値になった（足６の高値が足２の安値を試した）。

50～60％の調整が傾斜する25EMAとぶつかり、さらにテクニカル的な試しがあれば（トリプル）、興味深い状況になる。こうなると、いつ何時たくさんの反転戦略が発動するかもしれず、そうなれば逆張り派は撤退せざるを得なくなるため、ダブルの圧力がかかる。

トレード可能な反転のセットアップは、戻りの高値の３本の足（６－７）で整った。テクニカル的に言えば、これはパターンブレイクコンビのセットアップでもある。コンビ７のパワーバーとはらみ足はどちらも特徴がないが、タイミングと場所は素晴らしかった。また、安値が同じになったことで、ダブルの足のブレイクで売ることができる。約25ピップス下には有利な50レベルのマグネットもある。これはどこから見ても高勝率の反転セットアップになっている（パターンブレイクプルバックのセットアップの条件も備えている）。

さらに言えば、これが１－３のブレイクアウトに対する最初のプルバックということも、反転に向けた有利な要素になる。そのあとの調整もトレード可能な形で反転するかもしれないが（このチャートにもある）、通常、新しい支配方向へのスイングで、最初に25EMAに達するプルバックは、非常に有望と考えてよい。

それから約１時間後に、それと非常によく似た戻りがあった。ここでも、調整は支配方向のスイングの約50％リトレースして、高値では前の「しゃっくり」を試した（足10の高値が足８の水準に達した）。もしコンビ７の安値の天井を試せば、強力なマグネットだったかもしれないが、そうなるには25EMAを大きく突き抜けて７－９のスイングのほぼ100％リトレースすることになる。このプルバックは、今のままで良い反転候補となった。

足11は、調整の高値にできた最初の陰線だった。これもシグナル足として、足５と同じくらい有害なのだろうか。

まずは、プラスの点から見ていこう――①プルバックは７－９のスイングを約50％調整した、②価格は25EMAを少し突き抜けて、そのまま停滞しながら圧力をビルドアップしていった、③プルバックラインはすでにブレイクされているため、進路をふさがない、④足11は陰線の反転足で、セットアップが25EMAの近くにあることは有利（逆マグネットがない）、⑤調整の高値が足８を試した、⑥マーケットはまだベア派が支配している。

一方、マイナス点は、強気のプルバックと比較すると足11が控えめな反転足になっていることと、最初に反転を示す陰線も小さいことである（ただしこれが理由で仕掛けられないということではない）。そして、プルバック自体もベア派の圧力に対抗する２番目の動きだった。非常に保守的なベア派にとっては、この程度のことでも警告になるかもしれない。

この反転を完全に逃すリスクを考えると、あと何本かの足ができるのを待って状況が明確になってから仕掛けるという選択肢もある。もし足11がシグナル足にならなければ、足12がその代わりを果たすこともできる。足11のブレイクに続いて、足12はベア派に有利な２番目のブレイクだった。何回も反転を繰り返すなかで、今回はこの２番目のブレイクが望みのダブルの圧力を引き出すきっかけになった。

注意　１番目よりも２番目のブレイクのほうが優位であることを理解するために、強気のプルバックの反転をMパターンの一種として考えてみよう（弱気のプルバックはWパターンの一種）。これを視覚的にとらえるために、プルバックの最初から２回目の反転の始めまでのプライスアクションを想像してほしい。例えば、強気のプルバックでは、価格は最初に上昇して25EMAに達したあと下落して１回目のブレイクがあり、再び上昇してそのブレイクに抵抗し、それからまた下落する（２回目のブレイク）。これがMパターンである。

プルバックの反転戦略では、今がトレンド相場なのか、それともレンジ相場なのかということが、支配側の圧力と同じくらい重要になる。レンジのバリアを超えなければ目標値に達することができないプルバックの反転は、たくさんの抵抗に遭う可能性が高い。今回の**図5.17**のチャートでは、両方のタイプの反転を見ることができる。

３－４の調整は一種のトレンドである。この押しは斜めで統一感があり（陰線のみが並んでいる）、１－３のスイングを約50％リトレースしただけでなく、左端の枠をブレイクしてから初めて25EMAに達した。前に反転した足２は、５分足チャートでは速めだったため、ここでは教科書どおりの天井への試しができなかったが（反転するための底がない）、３－４のプルバックには支持線があり、それが底を切り上げた。この疑問の余地がないプルバックラインも、その下できつくスクイーズされている素晴らしいコンビセットアップも（足５）、歓迎すべきボーナスと言える。

図5.17

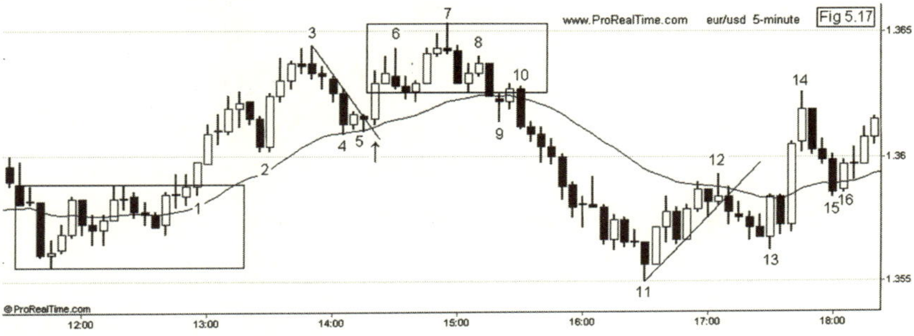

一方、不利な要素は00レベルの逆マグネットである。足２の安値はこの水準に非常に近づいたが、試しはまだない。しかし、この環境もセットアップも、継続を示唆しているが、これはささいな点で、トレードを見送るほどの問題ではない（コンビ５のブレイクで買いを仕掛ける）。

それでは７－９のリトレースメントはどうだろうか。このプルバックも、傾斜のある25EMAに向かっているが、今回が前ほど有利な状況でないことはすぐに分かる。まず、足があまりそろっていないし進展があまりきれいではなく、一方的な斜めのリトレースメントが25EMAに向かっている（足８の上昇によって、プルバックは２つのレッグがあるスイングになった）。しかし、さらに心配すべきことは、この調整がヘッド・アンド・ショルダーズ（６－７－８）の一部になったことである。しかも、そのネックライン（枠の下の線）をブレイクしたのが、プルバックの反転で買いのシグナル足のふりをした足９だったのである。

通常、弱気と強気の要素が両方あるときは（トレンド相場における反転の要素）、コンセンサスが割れる可能性が高い。しかし、それは問題ではない。そのときはトレードしなければよいからだ。最善策は、

10回中９回は売りでも買いでもなく、マーケットの外にいることなのである（足９の上の買いは見送る）。

それでは11－12の戻りはどうなのだろうか。このリトレースメントは、３－４の調整ほどそろってはいなかったが、直前の強力な下落10－11と比べると、その反撃として積極的すぎるわけでもないため、反転候補になり得る。ただ、周りの環境が足12の下での仕掛けを推進していないことは、このチャンスを却下する理由になり得る。

もし戻りの前の下落のみを見れば、トレンドは間違いなく下降しており、さらに下げるのかもしれない。しかし、もう少しズームアウトして視野を広げれば、現在の価格はもっと大きなレンジの下の方にあることが分かる。実際、切りの良い数字を試した足11の安値は、左側の枠の安値と合わせてダブルボトムを形成した。つまり、前の上昇トレンドが崩壊したことに疑問の余地はなくても、価格がレンジの下の方にある今は、下落が継続するほうに期待する環境にもない。この危険性をさらによく理解するためには、レンジの下の方にある典型的な力が何かを思い出してほしい。ここではベア派は利食い、傍観していたベア派はそのまま参入せず、強気の逆張り派はいつ参入してくるか分からないのだ。

ただ、これはレンジのなかのプルバックの反転でトレードできないと言っているわけではないが、状況を選ぶ必要はある。特に、価格がレンジの高値から安値までまっすぐ下げたあとに（７－11あるいは10－11）、安値近くで積極的に継続トレードを狙うべきではない。

機敏なスキャルパーならば、足12の下辺りで素早く多少の利益を上げることができたかもしれないが、パワーバー13はその危険性を完璧に表している。このトラップのシナリオは、最高の反転ブレイクアウトでさえ起こり得るのだから、有利でない環境ならばなおさらだし、今回はそもそもプルバック自体があまりきれいではない。

後学のために、このトラップがどのようにしてできたのかを検証しておこう。ちなみに、逆張り派は足12の下でベア派にすぐに対抗しようとしたわけではない。むしろ、ベア派は参入を「認められ」、50レベルのマグネットに向かってフォロースルーにも恵まれた。ここまでのところ、南側の前線は非常に静かだ。しかし、11－12のスイングの半ばごろに、逆張り派が突然パワー全開で容赦ないパワーバーを打ち立て（非常によくある）、来るべきブル派の反転の舞台を自力でセットアップした（足13）。

ただ、このようなパワーバーはけっして逆張り派の勇気だけを示すわけではない。ベア派も、あわてて逃げ出そうとしてこの動きに貢献しているからだ（ダブルの圧力）。特に、レンジの安値や高値では、仲間が逃げ出すかもしれないことも重大な懸念材料なので、ここは勇気よりも注意が必要となる。

それでも足12の下での売りを見送ることには疑問があるかもしれないが、不利な状況については第７章でさらに彫り上げていく。そして、プルバックについては、このあともまだまだたくさんの例（トレード可能なものも可能でないものも）がある。今のところは、経験則として、もしプルバック自体がすでに模範的なものでなく、フォロースルーの状況にも多少の疑問があれば、ぜひともトレードは見送ってほしい。マーケットにかける時間と労力に報いるためには、マーケットの気まぐれに翻弄されて無理に仕掛けるよりも高勝率のトレードのみに絞るほうがよい。

何の疑問もなく判断を下せるのは、足16の上のプルバックの反転だった。ここでは、マーケットがトレンドかレンジかすら調べないで却下できる。どのようなときでも、これほど長い足ができるのは（13－14と14－15）普通ではない状況であり、そのことだけでも近くに損切りを置いた安全なトレードはできない。ここでトレードしようなどとは考えないで、ただ見送ればよい。

注意　最初は大丈夫だと思ったのに、あとから振り返るとむしろ疑わしいトレードを仕掛けてしまうことがよくある人は、トレードしたいという気持ちが勝率の見方に影響を及ぼしている可能性がある。そのようなときは、自分の過去のトレードを、勝ったものも負けたものもすべて分析して、トレードのしすぎがどれくらい全体の足を引っ張っているのかを調べる必要がある。もしその影響が見過ごせないほど大きくて、その習慣を変えられないのならば、解決策のひとつとして複数のマーケットで同時にトレードするという方法もある。つまり、ひとつの気に入った銘柄で無理にトレードするのではなく、画面にいくつかのマーケットを表示しておいて、疑問の余地がないトレードのみを仕掛ければよい。

いずれにしても、知識のあるトレーダーは、常に仕掛けていなくてもよいということを知っているし、だからこそ彼らはいつもトレードを探しているわけではない。比喩的な言い方かもしれないが、マーケットの最高のチャンスは見つけるものではなく、だまっていても目につくものなのである。学びの段階で、この些細な違いが早く分かった人ほど、資金と意志を維持しながら学びの段階を生き延びる確率が高くなるだろう。

プルバックリバーサルの例をあといくつか見ておこう。

トレードについて書いたものには、トレンドは高勝率のチャンスにあふれた宝の山だなどといった情熱的な文章がよくある。これが正しいかどうかは別として、5分足のトレードにおいてトレンドに従えばよいことはよくあることではなく、めったにないことだという事実がある。それに、もし本格的なトレンドができたとしても、そこに許容できるリスクで反転を狙ったトレードができるだけの十分な深さや長さのプルバックはほとんどない。ただ、トレンドには避けるべき側を明らかにするというメリットがあることは間違いない。

25EMAは、連続した曲線として描かれていても、普通の足と同様

図5.18

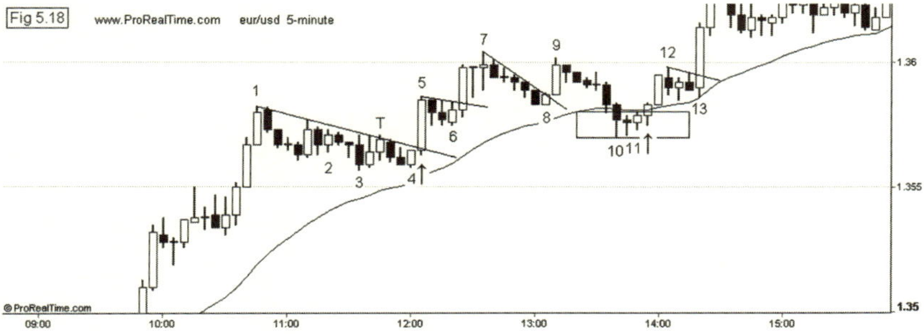

に終値がある。この傾斜は、単純に直近の足25本について終値の平均を算出した値なので、もし買いや売りの急な波に襲われて現在の価格が大きく動くと、25EMAが価格に大きく遅れることは避けられない。この差を修正するためには、価格が25EMAの方向にプルバックするか、しばらく横ばいになっていわゆる調整に入る必要がある。このような調整の好例が**図5.18**の１－４のブルフラッグで、イギリスの朝に高騰した足１の高値までがポールになっている。

レンジ相場では、ある程度のプルバックならばすぐに25EMAに達する。ちなみに、強いトレンドがあるときは、それに何時間もかかることがある。私たちの核となる戦略は、25EMAを「基点」としてそこから仕掛けているが、この標準的な手順を逸脱してはならないという決まりはない。ただし、そのときは、チャートの状況が相当自分に有利になっていることは確認しておいてほしい。

足４の上の仕掛けは、逸脱しても有効なケースの好例だと思う。このチャンスを受け入れるということは、この仕掛けが時期尚早なのではなく、25EMAのほうが遅れていることを意味している。もちろん、トレードは意味論のゲームではない。仕掛ける唯一の理由は、良い結果になる確率が高いからなのである。

前述のとおり、有効なブレイクアウトは、フラッグとポールが調和しており（ハーモニー）、ある程度機が熟したことを示していなければならない。ただ、そうなったときの理想的な形を示すのは難しい。そこで、そうならなかった場合を考えてみると、理解を深めることはできるかもしれない。例えば、このフラッグがすでに上にブレイクしていたとすれば（例えば、足２の上で）、ポールの部分の高騰に比べて不自然に小さいフラッグになる。そのうえ、ここで仕掛ければ、25EMAから離れすぎていて許容できない。

ただ、ハーモニーという考え方は、足自体ではなく、横ばいの足全体とポールの強さによって決まる。例えば、５－６のフラッグの部分は、ブレイクアウトの前にわずか３本の足しかなかったが、４－５のポールに対して良い形になっていた。

前述のとおり、フラッグがブレイクされると、ポールと同じくらいのスイングができると考えられている。スイングの長さの算出方法には議論の余地があるが、それでもポール・フラッグ・スイングの原則自体は有効だ。つまり、「十分な」実体があるフラッグは、興味深いブレイクアウトの前兆となり得るのである。

１－４がこのような好ましい特性を持っているかどうかを判断するために、ここまでにあるヒントや手がかりを検証してみよう――①全体的な圧力は、上昇に間違いない、②このフラッグは上昇が始まってから最初の妥当なプルバックだった、③Ｔの早すぎるブレイクはベア派に払いのけられたが、そのあとの調整はその前の安値３を下抜かなかった（ティーズブレイクのあと安値が切り上げていることは、ブル派の回復力を示している）、④３－４が塊状のビルドアップになっている、⑤足４がダマシの安値を付けてから上昇に転じて強気のシグナル足となった。

心配なのは、上昇の途中でブレイクしたがまだ試していない50レベルの逆マグネットだ。そして、足４自体がまだブレイクしていないフラッグラインも少し心配ではある（これは、ほかのトレーダーがこの線をどれくらいの角度で描いているかによる）。いずれにしても、継続を示すすべての要素と、フラッグ自体も50レベルに対抗し続けていることを考え合わせると、ここは懸念はあってもブレイクを受け入れるべきだと思う。

もしフラッグをブレイクしたときにポジションを持っていないか、すでに目標値に達していれば、再び基本の手順を逸脱して足６の上で仕掛けることは可能だろうか。あるいは、足８の上ではどうだろうか。

保守的に考えれば、両方見送ってもまったく問題はない。もちろん、トレンドが強ければ小さなフラッグのブレイクアウトでもいくらかのフォロースルーがあることが考えられなくはないし、すでにポジションを持っていればブレイクはいつでも歓迎だが、どちらの仕掛けも足だけを見れば通常の戦略をかなり逸脱することになる。25EMAの基点からかなり離れているからだ。足４の上のブレイクでは、素晴らしい見通しの下（大きなフラッグと最初のプルバック）、意図的に通常とは違うことをした。しかし、次のチャンスで、少し勝率が下がっても同じ賭けをしようとすれば、問題を抱え込むことになるだろう。

９－10の調整では、中間的な安値の足６と足８が下抜かれたが、ブル派が支配するなかで、このような小さなブレイクは全体の圧力に影響を及ぼすものではない。それよりも、足10が３－４のクラスターを試したことで、この近辺で唯一の重要な逆マグネットに対処したことのほうが興味深い。この試しがあれば、あと２～３本の足で次のプルバックの反転のセットアップができる（コンビ11の上で買いを仕掛ける）。

新しくポジションを建てる前に、必ず２つの危険について評価しておかなければならない。損切りまでの間にある逆マグネットと、目標値までにある障害となり得る要素である。ただ、逆マグネットは損切りが近くなくてもそもそも注意すべきものだが、目標値までにある障害のほうは、現在のマーケットの強さとの兼ね合いで判断する必要がある。例えば、レンジ相場ならばブル派は切りの良い数字にある７－９のダブルトップに注意すべきだが、トレンド相場ならばこのような抵抗は、妨害されるよりもすぐに超えていく可能性が高い。

注意　今回の仕掛け足（矢印の上）は、すぐに目標値に向かわずに25EMAを何ピップスか超えただけだったが、それが（まだポジションを持っていない人のために）別のプルバックの反転をセットアップした。しかし、ここで挑発的な問題が出てきた。もし２回目のブレイクで、１回目よりも高く仕掛けても20ピップスの利益が見込めるならば、１回目で仕掛けた人は目標値を調整すべきなのではないだろうか。これは当然の質問だが、答えは読者が判断してほしい。個人的には、未決済のトレードでさらなる利益を目指して最初の目標値を変えることは好まない。しかし、違う見方もあり、議論をしても仕方がない。また、１回目に仕掛けた人は、損切りを２回目の仕掛けに合わせて上げることもできる。しかし、これらの調整も個人的なスタイルや管理手法によるところが大きい（20・10のブラケットのときと同じで、非常に効果的だが、あくまで提案でしかない）。

驚いたのはそれから２～３本あとの足で、上昇トレンドに新しいフラッグパターンができたことだ（フラッグは12－13、ポールは11－12）。このフラッグはブレイクしてもトレードできるセットアップにはならなかったが、ここでも逆張り派はトレンドの明らかな流れにほとんど抵抗しないということを、足13の力強い跳ねが示している。

このチャートは、具体的な仕掛けのテクニック以上に、トレンドの存在を常に意識しておくことの重要性を教えてくれた。継続方向にトレードするときに、有効な仕掛けポイントがなかったり、安心して仕掛けられなかったり、境界線ぎりぎりで受け入れられない場合もあるだろう。そのようなときは、そのまま見送ればよい。チャンスを逃すことを恐れてマーケットを追いかけるよりも、ポジションを持たずに

図5.19

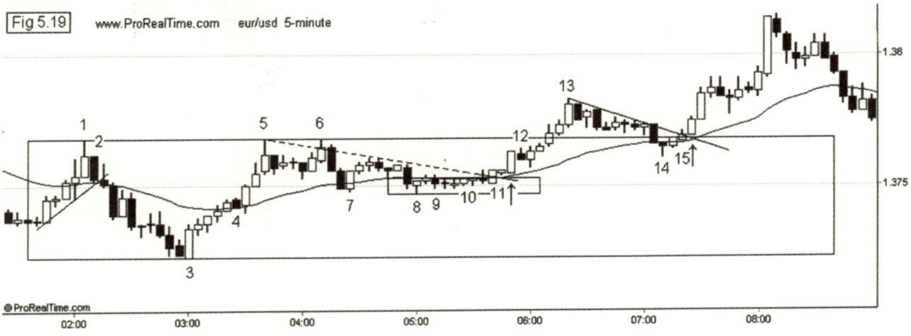

傍観するほうがよいからだ。

図5.19　トレンドがレンジに移行する正確な水準を予測するのは不可能だが、横ばいからトレンドに移行するときはかなり正確に予想できる。そのことだけでも、トレーダーは早くレンジブレイク戦略を身につけるべきである。ただ、バリアの攻防だけで仕掛けるかどうかは決まらない。レンジの幅が広ければ、レンジのなかでトレードすることも考えられないわけではないのだ。それどころか、外側のバリアはマグネットの働きをして、レンジ内のトレードをプラスの方向や、ときには目標値までうまい具合に引き付けてくれることもある。

通常、レンジ相場は25EMAが水平に近く、価格がその上下を蛇行しており、どちらかの側にも向かっていないという特徴がある。このような動きのときはその周りを枠で囲み、それを右に伸ばしていくと、その先で役に立つ。**図5.19**の枠は、価格が足５の高値から下げ始めたときにはすでに描かれていた。この枠をどこまで延長するかということについては、幅と長さが調和していると思えるところまででよい。通常は１：３くらいの比率にするが、必要に応じてさらに延長してもかまわない。

このレンジは、上のバリアをそのすぐ下のビルドアップではなく、もっと下から直接ブレイクした。このことは、今回のブレイクアウトが通常のパターンブレイクではトレードできなかったことを示している。ただ、それでもレンジバリアが2つのチャンスで役割を果たしていることは興味深い。まず、コンビ11の上のブレイクではマグネットの効果を発揮し、あとではブルフラッグの反転（13－15）の基点になったのだ。これらのブレイクを細かく見ていく前に、その前の動きをざっと見ておこう。

図5.19の左端には、25EMAまでの斜めのプルバックの最後に弱気のコンビがあるが（足2）、これがトレードにつながる反転のセットアップなのかどうかは分からない。

一方、明らかに見送るべきプルバックの反転は、足4の下での売りだ。この反転にはビルドアップがまったくないだけでなく、50レベルの逆マグネットという大きなリスクもある。

ブル派は切りの良い数字を超えて勇敢に攻め、足5ですぐに足1の高値の水準に達した。そして、よくあることだが、多少のプルバックはあっても、結局価格は以前の高値の抵抗線まで後退してトリプルトップを形成した（1－5－6）。ほどなくして、6－7の調整が25EMAに達したが、これは切りの良い数字と、3－5の上昇スイングのほぼ40％リトレースメントと合わせてトリプルになった。ベア派は難しい局面で鳴りを潜めているため、ブル派は再結成してバリアにさらに攻勢をかける十分なチャンスを迎えている。

しかし、足7のブレイクは新たな攻撃を始めるのに適した場所ではない。価格は25EMAまでプルバックしたかもしれないし、足7は反転足なのかもしれないし、すぐ隣の足に対してダマシの安値も付けたかもしれないが、再び攻め上がるためのトレンドもビルドアップもないからだ。それどころか、すぐ頭上には5－6の弱気のブロックがある（Mパターンの中心部）。

それから約１時間後、50レベルの防衛はずっと強固になっていた。「時間の調整」は全体的に厚みがないが、足９とコンビ10は安値を切り上げ、足８は足７に対してダマシの安値を付けた。また、視点をさらに広げると、７－11の動きは５－11のブルフラッグと３－５のポールというさらに大きなパターンの一部分だったのである。

現在の状況は、ベアブレイクよりもブルブレイクに有利だが、コンビ10の上のチャンスは時期尚早なのかもしれない。現在の控えめな動きと、大きなフラッグライン（点線）がまだブレイクされていないことを考えると、価格がここから高騰するとは考えにくい。そこで、もう少し強力なブレイクをセットアップするための時間をマーケットに与えてほしい。

公正を期して言うならば、コンビ11の幅も特に目立つものではなかったが、点線がブレイクされても少なくともすぐに抵抗されることはなくなった。よく見ると、このプルバックの反転は、パターンブレイクコンビのセットアップのすべての要素を備えている。

同じ価格水準にあるコンビ11のブレイクと足７のブレイクを比較すると、仕掛けを見送るか実行するかの違いが価格ではなく、そのときの圧力やビルドアップや状況によるということがよく分かる。足７の上のブレイクの場合、レンジの上のバリアが抵抗線になる可能性が高いが、コンビ11の上のブレイクでは、これが有利なマグネットとして機能している。これは、後者に良いビルドアップがあるからだ。

この例も、ある状況の下では、バリアブレイクアウトをレンジ内の水準からでも予想することができるということを示している。価格は外側のバリアを超えなければ目標値に達することはできないが、少なくともポジションはバリアに当たった時点で含み益が出ている。そのうえ、目標値に達するためだけならば、それほど大きなブレイクは必要ない。また、もしバリアの水準を打ち破るのが難しすぎるならば、そこで手仕舞えば最低限の損失に抑えられるし、場合によっては多少の利益が出るかもしれない。(介入作戦については第6章で述べる)。

前に、プルバックがブレイクされたバリアに達するのは継続のセットアップだと書いた(13－14)。しかし、プルバックが必ずしもバリアの水準で止まるわけではないという事実も見てきた(特にティーズブレイクのシナリオでは)。価格がパターンのなかまで引き返して天井への試しのような動きになることも多いのである。

プルバックの反転やパターンブレイクプルバックのセットアップを評価するときに、ティーズブレイクの調整がブレイクされたパターンの外側にあっても、内側に引き返しても、結果はあまり変わらない。いずれにしても、プルバックの動きや、リトレースの割合、ハーモニーの状況、天井への試しがどこまで反転するかなどといったことをよく観察しておく必要があるからだ。そして、どのような場合でも、ブレイクして反転につながる重要な足を見つけなければならない。

そうなると、13－14の調整を検証しなければならない。それでは足14自体はどうなのだろうか。この足の支持線は少し前の足12で、11－13のブレイクアウトスイングを50%リトレースしているが、信頼できるシグナル足のセットアップとは言えない。それに、この時点ではプルバックがまだかなり塊状なため、これが抵抗線になってブレイクアウトしても高勝率のトレードにはならない。ここは少し力を抜いて、マーケットがさらに良いチャンスを再びセットアップしていないか探してみてほしい。

好みにもよるが、上にブレイクアウトしたときに妥当な勝率で仕掛ける方法はいくつかある。まず、足15が前の足を超えたところで買いを仕掛けると、これはレンジバリアの再ブレイクとも重なっているのが良い。しかし、まだかなり塊状のプルバックが頭上にあり、角度のあるバリアがブレイクされていないこともあって、かなり積極的な選択肢ではある。また、これを少し変えて、足15がプルバックラインを2～3ピップス超えるまで待ってから買いを仕掛けてもよい。ただ、この作戦はシグナル足のブレイクですぐに仕掛けていないため、明らかに通常の方法からは逸脱している。この方法は、ビルドアップがどれくらい「成熟」しているかによって正当化できる場合もあるが、仕掛けを上げた分、ブラケットの損切りも上げることにもなる。これは必ずしも問題になるわけではないが、状況に合わない損切りになってしまうこともあるため、確認は怠らないでほしい。

標準的な手順は、ブレイクを見逃すという避けられないリスクもあるが、単純にシグナル足がバリアに向かうか若干超えるのを待ち、ブレイクしたところで仕掛ける。足15は、完璧にそのようなセットアップになっており、高値がフラッグラインを若干超えている。こうして２つのバリアを突破すると、切りの良い数字のマグネットまでに残った障害はフラッグ自体の高値である（足13）。しかし、これが大きな問題になることはほとんどない。

第6章

手動による手仕舞い

Manual Exits

第5章で、パターンブレイク、パターンブレイクプルバック、パターンブレイクコンビ、プルバックの反転など一連のセットアップを紹介してきたが、これまではトレードを仕掛けるという観点でマーケットを見てきた。ブラケット注文を唯一のトレード管理方法として使うのであれば、手仕舞いは仕掛けた瞬間から自動的に手当てされており、それについて詳しく述べる必要はない。それに、ブラケットを使えば、考えられる結果は2つしかない。目標値に達して20ピップスの利益を得るか、損切りに達して10ピップスの損失になるかのどちらかである。

これがほかの管理方法よりも優れているというつもりはないが、この方法を使えば多くのトレーダーが（経験豊富な人を含めて）大参事のリスクを回避し、マーケットで精神的な安定を失わずにすむ。大参事は、遅かれ早かれいずれ直面することになる職業上の危険であり、この信用できない毒牙から百パーセント安全なところにいられるトレーダーはいない。長年にわたって、たくさんの賢い心理学者が苦労してこの自己破壊的な現象について調べてきたが、これまでのところこの病気を治す有効な手立ては見つかっていない。そう考えると、称賛されるべきは最もうまくいっている人たち、つまりブラケット注文のユーザーなのである。

宗教的とも言えるほどの厳格さでブラケット注文の設定を守ること

には、たくさんのメリットがあるが、状況によっては、必ずしも最も理にかなった方法ではないかもしれない。例えば、目標値の２～３ピップス前に抵抗線ができそうだったらどうだろうか。あるいは、横ばいのクラスターが保有中のポジションに逆行してブレイクしたらどうだろうか。そのまま何もしないでうまくいくことを祈るのと、さらなる損失を被る前に手仕舞うのと、どちらが賢い行動なのか考えてほしい。

本章では、このようなことについて考えていくが、あまり自由裁量に任せてしまうと、事前にゆっくりと計画を立てるのではなく、トレードしながら考えなくてはならない場合が必ず出てくることは避けられない。幸い、次のうちのどれもが何らかの理由で実践に向かなければ、いつでもやめることはできる。しかも、マーケットで慎重に選んだトレードに変更の余地がないブラケットを付けるだけで、結果には大いに期待できるのである。

ただその前に、まずはどこかの時点（毎日かもしれない）で非常に役に立つであろう効果的な介入テクニックをおさらいしておこう。ここでは、①新しいニュースが出る前にトレードを手仕舞う、②目標値の近くにある抵抗線でトレードを手仕舞う、③反転しつつあるためトレードを手仕舞う――といったケースを見ていく。

ニュースで手仕舞う

重要な指標などの発表に対するマーケットの反応は危険なほど変わりやすく、それまで支配していた圧力を完全に覆すこともよくある（50ピップスを超えるスパイクも珍しくない）。そこで、このようなニュースが出てきたときには、普通はイクスポージャーを避けるように勧められることが多い。しかし、トレードをやめておくのがニュースの１時間前なのか、30分前なのか、それとも足２～３本なのかの判断は難しい。それに、ここにはトレーダーのリスク選好度や、テクニカル分析、ニュースが出る前の全体的な動き、そしてそのニュース自体の相対的な重要度など、さまざまな要素がかかわっている。

新しいニュースの重要性は、発表されるまでのマーケットの様子を見れば推測できることが多い。もし何時間もプライスアクションがない状態が続けば、大口トレーダーがそのニュースを見越して鳴りを潜めているのかもしれない。このようなときは、ニュースが出た途端にひどい反応が起こることが多い。

ニュースの前に、価格がそれまでは許容されているように見えたビルドアップをブレイクしてしまうことも珍しくないが、そこで仕掛けるのは当然ながらかなり危険なことかもしれない。このようなときは、十分注意する必要がある。

しかし、もしニュースが近づいているときにすでにポジションを建てているときは、３つの選択肢がある――①そのまま手仕舞わないで、そのニュースに賭けてみる、②ポジションの一部を手仕舞ってイクスポージャーを減らす、③全部手仕舞う。

ここは、イクスポージャーを減らすという選択肢を無視して（選択肢が多すぎる）、ポジションを残すか手仕舞うかで考えていこう。まず、ニュースの重要性がどれくらいかということがある。すべてのニュースが過大な反応を生むわけではないため、すべてを恐れる必要はない。常に注意を要するニュースや出来事には、米雇用統計（非農業部門就労者数＝NFP）や、住宅や生産、雇用や失業者数、金利変更、そしてもちろん数字以外の出来事（例えば中央銀行関係者の発言など）もある。これらの発表時期はかなり前から決まっており、ネット上で無料で見られる経済カレンダーなどで知ることができる。ここには、それぞれの重要性（サイトによってはその影響まで）が格付けされていることも珍しくない。２つのカレンダーで相互確認するのもよいだろう。

また、ニュースが与える影響は金融商品によっても違う。ほとんどの統計は毎月発表されるため、事前にその重要性を調べておくと効率的だ。もちろん予期せぬニュースもないわけではないが、マーケットに与える影響を査定するには１年間のプライスアクションを見返して、明らかに通常とは違う突然の変動（自分の時間帯で１週間に２～３回程度）をメモしておき、それとその年の経済カレンダーを比較しておくとよい（夏時間に注意する）。そして、もし特定の発表が自分のトレードしている商品にほとんど影響を及ぼしていなければ、このニュースのためにすでに持っているポジションを手仕舞ったり、これから仕掛けようとしているトレードをやめる必要はない。

ユーロ/ドル、およびほとんどの対ドルレートの場合、価格が最大の影響を受けるのは14:30ごろ、つまりアメリカの株式市場が始まる１時間前だと予想され、16:00になると落ち着いてくる。ヨーロッパの経済指標などの発表は通常８時と11時くらいにある。ただし、すべての発表を恐れる必要はないということを覚えておいてほしい。そうでなければトレードなどできない。

傍観しているときにニュースの影響を避けるのは簡単だが、もしポジションを持っていたらどうだろうか。とにかく手仕舞えばいいのだろうか、それとも未決済ポジションの現在の状況を見て決めるべきなのだろうか。これについては、２つの未決済ポジションを比較しながら掘り下げていこう。ニュースの前に、すでに立てていた２つのポジションのうち、ひとつは15ピップスの含み益、もうひとつ５ピップスの含み損が出ていたとする。そして、ニュースの内容によって大きなスパイクが、ブラケット注文（20/10ピップス）で設定した目標値か損切りを超えると予想したとすると、２つのトレードの条件が同じでないことはすぐに分かる。含み益のあるトレードは、有利な方向にスパイクすれば５ピップスで目標値に達するが、反対方向に25ピップス行かなければ損切りには達しない。含み損が出ているほうはその逆で、あと５ピップス逆行したら損切りに達し、25ピップスの順行スパイクで勝ちトレードになる。

これは比較の一例にすぎない。もしこの数字を少し変えれば、手仕舞うべきか、そのままとどまるべきかの理論的な転換点が５ピップスの含み益だということが分かる。有利な方向に15ピップススパイクすれば勝ちトレードになるし、不利な方向に15ピップス行けば負けになるからだ。

残念ながら、実際にはそうはいかない。主な理由は、価格が不利な方向にスパイクしたときに、マーケットやプラットフォームが損切りを順守できるという保証はないからだ。ブラケット注文の損切りが成り行き注文だということを思い出してほしい。つまり、その価格に達した瞬間に注文は出されるが、その価格で注文を執行できるかどうかは分からない。そして、できないときは、スリッページがかかる。

普通の状態に近いときに、損切りのスリッページが２～３ピペット（ピペットはピップの10分の１）を超えることはあまりない。しかし、ニュースでスパイクしたときに損切りしようとすると、スリッページは相当大きくなることがある。もちろん、損失の大きさは、実際のスパイクの大きさと流動性によるところが大きいが、プラットフォームが注文を処理するスピードも結果に影響することがある。ほかには、発表の時間帯にスプレッド（買い気配も売り気配も）が人為的に上がって無事に逃げ出す確率を下げかねないという懸念もある。損切りの10ピップスに加えて10ピップス以上のスリッページがかかったというケースも聞いたことがある。受け入れ難いスリッページになる可能性を調べるために、おおまかなルールを書いておく。マーケットが静かなときに、自分のプラットフォームの反応が遅いと感じることが何回もあれば、ニュースのスパイクが逆行したときに痛い目に遭うのは間違いない。スプレッドが広がったらなおさらだ。

幸い、年月を経て状況はかなり改善し、今では多くのブローカーがスパイクのときも顧客に過度のスリッページを課さずに注文を処理できるようになってきた。ただ、最高のトレードプラットフォームであっても損失が生じないと保証されているわけではない。

公正を期して書いておくと、ニュースを恐れるのではなく、スパイクの可能性をチャンスとして利用する戦略を用いているトレーダーもたくさんいるが、その勝率についてはあまり知られていない。私は、ニュースでトレードするよりもそれを避け、ポジションがあるときは、そのままとどまるよりも逃げ出すことを絶対的に勧める。とはいえ、ニュースによる変動にはかなりたくさんの変数がかかわっているため、それらを考慮しながら判断を下してほしい。

最後の警告になるが、アメリカの取引時間終了（アメリカの株式市場の終了）からアジアの市場が開くまでの数時間は価格が横ばいの休眠状態になることが多い。もしそのときにまだ有効な未決済トレードが残っているときは、手仕舞うか継続するかは自分の裁量で決めてほしい。同じことは、足何本も動きがなくて身動きがとれなくなっている場合にも言える（例えば悪名高い昼休みの低迷など)。ちなみに、週の終わりには、どのような状況でも週末にかけて未決済ポジションを残してはならない。それをすれば、月曜日の朝に不快な現実を知ることになりかねない。

抵抗線で手仕舞う

20ピップスという利益目標はテクニカル的に決めたものではないため、目標値よりも前に深刻な抵抗線があるという状況も十分あり得る。そうなったときは、かたくなにブラケットを守ってうまくいかなくなるよりも、障害が予想されるところで手仕舞うという選択肢もある。これは一見正しい方法に思えるが、懸念もある。もし手動で介入してしまうことを容認すると、その場の判断や恐れによる手仕舞いを可能にし、それがいずれは利益よりも害になるかもしれないからだ。そこで、トレード計画に裁量による管理テクニックを導入するときは、とっさの判断は控えてチャートのテクニカル的な理由のみに基づいて行うようにしてほしい。

意図しなかった手仕舞いに至る可能性を減らす素晴らしい方法として、ポジションを建てる前に抵抗線で手仕舞う水準を必ず決めておくという方法がある。言い換えれば、目標値を下げることを衝動的な行動ではなく、最初から計画の一部としておくのである。

しかし、通常どおりに手仕舞うつもりでトレードを仕掛けても、そのときにはなかった抵抗線の壁にぶつかることもときにはある。もしこのとき横ばいのクラスターの抵抗線が反対方向にブレイクしたときは、介入したほうがよいのかもしれない。しかし、これは以前のケースとはまったく状況が違う。これについては、次のセクションの反転での手仕舞いで説明する。

抵抗線での手仕舞いについて具体的な説明に入る前に、これがテクニカル的に適用できる状況を明確にしておきたい。そのためには、トレードを仕掛ける価値がある最低限の利益がどれくらいかということを知っておく必要がある。もし通常の目標値が20ピップスとして、例えば14ピップスに変えたらどうだろうか。もちろん、だれでも自分の裁量で目標値を変えることはできるが、私は少なくとも許容できるリスク・リワード・レシオを１：１に維持するために、10ピップス未満の目標値は勧めない（損切りが10ピップスの場合）。

そこで今のところは、もし利益が14ピップス未満のところに障害の水準があるならば、悩むのをやめて単純にトレードを見送ることにしよう。

どのようなときでも、ブラケットの目標値を思いつきで下げる癖は絶対につけてはならない。これが習慣になってしまうと、早めに手仕舞うのが普通になってしまい、トレードの最大の可能性を引き出す前に多くのトレードを手仕舞ってしまうことになりかねないからだ。

心理的な抵抗はあっても、抵抗線で手仕舞うべきかどうかは簡単に判断できる。ポジションを建てる前に、明らかなレンジバリアや、悪名高い切りの良い数字、ダブルトップやダブルボトム、パターンラインの延長線、テクニカル的な試し、すぐ左にある前の高値や安値を確認しておけばよいのである。

また、あわてて逃げ出す前に、マーケットの性質、つまりレンジ相場かトレンド相場かを調べておくことも重要だ。例えば、強いトレンドがあれば、それが抵抗線に阻まれるよりも継続する可能性が高いため、このテクニックを使わないほうがよいのかもしれない。一方、レンジ相場で、特に高値や安値に近いときは注意したほうがよい。このようなときは逆張り派が待ち構えているだけでなく、ブル派はレンジの高値で手仕舞う可能性が高いし、ベア派は安値でそうする可能性が高いため、それが未決済トレードの邪魔をすることになりかねないからだ。

とはいえ、実際のマーケットではエゴと感情が見通しと思考を曇らせるなかで、抵抗線で有効に手仕舞うことと、恐れて手仕舞うことの差は流動的だ。結局、このテクニックが役に立つかどうかは理論ではなく、手仕舞った場合とそのまま残した場合の結果を総合的に比較してみなければ分からないのである。

これから紹介するいくつかの例を見て、抵抗線で手仕舞うべきかどうかのテクニカル的な感覚をつかんでほしい。

トレード戦略のツールボックスに、抵抗線での手仕舞いを備えておくと、20ピップスの目標値に達しない可能性があるトレードも仕掛けられるというメリットがある。もちろん、これがあればいつでも仕掛けてよいというわけではないが、トレード計画に多少の積極性を持たせることはできる。**図6.1**には、通常とは少し違う仕掛けポイントが

図6.1

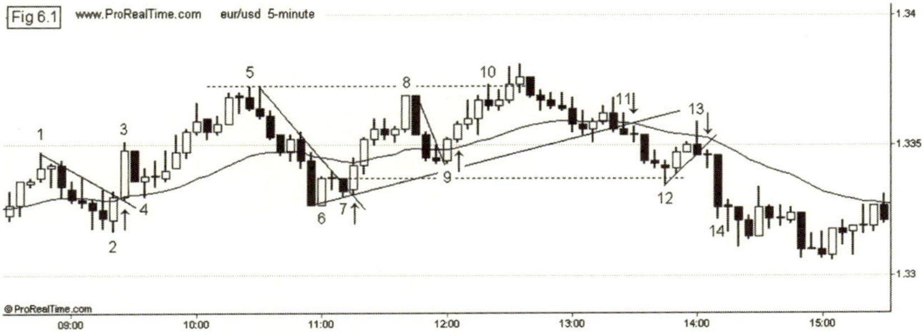

いくつかあるのに気づくと思うが、これらは欲張りすぎなければ十分可能なトレードになっている。今回は多少、日和見的すぎる仕掛けには目をつぶって、抵抗線で手仕舞う理由を理解するほうに集中してほしい。

厳密に言えば、抵抗線で手仕舞うテクニカル的な水準は２つしかない。買いならば、前の高値を付けたクラスターの安値か高値で手仕舞い（先に付けたほう）、売りならばその逆になる。ただし、抵抗線での手仕舞いをあまり積極的に行わないということは覚えておいてほしい。たとえレンジ相場であっても、目標値まで行けるかどうかをまずは確認してほしい。

足２の上で仕掛けた最初のトレードでは、ブレイクアウト足が50レベルのマグネットにそのまま吸い込まれていった（足３）。今回はチャートの左側の情報が足りないが、早めに手仕舞う必要はないように見える。障害となる可能性があるのは前の高値１とその２～３ピップス上の切りの良い数字しかない。動きの遅いチャートでは、このような小さな抵抗でも利食うことが選択肢になる場合もあるが、圧力と状況と出来高がまだ有利ならば介入する意味はあまりない（このケースはロンドンの取引開始の時間帯に入っている）。

注意　最初に維持すると決めたトレードを途中でやめてうまくいったとしても、それは結果論でしかない。これは最初のプルバックでトントンになったときに手仕舞うという判断が結局は劣っていることを示す好例と言える（足４の安値がトリプルを付けたことで、強く反転する可能性が出てきた）。なぜ、トレーダーはこのような破壊的な行動をとるのだろうか。彼らのエゴがそうさせているのだろうか。エゴは確率で考えず、含み益が出ていたトレードが損失に転じた痛みと恥ずかしさから逃れたいばかりに手仕舞いのボタンを押させてしまう。ただ、降参する前に、有効なトレードをトントンで手仕舞って20ピップスの利益を逃すことは、10ピップスの損切りに２回遭うのと同じことだということを思い出してほしい。エゴはもちろんこれを嫌うはずだ。ここでのポイントは、介入作戦の目的が利食うことであって、損失を減らすためではないということにある。だからこそ抵抗して手仕舞うのである。

３本の足のコンビ（６－７）のブレイクで仕掛けた２つ目の買いトレードは、プルバックの反転のレンジ版と言える。このトレードで、最初に目に入る抵抗線は足５の安値の天井を試したときだった。もしその時点で目標値に達していなければ、足８で手仕舞うのも有効だと思う（50レベルの逆マグネットも避けることができる）。

足９の上のプルバックの反転のトレードは（左側に５－８のダブルトップがあることを考えると非常に積極的な仕掛け）、典型的な介入候補である。この時間帯はブル派の勢力が多少勝っているが、まだトレンドとはほど遠く（25EMA［指数平滑移動平均線］は水平に近い）、このようなときは高値が抵抗線になることが多い。

手仕舞いに関して言えば、足５の安値への天井への試しは、足８がすでにその水準に達してその重要性が下がっているため、現時点ではもう「使える」選択肢ではない。そうなると、手仕舞うきっかけは足８の高値か足５の高値くらいしかない。しかし、前者でも最低利益の

14ピップスにまだ達していないことを考えると、点線の水準で利食うのが妥当だろう（足10で手仕舞う）。

足11の下で仕掛けたトレード（パターンブレイクコンビの売り）も、抵抗線で手仕舞う候補になる。マーケットはそれまでの強気の圧力に抵抗を始めたばかりなので、この売りのセットアップが20ピップスの目標値に達するかどうかを懸念するのは当然だ。足９の安値は仕掛けに近すぎるため、足７の高値の天井を試したところが目標額を下げる条件に見合う最初の水準となる（足12の点線の辺りで利食うと14ピップス弱の利益になる）。

それからほどなくして、足13が弱気のトリプルを付けると、パターンブレイクプルバックで売りのセットアップができた。この足は、足12で安値が切り上がったことに明らかに対抗しているが、このチャート自体はあまり弱気ではない。もしここでも売りを仕掛けるならば、抵抗線での手仕舞いも考慮に入れておくべきだろう。

足13を下にブレイクしたところですでにポジションを持っているならば、足12の安値が障害になるかどうかで悩む必要はない。もし10ピップス程度先のこの水準が懸念材料ならば、そもそも資金をリスクにさらすべきではないからだ。つまり、抵抗線で手仕舞う条件を満たしているのは、足６が安値を付けた水準になる（足14で手仕舞う）。ただ、足14の重要性を考えると、足２の安値の水準で手仕舞うという選択肢もある（レンジの安値）。

図6.2の足９の上で買いを仕掛ける前に、そこまでのプライスアクションについて考えてみたい。このマーケットは明らかにレンジを形成していた。もしこれを枠で囲むならば、上のバリアは足１の高値を通り（足３のダマシの高値を無視する）、下のバリアは足２の下を通るかもしれない。ここで、足５の上の強気の失敗ブレイクに注目してほしい。これはレンジの高値圏で継続を試みただけでなく、３－５の

図6.2

Fig 6.2
www.ProRealTime.com eur/usd 5-minute
1
2
3
4
5
6
7
8
9
10
11
12
13
14
15
16
1.325
1.32
1.315
© ProRealTime.com
09:00
10:00
11:00
12:00
13:00
14:00
15:00
16:00

フラッグは、2－3のポールに比べてかなり小さい。つまり、ここで仕掛けても逆マグネットという大きなリスクを抱えることになる。これは本当に鈍いブレイクだった。

それよりも興味深いのは、レンジ中ほどの6－9のビルドアップである。ブル派は安値圏から再び上昇を試みたが、今回はさらなる抵抗にあった。このようにクラスターを形成する進展には常に注目する必要がある。実際、これはポジションを建てる前にしっかりとしたビルドアップ（攻撃と防御）を探すという私たちのトレード方針の基本原則なのである。

フラッグの一種で興味深いパターンに、上昇トライアングルと下降トライアングルがある。上昇トライアングルの場合、上限は高値を結んだ水平の線で、下限は安値が切り上げている。6－7のポールに付いた7－8－9はその好例だ。

価格の一方の側が抑えられていて、反対側が切り上がっていくと、圧力はビルドアップせざるを得ない。これは、上昇トライアングルから上昇するかもしれないということを意味している。通常のブルフラッグと同じことである。そこで、もし同じ考え方で仕掛けようとするならば、まずは有効なシグナル足を探す必要がある（足9）。

シグナル足は、バリアに強く抵抗するか、多少突き抜けて終わるのが望ましいが、これは有効なセットアップの必要条件ではない。時には、パターンのバリアをブレイクする１つ前の足で仕掛けることもある。このようなときは、本当にブレイクの機が熟しているのかどうか、つまりしっかりとしたビルドアップがあるかどうかを見極めることが重要になる。もちろん、保守的なトレーダーはここでは見送ってもよい。最初のブレイクアウトを逃しても、２回目のチャンスは十分期待できる（足10の上のパターンブレイクプルバックで買いを仕掛ける）。

注意　このとき足９のブレイクですぐに仕掛けずに、パターンラインをブレイクして２～３ピップス上昇したところで買いを仕掛けるという方法もあるが、これは慎重に行ってほしい。この方法が妥当かどうかは、素早く25EMAを試したときに標準的な損切りに達しないかどうかで判断することができる。もし達してしまうならば、損切りのほうを調整するという選択肢もある。

次は、足９と足10の上で仕掛けたトレードを手仕舞う方法を検討していこう。最初に障害として考慮しなければならないのは、足４の安値への天井への試しで、足９のブレイクから見れば約13ピップス先になる。ただ、足10に関しては、最低限の目標値に近すぎるため、足３の高値が手仕舞う場合の最初の候補になる（あるいは、抵抗線である足３の少し上で、ダマシの高値の反転という想定の下、手仕舞うという方法もあるが、これにはリスクもあるし経験も必要）。

前述のとおり、レンジ相場でも抵抗線で必ず手仕舞わなければならないというわけではない。仕掛けの前に質の高いビルドアップがあれば、障害を大きく超えて上昇することもあるからだ。上昇トライアングルのなかのビルドアップについては、非常に幅があるため、足９の上のトレードはブラケットのままでよいのかもしれない。しかし、それよりも高い足10の上の仕掛けでは、足３の高値をかなり大きく超えなければ目標値に達しないため、障害によるリスクは高くなる。

いくつかの優れた選択肢があるときに、最善の方法をどう判断すればよいのだろうか。残念ながら簡単な答えはないが、疑問を持ったときには、いつでも常識の力を借りることができる。目の前の状況について統計的に最高の選択肢ではなくても、正当化できる行動ならば、それこそがこの分野で優位に立つために必要なことなのである。

それでは、コンビ13の下で売るのはどうなのだろうか。その少し前の11－12でベア派が攻勢に出たため、支配側のブル派は大きな打撃を受けたが、ベア派が前のトライアングル（7－8－9）という抵抗線（チャートでは支持線）を超えていくためにはまだすることが残っている。これは突き抜けるにはかなり厚い壁であり、12－13が形成されたのもそのためだと思われる。ここにパターンラインを引くとすれば、後者はポール11－12に付いたベアフラッグで、ブレイクされたパターンラインの延長線（足6の安値から引いた線）の外側にある。

ブル派は、このフラッグのなかで妥当な戦いをしたが、25EMAと切りの良い数字とパターンラインの延長線というトリプルは強力すぎて打ち砕くことはできない。これは重要な情報だ。ベア派の支配からのブレイクに失敗すると、ブル派の一部の士気が下がり、その少しあとで降参する前兆になりかねないからだ。通常のトレード方針を順守すれば、フラッグブレイクアウトで売りを仕掛ける方法は2つある。コンビ13の下か、その1本前の足でコンビの「パワーバー」をブレイクしたときである。

注意　本書で紹介した例とまったく同じプライスアクションがマーケットでできることは二度とないことを知っておくことは重要だ。奇跡的にそっくりな特徴を持ったプライスアクションができたとしても、そこでトレードしている人もサイズも違う。つまり、どの状況も1回かぎりのことで、見かけが似ているにすぎない。言い換えれば、私たちにできることは、その状況で最も起こりそうなことを推測することなのである。手動で手仕舞うときは、行動するか反応するという2つの選択肢がある。抵抗線で手仕舞うことは、明らかに前者であり、抵抗線があると推測した水準で利食えば、私たちはマーケットの反応を待たずに意図的に行動を起こすことになる。その好例が、点線上の足14で売りを手仕舞うことである。この理由としては、マーケットが再びレンジの安値圏にあり、売りには危険ゾーンだからだ。さらに言えば、しっかりとしたダブルボトムができているため（２－６）、このあとはトリプルボトムを付けるよりも安値を切り上げる可能性が高い。そのことを考えると、足６の安値よりも天井への試し（点線）で手仕舞うほうが理にかなっている。さらによく見ると、足14の安値は３－６－７のアーチの「天井」（底）であるだけでなく、足８の安値と共にダブルボトムを形成しており、ここで反転する可能性はさらに高まっている。

２つ目のよくある管理テクニックとして、先手を打って手仕舞うのではなく、反応して手仕舞う方法もある。マーケットが逆行に転じる前に逃げ出すのではなく、マーケットが反応した結果を見てから対応を決めるのである。例えば、ポジションを持っているベア派は、足15が点線を下抜いたのにフォロースルーがないことを見たうえで、足16の上で手仕舞うこともできる。これは反転での手仕舞いと呼ばれている。次のセクションでは、このテクニックを詳しく見ていこう。

反転で手仕舞う

詳しい説明の前に、いくつか警告しておきたいことがある。反転での手仕舞いは、ポジションを持っているときのみテクニカル的な評価に基づいて行うことだが、その応用には常にバイアスというリスクがある。含み益が出ているトレードが逆行し始めればうれしくはないし、まだ残っている利益を確保したいという思いが強くなる。しかし、ここは気をつけなければならない。抵抗線での手仕舞いを適切に行わないと、多少の利益は手に入れても、反転での手仕舞いの意味を取り違えて大きく後悔することになりかねないからだ。多少の利益が出ればよいが、最悪の瞬間、つまり有利に反転する可能性が高まったときに中断せざるを得なくなることも珍しくないからだ。反転での手仕舞いのワナにようこそ。

とはいえ、反転での手仕舞いは適切に使えば素晴らしい武器として行使できるし、不調に陥ったたくさんのトレードを壊滅前に救うことができる。これまで自分のポジションに対抗する横ばいのビルドアップができて、目標値に達する可能性がほとんどなくなったような気がした経験はないだろうか。

このように、不利な展開になったときには、どのような特性が見られるのだろうか。どのパターンにも言えることだが、反転にはさまざまな形や大きさがあり、逆の圧力を示すはっきりとした特性がある。これを最も簡単に視覚化したのが、M型やW型のパターンである。例えば、Mの形は上昇スイング（左のレッグ）のあとに中心部（ダブルトップの要素が含まれることが多い）があり、下降スイング（右のレッグ）で完成する。このようなパターンでは、中心部のブレイクが反転での手仕舞いのきっかけになる。

何本かの足が比較的狭い範囲でクラスターを形成し始めると、価格の動きは２通りしかない。ブレイクしてそれまでの支配圧力が継続するか（フラッグのイメージ）、反対側にブレイクしてMパターンやWパターンの反転を形成しようとするかのどちらかである。後者の場合は、反転の圧力を正しく見極めることが重要になる。ただ、マーケットの動きに絶対にだまされないようにすることはできないし、逆圧力にもさまざまな形がある。

ここで、売りにおける有効な手仕舞いについて考えてみよう。含み益が出ている売りのポジションが目標値に向かっているとき（Wの左のレッグ）、行く手に小さなクラスターができ始めたとする。このクラスターのなかのブル派の攻撃は下降している25EMAの下で行われており、さほどの脅威ではないものの、安値を更新できないことは注目に値する。この攻撃が続けば、ビルドアップのクラスターは大きくなり、どちらかの方向にブレイクしたときの影響も大きくなる。そこで、もしある時点で下にブレイクしないでブル派のパワーバーが跳ね上がれば注目せざるを得ない。そして、もしこの足が次のパワーバーを上抜けば、マーケットはすぐにそれ以上は下げないという強いメッセージを発していると考えてよい。このような状況で、この売りトレードを手仕舞うのは有効である。

もし逆のパワーバー（もしくはそのコンビ）がなければ、手仕舞いの作戦が実行できないわけではないが、クラスターの情報はやはりベアフラッグの一種に見える。つまり、たとえ現在のレンジの中間部分の高値をブレイクしたとしても、ベア派は売りポジションを手放そうとはしないかもしれないし、ブル派も熱心に仕掛けようとはしないのかもしれない。ダマシのブレイクになる可能性が高ければ、反転での手仕舞いは賢い選択ではないのかもしれない。

通常、反転での手仕舞いは、その名のとおり、うまくいっていたトレードが逆行したときに使えるテクニックだ（反転しないとそのような状況にはならない）。つまり、多くの場合、私たちは損失を最小限に抑えたり、できれば若干の利益を確保したりするために手仕舞う。言い換えれば、もし仕掛けてすぐに逆方向の圧力のビルドアップが始まってしまった場合、それはトレードが低迷しているのではなく、もともとのブレイクアウトが低迷しているということで、そのときはおそらくブラケットの損切りに任せるのが最善策なのだろう。この作戦の感覚をつかむための実践的な例を見ていこう。

図6.3の２－３－４－５－６は、典型的なＭパターンの反転を示している。介入する目的は、トレードを「不要な」ダメージから守るこ

図6.3

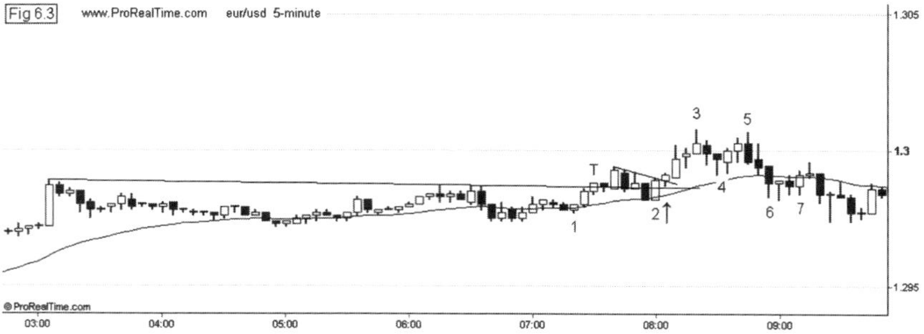

となので、この作戦で大事なのは、この反転パターンの右のレッグが完成する前に逆圧力に気づくことである。そこで、中心部が形成され始めたら、特に注視しておかなければならない。

Mパターンでは、中心部の安値（足４）が通常、左のレッグの始まり（足２）よりも高くなっており、ポールとフラッグに似た形になっている。もしこの調整がそのあとそれまでの支配側に反転しなかったり、反転してもフォロースルーがなかったりすると困ったことになる。

反転での手仕舞いを具体的に説明する前に、パターンブレイクプルバックの仕掛けについて書いておきたい。最初の仕掛けポイントは足２の上で、ここは支配側のパターンラインの最初のティーズブレイクアウトが後退したあと（T－2）、再度ブレイクしたところだった。ちなみに、シグナル足２はパターンラインの外側に大きく上げて終わる前に、教科書どおりに天井を試した（足１の高値の水準）。しかし、もし何らかの理由で足２をブレイクしたときに仕掛けられなかったときは、次の足がブレイクアウト足をブレイクしたところで再度仕掛けるチャンスがある（パターンブレイクコンビの一種）。

ただ、切りの良い数字のマグネット効果が皮肉な展開をもたらすことがある。最初はこれがトレードをプラスの方向に推進してくれるが、それがのちにトレードの妨げになることもあり得る。そうなると、トレードは目標値の２～３ピップス手前で止まって、プルバックが始まるかもしれない（３－４）。

もう何回も書いていることだが、初めてのブレイクアウトから最初のプルバックで手仕舞うべきケースはほとんどない。それよりも、これは出遅れた人が最初のブレイクの方向に仕掛けるチャンスになることが多い（足４の安値は左側のコンビへの試しであり、ブレイクアウトスイング２－３の50％の調整でもある）。

そのため、この押し３－４は、最初は継続パターンのブルフラッグに見えるかもしれない。価格は上方にブレイクアウトするが、そこで止まってしまったからだ。そのあと、足５は前の高値の３を超えることなく急落し、足が終わるまでに復活できなかった。これは反転で手仕舞う準備を促すサインなのだろうか。

チャートをよく見ると、足５は足３と共にダブルトップを形成しているだけでなく（正確に言えば高値を切り下げている）、その周辺の重要なダマシの高値であり、これ自体がMパターンの中心部を終わらせている。このクラスター（３－５）にはわずか６本の足しかないが、控えめなポール２－３と合わせるとさまざまなことが分かる。私たちはブレイクで手仕舞おうとしているため、マーケットがあと１回上げるのを待つ。しかし、足５が下抜かれた瞬間に、すべての希望は消えたため、それ以上考えずに手仕舞うべきだろう。

ちなみに、足５がブレイクされたとき、中心部の実際の安値（足４）はまだ下抜かれていなかった。このことで、このトレードを継続する人もいるだろうが、ほとんどの場合はそのような楽観主義に頼らずに、パワーバーがブレイクされたという事実を受け入れるべきだろう。

注意　逆方向のビルドアップの危険度を判断するときにも、ハーモニーの原則が役立つかもしれない。ポールとフラッグのハーモニー（調和）がとれていないときは継続方向にブレイクしても仕掛けるべきではないのと同様に、左のレッグと比べると弱い中心部の反転ブレイクでは手仕舞うべきではない。この中心部分の「成熟度」を見るときは、完成したときに左右対称のパターンが想像できるかどうかが評価の助けになる。例えば、ダブルトップ３－５は左のレッグ２－３との調和がとれているため、左のレッグとよく似た右のレッグができれば（５－６が２－３に似ていれば）パターンが完成することは容易に想像できる。ただ、中心部のブレイクで手仕舞うという計画がすでにできているため、実際には右のレッグがどのような形になっても関係ない。ちなみに、パワーバーのブレイクというシグナルに即座に反応すれば、ほとんどダメージなく手仕舞える可能性が高い（足５の下で手仕舞えばほぼトントンになる）。

ここで、簡単にMパターンの影響を検証してみよう。右のレッグに連なる６－７の展開は、パターンラインの延長線が支持線になっているように見える。もしこの延長線をイメージすれば、６－７のなかの４本の下ヒゲがすべてこのラインを下抜いているのに、足自体はラインの上で終わっていることが分かる。これは、ブル派の回復力を示しており、マーケットが再び上昇しそうな印象を与えている。そして、６－７のクラスターが５－６のポールに横に連なっている様子は、Wの反転の性質を含んでいる。この中心部が左側と調和していないとしても、少なくとも足７のブレイクはそれまでの支配的な圧力の方向とそろっている(プルバックの反転かもしれない)。そのことを考えれば、足７がブレイクしたところで再び買いを仕掛けるべきなのだろうか。

トレードを仕掛けるときは、価格が目標額に達するためにはどう動く必要があるのかを事前に調べておくことが重要だ。ここでは、頭上のダブルトップのクラスターを突き抜けるだけでなく、主要な切りの良い数字をも超えていかなければならない。もし６－７が最初の調整の終わりならば足７のブレイクはもっと価値があったかもしれない。しかし、この価値も１回ならず２回調整すると（ダブルトップのMパターン)、大きくブレイクアウトする可能性はあまり期待できなくなる。
さらに別の見方もある。トレードが成功するためには、傍観している仲間の助けも必要になる。切りの良い数字を超えていく道が前にある程度開けていたときでさえさほどの熱意が感じられなかったのに、Mパターンが立ちはだかっている今、新たなブル派が加勢してくれる可能性がどれだけあるのだろうか（第７章では、不利な状況についてさらに詳しく見ていく)。

図6.4のように、価格がトライアングルのパターンを形成し、２つの収束するバリアの間を上下していれば、どこかの時点でブレイクすることは避けられない。特に、パターンが小さくなっているいわゆる先端では、価格はきつく収束するほかなく、圧力がバネを圧縮したときのように高まっていく。
しかし、このときトライアングルの中心を主要な切りの良い数字が通っていると、単純にはいかないこともある。それに、このようなことは思いのほかよくある。実際、切りの良い数字がこのようなパターンを生み出す原因になっていることも多い。
前に簡単に書いたことだが、強力なマグネットと反対方向にトレードするときは、必ずしっかりとしたビルドアップがあることを確認し、弱いブレイクは避けなければならない。特に、切りの良い数字の周辺では、早急にトレード方向を決めてしまうと、すぐに逆行に転じるかもしれない。そして、ここは逆張り派が大好きな場所だということも忘れてはならない。もし彼らが妥当なブレイクを避ける原因を察知すれば、すぐに弱いところをついてくる。Tのティーズブレイクは早すぎるブレイクの典型的な例で、このときの逆張り派の反応もよくあることと言える。
ただ、良い状況であっても（しっかりとしたビルドアップがある)、足１の下のブレイクは少し早すぎた。この小さな足は25EMAと切り

図6.4

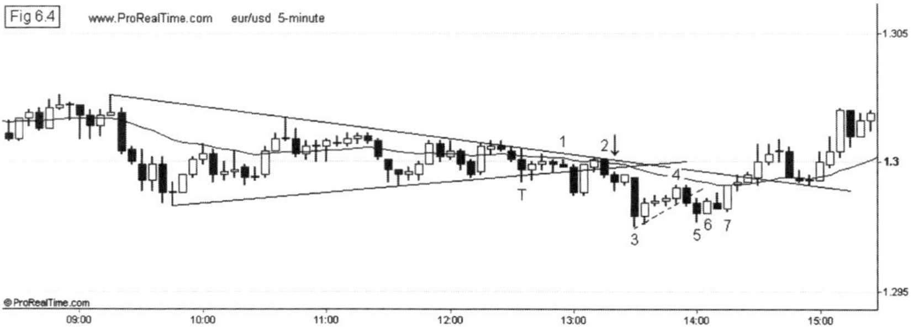
Fig 6.4
www.ProRealTime.com eur/usd 5-minute
1.305
1.3
1.295
1
2
T
3
4
5
6
7
© ProRealTime.com
09:00
10:00
11:00
12:00
13:00
14:00
15:00

の良い数字の間にうまくスクイーズされていても、特筆するほどのシグナル足ではなかった。非常に有利な状況ならば、パターンラインをブレイクする前に仕掛けることができる場合もあるが、切りの良い数字の攻防のなかでは、なかなかそれが最善策とは言い難い。保守的な方法としては、一息ついてさらなる情報を待つほうがよい。それで最初のブレイクを見送ることになっても、パターンブレイクプルバックのセットアップのチャンスは必ずある。

ただ、もし後者（足２のブレイク）で仕掛けても、足３は安値が目標値の20ピップスにわずかに届かないまま調整が始まっていた。

そして、この調整はすぐにベアフラッグ（３－４）に発展した（ポールは２－３）。フラッグは基本的に継続パターンなので、このように逆行してもすぐに警戒する必要はない（まだWの特徴は見えない）。ただ、このなかには足４が上抜いた３本の足のコンビがあり、フラッグのポールと比較するとまだあまり強くは反撃されていない。さらに言えば、足４のブレイクは抵抗線（足３の前の小さな跳ね）に当たった。しかし、ブル派の抵抗は、ベア派に売りをあきらめさせるには至っていない。

足４がダマシの高値を付けたすぐあとに、売りは再び順行し始めたが、そのモメンタムがまたすぐ衰えて小さなダブルボトムが形成された（３－５）。足６が強気で終わったことは、間違いなく目を引いたが、この足の上で反転で手仕舞うのは早すぎる。テクニカル的に言えば、足６は逆パワーバー（陽線）だが、周りの動きと比較してこの足がさほど目立つわけではないし、Wパターンの中心部をバランスよく終わらせたわけでもない。これらすべてが最初に何らかのテクニカル的な完璧さを確認すべきだと示唆しているわけではないが、もしポジションをあきらめるつもりならば、逆行を示す要素はできるだけあいまいでないほうがよい。理論的に言えば、弱いシグナルは強いシグナルよりもトラップである可能性が高い。もしこれがすべての仕掛けについて言えるならば、同じことは手仕舞いについても言えるはずだ。

そして、ブル派がパワーバー７を大きく上げると３－７の底が反転の形であることは疑う余地がなくなった。もちろん、足７を上抜いても反転での手仕舞いのワナに変わることがないとは言わないが、それを期待して売りを続けるのは、チャートが発しているテクニカル的なメッセージに反することになる。

また、足７がわずかにダマシの安値を付けたことにも注目してほしい。この足が、上昇に転ずるまえに前の陰線の安値を下抜いて、新たなベア派を引き込んだことは間違いない。つまり、彼らがまず売りを買い戻して強気のブレイクを助けてくれることになるだろう。

しかし、これは本当に賢く計画されたダマシの安値のワナだったのだろうか、それとも安値圏で需要が供給を上回っただけなのだろうか。そんなことはどうでもよい。私たちは、その動きの意味だけに注目していきたい。

図6.3のMパターンと比較すると、２－３－４－５－７のWパターンは少し横長になっているが、反転の意味合いは同じかむしろ強い。なぜ強いのだろうか。同じダブルボトムでも、そのあと高値を切り上げているほうがより強いメッセージを発していると考えると、３－５

－７はまさにそうなっている。

ここでも、もしテクニカル的な圧力に従って仕掛けたのならば、同じことは手動による手仕舞いにも言える。もしかしたら、楽観的なベア派は頭上にあるパターンラインの延長線（足７の少し上）が抵抗線になることを期待し、そこで反転すればもう少し経済的に手仕舞えると思っているのかもしれない。その気持ちも理解できないわけではないが、これは希望的観測に頼った作戦であり、長期的に利益をもたらすものではない。ここは単純に考え、足７をブレイクしたら反転で手仕舞うべきだろう。そうすれば、損失も出ない（実質的にトントンで手仕舞える）。

図6.5の日は、足１のすさまじい動きから、ヨーロッパの朝に何かのニュースがマーケットを駆け巡ったことが分かる。この足と、その次の同じくらい激しい足で起こった上下動を見ると、ニュースがプライスアクションに与えた影響と、これがブル派にとってもベア派にとってもどれほど危険かは明らかだ。そして、騒ぎが収まるとマーケットが何事もなかったようにそれまでの方向に動き始めることは珍しくない。その一方で、チャートが大きく揺さぶられてトレード可能な状態に戻るまでには何時間もかかることがある。

図6.5は後者の一例だが、いくつか興味深い点がある。まずは、ベアフラッグ２－３が形成されたことで、ニュースによるスイング１－２がポールになっている。この状況は、典型的なチャートパターンのブレイクであっても、全体像のなかで不利な場所にあれば失敗するリスクが高いという印象的な例となった。

この状況では、足３を下抜いても仕掛けを見送る理由が少なくとも３つはある――①仕掛けが25EMAからかなり離れている、②フラッグのポールがニュースのスパイク（常に注意が必要）、③50レベルを激しく突き抜けたあと、妥当な試しがない。つまり、下げが継続する

図6.5

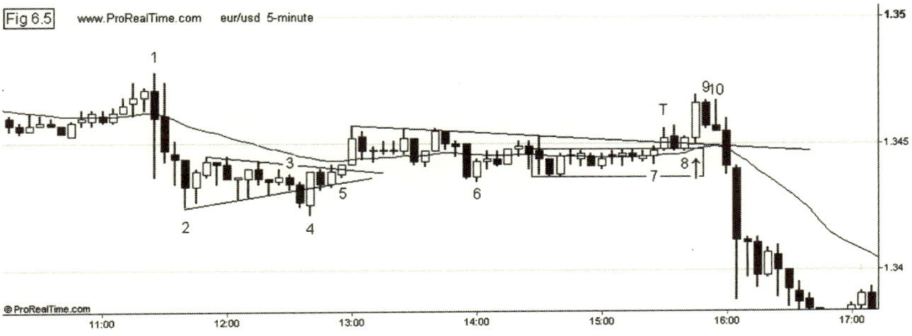
Fig 6.5
www.ProRealTime.com eur/usd 5-minute
1.35
1.345
1.34
1
2
3
4
5
6
7
8
T
9
10
© ProRealTime.com
11:00
12:00
13:00
14:00
15:00
16:00
17:00

素晴らしい環境とは言えない。

マーケットでは、逆張り派が問題を抱えたトレーダーを目ざとく見つけて、彼らの「弱い手」をマーケットからふるい落とそうと待ち構えている。敵の士気をくじく方法はたくさんあるが、パワーバーによるダマシのブレイクで怖がらせる作戦はほとんど失敗がない（足４）。もちろん、ベア派がみんな同じように怖がるわけではないが、損切りを近くに置いている人たちは、足４のダマシの安値や２－４の反転の可能性に気づいている。実際、フラッグのダマシのブレイクアウトはほぼ自動的にMやWのパターンの中心部に変わっていくことが多い。

ちなみに、もし足３を下抜いたトラップで仕掛けてしまったとしても、いずれブラケットの損切りに達することになる。足４ですでに達していなくても、それを上抜いたところでそうなるだろう。そして、その時点で基本的に反転で手仕舞う選択肢はなくなる。もし何らかの理由でもっと早く売りを仕掛けていれば、パワーバー４をブレイクしたときに手仕舞う方法もある。そして、最後のチャンスは足５をブレイクしたところで、これはブル派に有利なパターンブレイクコンビの一種と言える。どちらのブレイクも、まだ有効な買いのシグナルは出していないが、売りポジションを持っているならば間違いなく介入すべきだろう。

フラッグがダマシになったあと、価格は何時間も50レベルの近くを離れない間は特にすることはない。ベアフラッグのブレイクアウトを払いのけると、ブル派の士気はベア派を上回るが、まだその動きを活用するまでには至っていない。しかし、ブレイクに失敗したフラッグのクラスターを支持線（２－５）として賢く利用すれば、切りの良い数字であまり苦労せずにベア派の攻撃を防ぐことができる。実際、もっと深刻な足６のブレイクもすぐに跳ね返した（Mパターンの反転の失敗）。

明らかに支配する側がない時間帯は、ブレイクアウトに加勢する人も限られてくる。多くのトレーダーがブレイクですぐに参入するのではなく、マーケットの反応を見ようとするからだ。そして、注目しているバリアがまだはっきりとブレイクされていないときは、この成り行きを見守る作戦を取る人がさらに多くなるのも理解できる。Ｔのブレイクアウトでフォロースルーが少ない主な理由はそこにあるのかもしれない。

テクニカル的に見れば、足７は興味深い足で（ダマシの安値を付けた陽線）、もっと有利な状況ならばシグナル足として重用されたかもしれない。反論もあるかもしれないが、私はこの難しい50レベルですぐに買いを仕掛けることは勧めない。しかし、そのあとの小競り合いでもブル派は一歩も引かなかったことが（Ｔ－８）、上方に仕掛けるための強い基盤となった（足８の上のパターンブレイクプルバックで仕掛ける）。

ただ、このトレードは仕掛けよりも（もし執行されたら）、ポジションをどのように管理するかのほうが興味深い。実際、このチャートを選んだのは通常の運用方針に反するような反転での手仕舞いでも正当化できるケースがあることを紹介したかったからで、それが足10の下での手仕舞いである。

このことを理解するためには、足８のブレイクで仕掛けたあとに起こったことを詳しく見ていく必要がある。まず、ブレイクアウト足が大きなパワーバーになったことで、このトレードは素晴らしいスタートを切ることができた。しかし、そのあとベア派が再び攻めてきた。彼らの最初の功績は、自分たちもそれなりのパワーバーを立てたことだが（足９）、隣にあるベア派のそれには及ばなかったため、たとえ次の足がプルバックの押しをブレイクアウトの水準まで伸ばしたとしても、まだブレイクアウトを疑問視する理由はない。ただ、いつものようにブレイクされたバリアを試す最初のプルバックには注目しておく必要がある。

ただ、今回はいつもと違った。調整のなかで、逆張り派の積極性を示す強いサインがあったのである。これは、ブレイクの方向のポジションを持っている人たちに懸念や恐れを吹き込むものだ。そして、傍観しているブル派も、この調整で積極的に参入しようとは思わなくなる。ポジションを持っているときにこのような逆境に直面したときは、必ず「用心に越したことはない」の原則を選択してほしい。

このような不吉なサインは９－10にも見られるのだろうか。この間の動きを詳しく見ていこう。足９が下げて終わった直後に、ベア派の攻撃に対抗するため、新たなブル派が同じくらいの力を持って参入した。彼らが初めは成功していたことは、足10の形を注意深く見れば分かる。この足は、足９の安値から始まり、一気にその高値まで上昇した。その時点で、この足が強力な陽線になっていたことを考えれば、それはポジションを持つブル派にとって愉快な光景だったに違いない。しかし、そのあと状況は悪化する。５分間のなかで、足10は強い強気から強い弱気に転じ、最も楽観的なブル派でも懸念を持つような崩れ方をした。この足は、安値で引けただけでなく、隣の陰線も下回って強力な弱気のコンビを形成したのである（９－10）。

最後に、足10のブレイクで反転での手仕舞いをするのが有効なほど、この弱気の動きが買いトレードを邪魔しているのかどうかを見極める必要がある。ただ、それを公平に判断するためには、そのあとのパニック売り的な動きを完全に無視する必要がある。これはアメリカで流れたドルに有利なニュース（16:00）に反応した売りの可能性があるからだ。ここではテクニカル的に、逆コンビ９－10が実質的に無害なプルバックの押しと見るのか、それともこれからさらなる問題がある前兆で、手仕舞う正当な理由になると見るのかを考える必要がある。

そのあとのニュースが買いトレードを手仕舞う、もしくはそもそも仕掛けない理由になるかは別として（ニュースで手仕舞うの項参照）、この問題に対処するためには、ブレイクアウト後の動きのなかにMパターンの反転が形成されるサインを探すという方法もある。

ブレイクされたパターンラインの外側にはわずか３本の足しかないが、１本ずつよく観察すれば、それらが一種のMパターンを形成していることが分かる。陽線のブレイクアウト足が左のレッグで、足９が中心部の下げ、足10が中心部の上げと右のレッグの陰線のパワーバーを兼ねている。これは一種のMパターンで、このなかにトレードのきっかけになるコンビセットアップと同じようなブレイクアウトの可能性を含んでいる。ここでは、逆コンビがあれば必ずすぐに手仕舞うことを勧めているわけではないが、その存在感が強いとき、特にそもそもさほど有利な状況ではなかったときには（ただしトレードするのには問題ない状況）、そのことを覚えておいてほしい。次の**図6.6**は、最も強力な３本足の反転パターンである。パワーバーに逆コンビが続く形の例をもうひとつ見ていく。

図6.6の足２は、強気で終わる前に足１の高値の天井を試すと同時に、25EMAと切りの良い数字にも達した。このトリプルは、フラッグラインのすぐ外側にあるパターンブレイクコンビセットアップの強固な基点となった。ブレイクは、そのあとまっすぐ進むのが望ましい

図6.6

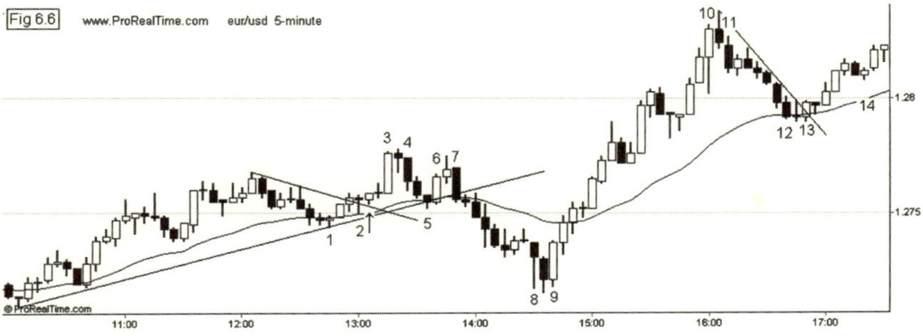

が、残念ながらそれが目標値に達するかどうかは分からない。しかし、仕掛けから十分離れたところで衰え始めれば、最低限のダメージ、もしくは多少の利益を出して手仕舞える可能性は高い。もちろん、これは反転での手仕舞いを作戦の一部に備えておかなければできることではない。

一見しただけでは分からないかもしれないが、３－４の３本足は**図6.5**の９－10と似たＭパターンになっている。今回は陽線のパワーバーに続く反転したコンビだが、パターン自体の意味合いは変わらない。日本のローソク足分析を知っている人ならば、この３本足の展開が「三川宵の明星」という上昇スイングの高値から弱気への反転を示唆するパターンだと気づくだろう。３－４は、この最も典型的なケースで、左には陽線のパワーバー、真ん中には小さな同時線（ダマシの高値）、そして右には陰線のパワーバーがある。ちなみに、６－７もこの変形と言える。

そして、これと同じくらい有名なのが、この逆で強気を示唆する「三川明けの明星」だ。特にこれが下降スイングの安値にあるときは注意しなければならない。８－９の進展は、かなりの積極性を示しているが、足を１本ずつ見ていくと、Ｗの特性がよく表れている。足８は左のレッグの下落と中心部の上昇、真ん中の足は典型的な同時線ではないが、中心部の下落とダマシの安値（足８に対して）、９のパワーバーは右のレッグの上昇になっている。足９の高値が上抜かれたとき（少し大きすぎるが）のブル派の反応に注目してほしい。

このように、主な反転ポイントではたいてい宵の明星や明けの明星のたぐいが見られる。しかし、これらを聖杯的なセットアップとして見るのではなく、これも全体像のなかで判断すべきだということを覚えておいてほしい。例えば、上昇トレンドのなかの三川宵の明星ならば、買いトレードを手仕舞うきっかけになるかもしれないが、それが必ずしも「安全に」売りを仕掛けるポイントにはならない。

反転で手仕舞う方針に従って、足４をブレイクしたところで買いポジションを手仕舞えば、損失を最小限の１～２ピップス程度に抑えることができる。ただ、これは異論の多い最初のプルバックでトントンで手仕舞うことになるため、標準的な手順ではないとも言える。もちろんそのとおりだが、そこまでの全体的なプライスアクションのなかで見ると、３－４は最初のブレイクアウトを静かにリトレースする「無害な」プルバックとは明らかに違う。実際、足４はここまでで最も弱気の足になった。そして、もうひとつの懸念材料は、仕掛けが50レベルの７～８ピップス上にあるために、損切りが逆マグネットの下という不安な場所にあることだ。これらのことは、トレードを見送るほどの理由ではないが（私自身はスイングの高値で継続方向に仕掛けるのを好まないし、昼休みの時間帯ならばなおさらだ）、トレードが逆行し始めて反転しそうなときはそのことを思い出してほしい。

さらに言えば、３－４の三川宵の明星を気にしているのは、50レベルの上で買ったブル派だけでなく、イギリス時間の朝の高騰で含み益が出ている人たちもその影響（さらなる売りの可能性）を注視している。全体的に見れば、反対圧力が明らかになり、さらに潜在的な売りも考えられるなかで、足４をブレイクしたら反転で手仕舞うことは妥当な判断と言える。

それからほどなくしてチャートは切りの良い数字のすぐ上で、ベア派の本気を示すさらなる強い警告を発した。マーケットは5で少し反転したあと、2つ目の三川宵の明星（6－7）を形成したのである。面白いことに、両方をつなげると、間違いようのない大きなMパターン（3－7）が現れる。もしこれでも反転で手仕舞わないのであれば、この作戦を使う場面はないだろう。そのうえ、足7は下落の途中でトレンドラインをすでに突き抜けている。通常、ラインを貫通してもそれがすぐにフォロースルーが続くという信頼できる前兆にはならないが、ブレイクの前にMパターンがあるということは大いに期待できる。

注意　重要なトレンドラインだけでなく、ありきたりなパターンラインでさえ、ポジションと逆方向にブレイクされるとMパターンやWパターンの右のレッグのパワーバーがブレイクされたときと同じくらい大きな意味を持つこともある。このようなブレイクは、手仕舞うきっかけにもなるし、少なくともメリットとデメリットを比べるのには使える。ただ、そのままトレードを続けるにしても、手仕舞うにしても、最終的にはテクニカル的な確率で決めることになる。もし何らかの理由で目標値に達する確率が大幅に下がったのであれば、どのようなきっかけであれ手仕舞うという選択肢は常にある。もちろん、大事なことは直感で行動せずに、テクニカル的な状況のみに基づいて判断を下すことである。

この時間帯の終わりのほうには、もうひとつ三川宵の明星10－11があり（かなり乱れてはいるが）、これも予想どおりの結果になった。そして、次のプルバックの最後には、さらに三川明けの明星も現れた（12－13）。

話は少しそれるが、11－12を押しと見て、その前の上昇9－10との関係のみで判断すれば、きちんと斜めに進展していても40％程度しかリトレースしていないが、調整としては25EMAに達するほどの深さがある。このようなときは、プルバックの反転につながることが多い。ただ、その前にトレンドの原点に目を向けると、継続を期待してトレードするには注意が必要だということが分かる。９－10のようにどこからともなく出てきて、さしたる攻防もないまま弱気の領域から強気の領域に移ったスイングは、疑ってかかったほうがよい。このようなスイングの、プルバックの反転で参入する人たち（つまりフォロースルー）への影響力は限られている。ここでトレードできない状況だと言っているわけではないが、もし仕掛けるのであれば、いくつかの条件を考慮する必要はある。

ここで、反転の動きを詳しく見ると、三川明けの明星12－13（プルバックの反転のセットアップ）のあとのはらみ足の同時線がプルバックラインの外側にあるのが分かる。つまり、このセットアップは非常に良いパターンブレイクコンビにもなっている。しかし、ここでもっと大事なことは、仕掛けの状況である、ここでは、セットアップ足がすべて切りの良い数字よりも下にあり、価格はさらにそこから離れていかなければならないものの、差し迫った逆マグネットの危険はかなり減った。一方、メリットを理解するためには、ブレイクアウトのあとすぐに、例えば14で切りの良い数字を試すことを想像してほしい。もしそうなれば、うまく上昇すると、25EMAと、切りの良い数字と、三川明けの明星の高値への天井への試しでトリプルになるかもしれない。それに、このトレードがすぐに損切りに向かうリスクは小さい。もちろん勝ちトレードが保証されているわけではないが、このような反転の可能性は、トレードにおいて歓迎すべき材料になる（反転はのちには反転での手仕舞いにも利用できる)。

この仕掛けのセットアップを足２を上抜いたブレイクと比べると、切りの良い数字の位置関係から今回のセットアップのほうがはるかに有利な場所にある。この価格差はさほど重要ではないように見えるかもしれないが、損切りが近い場合は大きな違いを生む。言い換えれば、継続が疑わしい状況でも、素晴らしい仕掛けの状況が参入を促す要素になるかもしれない。ただ、その時間帯の全体的な圧力が直近の出来事に不利ならば、このような作戦に頼ってはならないということも覚えておいてほしい。もちろん、保守的なトレーダーは、自分の基準とする疑いの余地がないほど有効な状況でなければ、いつでも見送ってよい。

次の第7章では、ささいでも重要な差につながる有利な状況と不利な状況を詳しく見ていく。ただ、その前に、あとひとつ反転での手仕舞いのテクニックを使った例を紹介しておきたい。

図6.7での4－5－6－7のなかにMパターンの特性を見つけるのはそう難しいことではない。しかし、4－5ならばどうだろうか。あまり目立たないが、この3本の足も、前のチャートのケース（**図6.6**の3－4）と同様に三川宵の明星の一種を形成している。ただ、今回は陰線5のレッグが陽線4のレッグに比べて少し小さい。手仕舞いのためのシグナル足に関して言えば、周りの足よりも大きいパワーバーのほうが、目立たない足よりも明らかに良い。ただ、後者のブレイクは害も少なく、すぐに結果が出る可能性が高い（反転での手仕舞いのワナ）。

このチャートでは足5は下抜かれなかったが、その下で手仕舞うのが時期尚早なのにはもうひとつ理由がある。マーケットが非常に強気のモードだったうえに、良い形のブルフラッグ（2－3、ポールは1－2）をブレイクしたばかりだからだ。このような環境では、比較的小さな反転足のブレイクを見ただけですぐに買いポジションを投げ売りする人はそう多くはないと思われる。

ここまでは分かったと思うが、もし三川宵の明星が2つ続いた場合はどうなのだろうか。図からも分かるようにそれから足2～3本あとに6－7が教科書どおりのMパターンを完成させ（4－7）、今回は

図6.7

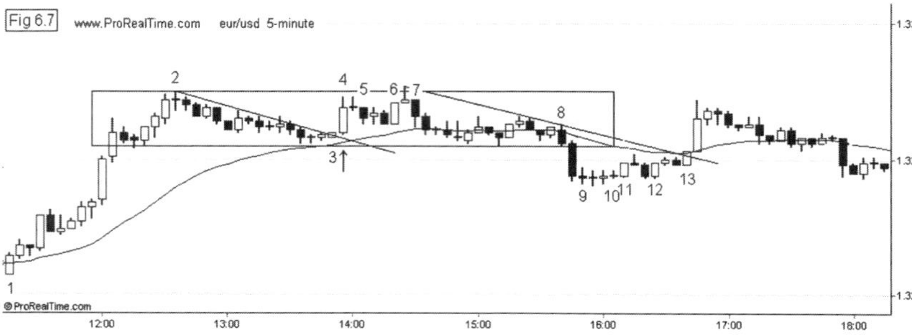

Fig 6.7
www.ProRealTime.com eur/usd 5-minute
1.33
1.325
1.32
1
2
3
4
5
6
7
8
9
10
11
12
13
©ProRealTime.com
12:00
13:00
14:00
15:00
16:00
17:00
18:00

はっきりとした右のレッグができた（足７）。

４－７のようなMパターンは、トレンドを完全に反転させるほどの力はないかもしれないが、注意すべき要素であることは間違いない。特に、フラッグのブレイクで仕掛けて損切りを近くに置いている私たちにとってはそうだ。もしそのあとで50レベルのマグネットと損切りの位置関係を見れば、足７をブレイクしたときに反転で手仕舞うべき理由を説明する必要はないだろう。結局、ほぼ無傷で手仕舞うことができた。

最後に、長方形のパターンのブレイクについても検証しておこう。ここでは、よく起こるが比較的簡単に避けることができる間違いとして、仕掛けるための反転と手仕舞うための反転の違いを覚えておいてほしい。

公平に見て、枠のなかの４時間に及ぶレンジは、反転に関するすべての情報が入っている。足を左側から見ていくと、全体が横長のMパターンか、ヘッド・アンド・ショルダーズをつぶしたような形になっているからだ。つまり、足８がブレイクしたところでブル派が買いポジションを手仕舞ってもそれを責めることはできない。ただ、ベア派がここで売るかどうかはよく考えたほうがよい。

このような良いバリアがあるのにベア派に何の問題があるというのだろうか。もし枠のなかの進展のみを見れば、足8の下での売りはそう悪くない。しかし、枠の直前の上昇を合わせて考えると、ここでの売りの可能性が限られていることが分かる。強気の圧力は数時間休止していたかもしれないが、それでもこのチャートが強気のモードにあることは変わっていない。このような時間帯は、少しでも下げれば、たとえそれがブレイクされたレンジの下でも、新たな買いのきっかけになり得る。このとき、機敏なスキャルパーならば最初のブレイクアウトで何ピップスか稼ぐこともできるかもしれないが、それ以上の利益を目指すならば、ブレイクアウト後の動きを注視しながらポジションを管理していく必要がある。

また、すぐ下に50レベルがあることもベア派の助けにはならない。そして、その少し下には、イギリスの朝の上昇スイングの50％リトレースメントが支持線として控えている。これらをすべて考慮すると、全体として今回のブレイクを推進する状況ではないため、足8の下での売りを勧めることはできない。しかし、このような状態になってしまったときにできることを考えておこう。

このブレイクには、最初は良いフォロースルーがあった。もちろん、枠のバリアの下で買いポジションを手仕舞ったブル派もいたし、熱心なベア派は売りを仕掛け、そのダブルの圧力がブレイクを推進したからだ。しかし、流れに逆らったブレイクアウトでよく見られることだが、参入する人の数はモメンタムが止まる最初の兆しですぐに減ってしまう。トレンドの方向でさえ、ブレイクアウトの水準よりも少し先で仕掛けるのは危険なのに、反対方向ならばなおさらだ。

以前に出てきたいくつかの逆クラスターと比べると、枠の下の9－11のビルドアップはあまり特徴がないように見えるが、それでも十分なメッセージを発している。もしかしたら、ポジションを持っているベア派は、ブレイクアウト後によくあるように（パターンブレイクプルバックのセットアップなど)、枠のバリアの延長線上で反転する可能性を考えたのかもしれない。しかし、そのような理由を考える前に、ブレイクされたバリアに向かう調整のビルドアップの状況を見失わないようにしたほうがよい。

注意　「無害」のプルバックと「有害」なプルバックを見分けるには、チャートの状況も大事だが、調整の種類自体が必要な情報をすべて教えてくれることもよくある。結局、足何本分も続く反抗的な横ばいに比べれば、ブレイクされたバリアに向かってきちんと斜めに進んでいくプルバックがブレイクアウトトレーダーを脅して手仕舞わせる可能性は低い。横ばいの不吉なクラスターが最初のブレイクアウトと同じ方向にブレイクすることもないわけではないが、もし反対方向にブレイクして、特にパワーバーもあれば、その影響を軽視してはならない。

そもそも下方のブレイクにはあまり見込みがないことを考えれば、足10か足11をブレイクしたときまでには反転で手仕舞ってほしい。

しかし、もしまだブル派の力が信用できないとしても、その３本先の足12のブレイクは、近いうちに価格が南下することはないという大きなヒントを出している。そして、それでもまだ売りポジションをあきらめていない人も、足13の上になればもう後戻りはできない。しかもまだダメージはないのだから、ここは手仕舞うしかないだろう。

後学のために書いておくと、足８が下抜かれたときの反撃は、よくある形なので覚えておくとよい。このとき、８－11と、８－12と、８－13ができる過程でWパターンの特徴があることはすでに分かっていた。ただ、これは下方のブレイクアウトに不利な状況がもたらした反応ではなく、このようなことは支配側の方向の「妥当」なブレイクのあとでもよく見られる。つまり、反転での手仕舞いを運用手順の一部に含めるならば、ブレイクアウトのあとに横ばいになったときは最大限注視しておかなければならない。

今回のチャートについては、次の２つのことを覚えておいてほしい

――①ポジションを持っているトレンドプレーヤーは簡単には手仕舞わない、②傍観しているトレンドプレーヤーは、有利な状態ならば、たとえトレンドと反対方向にブレイクしても、ほぼどこでも仕掛ける。言い換えれば、それまでのトレンドに対抗するセットアップが多いほど、逆張り派のワナには適した環境になる。

反転での手仕舞いについてはここで終わるが、この先にもたくさんの例がある。最後に、反転の前兆となる典型的な警告サインを探す訓練をいくらしても、それがタイミングよく見つかるとは限らないということを言っておきたい。しかし、最初からあまり期待できないトレードを避けることにすれば自衛はできる。次の第７章では、この最も重要な概念に特に注目していく。

第7章

トレードを見送るときと、失敗ブレイクからのトレード

Skipping Trades and Trading Breaks for Failure

これまでは仕掛けと手仕舞いのテクニックについて実践的な枠組みを紹介してきた。次は、トレードの選択に関して詳しく見ていこう。妥当な手法を用いたとしても、ついつまらないトレードを実行してしまうことはよくある。このような行動には、もちろん心理的な理由も大きくかかわっているが、根底にはテクニカル的な誤解があることも多い。トレードするときは、そのきっかけ部分ばかりに注目すべきではない。つまり、セットアップという限定的な部分にばかり注目しすぎて、全体的な状況や圧力を見ていない場合が多いのだ。

１週間に１～２回程度、不要な損失を避けることができれば、それがトレーダーとしての成否を分けることになるかもしれない。つまり、最初にトレードの選択を極めることが非常に重要なのである。そして、それができれば、きちんとした手法を守っていない人たちに大きな差をつけることができる。

トレードを厳選して実行できるようになれば、不運なトレードを最低限に抑えることができるだけでなく、ほかのトレーダーの試練や苦痛もよく見えるようになる。ここには、戦略的にも小さくないメリットがある。ブレイクしても全体の状況がそれをまったく推進していないところで仕掛けているトレーダーがいれば、少なくともそのなかの一部は近いうちに逃げ出さざるを得なくなることが予想できるからだ。

そして、彼らの逃避行が反対方向のスイングの助けになることは分かっている。

特定の状況において、トレードのツールボックスに必ず備えておくべき有利なセットアップがある。これは、特定のブレイクアウトがトレード可能な要素（境界線、ビルドアップ、シグナル足など）のすべての特性を備えているのに、明らかに支配的な圧力に反している場合である。もしトラップにかかった人たちが行き場を失えば、それが支配方向のカウンターブレイクのセットアップになるかもしれない。

すべてのダマシのブレイクアウトが自動的に反対方向にトレードする条件を備えているわけではないことは分かっているが、だからこそその条件をはっきりとさせておかなければならない。すべてがそろった有望なセットアップは、すぐにフォロースルーがあるかもしれないからだ。このようにカウンターブレイクでポジションを建てることを、失敗ブレイクからのトレードと呼ぶことにする。

このトレードはほかとどう違うのだろうか。主な違いは、逆張り派の行動にある。例えば、通常のパターンブレイクでは、パターンの境界線におけるブレイクアウト前の圧力が支配的な圧力の方向にビルドアップしていく。そして、この種のトレードに、逆張り派はかかわっていない。一方、失敗ブレイクからのトレードでは、最初のビルドアップがいわば不利な方向に向かっている。しかし、トレードはこのビルドアップのブレイクではなく、それが失敗するのを待って仕掛けることになる（このときのセットアップはプルバックの反転やパターンブレイクなどと非常に似た形になることもある）。

次の数枚のチャートではこの戦略を見ていくが、ほかの人たちの愚行を利用することを考える前に、自分が周知のワナにかからないように気をつけなければならないということもよく覚えておいてほしい。そこで、よくあるトレードの間違いを挙げておく。どれもすでに何らかの形で取り上げたものばかりだ。これらの間違いは、頭では理解していても、さまざまな感情が渦巻いてトレーダーの判断を惑わせるマーケットでは、簡単に見過ごしてしまうことがある。

典型的な間違い

1．強いトレンドや支配的な方向と反対方向に仕掛ける。
2．トレンドと同じ方向でも、すぐ上やすぐ下に抵抗があるところで仕掛ける。
3．実際にはレンジ相場なのに、トレンドに乗るつもりで仕掛ける。
4．25EMA（指数平滑移動平均線）からかなり離れたところで仕掛けたり、切りの良い数字の逆マグネットを無視して仕掛けたりする。
5．平均以上の値幅のある足が多い荒れたマーケットで仕掛ける。
6．強力なパワーバーやクラスターを含むプルバックの反転で仕掛ける。
7．ほとんどあるいはまったくビルドアップがないのにブレイクやマーケットが反転する前に仕掛ける。

結局、ブレイクでトレードするか見送るかの判断が経験によるところが大きいことは間違いないが、新人でもすぐに失敗を避けることができるポイントもいくつかある。前述のとおり、これらについてはすでに取り上げているが、これまでは主にタイミングの観点で書いてきた。本章では、少し角度を変えて、避けるべきときを警告してくれる典型的な策略やワナについて見ていくことにする。そのうえで、危険なブレイクアウトのなかでも、失敗したときにそれを反対方向で利用する方法についても見ていく。

図7.1では、簡単にトレンド相場であることが分かるだろう。かな

図7.1

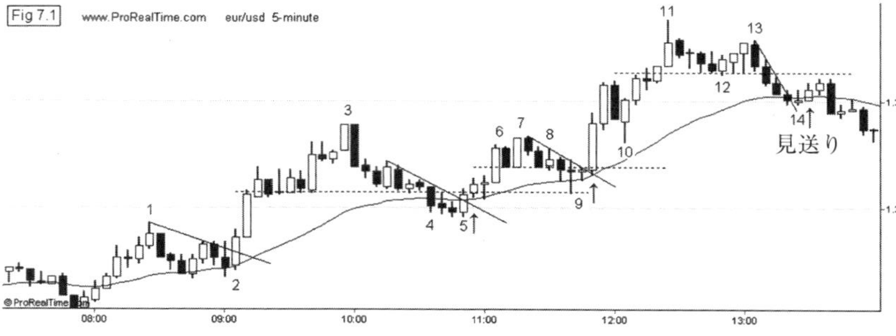
Fig 7.1
www.ProRealTime.com eur/usd 5-minute
1
2
3
4
5
6
7
8
9
10
11
12
13
14
見送り
1.365
1.36
© ProRealTime.com
08:00
09:00
10:00
11:00
12:00
13:00

り長いフラッグでもないかぎり、25EMAの方向を見れば、今だれが支配しているのかを理解できるからだ。そして、10回中９回はこの線に沿ってトレードすべきだろう。25EMAの情報はだれでも簡単に手に入るため、本来明白で、素晴らしいフィルターで、これを放棄する人がいるとは考えられない。しかし、実際にはこれを使わないという誤りを犯す人がたくさんいるのだ。

トレーダーが反対方向のトレードに誘い込まれる主な原因のひとつが、いわゆる「反転パターン」だということは間違いない。**図7.1**の上昇トレンドには、このようなパターンが３つあり（点線の上）、それぞれに反転の要素が入っている。これらのパターンに共通するのは、それぞれの下にある典型的な水平のバリアと、どれも25EMAの方向にブレイクしていることだ。一方、ブルフラッグ１－２は、25EMAと反対方向にブレイクしている（だから「継続パターン」と呼ばれている）。

反転パターンからトレンド方向の25EMAにまっすぐ向かうブレイクで仕掛けるのは、トレードよりもギャンブルであることが多く、うまくはいかない。ただ面白いのは、このようなブレイクがワナのあらゆる特徴を備えているときは、近いうちに失敗ブレイクから仕掛ける素晴らしいチャンスがあるのかもしれないことだ。

見方によれば、このような戦略は、プルバックの反転のテクニックと少し似ているのかもしれないが、具体的なシグナル足の条件を考えておかなければならない。このことは、実際の例で説明したほうがよいだろう。

足４のブレイクから始めよう。まず、今回のケースが失敗ブレイクからのトレード候補だということは分析しなくても分かる。ベア派が強気のトリプル（25EMAと、切りの良い数字と、スイング２－３の50％リトレースメント）に対して売ったからだ。

失敗ブレイクからトレードしようとするときは、絶対に先走らずに、ブレイクに対するマーケットの反応を静かに見守る必要がある。下方のブレイクの場合は、強気の反転足に特に注意してほしい。最初のそれがすでに再ブレイクで仕掛けるためのセットアップになっているかもしれない（足５）。

このとき、最も重要なのが反転足の高値だ。点線で示したバリアを下抜いた失敗ブレイクでトレードしようとする場合、仕掛けるのにこの線を上抜くのを確認する必要がある（失敗だったことの確認）。つまり、シグナル足の高値はブレイクされたバリアと同じか若干上になければならない。どのような状況においても、バリアの下で仕掛けてはならないのである。

この条件を覚えておけば、通常のプルバックの反転と同じようにトレードすることができる。ちなみに、今回のケースでは４－５のクラスターが小さなWパターンの中心部、もしくは太めの三川明けの明星の特性を含んでいることが、ブル派にとってはボーナスになっている。また、足５がフラッグブレイクの仕掛けのセットアップにもなっていることも、有利な要素と言える。これらをすべて考え合わせると、これは失敗ブレイクから始まる高勝率トレードのセットアップになっていると言ってよいだろう（足５の上で買いを仕掛ける）。

すぐには分からないかもしれないが、６－７－８の下のブロックは、すぐ左のパターンとまったく同じ状況になっている。ここでも、ベア派はブル派の状態をほとんど無視して、トレンド方向の25EMAとその前のスイング（５－７）の50～60％リトレースメントに向かって売りを仕掛けた。しかも、彼らは前のシグナル足への天井への試し（足５の高値を足９の安値が試した）で形成された支持線も完全に無視していた。

なぜ、ベア派はこのような大胆な行動に出たのだろうか。もしかしたら、彼らは足７の高値が切り下げたことをブル派の弱さのサインと見たのかもしれない。あるいは、約15ピップス下にある切りの良い数字のマグネットだけを見て仕掛けたのかもしれない。本当のところはだれにも分からない。しかし、彼らが潮の流れに抵抗することの危険性を考えなかったということは、想像に難くない。

もちろん、これは支配側と反対方向のトレードがすべてダメだということではないが、難しい道を無理して選んでも、トレンド方向の25EMAと逆方向のトレードが成功することはなかなかない。

注意　失敗ブレイクからのトレードという概念のなかで興味深いのは、ブレイクアウトの勢いが衰えていくときに、塊状の反転パターンが角度のついたフラッグを形成することが多いことで、もちろんこれは継続パターンだ。６－７－８の場合は、わずか２本の足（足９のコンビ）が加わっただけでこの変化が起こっている。ちなみに、ここでの仕掛けチャンスは、通常のコンビブレイクアウトと同じようにコンビのはらみ足の上にある。

これはすでにこの時間帯で３回目のパターンブレイクアウトだが、ブル派の熱意は衰えていない。確かに、ブル派には50レベルのマグネット効果が期待できた。しかし、垂直に近いスイング10－11の近くにあるブレイクアウトの２本目のレッグについてはどう考えればよいのだろうか。ブル派が勢い余ったのだろうか。

すでに十分進んだ値動きが加速するのはよくあることで（例えば3番目や4番目のレッグ）、これはトレンドの最後の暴走と言える。ただ、この原則はこれだけでは当てにできないし、活用するのも難しいが、次の継続方向のチャンスを信用しすぎるなという素晴らしいヒントにはなる。

また、加速していることとは別に、足12のブレイクは、いくつかの理由で簡単に見送ることができる。まず、上昇相場の高値で、このような浅い調整しかないのに継続方向に仕掛けるのは高勝率トレードとは思えない。それに、この仕掛けは25EMAからかなり離れている。そのうえ、ここにはブレイクされた50レベルのマグネットもある。

次は3番目の反転ブロック11－13を見てみよう。価格はイギリス市場が始まった09:00から100ピップス以上上昇して、今はいわゆる「昼休みの低迷」（12:00～14:00）に入っている。通常、この出来高が少ない時間帯に派手な動きはほとんどないが、ここではさしたる抵抗もないままブル派がかなりの利益を上げており、昼休みでもかなり活発に動くことも考えられる。

第6章で反転での手仕舞いについて述べたが、10－13はMパターンの反転が形成された完璧な例と言える。また、中心部の右側が上方にブレイクしそうになったあとに反転して陰線のパワーバー（足13）になったことにも注目してほしい。ポジションを持っているブル派にとって、弱気を示すこれ以上のヒントはない（足13の下で反転での手仕舞いが可能）。

それでは足13を下方にブレイクしたところで売るのはどうだろうか。率直に言えば、その前の反転の試みと比較すると、今回は明らかにメリットがある。ただ、この時間帯がまだ強気モードにあるということも忘れてはならない（安値の切り上げが続いており、25EMAも上昇している）。そこで、保守的に見れば、このブレイクは見送るべきだろう。しかし、機敏なスキャルパーがこのチャンスを生かし、切りの良い数字と25EMAという2つのマグネットに向かって素早く売るならば反対も難しい。

それならば、25EMAがまだ上昇を続けているのだから、足14の上で再び買えばよいのではないだろうか。Mパターンがすでにブル派の見通しを大きく妨げているだけでなく、チャート自体も買いのタイミングではないという明らかなヒントを示している。しかも、点線を下抜いたブレイクが、まだ失敗だと証明されてはいない。それに、もし足14がもっと力強い反転足のセットアップになったとしても（あるいは、両側の足と合わせて一種の三川明けの明星を形成したとしても）、ここで仕掛ければ、頭上には抵抗線が控えている。つまり、ここは確実に見送るべきだろう。

図7.2のチャートには、ぜひ知っておくべき反転パターンが形成されている（3－14の大きなヘッド・アンド・ショルダーズの一種）。ただ、ブル派の支配が完全に終わったときには、足7の高値を付けてから3時間以上が経過していたことにも注目してほしい。

パターン全体をよく見ると、このなかに興味深い小さなパターンがいくつもできている。最初に注目すべき進展はブルフラッグ2－4で、ポール1－2に付いている。この調整は、小さなMパターンの反転から始まったが（短い水平の線の上）、4本の同時線（3－4）が加わってフラッグが形成されたため、継続の可能性が出てきた。

コンビ3を上抜いたブレイクを見送るべきことは簡単に分かる。価格はまだ下方にブレイクした小さなバリアよりも下にあるからだ。しかし、足4を上抜いたブレイクも、高勝率トレードの条件を備えていない。この時点では、ポールに比べてフラッグがまだ小さいため、25EMAの逆マグネットを無視できないからだ。また、ブレイク後すぐに勢いが衰えた場合を考えると、フラッグの下に支持線がないのも良くない。

図7.2

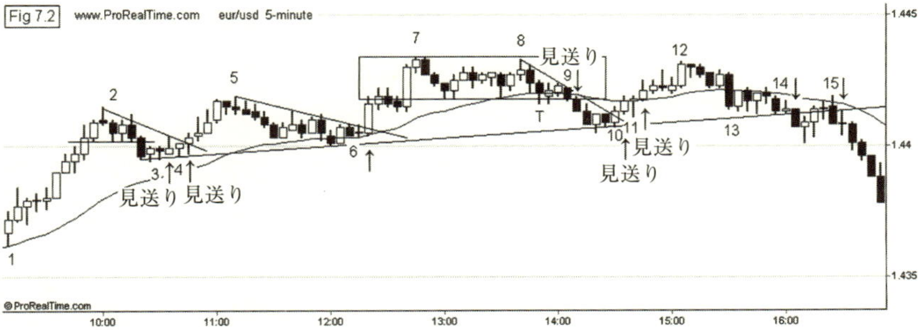
Fig 7.2
www.ProRealTime.com
eur/usd 5-minute
1
2
3
4
5
6
7
8
9
10
11
12
13
14
15
T
見送り
見送り
見送り
見送り
見送り
1.445
1.44
1.435
© ProRealTime.com
10:00
11:00
12:00
13:00
14:00
15:00
16:00

次に注目したいのは５－６のフラッグで、これは形は妥当だが、短めのポール４－５に変な形で付いている。もしかしたら、ポールは２本のレッグからなる１－５と見たほうが良いのかもしれない。このフラッグは、25EMAと、切りの良い数字と、左側のフラッグの試しという有利なトリプルにしっかりとした足場を築いていることがさらに興味深い。

また、最後の３本の足が３本足のコンビ（足６）を形成していることにも注目してほしい。スクイーズに次の足が入る余地はないことから、だれかが降参することになる。つまり、これはフラッグブレイクセットアップと見ることができるが、フラッグの上方にブレイクすれば下方のブレイクの失敗を確認することになるため、これは失敗ブレイクからのセットアップでもある（ブレイクの名前は重要ではない）。

十分進んだあとの高値や安値での加速が、贈り物にも呪いにもなることは分かっている（６－７）。もちろん、ブル派の優位を無視するわけではないが、油断がならないことも多い昼休みの低迷（12:00～14:00）では、その支配が続くのかどうかを注視しておかなければならない。

横ばいの最初の１時間（枠）に、ブル派は25EMAの少し上を静かに推移することで、しっかりその足場を固めていた。ブル派の支配には、まだ何の問題もない。しかし、新たなブル派が参入して足８で高値をブレイクしてすぐに反転を強いられると、面白い展開になってきた。

反転の失敗が状況を一変させて継続側が有利になるように、継続方向のトリガーが失敗すれば反転側が有利になる（ダブルトップやダブルボトムを考えてみてほしい）。このような失敗は、すぐには影響が表れないかもしれないが、みんながそれに気づき、いずれ士気の低下を引き起こすかもしれない。言い換えれば、ポジションを持っているブル派が、画面にMパターンのブロックが形成されつつあるのを見れば（枠）、少しは心配にならないだろうか。

Ｔで枠をブレイクしたときは、ビルドアップが少し浅かったためティーズとしているが、これは支持線が弱まっていることの警告にもなった。もし６－７のブレイクアウトでまだ目標値に達していなければ、反転で手仕舞ったほうがよいのかもしれない。

それから何本か先の足で、枠のバリアでの小競り合い（Ｔ－９）が「決着」してベア派が足９を下抜いた。ビルドアップが多い今回は、売りのシグナルが出ているのだろうか。

足９の下で売りを仕掛けることは、ある意味、理にかなっている。初心者にとっては、この２回目のブレイクはブル派がＴを打ち消すのに失敗したことの確認になる。また、このMパターンがすでに３回目の調整ブロックで、最も大きいことを考えれば、約15ピップス下にある切りの良い数字のマグネットを利用するだけでも売りの選択肢を検討する余地はある。

しかし、私たちの貴重な資金をリスクにさらす前に、目標値に達するのを阻む要素を検証しなければならない。例えば、それまでの安値である足３と足６（パターンラインの延長線）はどうだろうか。あるいは、左側のフラッグのクラスターの動きはどうだろうか。イギリスの取引開始以降、チャートは非常に強気なので、かなりのブル派が安く買おうと待ち構えているかもしれない。そう考えれば、売り側に有利な圧力が多く見つかっても、ブル派に希望がないわけではない。それに、この間も25EMAはまだ上昇していたのだ。

結局、ベア派はパターンラインの防御を突破できなかった。そして、これが安値をさらに切り上げたが、これは後追いすべきことではない。足10を上抜いたブレイクは、ブレイクされた枠の下にあり、それだけでも失敗ブレイクからトレードするという選択はない。

それでは、コンビ11を上抜くブレイクはどうだろうか。もし枠をもう少し右に伸ばせば、価格が下のバリアを攻めているのが分かる。つまり、これは足９の下の反転ブレイクが失敗だったことをコンビ11が少し遅れて確認したことになる。ただ、そのうえで言えば、このような再ブレイクがすべてトレードにつながるわけではない。

注意　失敗ブレイクからのトレードは、厳密なルールを定めるよりも、支配側の初めてのスイングに対する最初の反転の試みに対する反応を見ながら行うとうまくいく。これは、マーケットが継続を望んで反転のブレイクアウトを拒否する可能性が高いからである。しかし、トレンドができてから時間がたつと、支配側も塊状の形の反転パターンを阻止するのが難しくなっていく。

例えば、勇敢なブル派が７－８のブロックを突き破っても、高値（足12）に達したときは勢いがかなり弱まっていた。そのため、売りが始まると、彼らにはもう応戦するための弾が残っていなかった。

そのあとブル派は後退してトリプルトップ（７－８－12）で下げただけでなく、図らずも大きなヘッド・アンド・ショルダーズの最後のアーチの形成を助けてしまった。ただ、彼らも十分戦った末のことではある。そして、その結果、興味深い要素がもうひとつ見つかった。25EMAとパターンラインの支持線とのスクイーズが（13－14）、弱気のコンビで終わったのである。

この大きなヘッド・アンド・ショルダーズ全体で見ると、ブレイクアウト前の圧力はさほど大きくなく、ビルドアップにはさらに何本か足があれば良かった。その一方で、フォロースルーがかなり期待できたことは間違いない。このような「境界線上」のケースの多くは、ひるまず仕掛けてみるとよい（コンビ14のブレイクで売りを仕掛ける）。

注意　仕掛けからあまり遠くないところに切りの良い数字やそのほかのマグネットがあると、トレードは素晴らしいスタートが切れる。しかし、そこに到達すると、反転効果ですぐに含み益を吐き出すことになる。実際、この種の反応はよくあることで、多くのトレーダーはまた「有利な方向に」反転したら仕掛けるつもりで利食おうとする（反転での手仕舞いの一種）。理論的に言えば、これは完全に理にかなっているが、実際には危険もある。フォロースルーが多くてマーケットが狙ったとおりに反転せず、手仕舞うチャンスを逃すこともあるからだ。

通常はブラケットを順守することを勧めるが、残念ながらそれで成功が約束されているわけではない。このチャートでは、切りの良い数字で反転したあと足15の高値でふるい落としにあった可能性が十分ある。もしそうなったときは、このような不運を潔く受け入れ、とにかくすべきことを見失わないようにしなければならない。第５章のパターンブレイクプルバックのセットアップで書いたとおり、ブレイクアウト後の調整がブレイクされたパターンの内側で天井を試したときは、最初と同じ方向に２回目のブレイクのセットアップができる可能性がある。そこで、ふるい落としでうんざりして逃げ出すよりも、次のチャンスを注視しておく価値はあるかもしれない（足15の下で再度売る）。

図7.3では、EU市場が始まる08:00ごろに、小さいが意味深いフラッグがポールと調和した形で形成された。その最後の３本の足は、25EMAとフラッグラインの間にきっちりとスクイーズされている（足

図7.3

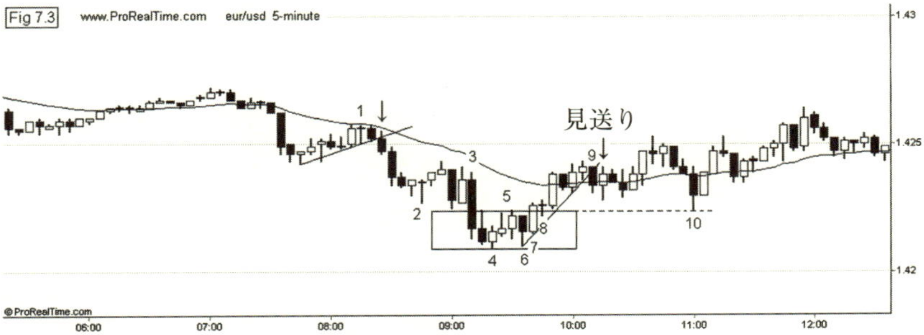
Fig 7.3
www.ProRealTime.com eur/usd 5-minute
見送り
1
2
3
4
5
6
7
8
9
10
1.43
1.425
1.42
© ProRealTime.com
06:00
07:00
08:00
09:00
10:00
11:00
12:00

1）。よく見ると、後者には三川宵の明星のような上下動が見られ、それ自体が反転の意味を持つ３本足の小さなＭパターンにもなっている。意味深いフラッグだ。ただ、これが08:00前の時間帯だということを考えると、このセットアップは、アジア時間の安値圏の継続トレードということになる。周知のとおり、EUやイギリスの最初の大きな動きがアジア時間の圧力をすぐに推進することはあまりなく、高値圏や安値圏においては特にそう言える。ただ、それを理由にトレードを見送る必要はない。むしろ、このフラッグがブル派がアジア時間の圧力に抵抗しようとして失敗したということであれば、失敗ブレイクからのトレードのセットアップなのかもしれない。ただ、分析しすぎには気をつける必要がある。これは単純に、妥当な勝率の妥当な売りのセットアップだった。

イギリス市場が始まってすぐに、ブル派はコンビ２を含むダブルボトムを打ちこんできたが、これはすぐに退けられた。ただ、ベア派はパワーバー３の推進があったにもかかわらず、その優位を生かすことができなかった。これも、寄り付きの時間帯（09:00～10:00）の難しさを示す一例と言える。

横ばいのクラスターが上昇や下落を止めたときは、基本的に２つの選択肢がある。そのクラスターがビルドアップして支配圧力の方向に新しい足ができるか（継続）、それに抵抗するか（反転）である。マーケットの決定は、実際にそれが起こらなければ分からないが、注意深い観察者は、どちらの可能性が高いかについてすでに何らかの手がかりをつかんでいるかもしれない。ちなみに、クラスターを形成している部分に枠を書き入れると、そのときの圧力の方向を追跡しやすくなる（プルバック４－５で枠の配置が決まった）。

前述のとおり、25EMAに向かう最初のプルバックのなかに横ばいの動きがあると、反転の可能性はそこまで高くないことが多い。08:00のベアフラッグがその好例で、反転は失敗に終わり、下降トレンドが継続した。しかし、トレンドの後半になると、逆張り派の展望は自然に改善していく。特に、横ばいのクラスターがトレンドの方向を示す25EMAから離れたところにでき（枠のなかのように）、それが反転の方向にブレイクすれば、逆張り派にとっては25EMAのマグネットが非常に強力な援軍になる。

もしこのときポジションを持っていなければ、これは単なる情報にすぎず、このような枠があっても売りも買いもしない。しかし、すでにポジションがあるならば、逆方向のブレイクは深刻な影響を及ぼす可能性がある。

そこで、売りポジションを持っているという前提で、この状況を検証してみよう。まず、４－６のダブルボトムは逆張り派の動きを示唆しているが、それはまだ大きな懸念材料ではない。それよりも、目を引くのは枠をブレイクしたパワーバー７だ。もしかしたら、ここですでに手仕舞ってもよいのかもしれないが、厳密に言えば、この足はまだ枠の上限を超えただけで、ブレイクしたわけではない（テクニカル的に確認されていない）。

今回は、足８が足７の高値を上抜いてこのブレイクをすぐに確認した（反転での手仕舞い）。もしブル派の力にまだ納得できなくても、足８のコンビのブレイクアウトは無視しないでほしい。

もし価格が25EMAのマグネットに引き寄せられたあとでもがき始めたら、熱心なベア派がさらなる売りを検討し始めているのかもしれない。しかし、それに便乗する前に、状況確認を忘れてはならない。第５章で述べたとおり、プルバックの反転で重要なことは、調整が支配側のスイングに対して斜めに整然と進展していることで、あまり積極的すぎないことである。そのことを覚えておけば、足９の下の売りを見送るべき理由は分かると思う。ただ、６－９の調整は妥当なプルバックラインに沿って斜めに進んでいるが、これは枠のパターンの一部で、このなかには強力な陽線が何本か含まれている。実際、この上昇スイングをＷパターン（反転パターン）の右のレッグと見ることもできる。しかし、そうなると反対方向の売りの勝率は低下する。結局、目標値に達するためには、価格はＷの中心部をかき分けていかなければならない。そうなれば多くのベア派は参入を見送り、待ち構えていた逆張り派は同じクラスターから買い始める（どちらも勝率に基づいた行動）。

安値圏や高値圏にＷパターンやＭパターンができることはよくある。これらのパターンは、それだけでトレンドを反転させる力はないかもしれないが、少なくともそれができた意味については考えてみる必要がある。

結局、枠をブレイクしてもすぐにはこの支持線を試さなかったが、枠の上限を右に延長すると（点線）、マーケットはそのテクニカル的な重要性を忘れてはいなかったことが分かる（足10の安値が鋭く反転した）。

図7.4のチャートを**図7.3**と比較すると、ボラティリティが違うだけなのにまったく違う感じがする。しかし、テクニカル的に見れば、２つのチャートは実はかなり似ている。両方とも切りの良い数字の近

図7.4

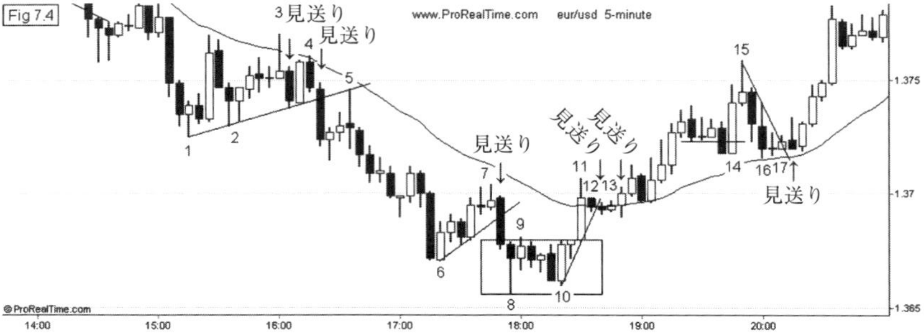

くでフラッグがブレイクアウトしたあと下落したが、Wの中心部（枠）をブレイクして反転している。ただ、前のチャートのベアフラッグは売りのセットアップとしてすべての条件を満たしていたのに対して、今回のフラッグ（1－4）は動きが荒くてトレードできる状態ではない。

ほとんどの足が平均よりも長いことが一目で分かるときは、通常の防御策では十分とは言えない。このような環境では、普通ならば無害のプルバックでも標準的な損切りに達してしまうからだ。もちろん、20/10のブラケットを調整して損切りだけでも離すことは可能だが、それはボラティリティが高い状態が何日も続いた場合でなければ勧めない。1日だけのことであれば、おそらく近いうちに「通常の状態」に戻るだろう。

足3の下での売りを見送るべきことはすぐに分かると思う。左側のダブルボトムのような動き（1－2）に逆行しているからだ。次の4の下のチャンスはそれよりは有利だが（ビルドアップが多い）、状況が変わりやすいことを考えれば、これも保守的なトレードの条件を満たしているとは言い難い。

足5の高値がフラッグラインの延長線を試しているのは興味深いが、

この足は有効なパターンブレイクプルバックの売りのセットアップとしては長すぎる。とはいえ、マーケットの下落は続き、ほどなく逆張り派の抵抗もないまま00レベルを下抜いた。

ただ、どこかの時点でブル派がさらに強力に対抗してくることは避けられない。手始めに、彼らは6－7の調整で切りの良い数字を試してきた。ただ、これがコンビ7の下で売る有効なセットアップにならない理由は3つある――①浅いフラッグとそれがぶら下がる背の高いポールが調和していない（5－6）、②仕掛けが25EMAからかなり離れている（逆マグネット）、③ブレイクされていないプルバックラインと支持線（足6からの3本の足のブロックの高値）が価格の動きを妨げる可能性がある。

ところが、価格は再び下げてベア派に新たなレッグが加わった。この加速的な動きには注目してほしい。これは下落相場の最後のあがきなのだろうか。足8の安値からの上げ方（長い下ヒゲ）から見て、多くのブル派が逆張りに出るところだと考えたことが分かる。そうでなければ、たくさんのベア派がアメリカの昼休み（18:00～20:00）の「低迷」の前にこの思いがけない利益を確定したのかもしれない。

テクニカル的に言えば、7－8－9－10－11の進展は、**図7.3**で取り上げたWの反転とほぼ同じ形をしている。中心部（枠）は今回のほうがさらに「予言的」で、右のレッグの完成を宣言しているに近い（足10から始まる強気のコンビに注目してほしい）。

ただ、前回もポイントとして挙げたことだが、枠が支配側の圧力の方向と反対方向にブレイクして、トレンドを示す25EMAの方向にフォロースルーがあれば、通常はプルバックの反転の戦略には適さない調整と言える。つまり、足12や足13の下で仕掛けるのはやめたほうがよい。いずれにしても、これらのシグナル足はどちらも質が高いと言えるものではなかった。

ただ、たとえ枠がなくても、10－11の垂直に近い調整スイングと逆方向に売るのは攻撃的すぎるように見える。

ある時間帯の安値圏や高値圏で緩やかに反転することはさしたる先見の明がなくても分かるが、10－15のように十分進展したスイングの反転がどうなるのかはまったく分からない。ただ、パターンができたときに、それが不合理だとか行きすぎだなどととがめるような気持ちで対応すべきではない。25EMAの反対側にしっかりと足場を築く足が何本も出来始めたら、テクニカル的にはそれは通常のプルバックやフラッグ型の調整ではなく、５分足の現在のコンセンサスが明らかに反転方向に変わったことを示している。つまり、前のトレンド方向の保守的なトレードは、すべて手仕舞う必要がある。

ただ、このようなケースでは、新たな支配側についても同じような注意が必要になる。トレンドが変わったときは、マーケットは大きなレンジになっており、ずっと継続に賭ける環境にはないからだ（この概念については、第５章の**図5.17**参照）。

小さな水平の線で弱気の反転が失敗したあと、14－15のスイングが強気に加速したことは、最後の暴走の原則の分かりやすい例と言える。価格は左側にあるフラッグという厚みのある抵抗線にぶつかったことでブル派はさらに注意が必要だし、遅く参入した人たちはなおさらだ。

プルバック15－16は、かなりきつい押しだったが、25EMAに達するとベア派の反対圧力はほぼ瞬間的になくなった。それでも、ここは安心して買いを考えられるところではない。マーケットがレンジ相場になっているだけでなく、15－16のリトレースが反転の仕掛けを正当化できるくらい攻撃的すぎるからだ（コンビ17の上の買いのチャンスは見送る）。

結局、この時間帯に見送った仕掛けポイントは、実際には20ピップスならばうまくいったものが多かった。私たちは保守的すぎるのだろうか。その答えはそれぞれが決めればよい。状況によって少し積極的になれるときもあるが、特別の状況における条件を定義するのは簡単なことではない。

自分の手法を試すだけの目的ならば、疑う余地のない高勝率トレードのみを選び、例えば１年分の日中のプライスアクションを使って検証すれば、信頼できるチャンスとその可能な結果は分かる。しかし、もし境界線上のチャンスを含めると、実際のマーケットで執行されない場合もあるため、このような分析が現実的かどうかはやってみなければ分からない。

いずれにしても、ただトレードしたいという理由で平凡なチャンスを受け入れてしまうという典型的なワナには陥らないようにしてほしい。もしもっとトレードしたければ、ひとつの商品にこだわらずにいくつかのマーケットを画面に追加して、高勝率のチャンスのみで仕掛けてほしい。

図7.5のチャートを中立の立場で見れば、５－６の動きからブル派の優位が間違いないことは分かる。しかし、このスイングの始点には残念ながらビルドアップがないため、テクニカル的に何が正当なのかと考える必要がある。実は、これは「ベア派のダマシの安値から始まった上昇スイング」の教科書どおりの例になっている。この情報は何の役に立つのだろうか。反対方向のスイングに勢いと鋭さがあるほど、継続の可能性は低くなる。

プルバックの反転で仕掛けを見送ることについて説明する前に、そこまでの動きを見ておこう。この日、イギリスの朝の時間帯には、価格が切りの良い数字である1.33の前後をあてもなくさまよっているように見える。この水準の上ではベア派がブル派の進撃を簡単に抑え、下ではブル派が粘り強さを見せた。ブル派は３回以上続けて安値の更新を阻止してダマシにすると（足１、足３、足５）、最後の攻防はまったく抵抗もないまま大きな上昇スイング５－６につながった。

通常、このような「突然始まった動き」に対するコンセンサスは信

図7.5

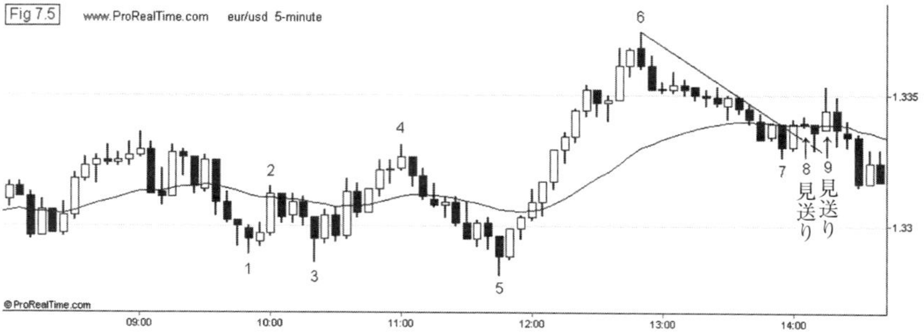

Fig 7.5
www.ProRealTime.com eur/usd 5-minute
6
4
2
1
3
5
7
8
9
見送り
見送り
1.335
1.33
© ProRealTime.com
09:00
10:00
11:00
12:00
13:00
14:00

頼よりも懸念であり、大きく調整（6－7）しても継続にはつながらない。

このときの押しは直前の上昇スイングの約50％リトレースしたが、そこで午前の高値の支持線にぶつかった（足４の高値）。しかし、今回はなぜ有効なプルバックの反転候補にはならないのだろうか。

上方への反転を狙うときは、前の抵抗線の水準が支持線として反転を推進してくれるかどうかを見るとよい。特に、抵抗する要素がプルバックのすぐ左にあるとき、テクニカル的な推進は非常に信頼できる。例えば、足２の高値がすぐ左側にある太いクラスターの抵抗線にぶつかったことは、ベア派の「直接的」な推進になっている。少なくとも理論的には、ベア派のブロックが信頼できる抵抗線になっていたのである（テクニカル的な試し）。

ところが、右端に来ると状況は明らかに変わった。５－６はベア派を寄せ付けずにまっすぐ上昇したが、押しが最初にタッチしたのは「かなり」前のレンジの水準である足４だったのだ。もしかしたら、それよりも良い選択肢がなかったからかもしれないが、とりあえず価格はこの水準に何らかの足がかりを見つけた。ただ、それでも全体的に劣った状況が改善したわけではない。テクニカル的に見れば、目に入る最初の信頼できるサポート、つまり逆マグネットは、ずっと下の00レベルになってしまう。ちなみに、これは４－５－６のアーチの床への「天井への試し」になる。

要するに、このような状況で保守的にトレードするならば、足８のプルバックの反転も、足９のパターンブレイクプルバックも見送ればよい。後者のほうがまだましだが（２回目のブレイクはブル派の粘りが見える）、怪しい状況に対する懸念を和らげるには至っていない。

注意　もちろん、これは直接的な推進がなければプルバックの反転をすべて見送るということではない。ただ、このようなトレードがうまくいくためには、少なくとも仕掛けの状況が最適でなければならない。この違いを理解するために、第６章の**図6.6**を思い出してほしい。前のスイングが継続する見通しについて、よく似た状況になっているが、反転のセットアップ（12－13）を詳しく見ていくと、仕掛けの条件の価値が分かってきた。このような状況が現在のチャートにもあるのだろうか。

両方の仕掛けの下にある弱い支持線と、その上にある障害になり得る要素（切りの良い数字で待ち構えている逆張り派）を考えると、継続する見通しが有望とはとても言えない。もしかしたら、楽観的なブル派は、トレードすれば切りの良い数字がマグネットの役割を果たすなどと言うかもしれない。そうかもしれないが、同じマグネット（反転効果）による妨害の危険性も過小評価すべきではない。特に、テクニカル的ではないブル派のスイングについてはそう言える。

ここでのポイントは、実際の結果に関係なく、境界線上のチャンスで仕掛けるときは、少なくとも仕掛けの条件は間違いなく有利なトレードを選ぶほうがよいということだ。それをしても必ず目標値に達するわけではないが、どこかの時点で手仕舞わざるを得なくなったときに、最低限の損失に抑えられるかもしれない（例えば、反転で手仕舞うか、それとも仕掛けてすぐふるい落とされるかの違い）。このようなことも考慮しておくとよい。

図7.6は第５章のパターンブレイクコンビのセットアップのところで、最初のトレード（**図5.11**のコンビ１の下での売り）についてはすでに詳しく書いた。このチャートは、イギリスの朝の時間帯のあとの動きを示している。

勢いが衰えたアジア市場が引けたあと、EU市場が始まる08:00にすぐにペースが戻ることはあまりない。しかし、09:00にEUよりも強力なイギリス市場が始まると、そのあとの時間帯の性質が見えてくる。この時間の最初の２～３本の足のように強力にブレイクアウトしたことがこれまでも何回もあったはずだ。もしこのときすでにトレンドができていれば、それはアジア時間からあったものか、EU時間が始まってからできたもの（今回のチャートのように）ということになるが、イギリスの寄り付きでそのときの圧力にすぐに続こうとするトレーダーはあまりいない。そうなると、すぐに激しい反撃はなくても、何らかの横ばいの調整になる。もちろん、これはトレーダーの役に立ちそうな一般的な観察にすぎないが、いずれにしてもプライスアクションと競ってはならない。

今回のチャートでは、イギリスの寄り付きでさしたる攻防はなかった。ブル派が少し抵抗したものの、支配側のベア派は00レベルのマグネットに向かって真っすぐ進んで行った（足２）。ただ、価格がそこに到達した途端、明らかに状況が変わった。

09:30～10:30ごろの面白い並びの足は、Wの中心部に似た形になっている（この塊状の形がよく分かるように、足２の安値を無視して枠を描いている）。このパターンは下降している25EMAよりもかなり下にあるが、このなかには、それぞれの安値からかなり離れたところで終値を付けた足がたくさんある。これはマーケットが強気に反転する準備をしているということなのだろうか。

図7.6

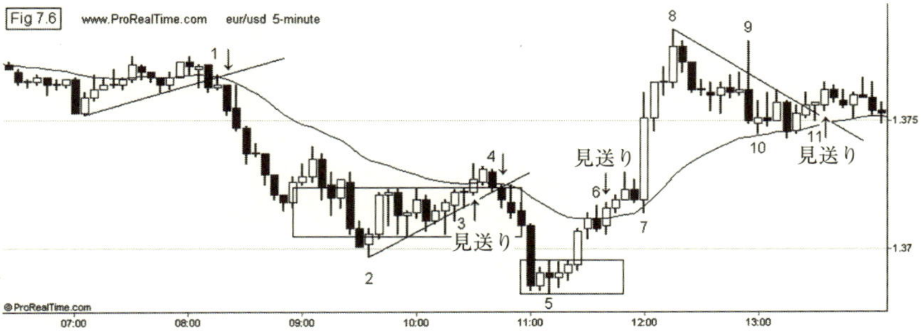

公正を期して言えば、新しいトレンドの最初の妥当な調整でこのような反転ブロックができたときは、支配側の圧力に対抗する大きなブレイクになる可能性は低いことが多い。しかし、それでも仕掛けてみる人はいるかもしれない。

状況が芳しくなくなる前のブル派は、枠のブレイクの仕方を好ましく思っていたと思う。買いのきっかけにするための有効なバリアもコンビのセットアップもすぐに見つかり、どこから見てもトレード可能に見えたはずだ（足3）。強気の状況で、このように枠をブレイクすれば、買いを仕掛けたくなる。ただ、この弱気のチャートには、トラップのあらゆる材料がそろっている。

後学のために、このときの上方のブレイクが失敗し、そのあと反対方向のブレイクが続いた様子を詳しく見ておこう（失敗ブレイクからのトレードのセットアップ）。このパターンにはいくらでも変形パターンがあるが、それらにはいくつかの共通点がある。そのなかで最も目立つ特徴は、このときのブレイクアウトが、支配側のスイングが始まってから最初に25EMAに達したときにあるということだろう。そして、もうひとつ興味深い要素は、これが「それ以外では魅力的」な反転パターンだということで、だからこそトラップになる。もしこのブレイクアウトにフォロースルーがなければ、強力な反転足ができて、反対方向に失敗ブレイクからのトレードのセットアップができる（足４）。

ここでは、売りの仕掛けポイントが枠の上限よりも下にあることに注目してほしい。つまり、この下方のブレイクは、上方のブレイクが失敗したことをテクニカル的に確認していたのである（この前提については**図7.1**参照）。また、このブレイクが、角度のあるプルバックラインを突き抜けているのも良い。前述のとおり、幅広のクラスターでも角度のある線で枠組みできるほうが、四角形に近いブロックよりもブレイクしやすいことが多い。角度がついていると、むしろフラッグに近いため、継続パターンに見えてくるかもしれない。このような弱気の要素を考え合わせると、足４の下は、高勝率の失敗ブレイクからのトレードが仕掛けられるチャンスと言ってよいだろう。

それからほどなくして、戻りの５－６がその前のスイング４－５を約60％リトレースした。この調整の高値はトレンドを示す25EMAに達し少しブレイクしてから反転足ができた（足６）。このとき、マーケットはまだ弱気モードにあるのに、足６の下にあるプルバックの反転での仕掛けはなぜ見送るべきなのだろうか。

それにはいくつか理由がある。まず、今回のプルバックは高さは妥当だが、反転足が高値の１本しかない（足６）。価格が25EMA上の１本の反転足からブレイクしていくことも珍しくはないが、信頼できる反転の多くは、もう少し攻防があったあとに起こることが多く、特にトレンドに対抗する最初のプルバックでなければそうなることが多い。

ただ、警告サインも無視できない。例えば、このプルバックの安値の下にパターンラインを引けば、足６のブレイクではまだ破られていない。また、前に失敗ブレイクから仕掛けた足４の安値への天井には試しという逆マグネットも控えている（大きな問題ではないが、考慮はすべき）。そして最後に、５－６の調整の途中でブル派が反撃し、小さな枠から伸びたパワーバーで00レベルを超えた。売り手側は、これらのことに十分注意しておくべきだろう。

結局、マーケットはこの枠を試すことなく、ブル派は大きく上昇してそれまでのベア派の支配を打ち破った（５－８）。

前にも書いたことだが、それまでの支配的な圧力を完全に打ち破る反騰を新しいトレンドとは見ないほうがよい。これは、その力を無視するということではないが、荒っぽいスイングが継続のセットアップになることはあまりない。しかも、このような動きがビルドアップがあまりないダマシのブレイク（足５）から始まったときは特に気をつけてほしい。マーケットの突然の心変わりを推進するテクニカル的な理由がないときは、その先の方向感についてのコンセンサスが定まらない。それが理由でスイングが止まることはないかもしれないが（最初のショック効果はかなり大きいかもしれない）、勢いが衰える最初のサインが現れれば同じくらい激しい反撃があるかもしれない。足９はマーケットが「正気を取り戻したとき」にどうなるかを示す一例と言える。

足９が不吉な形になって７－８－９がMパターンの反転になりかけたにもかかわらず、価格は50レベルと25EMA近辺でよく持ちこたえ、後者は上昇を続けている。実際、10－11の塊状の形のビルドアップは、ブル派がWの中心部を形成して反応した結果を示している。さらに言えば、図のように足９の上ヒゲを無視してプルバックラインを引くと、８－11のプライスアクションはブレイク間近のブルフラッグの材料をすべて備えている。

つまり、足11の上の下降するパターンブレイクプルバックのチャンスを却下した理由を把握することが重要である。別の環境（上昇トレンド）だったのならば、このブレイクアウトで仕掛ける価値はあったのかもしれない。しかし、今回のブレイクはレンジの高値圏にあるうえに、テクニカル的ではない反騰（５－８）のあとにあることを考えると見送るべきだろう。

また、足11を上抜いたときと、その前の売りのチャンスであるコンビ１と足４の下のチャンスを比較するのも興味深い。後者では、切りの良い数字のマグネットがブレイクアウトに有利に作用し、支配側の圧力とも合っていた。一方、足11の上で買いを仕掛けると、約７ピップス下に切りの良い数字があり、マグネット効果が逆方向に作用して、損切りに向かうかもしれない。何よりも、足11の上のブレイクは、午前中に巨大な上昇相場があったあとの昼休みの低迷（12:00～14:00）のなかで起こっている。これは通常、継続する形には見えない。要するに、まずは状況なのである。

ユーロ/ドル市場はアジア時間（00:00～08:00）にはかなり停滞することもあるが、たいていは整然とした動きを見せ、少なくとも早い時間帯ならば、有効なセットアップを比較的見つけやすいことが多い。

アジア時間が始まる前の非常に薄商いの時間帯に、価格はすでに00レベルのマグネットに向かっていた（１－２）。しかし、そのときブル派が典型的な中心部のブロック（２－３）で反応した。足３が難しいダマシの安値を付けたあと、パワーバーの形で圧力の方向が変動したことに注目してほしい（ベアフラッグの失敗）。もしこのとき売りポジションを持っていれば、足３を上抜いたところで反転で手仕舞うかもしれない。標準的な手順だ。

図7.7のチャートでは、長さも幅もさまざまなタイプがある非常に強力なパターンを詳しく見ていこう。これは４～10の動きで、枠で囲んだ部分は特に覚えておくとよい。このようなプライスアクションはＷｗパターンと呼ばれており、大きいＷはダブルボトムの基点で、小さいｗはスクイーズでさらなるブレイクアウトのセットアップとなっている。ほかのパターンと同じで、弱気ならばＭｍパターンになる。

有利な状況ならば、ＷｗパターンやＭｍパターンのブレイクアウト

図7.7

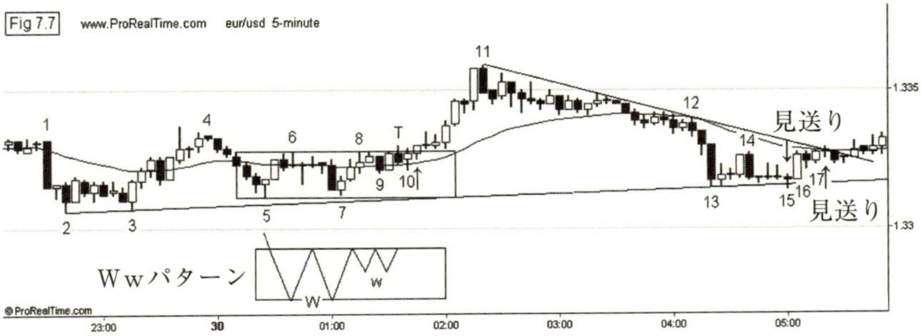
Fig 7.7
www.ProRealTime.com　eur/usd 5-minute
Wwパターン
W
w
見送り
見送り
1.335
1.33
© ProRealTime.com
23:00
30
01:00
02:00
03:00
04:00
05:00

は、フォロースルーを呼ぶ最強の形で、よく知られているカップ・アンド・ハンドルの仲間（ＶｖやＮｎ）よりも強力だとも言われている。ブレイクアウトトレーダーは、これらがどのように形成されていくのかを知っておくよう強く勧める。

教科書どおりのＷｗパターンを枠で囲むときは、上の線を大きいほうのＷの中心部の高さ（足６）に合わせると、パターンが進展する途中でこの水準に何回も達することになる。もちろん、この上のバリアが明確なほど、のちにブレイクされたときに、よりコンセンサスを得やすくなる。パターンの反対側のバリアでは、ダブルボトムができやすいが（５－７）、こちらの方向にブレイクすることは考えていないため、形は重要ではない。大きいＷの要素がすでにマーケットの強気の意志を示しているため、中心部がブレイクしただけで仕掛けて損切りを近くに置くべきではない。いつものことだが、仕掛けるのは何らかのビルドアップがあってからにしたい。そこで小さいｗの登場である。

８－９－Ｔ－10の上下動を見ると、陽線と陰線が交互にあって通常のスクイーズのようになっている。また、このようなビルドアップでは、最初のブレイクアウトが失敗に終わることもよくあり、いわゆるティーズ（T）になっている。

パターンブレイクでティーズブレイクになるときは、どのような状況でも基本的なシナリオは2つしかない。ブレイクアウトがパターンの「深すぎる」水準で始まっている場合と、バリアでのスクイーズから始まっていてもビルドアップが浅くて十分な圧力を蓄えていない場合である。前者は、第2章の「ダマシのブレイク、ティーズブレイク、適切なブレイク」で書いたし、いくつかの例も見た。これらはたいてい簡単に避けることができる。一方、浅いビルドアップのほうは、ブレイクアウトの前に圧力を示すプライスアクションがあってもそれが足りないということなので、少し分かりにくい。しかし、どれくらいならば十分で、どれくらいならば足りないのだろうか。

このことをWwパターンで見ていく前に、まずはフラッグとポールの調和（ハーモニー）の概念について思い出してほしい。いくつかの例で見てきたとおり、ポールとフラッグの調和の仕方がブレイクで仕掛けるかどうかの指針になっていた。同じようなことは、Wwパターンや Mmパターンにも見られる。簡単に言えば、小さいwは、大きいWの右のレッグをポールとするフラッグと見ることができるのである。つまり、Wwのブレイクアウトは、2つの要素（Wとw）が釣り合っていれば仕掛けてもよい。例えば、大きいWの縦の長さは比較的高いほうがよいが、小さいwのほうも小さすぎないほうがよい。そうでなければ、「調和していない」し、ブレイクしても圧力が足りないかもしれない。ちなみに、大きいWが横長ならば、小さいwも横に長いほうがよい。

Tは、時期尚早なブレイクの例でもある。一見、このブレイクアウトは陽線のシグナル足から始まり、枠のバリアで終わっているため、仕掛けてよさそうに見える。しかし、詳しく見ると、スクイーズには陰線が1本しかなく、陰線と陽線から成るWの特性が完成していない。簡単に言えば、大きいWに対して小さいwが十分発達していないのである。

ただ、ビルドアップは足の数を数えただけで評価できるものではないし、テクニカル的な完璧さを求めるものでもない。もちろん、好ましい状況はあるが（例えばスクイーズには最低でも足が４本あるほうがよいなど）、厳密な条件にとらわれないほうがよい。

もしＴのブレイクが早すぎるならば、10の上のブレイクはどうだろうか。あと２本の足（Ｔ－10）が加わったことで、小さいｗは前よりも平たくなった。さらに、足10は強気に転じる前にいったんＴの足を下抜き、ダマシの安値を付けた（ブル派の粘りを示している）。そして、これはＷｗの枠のなかで安値を切り上げている。また、頭上の50レベルは理想的なマグネットで、目標値としては最適なので、足10のブレイクで仕掛けなければもったいない。

確かに、有効なブレイクとティーズブレイクトラップの違いがいつも簡単に分かるわけではない。実際、その差が紙一重のこともある。それでも、訓練によって少なくともあまり良くないブレイクアウトを見分けられるようになると私は確信している。そのうえで、調和や釣りあいの感覚を、時間をかけてつかんでいってほしい。

50レベルのマグネットに達してから間もなく、アジア市場はゆっくりだが安定的に下げ始めた。下のバリアは最初は足５と足７の安値と足２と足３の安値を結んで引かれていたのかもしれないが、13－15ができたあとは、図のように引き直すほうが理にかなっている。

最初にＷｗの枠が上方のブレイクのセットアップになったように、13－15は下方のブレイクのビルドアップになるかに見えた。しかし、２つのセットアップと状況にはいくつかの大きな違いがある。例えば、Ｗｗの枠の安値は、左側にあるテクニカル的に非常に有利な２－３のクラスターが支持線になっていた。これが安値を切り上げていった結果、支持線から離れてさらに上昇していく基点になったのだ。しかし、13－15のブレイクアウト前の圧力は、レンジの安値圏にあり、これはあまり有利とは言えない。ビルドアップがなかったり、内容が乏しかったりすれば、継続のセットアップになりにくいことは分かっている。

13－15のパターンラインには、多少の失速感があったかもしれないが、ビルドアップのほうにも少し弱さが見えた。そして、25EMAも助けにはなっていなかった（スクイーズになっていない）。言い換えれば、足15の下方のブレイクにはテクニカル的な推進がないばかりか、左側にある複数の安値（2、3、5、7）という強力な支持線を超えていなければならない。これでは売りに加わろうという人があまりいないのも不思議ではない。そして、間もなく強気の逆張り派がこの嫌気モードにつけ込んできた。

ビルドアップの失敗ブレイクアウトは、反対側の反撃のお膳立てになることがよくある。そして、これはたいてい良いブレイクになる。実際、コンビ16ができると、12－13－14－15－16はすべての特性を備えたWパターンになった。

ブル派の影響力を考えれば、コンビ16がブレイクしたときに売りポジションを手放したベア派を責めることはできない（反転での手仕舞い）。そのあと、3本の足のコンビになった足17が上抜かれ、それと同時にパターンラインも貫通したことは、さらに強い警告になった。

それでは、なぜ足17のブレイクで買いを仕掛けないのだろうか。テクニカル的に見れば、まったくダメというわけではないが、状況を考えると高勝率のチャンスとも言い難い。言い換えれば、このケースは前にTのブレイクを却下したときと似ている。状況はブル派に有利だったが、下にはビルドアップがあまりなく、頭上には抵抗線（11－12のクラスター）が待っているなかで資金をリスクにさらす意味はないということだ。

もしプライスアクショントレードの知識をまったく持っていなければ、メリットとデメリットを詳細に検討して仕掛けるべきかどうかを判断しているように見えるかもしれない。しかし、実はその正反対で、トレードを見送るときは特にそう言える。つまり、近いうちにトレードチャンスがないことは一目で分かるのだから、マーケットの細かい動きをすべて調べつくす必要はない。前にも書いたとおり、一生懸命探さなければならないチャンスならば、そもそもないのかもしれない。それに、もし関心を引くようなビルドアップができてきたとしても、10回中9回はトレード可能かどうかを一目で判断できると思う。

図7.8で試してみよう。例えば、トレード用のプラットフォームを10:00に立ち上げたとして、２～３秒で画面のヒントや手がかりから何が分かるだろうか。①08:00～09:00の大きな下降スイングによって、マーケットは弱気モードになった。②09:00～10:00に、ブル派は切りの良い数字に足場を築き、それがベア派のモメンタムを停滞させて横ばいに変わると、今はトレンドの方向を示す25EMAに向かっている。③２～３秒あれば、この動きを枠で囲み、このセットアップがブルブレイクトラップだと気づくことができる。

このようなことは、上方にブレイクしなくても、寄り付きから何秒かでコンビ４の次の足を見れば簡単に観察できる。そして、もし足５が下抜かれれば、その時点でベア派の影響力は分かる。実際、足５は教科書どおりの失敗ブレイクからのトレードのセットアップになっている（その下で売りを仕掛ける）。

ちなみに、枠のなかの動きを調べると、足１のダマシの安値や、足３の安値の切り上げや、ブル派が初めて25EMAに迫って足２で失敗し、そのときダマシの高値を付けたことは検討すらする必要がない。これらの動きは、大きな形（枠）のなかの些細な部分でテクニカル的には無意味なので、全体的な動きだけを簡単に調べておけばよいだろう。

分析の過程で、頭のなかのテクニカルパターンのデータベースを参照して、それまで何回もうまくいったり失敗したりした何らかのパタ

図7.8

ーンのなかから目の前の動きと一致するものを見つけることができれば非常に役に立つ。例えば、コンビ4の上のブルトラップを、**図7.6**（足3の上）や**図7.9**（足3の上）と比べてみてほしい。実際、このような有害なブレイクアウトは珍しくないし、過去から学ぶことができるということも明らかだろう。もしこれが強気パターンならば、**図7.1**で最初の点線を下抜いたブレイクをどう処理したかを思い出せばよい（足5の次の足で、失敗ブレイクを利用して買いを仕掛けた）。

そして、上方のブレイクが頓挫すると、すぐにベア派の圧力が以前のペースを取り戻した。ここで面白いのは、5－6のスイングが枠の前のスイングを模倣していることで、これはポール・フラッグ・スイングの原則の好例と言える。

ブル派は、50レベルに達する前からダブルボトムをねじ込もうとしており（6－8）、ここはブル派の勇気が報われるところではなかった。しかし、戻りの6－7と8－9は、ベア派にとっても良いセットアップではなかった。前者は売るには上昇が弱すぎるし、後者には適切なシグナル足がなかったからだ。それに、足6の安値と合わせてダブルボトムを形成しているパワーバー8も考慮しなければならない。

テクニカル的に精通していなくても、新たに始まったトレンドに対抗するブレイクがうまくいくかどうかを疑問視することはできる。しかし、すでに確立されているトレンドの場合、反転が失敗に終わる可能性をどう評価すればよいのだろうか。もちろん、どこかの時点では勝率の高い反転の試みもあるだろうし、そこでは反転に賭ける価値があるセットアップができるかもしれない。

ここで、トレンドがあるときに役立つことが多い経験則を紹介しておこう。トレンドのあるときの25EMAは、たとえそれが横ばいに近づいていても、それに逆行する仕掛けは基本的にやめておいたほうがよい。もしこれを12:00～13:40のビルドアップの状況に当てはめれば、ブル側のブレイクを迷わず却下できるはずだ。理由は単純で、25EMAがまだ下降しているからだ（**注意**　角度のあるフラッグのように長く続いたプルバックからブレイクアウトした場合は、その調整が25EMAを反転させる場合もあるため、現在の25EMAの傾斜と反対方向に仕掛けることもあり得るが、それはブレイクで25EMAのトレンドと逆方向に仕掛けることとは違う）。

昼休みの低迷では（12:00～14:00）、ブル派とベア派が牽制し合っていたが、２つ目の枠のなかの動きは少しずつWパターンの中心部に近づいていった。上のバリアは最も低いブロックの高値を結んで引かれているが、あと２～３ピップス上の10の高値の水準でもよかった。このように、パターンのバリアが明らかでないときは、ブレイクしたときのコンセンサスも割れ、フォロースルーが期待できるかどうかも分からないことから、買いを仕掛けるには注意が必要だ。

２つ目の枠のなかのプライスアクションは、多少縦につぶれているが、ブル派の決意が見える。ここには、ダマシの安値と安値の切り上げ、そして上のバリアの下には３本足のコンビ（11－12）が見える。いずれにしても、枠をブレイクしたコンビ12の上と、パターンブレイクプルバックになった足14の上は、25EMAの「ルール」（向き）だけでも簡単に見送ることができる。それ以外に、すぐ左の７－９のダブルトップも障害になり得るため、注意が必要だ。

失敗ブレイクでトレードするときは、支配側に逆行する失敗ブレイクが自動的に支配方向の高勝率のセットアップにつながるわけではないということを理解しておくことが重要だ。例えば、枠のブレイクに逆行した最初の陰線である足13を下抜いたブレイクは、売りを仕掛けるのに有効な条件を備えていなかった。このブルブレイクがまだ失敗と決まったわけではないし（価格はまだバリアの上にある）、この時間帯で信頼できる売りのシグナル足とするには小さすぎるからだ。

それでは足15はどうなのだろうか。この足は、ベア派が粘りを見せただけでなく、シグナル足としての特性も示しており、これを下抜くブレイクは枠のブレイクアウトの失敗をテクニカル的に確認していると言ってよい。それではここで仕掛けるべきなのだろうか。

足15を下抜いたブレイクと、足５を下抜いたブレイクを比較すると、類似点が目につく。どちらも反転から上方にブレイクして25EMA近くでダマシになっている。そして、どちらのブレイクもその途中で角度のあるプルバックラインを超えている。しかし、違いもある。私自身は、トレンドがあるときの25EMAに逆行する最初のブレイク以外で失敗ブレイクからのトレードをすることがあまり好きではない。その意味で言えば、足５を下抜いたブレイクは有効な仕掛けの条件をすべて満たしている。もちろん条件に合わなければすべて拒否するわけではないが、もっと好ましい状況でのトレードがたくさんある。ただ、最後はトレーダーが判断することで、それは目の前の状況によるところが大きい。そのため、足15を下抜いたブレイクで仕掛けるかどうかは任意とした。

一般に言われているのとは逆で、非常に強いスーパートレンドに乗るのは、明確なレンジ相場のブレイクアウトトレードよりもはるかに難しい。今回のチャートは支配側が明らかなので、プルバックの反転を狙ったさまざまな戦略が展開されているが、実際の仕掛けの水準はかなり分散されている。みんながさまざまな水準で仕掛け、その間にはさまざまなトラップがあるため、非常に難しい状況になっている。

みんなの行動が一致しない状況を生み出すのが、躊躇のないスイングである。躊躇すれば、のちの調整で仕掛ける場合や、もしかしたら反転する場合の焦点となるのだが、それがないと、プルバックは「空中」で反転するしかない。また、**図7.9**のようにマーケットがスーパートレンドモードにあると、25EMAが価格についていけないこともある。このような例外的な状況で「普通の」もう少し動きの遅いマーケットを想定して作られた戦略を使っていると信頼できるシグナル足はできにくいため、たくさんのトレーダーがどこでトレンドに便乗してよいのか分からず考え込んでしまうことになる。

ただ、保守的なトレーダーは、特殊な状況ではトレードしないため、このような心配も無縁と言える。彼らにとっては、トレンド相場でも、レンジ相場でも、まったく動きがなくても関係ない。彼らの唯一の目的は、勝率が高いブレイクアウトで仕掛け、勝率の低いブレイクアウトではおとなしくしていることなのである。

意欲のあるトレーダーがこのようにゆったりとした気持ちで臨むというのはあまりないことで、マーケットの動きが活発なときは特にそう言える。経験豊富なトレーダーでも、トレンドの力を前にするとその恩恵を受けようとするあまり正しい判断ができなくなることもある。それならば、どうすればよいのだろうか。切りの良い数字で継続することを狙ってトレードすればよいのだろうか。最初の反転足を待てばよいのだろうか。トレンドの小さな停滞を試すのを待てばよいのだろうか。それともプルバックの境界線をブレイクするのを待って仕掛ければよいのだろうか。

状況にもよるが、このようなテクニックを使って仕掛けることはできても、「最も理にかなった」行動についてのコンセンサスは割れる

図7.9

可能性が高く、トレンドトレーダーと逆張り派の攻防はもうしばらく続くと思われる。流れに乗ってもかなりの上下動を覚悟したほうがよい。

言い換えれば、スーパートレンドが何らかの形で継続することはほぼ間違いないが、仕掛けがほんの少し早すぎたときに10ピップスの損切り（もしくは近くに置いた損切り）がどこまで持ちこたえるかはやってみなければ分からない。もちろん、そのような環境で落ち着いてトレードできるかどうかは人によって違う。それが大好きな人もたくさんいるし、特に目標値を厳密に定めていないタイプはその傾向がある。もし仕掛けてすぐにふるい落とされなければ、彼らは勝ちトレードを大きく伸ばしていくのかもしれない。

もし「たった」20ピップスしか目指していなくても、足１の下のパターンブレイクプルバックで仕掛けられるかもしれないし、もしかしたら２回目のチャンスである足２の下ならばベア派の圧力を確認してより良いシグナル足で仕掛けられるかもしれない。しかし、どちらの仕掛けもトレードを支えるテクニカル的な基点が「足りない」うえ、すぐ上には強力な逆マグネットが控えている（00レベルと25EMA）。

個人のスタイルやトレードテクニックに関係なく、反転でも、ブレイクでも、スキャルピングでも、スイングでもレンジでもトレンドでも、マーケットの賭けとはそのメリットとデメリットをはかりにかけることでしかない。つまり、利益見通しが、不本意ながらふるい落とされる危険を上回るかどうかということなのである。一言で言えば、それがトレードなのだ。

ただ、どれほどマーケットの見方に精通していても、どれほど注意深くトレードを選んでも、ふるい落とされることはある。トレードの世界では、損失は利益の避けることができない副産物なのである。

そのうえで言えば、明らかなワナにかかる必要はない。たまにスーパートレンドができたときに、その上昇や下落がはるかに行きすぎているように見えるという理由でそれに対抗するという愚かなことはすべきではないということをぜひ言っておきたい。それは、非常に危険な行動にもなり得る。

今回のチャートでは、枠がブレイクされたことで足３の上で買った不運なブル派が、このことを身をもって学んだ。これが有害なブレイクアウトだったことは疑う余地がない。しかし、ある人には有害なことが、別の人には非常に魅力的に見えることもある（足４の下で失敗ブレイクから売る）。

第8章

第1部のまとめ

Recap Part 1

第２部では、これまで学んだことを６カ月連続のプライスアクションのチャートを見て試していくが、その前にこれまで述べてきたことを改めて思い出してみよう。

そのために、さらにいくつかのチャートを用意したが、これまでほど詳しくは見ない。これらのチャートは、実際のマーケットで現在の状況を分析するのと同じように、まずは全体の見通しを確認してから、注目部分を掘り下げていく。

このまとめの項では、できるだけセットアップのみに注目せずに、全体像を見ながら分析することを心掛けてほしい。トレードは常に圧力と状況とセットアップが整ったときに実行してほしい。ちなみに、ここで推奨している仕掛けと手仕舞いのテクニックは、これまでと同様、保守的な運用の仕方になっている。どのチャートでも、ダブルの圧力を利用する方法はいくつもある。逆張り戦略や、素早く仕掛けて手仕舞うスキャルピングなどは、その好例と言える。

注意　時間の経過とともにプライスアクションに対する理解は深まっていくが、それと同時に保守的な手法だけでなく、積極的な手法もいろいろ試したくなるかもしれない。これはとても自然なことで、私もぜひ勧めたい。ただし、追加的な戦略をトレード計画に組み込むのは、それぞれの手法をまず保守的かつ系統的に試し、十分に慣れ、安定的に利益が出るようになってからにするよう強く勧める。

これまでの例でもそうだが、トレードチャンスの評価は20/10のブラケット注文を厳守する前提で行っているが、これが５分足のユーロ/ドルチャートで最も理想的な目標値と損切りだということではない。ただ、「普通に」活発な状況において、このブラケットは両方の側で非常に効果的に機能してくれる。とはいえ、どのような管理をするかよりも重要なのは、なぜポジションを建てるのかを理解することである。このまとめの項で見ていくチャートも、仕掛けのテクニックはすべて第５章と第７章で紹介した５つのトレードセットアップ（パターンブレイク、パターンブレイクプルバック、パターンブレイクコンビ、プルバックの反転、失敗ブレイクからのセットアップ）に基づいている。

もちろん、ブラケット注文は必要に応じて変更できるし、追加のトレードやテクニックもいつでも検討できるが、何かが起こってからそれをするのはやめてほしい。プライスアクション（さらに言えばトレード自体）を極めることは、その状況で最大の利益を上げられるようになることではない。そのような目標は無意味だし、現実的に不可能に近い。トレードを学ぶうえで妥当な課題はただひとつ、自分の攻撃のエッジを身につけて優位に立てるようにし、それができるようになったら経験を積んで戦略とスキルを磨くことだ。ちなみに、これは人生においてすべての試みや仕事について言えることでもある。

「第６章　手動による手仕舞い」で書いたように、逃げ出すのが有効なのは、ニュースで手仕舞う、抵抗線で手仕舞う、反転で手仕舞う（Mパターンや Wパターンの中心部のブレイクなど）などのケースである。最初の２つは、ポジションを建てる前にすでにレーダーに映っているはずだが、３つ目はポジションに逆行する展開になったときに使う方法と言える（反転による手仕舞い）。

先に進む前に、これまでに見てきたトレードでよくある間違いもまとめておこう。このなかには、これまでの練習によって取り上げる必要がなくなったものもあるかもしれないが、愚かな行動が初心者だけのものではないということも知っておくべきだろう。お金とエゴが絡むと、十分に経験を積んだストイックなトレーダーでも、思い込みにとらわれることがある。つまり、自分もそれと無縁ではないと思っておいたほうがよい。そのためにも、典型的なトレードの間違いを確認しておこう。

1．強いトレンドや支配的な方向と反対方向に仕掛ける。
2．トレンドと同じ方向でも、すぐ上やすぐ下に抵抗があるところで仕掛ける。
3．実際にはレンジ相場なのに、トレンドに乗るつもりで仕掛ける。
4．25EMA（指数平滑移動平均線）からかなり離れたところで仕掛けたり、切りの良い数字の逆マグネットを無視して仕掛けたりする。
5．平均以上の値幅のある足が多い荒れたマーケットで仕掛ける。
6．強力なパワーバーやクラスターを含むプルバックの反転で仕掛ける。
7．ほとんどあるいはまったくビルドアップがないのにブレイクやマーケットが反転する前に仕掛ける。

そして最後に、プライスアクションの最も重要で、どのチャートにも応用できる７つの原則をまとめておこう。

●ダブルの圧力
●支持線と抵抗線
●ダマシのブレイク、ティーズブレイク、適切なブレイク
●ダマシの高値、ダマシの安値

●プルバックの反転
●天井への試し
●切りの良い数字の効果

図8.1　全体の見通し　上昇トレンドが始まる前、午前は切りの良い数字を挟んでちゃぶついたレンジ相場になっていた。ベア派は1.40の上でブル派の攻撃を抑えたが、その下ではあまり力を発揮できていなかった。ブル派は小さい枠で足場を築くと少しずつ主導権を握り、そこから次の切りの良い数字（50レベル）に向かって行った。

注目点　コンビ４の上のブレイクは、保守的に見ればプルバックの反転の条件を備えていないし、３－４のリトレースメントはかなり積極的な調整で、切りの良い数字（1.40）の逆マグネットにかかる危険がある。もしここで仕掛けた場合は、足７の下で反転を利用して手仕舞えば、損失を最小限にとどめることができる。

ブル派が足７の下で手仕舞うのは妥当かもしれないが、ベア派もここでの仕掛けは見送ったほうがよい。ベア派の圧力が弱いわけではないが、まだ下方に大きくブレイクする状況にはなっていないからだ。チャートは全体としてまだ安値を切り上げており、主要な切りの良い数字が障害になる可能性も考えておかなければならない。

価格はこの水準を少し割り込み、直近の底（コンビ４）も下抜いたが、さらに目立つ安値である三川明けの明星（１－２）に達しなかったことは、ブル派が切りの良い数字を再度攻める計画の推進になった。

足８で、価格はWの中心部にも見える形（枠）からブレイクしたが、ここに注目すべき点はない。それから何本かあとの足で、パターンブレイクプルバックの仕掛けチャンス（足９の上）ができたが、このブレイクも一級のチャンスとは言えなかった。５－６－７のクラスターが抵抗線になることが分かっているからだ。

ブル派は、切りの良い数字の小競り合いを制して上昇してはいるが、

図8.1

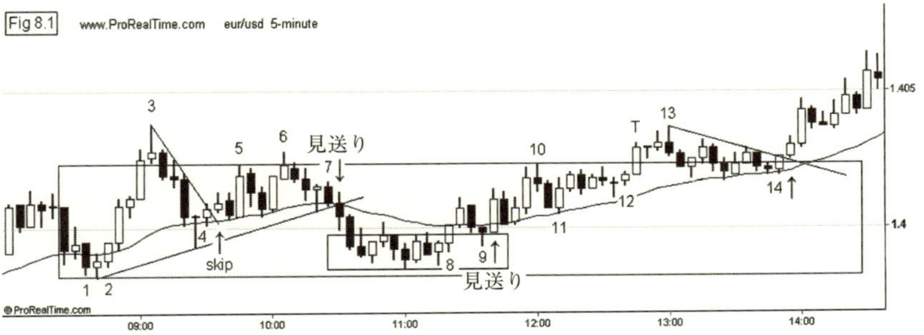

ベア派の抵抗を押しのけながら苦労して進んでいる。

上昇を始めてから最初に高値の水準に達した足10が足５の高値で反転したため、図のようなレンジバリアを引くことができた。これは特に際立った境界線ではないが、この先の指針としては十分だろう。必要ならばあとで調整してもよい。

11－12は、枠のバリアと25EMAに挟まれてスクイーズの要素があるが、さほどきつくはない。そのため、バリアを最初に貫通したＴは、時期尚早なティーズブレイクなのかもしれない。

実際、価格はそのあと後退したが、動きが遅く、ベア派の積極性を示すサインはなかった。結局、これが13－14のブルフラッグを形成し、左側の10－12のクラスターがその支持線となった（テクニカル的な試し）。ちなみに、この調整の間、25EMAのトレンドの方向が変わることはなかった。それどころか、価格が枠の外に出ていくのを25EMAが推進していたのである。

フラッグをブレイクした14のセットアップは、逆コンビの一種で、はらみ足のあとにパワーバーがある。１つ前の陰線を合わせると、これも教科書どおりの三川明けの明星になる（１－２と比べてみてほしい）。

さまざまな障害がなくなると、約25ピップス先にある50レベルのマグネットが仕掛けの直後から価格を引き上げてくれることになる。これは間違いなく高勝率のパターンブレイクアウト(レンジとフラッグ)で、待ったかいがあった。

図8.2　全体の見通し　イギリスの午前中の猛烈な急騰（1－2）の原因が何であれ、その前の水準を回復するのにさほど時間はかからなかった。皮肉にも、この急騰はほどなくしてベアフラッグのポールになり、足5をブレイクするとマーケットは反対方向に吹っ飛んだ(ポール・フラッグ・スイング)。その下の00レベルでは、別のベアフラッグのセットアップ（6－7）ができたが、それがブレイクしてもフォロースルーはなかった。よくあることだが、このフラッグが塊状のWの中心部に形を変えると（6－8)、ブル派が大胆に復活する足がかりになった。

注目点　セットアップはできなかったが、足3の辺りでの買いは却下すべきだ。足1の安値から始まり（ビルドアップはない)、途中で切りの良い数字を貫通した突発的な上昇はおそらくニュースによるもので（支配権を握ったのかどうかは疑問)、重視する必要はないし、2－3の調整も急すぎて有効な反転のセットアップにはならない。

保守的なトレーダーは、足5のベアフラッグのセットアップも無視して良いが（フラッグのバリアはあまり厳密ではない)、この状況はビルドアップに1本足が加わっただけで、仕掛けを見送るブレイクから仕掛けるブレイクに見方が変わる好例になっている。ベア派は最初はコンビ4を売りのセットアップとしては弱いと判断していたが（ブレイクしてもフォロースルーがない)、足5が加わったことで3本の足のコンビになり、勝率が上がったのだ（ベア派の粘りが見える)。

価格は激しく下げたが、急落の幅（5－6）がその前の急騰のそれ（1－2）とちょうど対称的になると、ベア派のモメンタムは消滅し

図8.2

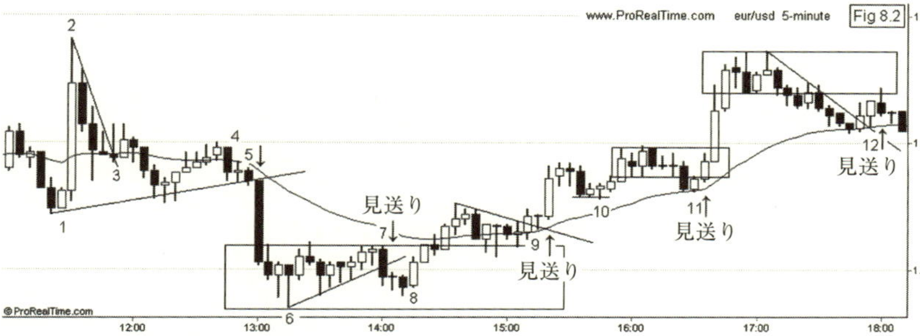

た。勇敢なブル派がマーケットに戻ってくると、抜け目のないベア派は思いがけなく手にした利益を素早く利食った（買い方に一時的なダブルの圧力）。そして、新しいベアフラッグが形成されるが（6－7）、これは継続を狙ってトレードするには有害なパターンだった。足7を下抜いたブレイクは25EMAから遠く離れているし、切りの良い数字も逆マグネットになるため、ここは簡単に見送る判断を下せる。

パワーバー8がフラッグのブレイクをひっくり返すと、前述のとおりWの中心部が形成されたが、まだ弱気モードは続いている。それに、もしブル派が価格をしっかりと25EMAよりも上に戻すことができたとしても、それはトレンドではなくレンジ相場と言える。これが注意を要する状況だということはもう分かっていると思う。

そのため、一見魅力的なコンビ9の上での買いはやめておいたほうがよい。機敏なスキャルパーならば仕掛けて、コンビ5（マグネットになり得る）を試すまでに数ピップス程度を取ることができるかもしれないが、全体的にはどちらも明らかな支配権を握っておらず、20ピップスの目標値は狙えない。また、上にブレイクしても価格の動きが止まれば、ベア派は簡単に1.31の切りの良い数字を試すことができるだろう。

結局、ブル派は一貫して攻め続け、ベア派の小さな失敗ブレイク（10）からも仕掛けた。そして１時間もたたないうちに、似たような方法で枠の失敗ブレイクを利用して足11の上で仕掛けた。ただ、トレンドがあるときは後者のチャンスも試す価値はあるが、レンジ相場の上には難しい50レベル、左側にはフラッグ（１－５）の抵抗線がある状況では、足11の上の仕掛けが高勝率トレードとは言い難い。

イギリスでのマーケットが引けると（アメリカで昼休みの低迷の始まりでもある）、足12をブレイクしても仕掛けない理由が少なくとも３つはある――①最後の枠の下方のブレイクが失敗だとは確認されていない、②価格がレンジの高値圏という危険ゾーンにある、③ブル派の仕掛けは50レベルの逆マグネットという危険にさらされている。これは間違いなく有害なチャンスなのである。

図8.3　全体の見通し　マーケットが一方的な展開になっているときは、支配側に対抗する賭けは基本的にしない。それよりも、25EMA付近のプルバックの反転を探すとよい。必要なのは忍耐だ。

注目点　足２と足３（３本足のコンビ）の下方のブレイクは、両方とも非常に明白なトレンドに対抗する反転の賭けで、トレンドの方向を示す25EMAに突っ込むというある意味最悪の場所で起こった。そのあとすぐ、意欲的なベア派は自分たちの間違いに気づき、抜け目ないブル派は失敗ブレイクからのトレードを検討し始めた。

どれくらい積極的に攻めたいかにもよるが、そのあとブル派は３回ブレイクし（最初の３本の矢印）、３回目は教科書どおりの失敗ブレイクからの仕掛けとなった。最初のブレイク（足４の上）の「問題」は、反転の下の水平線が再びブレイクされていないことだ。しかし、あまり保守的でないブル派ならば、コンビ２－３を下抜いた小さいブレイクが再ブレイクで、この状況は通常のブルフラッグ（１－４）のブレイクアウトに向かっていると言うのかもしれない。

図8.3

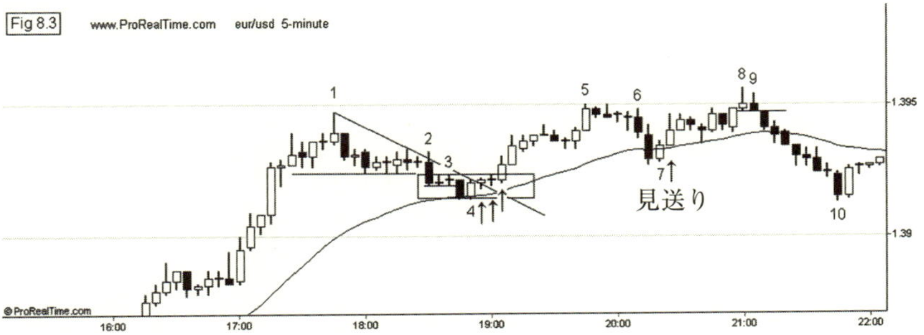

Fig 8.3
www.ProRealTime.com
eur/usd 5-minute
1
2
3
4
5
6
7
見送り
8
9
10
1.395
1.39
© ProRealTime.com
16:00
17:00
18:00
19:00
20:00
21:00
22:00

次のブレイクアウト（２つ目の矢印）は、ブル派の粘りを示しているが、これも水平のバリアの延長線上にあった。つまり、テクニカル的な厳密さで言えば、これは教科書どおりの失敗ブレイクからの仕掛けの条件を満たしていないことになる。

３つ目の矢印は反転バリアの延長線よりも上で仕掛けるチャンスになっているため、優れたブレイクであることは最初から分かっている。ちなみに、弱気の３本足のコンビ２－３に答えるように足４からの３本足のコンビがあり、合わせて小さな逆ヘッド・アンド・ショルダーズの一種を形成している（枠）。この状況は、通常、支配側に対抗する反転パターンは懸念され、それがブレイクすると、ほとんど優位性がなくても大きく反発されるという重要な概念をよく表している。

注意　すぐに継続する可能性が高いときは、ほかの仕掛け戦略も用意しておくとよい。例えば、シグナル足４をブレイクしていなくても、それよりも前に反転バリアの延長線を最初に再ブレイクしたら買いを仕掛けるという方法もある。それをするかどうかは、トレーダーが決めればよい。ただ、通常の手法を逸脱するときは、何か特別な条件が有利であるようにしておくことが望ましい。例えば、仕掛けてすぐに25EMAを再度試したトレードは（よくある）、ふるい落とされることがあまりない。

足７を上抜いた次のブレイクは、トレンドの方向と合ってはいるが、このチャンスには高勝率のプルバックの反転という理想的な特徴が備わっていない。このシグナル足は２回目のプルバックの押しを１本の足で反転させたが（必ずしも仕掛けを見送る理由にはならないが）、そこから少し上には５－６のなかの塊状の抵抗線の要素がある。強気相場のなかで、このチャンスにまったく魅力がないわけではないが、保守的に行くならば迷わず見送ってよい。

価格は再び上に向かい、そのすぐあとには再度上方にブレイク（足８）するためのビルドアップまでできた。

注意　高値圏や安値圏での継続のブレイクアウトは、特にアメリカ市場が引ける時間帯や昼休みの低迷に近い時間帯では、通常ブレイクを大きく動かす元となる出来高が少ないため、判断が非常に難しい。そのうえ、このようなときは逆張り派も積極的に反撃してくるかもしれない。

これらのブレイクアウトで、足９の下のような失敗からのトレードが必ずしも最適というわけではない。ただ、問題を示唆する最初のサインが現れたら、その日のうちに急激な利食いが起こっても不思議はない（９－10）。

図8.4　全体の見通し　スーパートレンドと呼べる動きになっているときは、幅広のトリプルトップの反転ができたとしても（Ｍパターンの一種、１－７）、なかなか反転はしない。ただ、パターンは厚みが大きければトレンド側もパターンの意味を打ち消すようなトレードをする必要がある。通常、このようなパターンで、フォロースルーが衰える最初のサインだけを見て失敗から仕掛けることはしないほうがよい。

注目点　機敏なベア派ならば、２本の足をブレイクしたあとに足８

図8.4

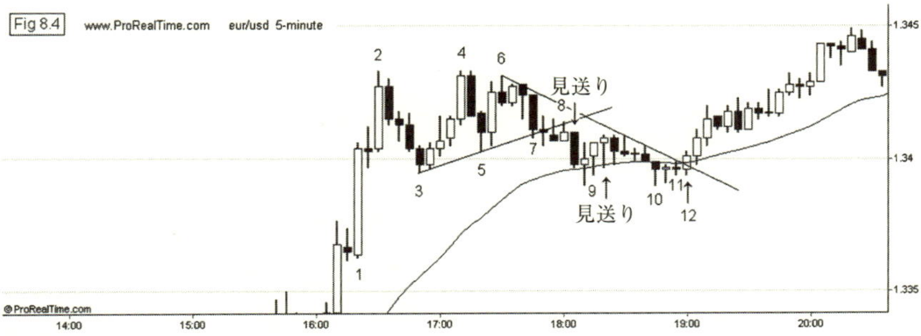

の下で仕掛け（実質的にはパワーバー７から始まる４本足のコンビ）、25EMAと切りの良い数字のダブルのマグネットまで下げる間に何ピップスかのスキャルピングができるのかもしれない。しかし、このような賭けは何としても避けたほうがよい。トレードを目標値に運んでくれるのはほかのトレーダーだということを忘れてはならない。価格のトレンドを示す25EMAまで持っていくには、かなりたくさんの人の助けが必要になる。

しかし、トレンド方向のトレードにも危険はある。賢い人でも、方向的なバイアスを最優先にしてしまうという間違いをよく犯す。もちろん、ひとつの時間帯でマーケットの教えをすべて学ぶことはできないし、その多くは繰り返し学ばないと本当に身につけることはできない。しかし、なかには明らかなワナもある。プライスアクションを学ぶ人は、有利な状況だけでなく、有害な状況もぜひ頭のなかのデータベースに備えておいてほしい。

このような知識があれば、コンビ９の上のように、Mパターンの塊がすぐ上にあるブル派のトラップを避けることができるはずだ。

これまでいくつかの例で見てきたとおり、塊状の反転パターンは角度のあるパターンよりも突き抜けるのが難しい。通常、失敗からのトレードを狙うということは、障害となる塊が「緩む」のを待つということでもある。塊状の反転パターンが角度のある継続パターン（ブルフラッグやベアフラッグ）に変わるのは常に歓迎だ。反転パターンの右側に９－12が加わったことで、これと基本的に同じことが起こったのである。

足10の安値がコンビ９の安値と同じ水準になっていることに注目してほしい。このセットアップは、25EMAの近くでダブルボトムの要素を備えており、足３の安値の水準に達したことで失敗ブレイクが確認されようとしている（足３の安値から右に水平に引いたバリアがあると想像してほしい）。

その間に、図にあるような角度のあるフラッグラインを引くことができ、この線が３本のコンビ10－11と合った。これ以上のスイートスポットはない。もちろん、このフラッグラインの上にはまだMパターンの抵抗線があるが（簡単に消えはしない）、右側に角度がついてきたため、以前ほど大きな障害にはならないだろう。

足11のパターンブレイクの仕掛けは、少し積極的すぎたが、その何分後かに足12がブレイクすると、ブル派に２回目のチャンスが訪れた。このブレイクでの仕掛けは前回よりも２～３ピップス上になるかもしれないが、それでこのセットアップの魅力が下がることはない。上げて終わったシグナル足12は、フラッグのブレイクアウトを確認しているし、その上で仕掛ければフラッグラインと、25EMAと、切りの良い数字というトリプルの推進がある（逆マグネットにはならない）。そして、足12が加われば、９－12にはWパターンの中心部という強力な特性が含まれている。これは逃してはならない。

図8.5　全体の見通し　アジアの時間帯は平坦だったが、EUが始まる08:00になると、出来高が増えてこの狭いレンジをブレイクする可能性が高い。ただ、ほとんどの日は09:00～10:00（イギリスの寄り

図8.5

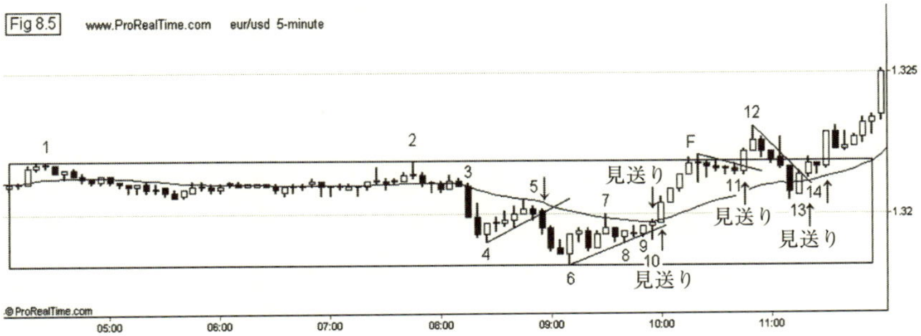
Fig 8.5
www.ProRealTime.com eur/usd 5-minute
1.325
1.32
1
2
3
4
5
6
7
8
9
10
F
11
12
13
14
見送り
見送り
見送り
見送り
© ProRealTime.com
05:00
06:00
07:00
08:00
09:00
10:00
11:00

付きの時間帯）の動きがそれから何時間かのマーケットの方向性を決めることになる。

注目点　イギリス市場が始まったばかりだが、フラッグをブレイクした足５の下の仕掛けは見送る理由がある。このフラッグはやや弱気のマーケットで３－４のポールとも調和しているが、この仕掛けは抵抗線的なトリプル（25EMAと切りの良い数字と３－４のスイングの50％リトレースメント）に向かっているからだ。しかし、ポジションを建てているベア派ならば、イギリスの寄り付きを詳しく観察して逆の圧力のサインを探すだろう。このサインは強く明確であるほど、強い意味を持つことになる。

切りの良い数字の下で価格の動きが鈍くなったとき（足６）、売りポジションを手仕舞う方法はいくつかある。最初のチャンスは、足７がその前の足の高値を上抜いたときだ（または中心部の高値をブレイクした２～３ピップス上）。足７の高値では、価格が弱気のトリプル（天井への試し、切りの良い数字、25EMA）で反転したが、ブル派への打撃にはならなかった。もしこのときまだ売りポジションを持っているならば、次は短小線８をブレイクしたときに逃げ出すこともできる。そして、もしこのブレイクが弱すぎたときは、足９のブレイクで絶対に手仕舞わなければならない。そこまでならば、損失はゼロに抑えられる。

ただ、足10が足９を下抜くと（ベアフラッグのブレイク）、ブル派の失敗ブレイクということですぐに売りを仕掛けるのはよくない。これは有効な仕掛けでないばかりか（売りを仕掛けるために超えるべき陰線のシグナル足がない）、切りの良い数字の逆マグネットや、イギリス市場の最初の１時間でブル派がかなりの粘りを見せていることも考慮しなければならない。

同じように、足10がブレイクされたときにベア派の失敗ブレイクということで買いを仕掛けるのも、かなりの積極策と言える。もしかしたら、行き場を失ったベア派が買い戻すときに素早いスキャルピングができるのかもしれないが、全体的に見れば大きな利益を狙ったトレードを十分推進できる状態にはない。

もしまだならば、マーケットが以前の高値である足１と足２に近づいたときに図のようにレンジの枠を引いてほしい。ちなみに、価格がこのバリアをほんの１～２ピップスだけ超えるのは（Ｆ）、典型的なダマシのブレイクトラップと言える。ただ、もしベア派が防御的な損切りをレンジのすぐ外に置いていれば、彼らも同じブレイクで損失を負うことになる。

逆張り派がおとなしくしている間に、レンジバリアの下ではフラッグが形成されていったが（Ｆ－11）、継続方向に仕掛けるには力も弱いし場所も悪かった（足11のブレイクは見送る）。

フラッグのブレイクで仕掛けたブル派は、すぐにかなりのツケを払うことになった（12－13）。しかし、これが傍観していたブル派にとってはチャンスになった。ティーズブレイクプルバックで仕掛けるところはたくさんあるが、保守的に行くならば、価格が何らかの試しをするまで待てばよい。この辺りには実質的な支持線がないため、足13をブレイクしたところで仕掛けるのは私たちには積極的すぎる。しかし、価格の動きを見失ってはならない。そのわずか２本先の足で、コンビ14がバリアの下により大きな圧力をビルドアップしたことで、その上の50レベルのマグネットに向かう有望なブレイクをセットアップしたからだ。

レンジバリア自体はまだブレイクされていないが、はらみ足のブレイクですでに仕掛けた人もいるかもしれない。一方、非常に保守的なブル派ならば、バリアかコンビのパワーバーの高値を上抜くまで待つかもしれないが、そのようなブレイクアウトの「確認」に必ずしもメリットがあるわけではないし、運が悪ければ裏目に出ることもある（結局、調整がなければ損切りも高くなるし、目標値も遠くなる）。

図8.6　全体の見通し　イギリス市場が始まった直後に、ブル派は横ばいを上にブレイクさせた（足１の上のパターンブレイクの仕掛け）。ただ、価格は大きく上昇したものの、その上の00レベルには達しなかった。これは常に興味深いきっかけとなる。角度のあるパターンラインの上のベア派はゆっくりだが、確実にヘッド・アンド・ショルダーズの一種を形成していった（３つのアーチ）。これは、そのあと50レベルを再度試す強いサインとなったが、そのあとの崩壊の大きさを予想したトレーダーはあまりいなかった。

注目点　２－３はMパターンの一種で、ダブルトップの性質があるが、逆方向のブレイクをすべて恐れる必要はない。特に、力強く高騰したときは（１－２）、比較的小さい中心部のブレイクは、トレードを損切りに追いやるよりも、トレーダーをだまして含み益の出ているポジションを手仕舞わせてしまうことのほうが多い。また、仕掛けから離れたところで逆方向にブレイクしたときは、損害をもたらすよりも価格水準を回復するチャンスとなることのほうが多い。今回のケースでも、もし枠の上のバリアまで下げれば、トリプル（25EMA、バリアへの試し、１－２の50～60％の調整）が支持線になってくれる可

図8.6

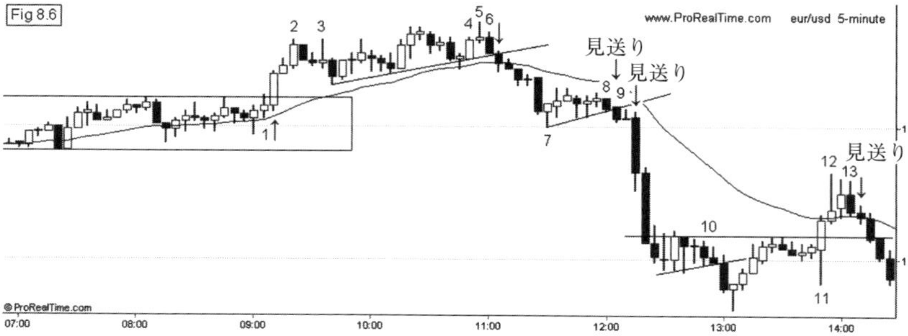

能性も考えられる。

ブル派は下へのブレイクを押し返したが（失敗ブレイクからの仕掛け）、それでもベア派を払いのけて上昇するのには苦労していた。そして、これがパターンライン上に連続するアーチを形成した。ちなみに、最後のアーチは良い三川宵の明星になっていた（４－５－６）。

見た目だけで言えば、足６の下で売りを仕掛けるのは、トレンドを示す25EMAに反して仕掛けないというルールに反している。しかし、このチャンスを早々に却下する前に、まずはテクニカル的な状況を見てみよう。角度のある線の上にある幅の広い反転パターンとトレンド方向のポール（１－２）を比べると、すでにブルフラッグやそれ以外の調整の段階ではないと言ってよさそうだ。むしろ、これは反転のセットアップに近いし、足５のダマシの高値にも注目してほしい。そして、50レベルのマグネットもちょうど良いところにある。すべてを考え合わせると、ここは少し積極的に出てよい状況だと思う（足６の下で売りを仕掛ける）。

フラッグのブレイクによる足８の下の仕掛けと、パターンブレイクコンビによる足９の下の仕掛けをどちらも見送ることにしたのには、次のような単純な理由がある――①レンジの安値圏にある、②すぐ下に50レベルの支持線がある、③25EMAが逆マグネットになるリスクがある。もちろん、レンジの底で売りができないわけではないが、それをするには最初にしっかりとしたビルドアップが必要になる（例えばスクイーズ）。7－8のフラッグは、多少は圧力を蓄えたが、すぐにブレイクしないで切りの良い数字の周りでもう少し攻防があってもよかった。

このようなデメリットはあっても、価格は崩壊し、次の切りの良い数字に達するまで下落を止めようとするブル派はいなかった。しかし、そこに到達するとベア派の勢いは瞬時に弱まり、買いのほうも控えめだった。そして、ベアフラッグのような横ばいを形成したが、継続方向にトレードするには極めて危険な状況になっていた（コンビ10の下へのブレイクは見送る）。

トレンドのあるマーケットでは、25EMA近くのプルバックの反転は常に検討に値する。しかし、それが有効になるための条件を忘れてはならない。プルバックは整然とした角度のあるリトレースメントで、ゆっくりと25EMAに向かうのが望ましい。そう考えると、11－12は垂直に近いだけでなく、強すぎるように見えるし、反転パターンである逆ヘッド・アンド・ショルダーズ（水平線の下）をブレイクしている。これらは明らかに保守的なトレードの条件ではないため、足13の下の仕掛けも見送ることにする。

図8.7　全体の見通し　イギリス市場の午前の中ごろに、ブル派はそれまでの枠をブレイクしたが（足1）、それをうまく活用できていなかった。そして、パターンラインを割り込み足5も下抜かれるとブル派の士気は低下し、ベア派はそのまま50レベルのマグネットに便乗した。そのあとの小競り合いでは（12:00～14:00の昼休み）、ブル派が50レベルに小さな足場を築いたが、上昇しようとしても25EMAに遮られた。圧力はまだベア派の側にあり、結局ブル派はあきらめた。た

図8.7

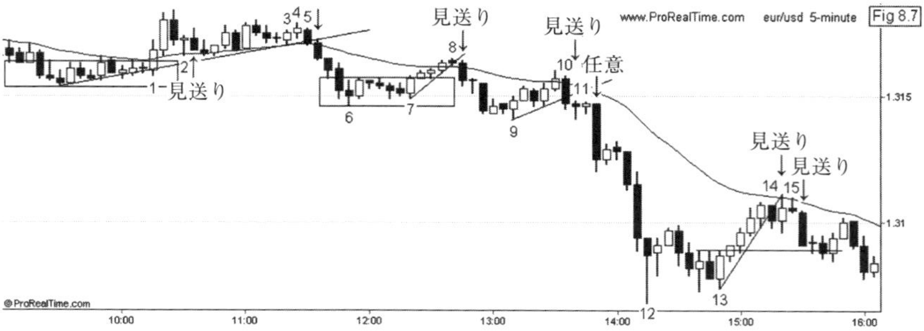

だ、ダメ押しの下落は少し行きすぎの感がある。

注目点　ここで、１－６と１つ前の**図8.6**の１－７の動きを比べてみよう。よく似た動きに見えるが、詳しく見ていくと大きな違いがいくつかある。まず、今回のチャートでは、ブル派が25EMAの下でビルドアップしてから足１をブレイクしている。テクニカル的に見れば、これは前のチャートよりも逆張り派の興味を引く。また、50レベルも、下降する25EMAに有利な場所にある（ブル派にとっては逆マグネット）。

それでも、ブレイクは大きく伸びたが、状況はあまり変わらなかった。そのため、足２の上のパターンブレイクプルバックのチャンスは、見送ったほうがよい。

ブル派はそれから１時間ほど頑張ったが、価格を上げることができなかった。ここでも再び小さな三川宵の明星が、角度のあるパターンライン（３－４－５）をブレイクするセットアップになっている。これは50レベルのマグネットに向かう魅力的な売りのチャンスになっている。

この売りを手動で手仕舞う方法は、主に２つある。50レベルで約15ピップスを利食う（レンジの底の抵抗線で手仕舞う）か、足７の上（小さいWパターンの中心部をブレイクしたときの反転による手仕舞い）に達したときである。反転による手仕舞いには、トラップの可能性があることは避けられない。結局、これはそれまでの支配的な圧力に対抗するブレイクだからだ。状況によっては、これがダマシのブレイクの反転であることを期待して様子を見てもよい。ただ、反転で手仕舞わないということは、同じくらいの力でしっぺ返しをくらう可能性もある。つまり、それをするならば、逆方向のブレイクが比較的弱く見えるときにしたほうがよいが、それも個人的な判断による。

もし売るにしても、小さい枠の失敗ブレイクから足８の下で仕掛けるのはあまり賢いとは言えない。積極策をとるにはマーケットが十分弱気ではないだけでなく、この時点では枠のブレイクもまだダマシであることが確定していないからである。

足９のダマシの安値は、切りの良い数字の下で弱いブレイクがあったときの逆張り派の典型的な反応と言える。

足10の下ブレイクも、見送るべきことは簡単に分かる。シグナル足が周りと比べてかなり長いだけでなく（反撃を誘発する可能性が高い）、その下で仕掛けるとその時点のマーケットの安値圏だし、50レベルと25EMAのマグネットも逆方向に作用しているからだ。

しかし、次のブレイクは判断が難しい。価格は３本の足のコンビ（10－11）からブレイクしたが、50レベルに近いことを考えると少し疑わしい。もちろん、全体的に見ればベア派は強さを示しているが、安値圏でブル派の防衛が完全に破られたとも言い難い。ここでも、判断は人によって違うため、図には任意と記してある。

戻りの13－14は、その前の下落に比べて静かで整然としていた。しかし、幅広のクラスター（12－13）から始まっていることで、足14の下での売りはテクニカル的に無効になった。足15を下抜く２回目のブレイクはベア派の粘りを示したが、これも保守的なトレードとは言えない（支持線となる12－13のブロックの水準で逆張り派が反撃する恐れがある)。また、15:30からアメリカ市場が始まることも、判断を難しくしている。

図8.8　全体の見通し　ベア派の支配がずっと続いている。この時間帯のブル派は、何回か戻しを入れてみたがすべて跳ね返されている。新しいトレンドで、最初に25EMAに達するリトレースメントは、常に注目に値する(プルバックの反転になるかもしれない)。

注目点　価格がある切りの良い数字から次の水準まであまり抵抗もなく進むと(1－3)、2つの水準の半ばまでのプルバックの反転のセットアップには、有利なマグネットというボーナスがある。しかし、反転であわてて仕掛ける前に、まずは今回のプルバックの特徴を正確に見極めておかなければならない。リトレースメントは、あまり強すぎたり、塊状になったりするのは望ましくないということを覚えておいてほしい。

後者については、最初のプルバックの戻りの安値部分で切りの良い数字の小競り合いによるクラスターの動きを小さな枠で囲んである。ここから分かるように、このプルバックは少し塊状の感じで始まったため、価格が反転して戻るときに問題となる可能性がある。しかし、ここでも3－5の調整に乗ってそのあとのブレイクまで行けば、その間にベア派のフォロースルーを示唆するたくさんのサインはいやでも目につく。

まず、この調整は、パターンラインにほぼ沿って上昇している(突き抜けた足はない)。2つ目に、足5が、その前の下降トレンドの一時的な上げを試したことも良い(足5の高値が足2の安値を試した)。3つ目に、この調整は支配側の下降スイングの50%リトレースメントで、最初の反発でもある。4つ目は、高値にある一種の三川宵の明星(4－5－6)が、売りのセットアップになっている。足6の下の仕掛けは25EMAの少し上にあるが、これがまだトレンドしていること

図8.8

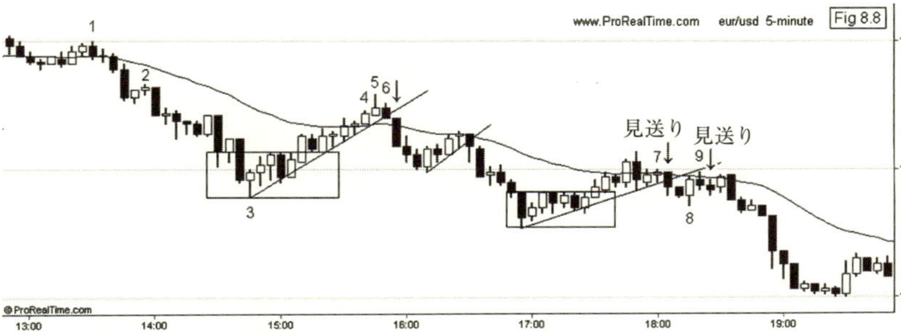

を考えれば、それはメリットなのかもしれない（さらに深くブレイクするリスクはあまりない）。そして最後に、すぐ下には50レベルのマグネットがある。これらの弱気の要素を総合的に考慮すると、小さい枠内の進展による妨害があったとしても十分に対抗できると見てよいだろう。

ブル派も調整をできるだけ長くしようと頑張ったが、足６が下抜かれると、すぐにベア派の支配が再開した。価格が50レベルに達すると、抵抗線での手仕舞いも選択肢になるかもしれないが、厳密に言えば、トレンド相場なので介入する理由はない。

次の25EMAまでの戻りは、最初の戻りと同じように反転するかもしれないが、全体的に見ると２回目のほうがトレードするのは難しい。例えば、足６の下と足７の下のチャンスを比較すると、テクニカル的に精通していなくても後者のほうが劣ることは分かる。トレードに干渉する50レベルが邪魔をするだけでなく、２つ目の枠のクラスターも掘り下げていかなければならないうえに、この時点ではこの枠を上抜いたブレイクもまだ失敗とは確認されていないからだ（枠の上のバリアの延長線を想像してほしい）。

逆張りを狙うブル派が、足８が前の足を下抜いたところで反撃を始め、最初は成功したかに見えたが、すぐにトリプルの防衛（切りの良い数字、25EMA、角度のあるパターンラインの延長線）に直面した。そして、その１本先には足９の下で仕掛けるチャンスがあったが、まだそれを受け入れる気にはなれない。もしこのときのフォロースルーの部分を手で隠すと、あまり大きく上げなくても、上にある50レベルを再度試せば簡単に売り方をシグナル足９の上でふるい落とすことができることは想像に難くない。

本書は、意図的に保守的な手法の仕掛けと手仕舞いを提案しているということを念頭に置いて読んでほしい。もちろん、自分の性格やリスク選好に見合うもっと積極的なトレードスタイルを追求してもよい。ただ、そのような手法を実際のマーケットで試すのは、必ず保守的な手法に十分自信が持てるようになってからにしてほしい。

図8.9　全体の見通し　突然、圧力がさく裂して価格を25EMAの一方の側から他方へと押し上げたスイング（１－２）にはかなり警戒したほうがよい。このような反応は、原因が何であれ、それをマーケットが吸収し、「新しい」状況を受け入れるまでには必ず時間がかかると思っておいたほうがよい。つまり、あまり大きなフォロースルーは期待できないということで、このことはそれ以外には問題のない継続方向のセットアップ（例えば最初のプルバックの反転やフラッグブレイクなど）であっても言える。また、このようなときはたくさんの逆張り派がブレイクアウトの反対側につきたがるということもぜひ覚えておいてほしい。

注目点　ポール１－２に付いているブルフラッグ２－３をブレイクアウトした足４（またはその上）での仕掛けは有害で、何としても避けなければならない。その主な理由は、ポールの始まりにある。25EMAよりもはるか下から積極的に上げたこのスイングは、明らかにそれまでの圧力を軽視している（弱気相場の安値から始まった強気

図8.9

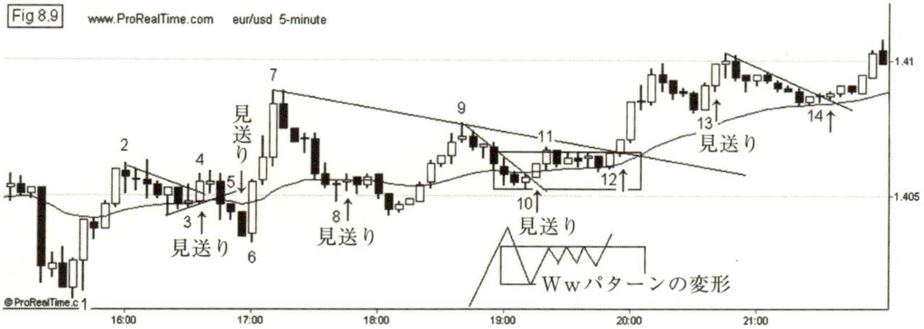

のスイング）。これは、ブル派の勢いを奪うものではないが、継続の見通しを危うくする傾向がある。たとえ３－４のブルフラッグがテクニカル的にさらに良いセットアップであっても、それでブレイクした時のフォロースルーの可能性が上がるわけではない。

あるブレイクの勝率が劣っていることが、必ずしも反対方向のブレイクの勝率が高いことにはつながらない。失敗ブレイクからのトレードは、トレンド相場で全体的なコンセンサスが明らかにトレードと同じ方向であるときに実行してほしい。例えば、コンビ５の２本足の安値の下での売りは、強力な上昇スイング１－２を完全に無視している。先の上方のブレイクと同様に、この下方のブレイクも、すぐか、もしかしたらポールの中ごろ（足６）で逆張り派の積極的な行動を誘うことになる。つまり、継続すると強く思っていなくても、ポール自体の強さには敬意を表する必要があるため、反対方向には仕掛けないことにする。

強い上昇スイング６－７も、ビルドアップが少ないままベア派の防衛を突き破ったため７－８の押しを誘い、継続方向の仕掛けには向かなかった。そのうえ、足８の上で買いを仕掛けても、すぐ下に50レベルのマグネットがある。そして、そのすぐあとの９－10の押しにも同じような懸念がある。このような劣るチャンスは単純に見送ってほしい。

このチャートは基本的にレンジ相場になっているが、ブル派がずっと支配権を握っており、安値を切り上げている。ただ、彼らがブレイクのたびに十分ビルドアップしているとは言い難い。その意味では、Ｗｗパターンの変形（Ｖｗとも言える）の一部として10－12が形成され、小さいｗのなかには教科書どおりのスクイーズが含まれる興味深い展開になってきた。また、ブレイクアウトと同時に、前の高値から始まった角度のあるパターンラインをブレイクしたのも良い。やっと高勝率のセットアップができた。

フラッグをブレイクしたあとの足13の上のチャンスは、もちろん見送るが（基盤となる25EMAからかけ離れている）、コンビ14の上のほうはどうだろうか。22:00に終わるアメリカ市場の遅めの時間帯であるうえ、足もかなり短くて目立たなくなってきてはいるが、プルバックの反転として比較的良いセットアップができている。この押しには、高値圏に小さくても塊状の要素があるものの（00レベルのすぐ下の横ばい）、25EMAがトレンドしているので問題はないだろう。ただ、動きが減ってきていることを考えると、この仕掛けを見送ってもよいが、仕掛けてから00レベルで利食って今日のトレードを終えるという選択肢もある。

図8.10　全体の見通し　切りの良い数字の復元力について示したチャートも紹介しておきたい。この時間帯のほとんどは、ブル派が1.28の水準を攻めている。主要な切りの良い数字が、何度侵害されても持ち直す様子はいつ見ても興味深い。ただ、今回のチャートのような忍耐は素晴らしいが、警戒することも忘れてはならない。どこかの時点で、士気が低下してダブルの圧力に転じるかもしれないからだ。

注目点　左端の25EMAの傾斜を見ると、イギリス市場の寄り付き

図8.10

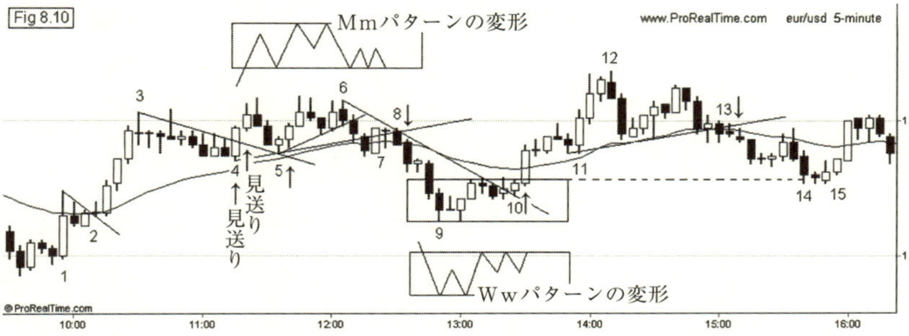

で価格は50レベルまで下げたが、そのあとは次の切りの良い数字まで大きく上げた（1－3）。ただ、このような展開がすぐに継続にはつながらないことも分かっている。いずれにしても、足4とその上のフラッグをブレイクしたあとの仕掛けは両方ともあまり良くはなかった（25EMAのマグネットから離れている）。

足5の上のパターンブレイクプルバックの仕掛けは強気を保っていたが、ここで仕掛けるならば手動で手仕舞うことを作戦に組み込んでおいてほしい。もし切りの良い数字の近くで再び動きが停滞したら、かなりの売りを誘うかもしれない。つまり、必要なときは手仕舞えば、損切りに達するのを避けられるかもしれない。言い換えれば、多少劣るチャンスで仕掛けるかどうかを迷ったときは、柔軟に手仕舞うことも選択肢のひとつになる。そして、もし仕掛けたならば、反転したときに足6の下で手仕舞うことになる（切りの良い数字の抵抗線でMパターンの中心部をブレイクしたとき）。

4－8の動きは、Mパターンよりもさらに強い反転を意味するMmの変形になっている。ここには、ブル派が切りの良い数字の壁を突破できなかった明らかな証拠がある。これで士気が下がらないわけがない。

安値圏からの復活を目指すブル派は、コンビ７の上で足８に反撃されたときのことを軽視すべきではなかった。それに、この小競り合いがパターンラインの下で起こっていることも、上昇につながるようには見えない。テクニカル的に見れば、このセットアップは素晴らしい売りのチャンスではあるが、少し問題がある。目標値に達するには、前の上昇スイング１－３を超えていかなければならないからだ。１－３はここまでで最も目立つスイングであり、たくさんのブル派が50％調整するのを待っている。そのため、足８の下での売りは、抵抗線で手仕舞う候補になる。この場合は、１－３がいったん停止した足２の高値に足９が達した辺りで、20ピップス弱を利食うという選択肢もある。

ブル派が、約40分かけて新たな攻撃を始めるための非常に興味深い反転パターンを形成した。13:00ごろにできたＷｗパターンの変形で、枠で囲ってある。

下降している25EMAの下から足10を上抜いたブレイクは次のセットアップになっているが、これは全体としてみると、ブル派の力というよりも、大きな押しの反動に近い。ただ、ここで仕掛ければ、約25ピップス上に有利な切りの良い数字というボーナスがある。

10－12の上昇スイングは、前の高値まで一気に駆け上ったが、モメンタムがなくなるとすぐにベア派がそれまでの活動を再開して切りの良い数字の上にブル派を追い詰めた。そして、前と同じようにそれが新たなＭｍパターンにつながった（11－13）。しかし、このパターンからの売りは、10－12の上昇スイングに対抗することになり、枠の上の線を伸ばした抵抗線も待ち構えている（点線）。そのため、コンビ13の下で仕掛けるならば、抵抗線で手仕舞うことも考えておいたほうがよい（足14）。

そのすぐあとの14－15は、ブル派がまだ切りの良い数字を攻めようとしていることを示している（アメリカ市場の寄り付きである15:30

からほどなくできた小さなWパターンの中心部)。もしこのときまだポジションを持っているベア派は、反転して足15をブレイクしたところで手仕舞えばよい。

図8.11　全体の見通し　2～3時間で100ピップス強もスイングするのは、典型的な小競り合いの結果ではないことが多い。このような動きはマーケット以外の原因によることが多く、最初の60分程度で反撃されなければ、その進撃が続くか、そのまま横ばいに入る可能性が高い。もちろん、急騰の始まりでポジションを持っていなければ、保守的なプレーヤーはみんながこの出来事を楽しむ様子を傍観するしかない。つまり、たくさんのブル派がアメリカ市場が終わるまでの何時間かに調整があることをうずうずしながら待っているのである。

注目点　皮肉なことに、プルバックの反転でトレードしようと待ち構えている人が多ければ、実際には明確な反転ポイントができない可能性が高い。最大の理由は、みんなチャンスを逃したくないからで、それが通常の警戒心を奪ってやみくもに仕掛けさせてしまうことも珍しくない。しかし、期待したように反転しないとすぐに後悔に変わる。そして、早まった彼らは近くに置いた損切りが次々と執行されるのを恐れながら見守ることになるが、傍観しながらチャンスをうかがっている人たちにとってはますます興味深い展開になる。もしそのあと価格が再び停滞すると、それはより「信頼できる」反転のセットアップとなるからだ（２回目のブレイクの原則)。

３－５の押しは、トレンドの方向を示すポールの約40％をリトレースしたが（フラッグをブレイクアウトした１から見て)、これはブル派の支配力を考えればかなり大きな反動と言える。ただ、この押しは、その長さほどの効果はない。プルバックが深いと（パワーバー４)、たった１本の足で反転のセットアップが有効なシグナル足（足５）にはなりにくいからだ。もちろん、すべてのトレーダーがわずか10ピッ

図8.11

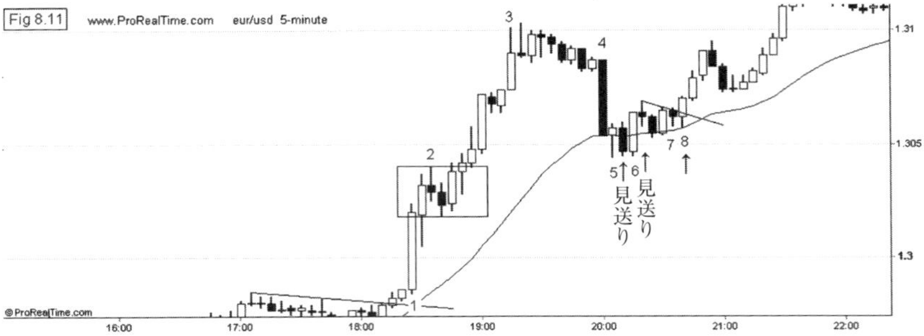

プスのところに損切りを置いているわけではないが、だからと言って細かい注意を払わずに仕掛けてよいということにはならない。足５の上で買いを仕掛けて、同じ足の下に損切りを置いた人は、直後の反撃は奇跡的に逃れたかもしれないが、大きなリスクをとって仕掛けたという事実は変わらない。もちろん、価格が左の枠内にある足２の高値を試す可能性はかなり低かった。それでも、もう少しビルドアップがある適正なセットアップをなぜ待てなかったのだろうか。

そのあと、５－６の動き（三川明けの明星の一種）が２回目のブレイクから仕掛けのセットアップになったが、ここも見送る。この時点では、普通ならば25EMAに達してもさほど害があるわけではないが、ここではそれが損切りを脅かしているし、その２～３ピップス下には50レベルのマグネットもあるからだ。

結局、25EMAの上で有効なコンビのセットアップ７ができるまでには足７本を要した。断言はできないが、足８の安値が最初に25EMAを試してから（その周辺のダマシの安値）、コンビ７の上の仕掛けが有効になったように見える。もちろん、この順番が望ましいが、しっかりとしたビルドアップがあり、マーケットも非常に強含んでいることを考えれば、順番は逆でもよいのかもしれない（仕掛けたときに多少のスリッページがあり、そのあと25EMAに達したらふるい落とされるかもしれないが、損切りが近ければその程度の不運は仕方がない)。

ちなみに、コンビ7のはらみ足が陰線になっていることは、強気のコンビのセットアップでは望ましくない。しかし、前の陽線の高値近くにあることは魅力的だし、２本の足の長さが同じ程度でダブルの足のブレイクのセットアップになっていることも良い。

図8.12　全体の見通し　弱含んでいたアジア時間の半ばに、ブル派はＷｗの枠（１－６）をブレイクしたが、すぐに切りの良い数字に跳ね返された。それでも、再度の攻撃に備えてビルドアップすると、その成果が出た（10－11)。しかし、その努力もEUの取引が始まる08:00ごろには無駄になり、ブル派はむしろベアフラッグ（13－15）の影響を必死で食い止めようとしていた。勝負の結果は変わりやすい。

注目点　トレンドのプルバックにある程度の傾斜と幅があるほうが反転のコンセンサスが得やすくなるように、Ｗｗパターンも大きいＷと小さいｗが調和しているほうがブレイクアウトの成功確率も高くなる。ただ、これらのことに絶対はないし、もしかしたら何らかの「感覚」が必要なのかもしれないが、いずれにしてもカギを握るのは忍耐である。例えば、足Ｔでブレイクしたとき（ティーズブレイク)、小さいｗ（５－Ｔ）の形は隣の大きいＷ（１－５）に比べて少し浅かった。しかし、足６ができると、その前の足と合わせてビルドアップの圧力がより調和するようになった。もし何らかの理由で足６の上のブレイクが却下されても、足７のブレイクで再度仕掛けることができる。

この枠のブレイクアウトで仕掛けることもできるが、左端の25EMAの角度からは、ベア派の支配に対抗してＷｗパターンができ始めたばかりだということが分かる。つまり、ブル派の見通しが万全ではないということである。また、このような状況では、切りの良い

図8.12

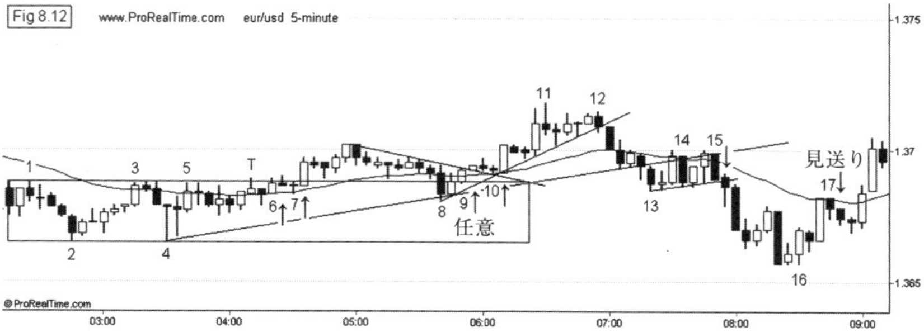

数字が最初は有利なマグネットになっても、そのあとは障害に変わることもよくある。その可能性を考えると、仕掛けるならば作戦に反転による手仕舞いを含めておくべきだろう。そうすれば、必要以上の損失を避けることができる。

今回のトレードは、足８が再度枠の延長線を下抜いたら手仕舞うという選択肢もあるが、仮に足８の安値で損切りに達したとしよう。その次の行動は、失敗をこの仕事のコストとして受け入れ、注意を怠らないことの重要性を示している（自分の行動の正当性を主張する必要はない）。次の仕掛けのチャンスは、足９の上か、パターンブレイクプルバックの一種である足10の上になる。

もし足11の高値で20ピップスの目標値に達していなければ、急転した足12の下で手仕舞って、00レベルの逆マグネットを避けるのがよいだろう（Mパターンの中心部の反転と合わせて角度のあるパターンラインを貫通している）。

ベア派が支配権を握ると、ブル派は後退を強いられて価格は切りの良い数字と25EMAを再び下回り、以前の安値の足４と足８から引いたパターンラインの延長線まで割り込んだ。これから始まるEU市場を見込んで不吉なベアフラッグができている（ポールは12－13）。

足14は下にブレイクしなかったが、いずれにしても素晴らしいシグナル足とは言えなかった。高さがあるし、フラッグやポールとも調和していない。足15も同じくらいの長さだが、フラッグにあと３本足が加わったことで、少なくとも調和の問題は解決した。また、この進展はスクイーズにベア派の粘りが見られるため、足15の下での売りは有効だと言ってよいだろう。もしこのトレードが、以前の安値である足２や足４（枠の下のバリアの延長線）の水準でも目標値に達していなければ、その抵抗線で手仕舞うという選択肢もある（レンジ相場）。

戻りの16－17は、積極的すぎるため、１本足の反転によって足17の下で仕掛けることはできない。いずれにしても、レンジの安値圏ですぐに継続方向に賭けることは勧められない。

図8.13　全体の見通し　このチャートは、あまり活気がないアジア時間と、出来高が多い08:00からのEUの午前（主に09:00からのイギリス市場）のボラティリティの違いをよく表している。ただ、ボラティリティが高ければマーケットの意図が明確だとは必ずしも言えないことも、この図は示している。しかし、注意深く観察している人は、何も見逃さない。そこで、08:00～09:00の時間帯を無駄なプライスアクションとして軽視せず、圧力の変わり目が近づいている兆しを探してみよう。

注目点　アジア時間の早い時間帯はベア派が支配していたが、その圧力を持続することができなかった。そのことが、ゆっくりだが安定的な戻りを誘発し、以前にブレイクされた切りの良い数字に向かうお決まりのコースをたどった（１－２）。ブル派はさらにその水準を超えたが、そこで大きな抵抗に遭った。

そのあとの小競り合いでは、切りの良い数字とアジア時間の安値から引いた上昇するパターンラインを支持線にして弱気のＭパターンが形成された（２－６）。そのあとの６－７はブル派がその影響を打ち

図8.13

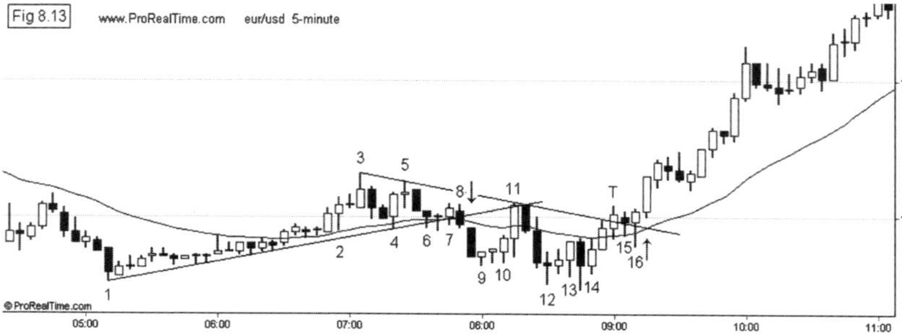
Fig 8.13
www.ProRealTime.com eur/usd 5-minute
1.335
1.33
1
2
3
4
5
6
7
8
9
10
11
12
13
14
15
16
T
© ProRealTime.com
05:00
06:00
07:00
08:00
09:00
10:00
11:00

消そうとしたことを表しているが、残念ながら状況はベア派に優位になっていた。しかし、足８がパターンラインを下抜いて陰線で終わると、Ｍパターンは、その一族でさらに危険なＭｍパターンに変化した（２－８）。圧力は明らかに下を向いているため、足８はベア派のシグナル足になる。

EU市場の寄り付きから２～３本の足は陽線になり（９－10）、小さなＷパターンの中心部の兆しを見せている。これは、足10をブレイクしたときに売りポジションを手仕舞う理由になるかもしれないが、有利なトリプル（25EMA、切りの良い数字、ブレイクアウトの試し）が救いの手を差し伸べてくれることを期待して飛び出したベア派を責めることはできない。

このときまだポジションを持っている人が、足11の高値で損切りに達したのかどうか分からない。実際、勝ちトレードと負けトレードの違いは紙一重なのかもしれないが、その結果は30ピップス以上の差になることもある（－10ピップスか＋20ピップスか）。もし時間帯の結果やトレードごとの結果を確認していくと（多くのトレーダーがしていること）、負けていれば気持ちがかなり乱れるかもしれない。しかし、それも１カ月で集計すれば、良いときと悪いときの結果はかなり均等になる。つまり、トレード時間中に心配しながら資金状況を追跡するのは無意味な行動なのである。

もしふるい落としに遭わなくても目標値にも達していない状態で足12の安値に達したとすれば、この売りポジションは再び反転ブロック（12－13）の悪影響を受けることになる。ここはブル派が２回目の粘りを示しているため、足13をブレイクしたときに反転で手仕舞うとよい。しかし、そこでも手仕舞わなかったときは、次の２本の足が逆行する中心部をさらにふくらませているため、足14の上では必ず手仕舞わなければならない。このことは、ロケット科学並みの知識がなくても、圧力を見れば分かる。

イギリス時間の最初の足（T）は、その前の高値から引いた頭上のパターンラインを積極的に突き抜けたが、これは明らかにティーズブレイクの一種と言える。しかし、価格が少し下落すると、12－14のブロックがそれを推進した。これがテクニカル的にはコンビパターンブレイクアウト（T－15）のセットアップになっているが、難しい切りの良い数字の環境ではまだ十分とは言えない。

次の足は、忍耐強いブル派にとって高勝率の条件をすべて備えたさらに良いセットアップとなった。パワーバー16は、シグナル足になる前に足15を下抜いてダマシの安値を付けたが、これは直近の上昇スイング14－Tを50％リトレースしている。足16をブレイクしたあとのダブルの圧力はかなり大きくなったが、08:00－09:00の幅のあるビルドアップが、出来高が多めのイギリス市場の序盤で20ピップスの目標値に達したことは非常に理にかなっている。

図8.14　全体の見通し　まとめシリーズ最後に、多少の忍耐が最終結果に大きく影響することを示す好例を紹介しよう。このチャートでは、一方的な展開（１－２）の短い攻防がそのあとの展開に与える影響もよく分かる。このようにベア派の姿が見えない上昇スイングが

図8.14

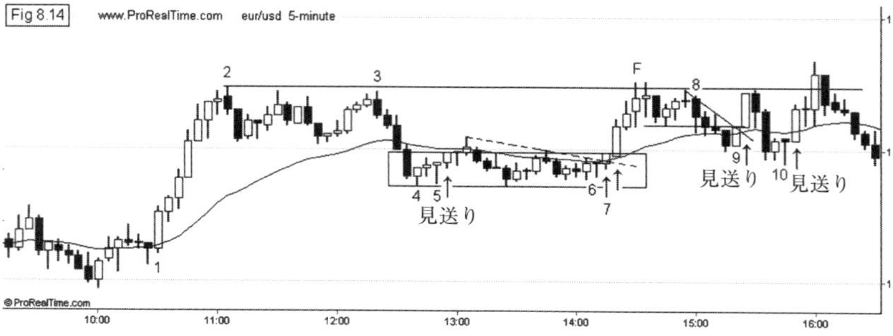

完成すると、あとは、その高値から半分の間でレンジ相場になるしかなかった。

注目点　トレードチャンスが訪れるよりもかなり前に、いずれ起こる攻防のテーマが想像できることはよくある。例えば、切りの良い数字が抵抗の兆しが何もないままブレイクされると、その水準は試しがあるまで強いマグネット効果を持つことはこれまで何回も見てきた。また、トレンドと逆行するプルバックがあると、中間付近でたくさんの人たちが仕掛けようとする。ほかにも、しっかりとしたビルドアップがあるプルバックの反転からは、ダブルの圧力で跳ねることもよくある。もちろん、このような傾向はたくさんのマーケット参加者が目にしており、みんなこれらの出来事を予想したいと思っている。そして、そのことが、マーケットで繰り返し起こる動きを生み出している。

これらの「知識」を持つことはもちろん良いことだが、それをバイアスや早すぎる行動につなげてはならない。プルバックはおそらくマグネットを試し、次の反転で買われるのだろうが、実際にどのような展開になるのかを知る方法はない。テクニカル的に繰り返す価格の動きの主なワナのひとつは、トレーダーがすべてを予想できると思ってしまうことである。しかし、そんなことはできない。できるのは、心の準備をすることだけだ。幸い、私たちには思い浮かぶかぎり最高の指針であるマーケットがあるため、水晶玉で占う必要はない。

最初の妥当なプルバックの下げの安値で、3本足のコンビ4－5が上昇スイング1－2の半ば辺りにできたが、その上にある大きなMパターン（2－3）に抵抗するセットアップとしては少し弱い。このようなしっかりとした障害が進路を邪魔している間はさらにビルドアップしていくのを待つしかない。それがハーモニー（調和）というテーマのひとつで、あとはそれが理にかなっていることを願うしかない。

そう考えると、50レベルの下にあるWパターンの中心部である4－7のブロックは、さらに良い形で圧力をビルドアップしている。実際、これ以上のセットアップはない。理由は、①横幅が頭上の弱気のMパターンに反撃できるだけの大きさになっている、②Wwパターンの一種になっている、③前の上昇スイングの50％の辺りに枠がある、④その上で仕掛ければ逆マグネットになるものがない、⑤ブレイクしたあとにどこかの時点でそれを試せば、それは50レベルの支持線と枠の上限で同時に有利に反転したことになる。

枠をブレイクアウトしたときに仕掛ける方法は2つある。コンビ6をブレイクしたときか（少し積極的）、その次の足が足7を上抜いて視覚的にも枠の上限をブレイクしたときだ。

このトレードは、足2と足3の高値に達する前に20ピップスの目標値に達するだろう。もしそこに達しなければ、抵抗線での手仕舞いが有効だ。そして、以前の高値が本当に障害になることが分かると（典型的なダマシのブレイクトラップFに注目してほしい）、マーケットは新たにMパターンの中心部を形成した（F－8）。

もし下方の失敗ブレイクのあと足9の上で仕掛けていたらどうなっていただろうか。これは明らかに見送るべきチャンスだった。トレンドがすでになくなっている状況でそのような作戦に頼るのは賢明ではないからだ（ブル派の支配だったにもかかわらず、4時間以上レンジ相場が続いている）。また、コンビ10を上抜いたチャンスも、頭上の抵抗が多すぎて高勝率トレードになるようには見えないため、見送ることにする。

第2部
評価と管理

Part 2
Evaluation and Management

第9章

連続した日中チャート

Consecutive Intraday Charts

第１部では、さまざまなチャートを使ってプライスアクションの要点を見てきた。私たちは心臓専門医のように心臓を５分という時間枠で開胸し、組織を切り、胸骨を開き、鼓動する心臓の構造を露出させる。こうして掘り下げていくと、私たちはプライスアクションの原則と、それが発するメッセージを学んでいくことができる。そして、その過程で戦略や作戦に関する価値ある教訓を得ていき、これらの発見が少しずつ実行可能なトレード計画を形作っていく。ただ、それはリスクのない紙の上では完璧に筋が通っていても、実際のトレードで本当にそうなるのかという重大な問題が残っている。

マーケットで実際にトレードすることの本当の意味を言い表す指針などない。たくさんの落とし穴や精神面の管理だけでも大変ななかで、この第２部では、価格が継続的にテクニカル的な動きを繰り返していくということだけでも伝えられればと思っている。もちろん、６カ月分のデータに厳選したプライスアクションの要素を十分含めることができるかどうかは議論の余地があるだろうが、トレード本ができることにも限界がある。少なくとも、この400枚近い連続チャートは、プライスアクションを学ぶ人に日中の動きを解説した膨大なデータベースを提供することはできると思う。

チャートを掘り下げていく前に、これらのチャートに関する基本情報を説明しておきたい。まず、ユーロ/ドルが最も活発にトレードされているのは、EUとイギリスの取引時間といわゆるUK/USオーバーラップ（アメリカ市場の午前を含む）なので、本書ではこの約10時間の動きを示すチャートを使っている。つまり、CET（中央ヨーロッパ標準時）でEU市場が始まる08:00からロンドン市場が引ける18:00までのトレードチャンスについて解説している。ちなみに、これらのチャートには、EUとイギリスの寄り付きをテクニカル的に評価するために、その前のアジア時間のほとんどの動きも含まれている。

本書では、すべてユーロ/ドルの５分足チャートを使って学んでいくが、これは単純にプライスアクション分析の基盤として使っているだけであり、すべてはどのマーケットのどの時間枠にも応用できる。もちろん、実際にトレードする前に自分が選んだ銘柄と時間枠を、その特性や自分がトレードする時間帯に注意を払って分析すべきことは言うまでもない。後者に関して言えば、ユーロ/ドルの場合は先の10時間以外でも妥当なトレードチャンスがあるが（例えばアジア時間の寄り付き）、限りあるページのなかで最大の教育的価値を提供するために、最も活発な時間帯のトレードのみを集中的に見ていくことにする。24時間は、CETでおおむね次のように分けることができる。

00:00～08:00　アジア市場
08:00～09:00　EU市場の開始
09:00～10:00　イギリス市場の開始
12:00～14:00　EUとイギリスの昼休み
15:30～18:00　UK/USオーバーラップ
18:00～20:00　アメリカの昼休み
20:00～22:00　アメリカ市場の終了

これから見ていく一連のチャートは、それぞれが３つの部分に分かれており（多少重複させている）、それを１ページに収めてある。つまり１ページに１日分のチャートを載せている。６カ月分で、132取引日のチャートがある。

プライスアクションの概念やトレードテクニックについてはこれまでの章で詳しく述べたため、本章のチャートには最低限の説明を注釈の形で付けている。仕掛けと手仕舞いに関する詳細や、注目すべきパターンについては、次のような略語を使っている。

pb	パターンブレイク
pbp	パターンブレイクプルバック
pbc	パターンブレイクコンビ
pr	プルバックの反転
tff	失敗ブレイクからのトレード
@	少し積極的な仕掛け
skip	見送り
F	ダマシのブレイク
T	ティーズブレイク
W	Wパターンの中心部
M	Mパターンの中心部
Ww	Wwパターン
Mm	Mmパターン
Ww-variant	Wwパターンの変形
Mm-variant	Mmパターンの変形
SHS	ヘッド・アンド・ショルダーズの一種
magnet	マグネット
skip longs	買いの見送り
skip shorts	売りの見送り
Res. exit	抵抗線で手仕舞い

Rev. exit	反転で手仕舞い
EU Open	EU市場オープン
UK Open	イギリス市場オープン
US Open	アメリカ市場オープン

一連のチャートは、2012年の３～８月のもので、基本的には第１部で挙げた例（同年３月までの数カ月間のチャートから抜粋している）の続きと考えてほしい。

これらのチャートをどう見て、どう学ぶかは読者の自由だが、これらの時間帯にどれだけの利益が上がったかということばかりに目を奪われないようにしてほしい。それはもう過ぎたことだ。これらのチャートは、プライスアクションのテクニカル的な情報の宝庫であり、圧力やビルドアップ、状況、作戦などの理解を深めるための資料として使ってもらうのが、その目的に最もかなっている。また、仕掛けポイントは、20/10のブラケット注文を想定したものなので、必要ならば自分のトレードスタイルや管理方法に合わせて調整してほしい。

これらのチャートには、横の罫線を切りの良い数字の00レベルと50レベルしか入れていないため、特定のトレードが目標値に達したか若干足りなかったかが明確でないところもある。逆行して損切りに達したのか、奇跡的に助かったのかもしかりだ。しかし、それについて悩むのはやめてほしい。前述のとおり、ひとつずつの賭けがうまくいくかどうかはその時間帯の結果には大きな影響を及ぼすかもしれないが、長期的に見ればそれも相殺されていくのである。

注意　これから見ていく６カ月分の日中チャートからは、「普通に動いている」日の平均的なボラティリティの感覚をつかめると思うが、そのなかにもその日の状況とは相いれないテクニカル的な動きを見せる短い時間帯がある。FX市場では、ニュースを待つ間は比較的平坦な動きが続き、数字が発表された途端に急激に動くがすぐまた静かになるということが、普通は少なくとも１週間に１回くらいはある。ところが、静かな状態が何週間、ときには何カ月と続くこともないわけではない。戦略によっては動きが遅いときにうまくいくものもあるが（例えば逆張り）、ブレイクアウトトレーダーは通常、ボラティリティやフォロースルーが期待できないと成果もあまり期待できない。そこで、定期的に戦略を調整してくことが必要なのかもしれない。もちろん、目標値を小さくすることもひとつの方法ではある。しかし、日中のより動きが速い時間枠でトレードすることを選ぶ人もたくさんいる。第11章では、それを最も効率的に行う方法について詳しく説明していく。

望ましくない状況を打開するもうひとつの良い方法は、攻撃計画を調整するのではなく、同時にトレードするマーケットの数を増やすことで、これはマーケットを厳選して行う必要がある。通常は、３つか４つのマーケットでよいだろう（**ヒント**　家のパソコンに画面を増設するときは、モニターの接続端子を増設するよりも、グラフィックアダプターをUSBでつなぐほうが安くすむ）。

複数のマーケットでトレードするメリットとしては、第10章で説明する資金管理の原則を簡単に紹介しておこう。リスク・リワード・レシオが１：２とすると、勝ちトレードで２点入り、損切りに達すれば１点失う。もし中級程度のトレーダーの１日の平均的な成績が、勝ちトレード１回、負けトレード１回、途中で損切り１回だった場合、１カ月に10点程度の利益が上がる（１日0.5点×20取引日）。もしこの見通しをさほど理不尽に感じなければ、次のことも考えてみてほしい。トレード当たりのサイズを毎週増やしていけば（詳細は後述する）、１カ月で10ポイントの利益でも、トレード口座の残高は１年で10倍になる（もちろん１週間に平均2.5ポイントの利益を維持して、１トレード当たりのリスクを資金の２％に抑えた場合）。そして、当然ながらこの10ポイントはどのマーケットで上げてもかまわない。４つのマーケットでトレードするならば、それぞれで１カ月に平均2.5ポイント上げることができれば目標値に達する。そう考えると、３～４のマーケットで同時にトレードすることを勧めないわけにはいかない。マーケットにあまりチャンスがない停滞した状態ならばなおさらだ。

ただ、この話はプライスアクションを学ぶ人に毎月夢のような利益を上げて将来金持ちになるなどといった妄想を植え付けることではなく、トレードを常に大局的に考えることの重要性を強調するために書いている。少なくとも月ごとの見通しくらいは持っておいてほしい。１日の利益や１週間の利益を必死でかき集めることにばかり集中していると、ストレスと不安ばかりがたまり、良いことはほとんどない。

図9.1a

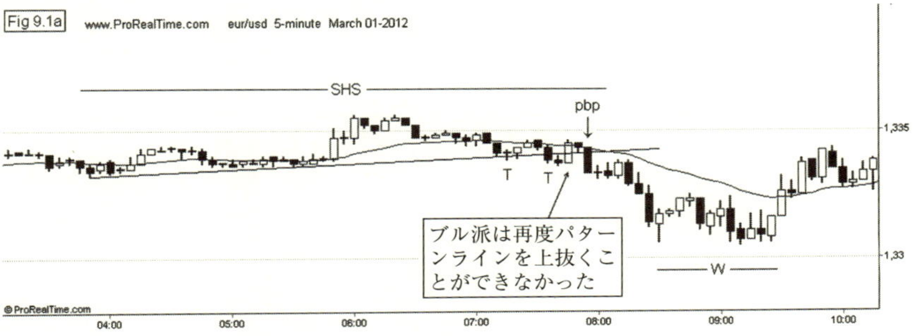

図9.1b

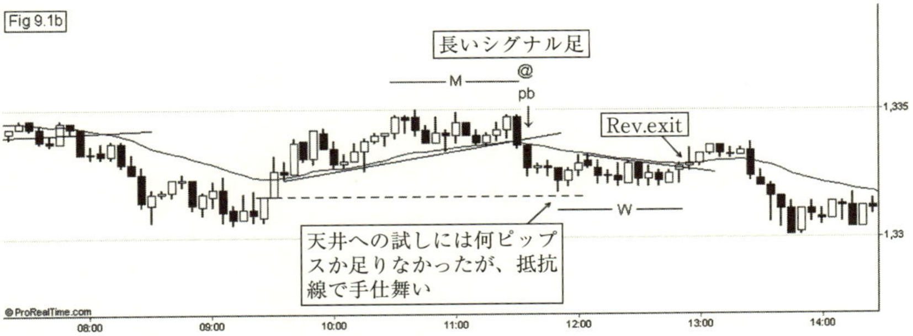

図9.1c

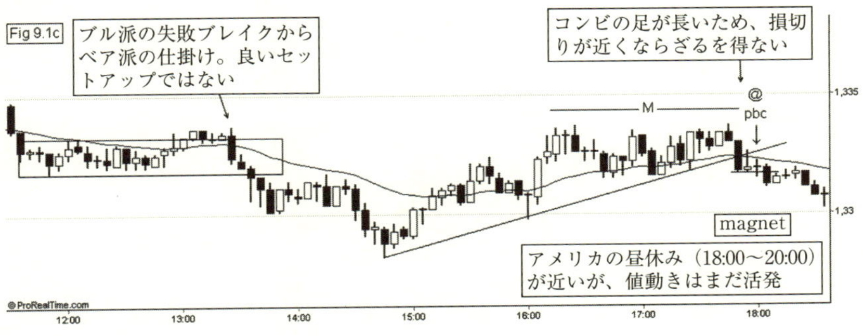

図9.2a

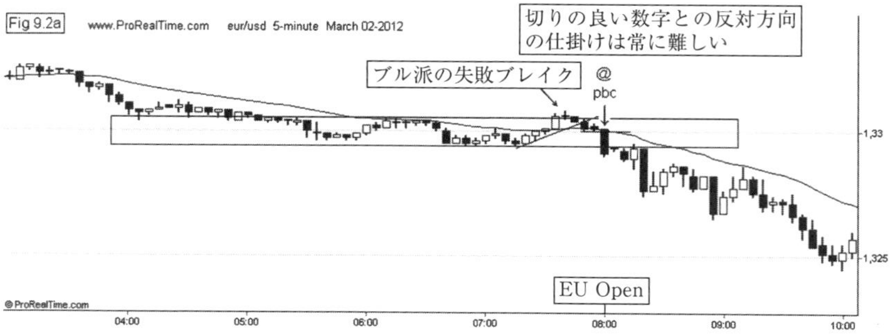

図9.2b

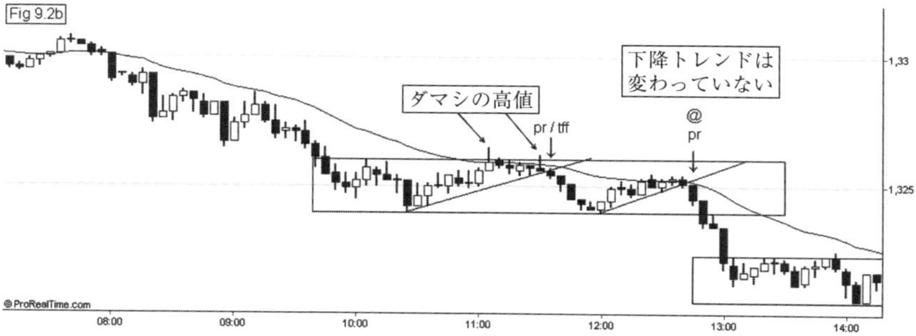

図9.2c

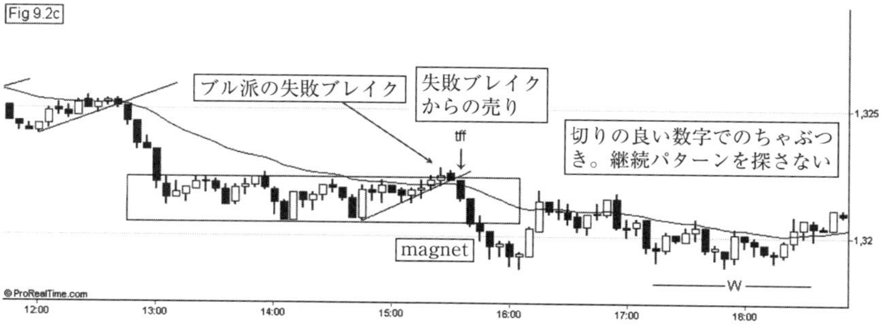

図9.3a

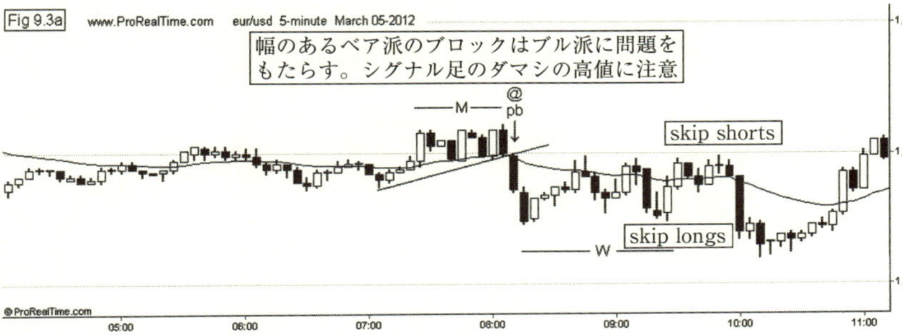

Fig 9.3a
www.ProRealTime.com　eur/usd 5-minute March 05-2012
幅のあるベア派のブロックはブル派に問題をもたらす。シグナル足のダマシの高値に注意
M
@
pb
skip shorts
skip longs
W
1,325
1,32
1,315
© ProRealTime.com
05:00
06:00
07:00
08:00
09:00
10:00
11:00

図9.3b

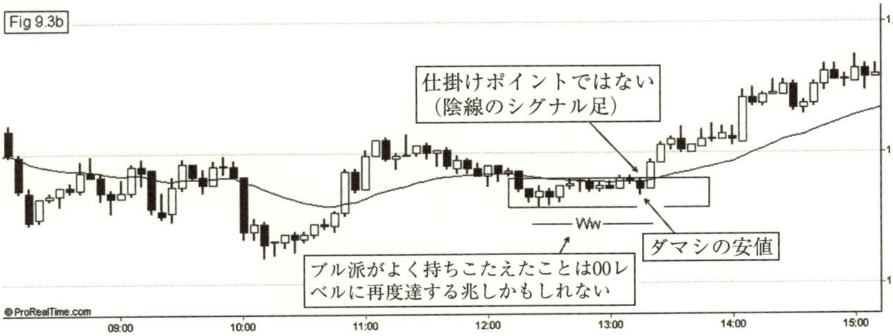

Fig 9.3b
仕掛けポイントではない（陰線のシグナル足）
Ww
ダマシの安値
ブル派がよく持ちこたえたことは00レベルに再度達する兆しかもしれない
1,325
1,32
1,315
© ProRealTime.com
09:00
10:00
11:00
12:00
13:00
14:00
15:00

図9.3c

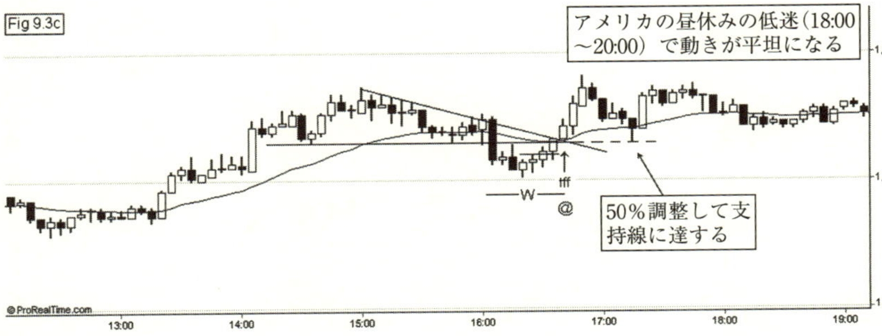

Fig 9.3c
アメリカの昼休みの低迷（18:00～20:00）で動きが平坦になる
fff
W
@
50％調整して支持線に達する
1,325
1,32
1,315
© ProRealTime.com
13:00
14:00
15:00
16:00
17:00
18:00
19:00

図9.4a

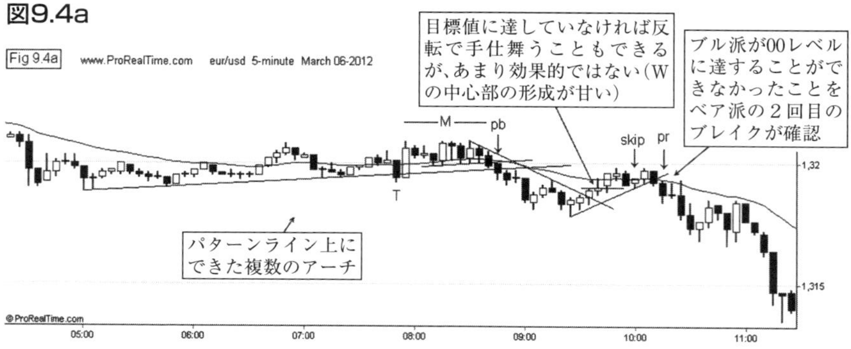

図9.4b

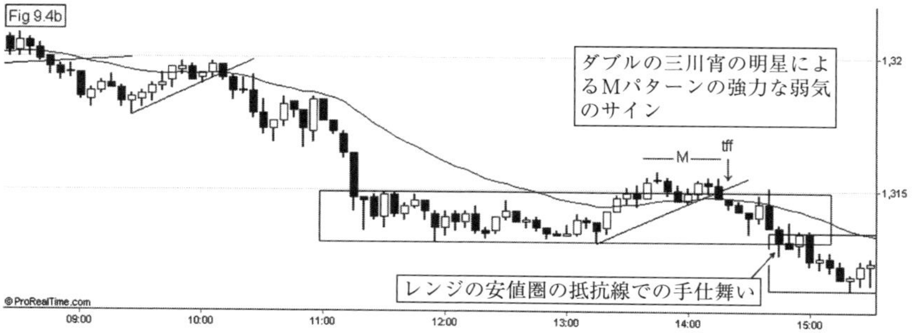

図9.4c

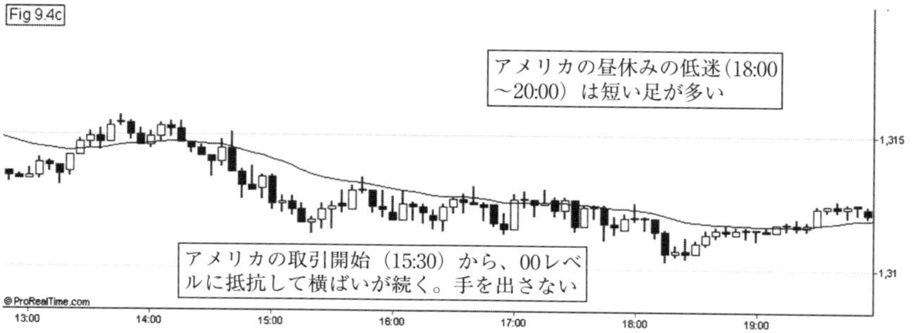

図9.5a

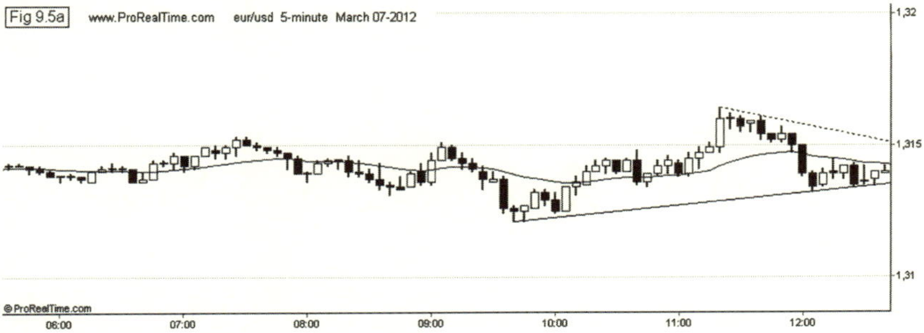

図9.5b

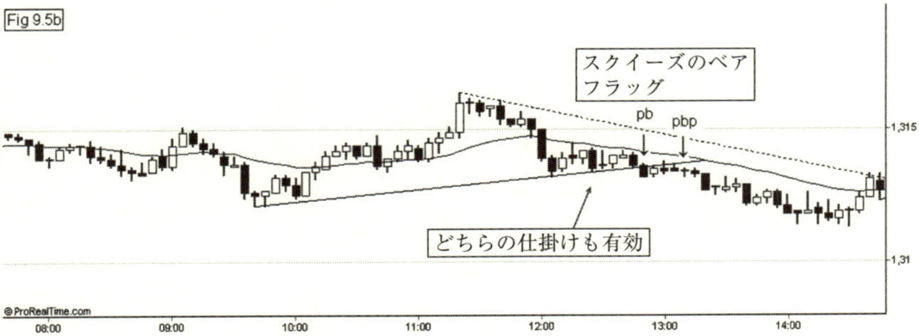

図9.5c

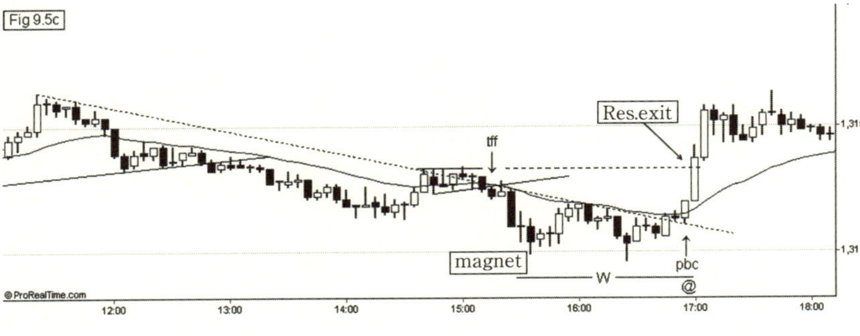

図9.6a

図9.6b

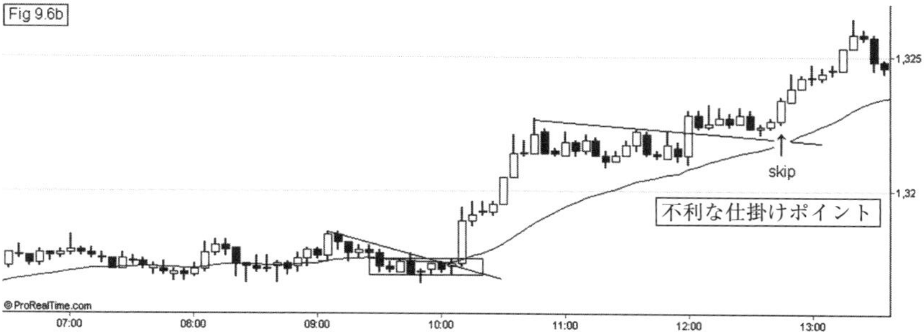

図9.6c

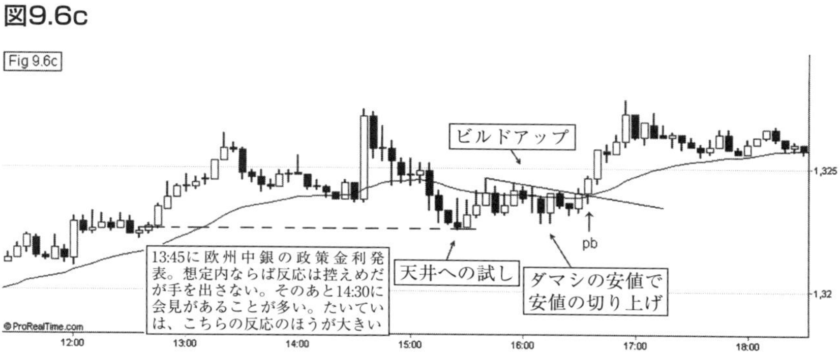

図9.7a

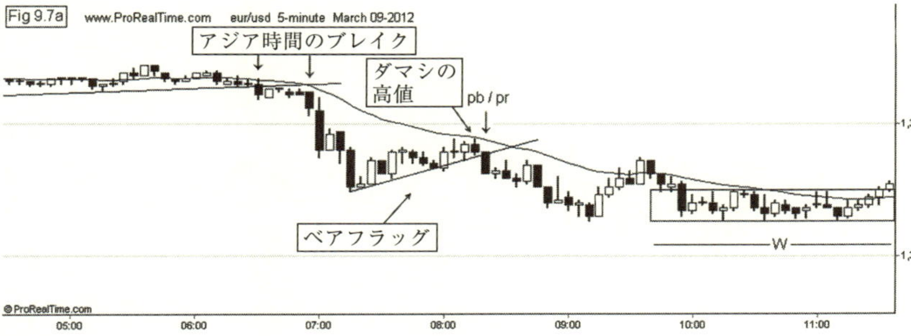

図9.7b

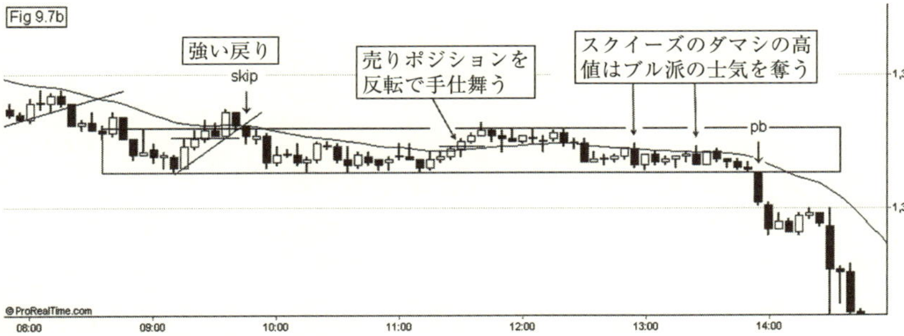

図9.7c

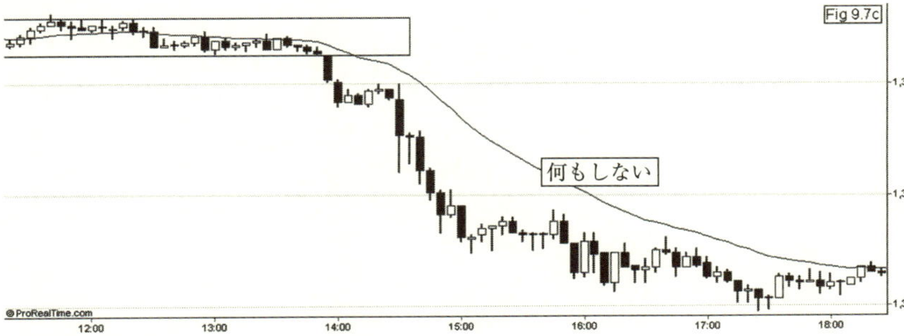

図9.8a

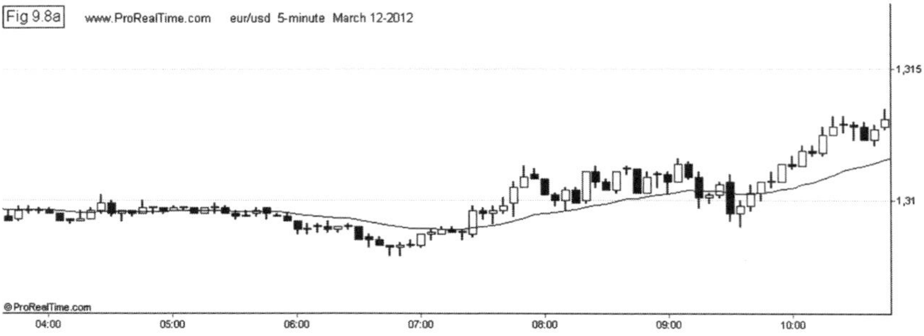
Fig 9.8a
www.ProRealTime.com eur/usd 5-minute March 12-2012
1,315
1,31
© ProRealTime.com
04:00
05:00
06:00
07:00
08:00
09:00
10:00

図9.8b

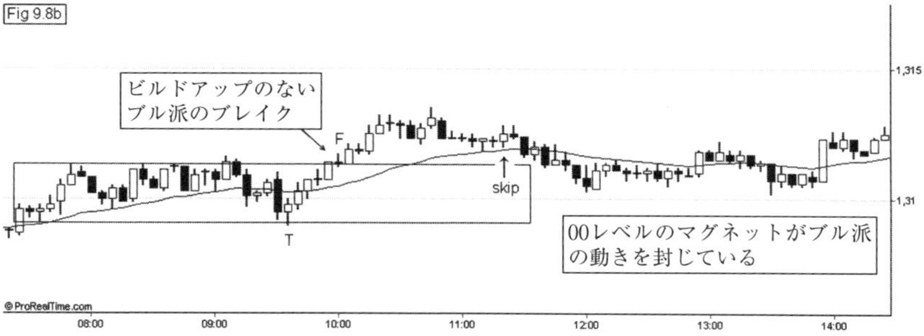
Fig 9.8b
ビルドアップのない
ブル派のブレイク
F
skip
T
00レベルのマグネットがブル派
の動きを封じている
1,315
1,31
© ProRealTime.com
08:00
09:00
10:00
11:00
12:00
13:00
14:00

図9.8c

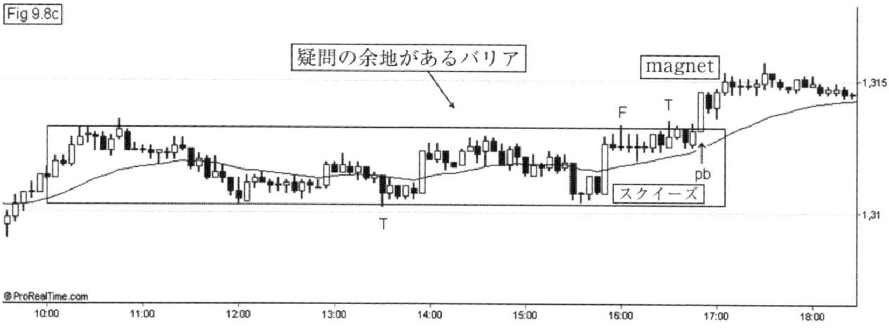
Fig 9.8c
疑問の余地があるバリア
magnet
F
T
pb
スクイーズ
T
1,315
1,31
© ProRealTime.com
10:00
11:00
12:00
13:00
14:00
15:00
16:00
17:00
18:00

図9.9a

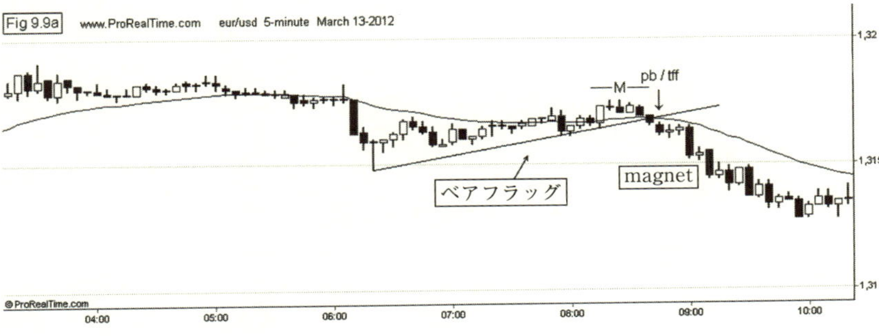

図9.9b

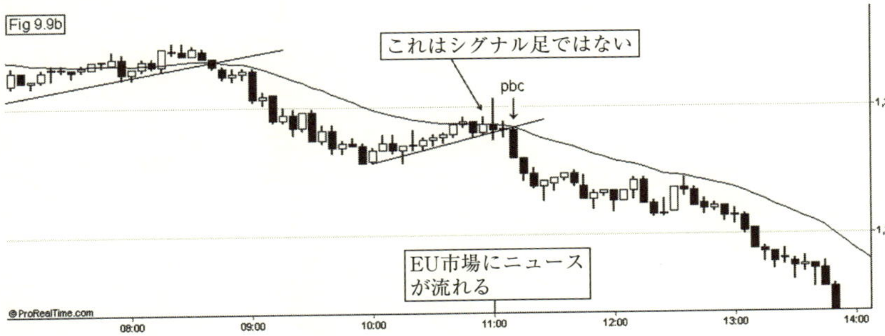

図9.9c

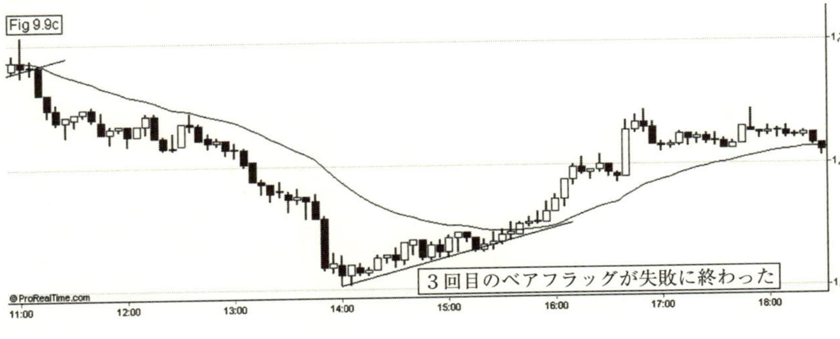

図9.10a

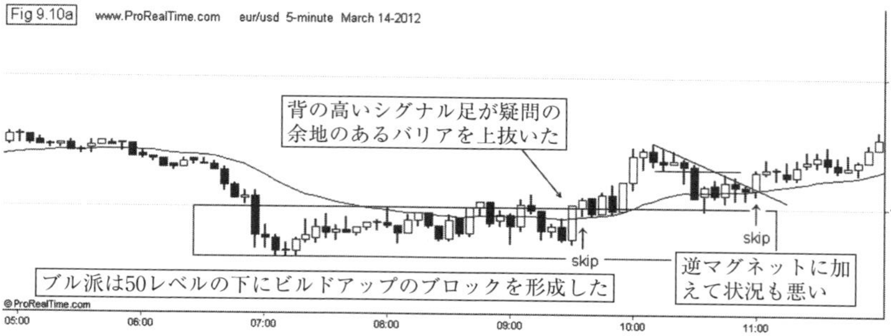
Fig 9.10a
www.ProRealTime.com eur/usd 5-minute March 14-2012
背の高いシグナル足が疑問の
余地のあるバリアを上抜いた
skip
skip
ブル派は50レベルの下にビルドアップのブロックを形成した
逆マグネットに加
えて状況も悪い
© ProRealTime.com
05:00
06:00
07:00
08:00
09:00
10:00
11:00
1,31
1,305

図9.10b

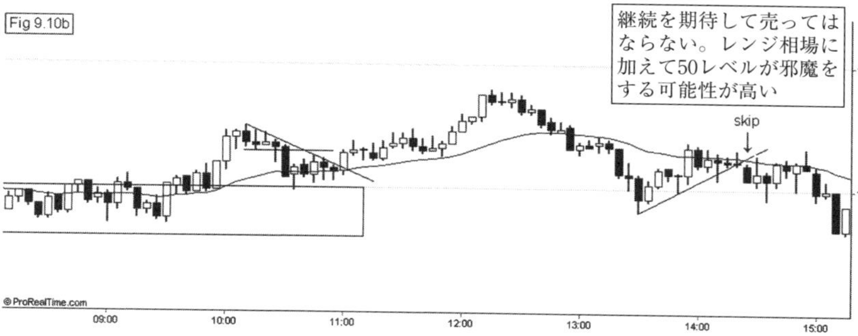
Fig 9.10b
継続を期待して売っては
ならない。レンジ相場に
加えて50レベルが邪魔を
する可能性が高い
skip
© ProRealTime.com
09:00
10:00
11:00
12:00
13:00
14:00
15:00
1,31
1,305

図9.10c

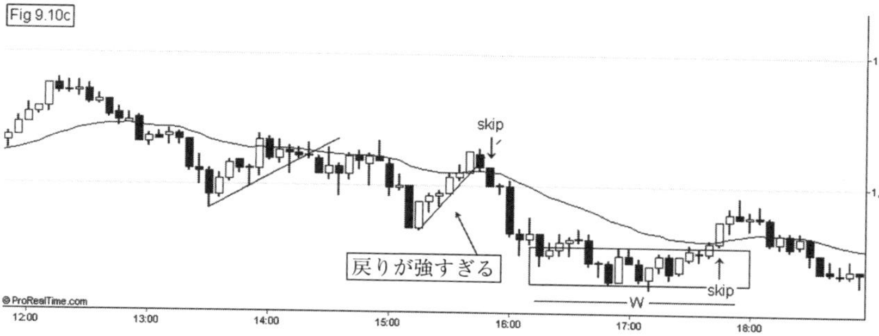
Fig 9.10c
skip
戻りが強すぎる
skip
W
© ProRealTime.com
12:00
13:00
14:00
15:00
16:00
17:00
18:00
1,31
1,305

図9.11a

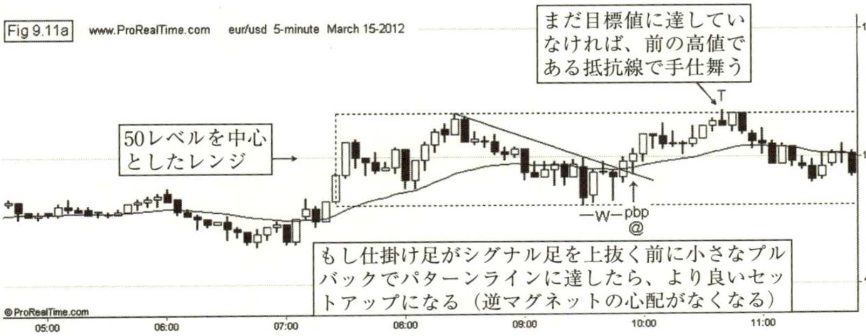
Fig 9.11a
www.ProRealTime.com eur/usd 5-minute March 15-2012
まだ目標値に達していなければ、前の高値である抵抗線で手仕舞う
T
50レベルを中心としたレンジ
—W—
pbp
@
もし仕掛け足がシグナル足を上抜く前に小さなプルバックでパターンラインに達したら、より良いセットアップになる（逆マグネットの心配がなくなる）
1,31
1,305
1,3
© ProRealTime.com
05:00
06:00
07:00
08:00
09:00
10:00
11:00

図9.11b

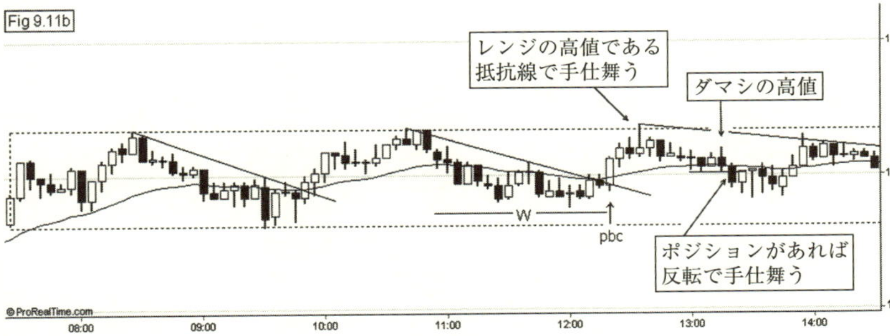
Fig 9.11b
レンジの高値である抵抗線で手仕舞う
ダマシの高値
W
pbc
ポジションがあれば反転で手仕舞う
1,31
1,305
1,3
© ProRealTime.com
08:00
09:00
10:00
11:00
12:00
13:00
14:00

図9.11c

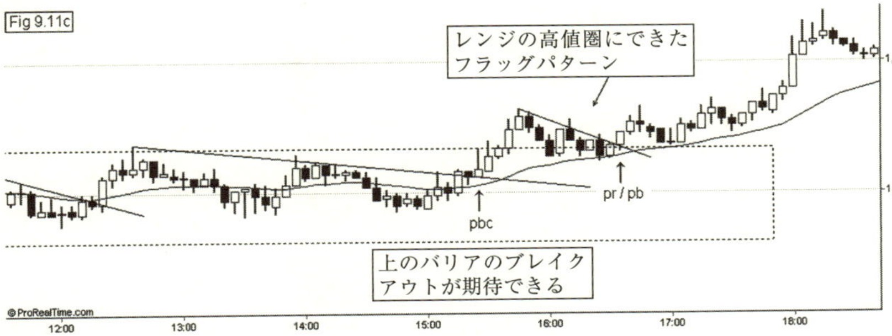
Fig 9.11c
レンジの高値圏にできたフラッグパターン
pbc
pr / pb
上のバリアのブレイクアウトが期待できる
1,31
1,305
© ProRealTime.com
12:00
13:00
14:00
15:00
16:00
17:00
18:00

図9.12a

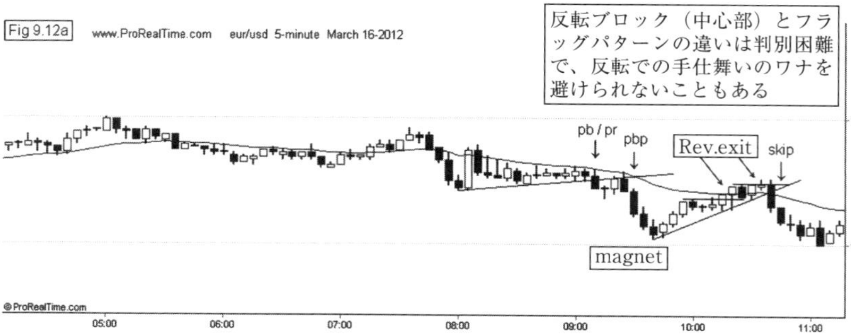
Fig 9.12a
www.ProRealTime.com eur/usd 5-minute March 16-2012
反転ブロック（中心部）とフラッグパターンの違いは判別困難で、反転での手仕舞いのワナを避けられないこともある
pb / pr
pbp
Rev.exit
skip
magnet
© ProRealTime.com
1,31
1,305
05:00
06:00
07:00
08:00
09:00
10:00
11:00

図9.12b

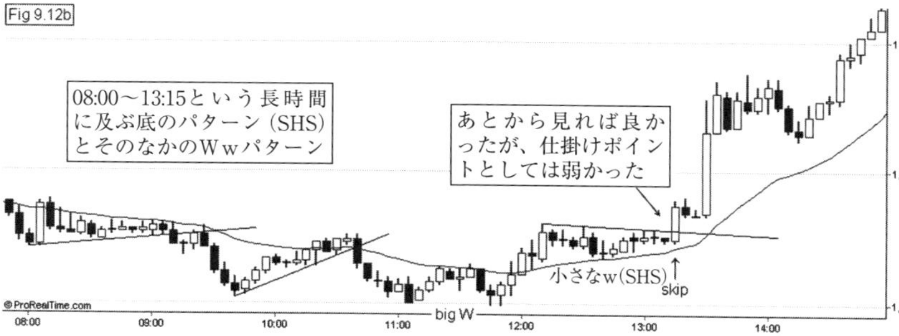
Fig 9.12b
08:00〜13:15という長時間に及ぶ底のパターン（SHS）とそのなかのWwパターン
あとから見れば良かったが、仕掛けポイントとしては弱かった
小さなw(SHS)
skip
big W
© ProRealTime.com
1,315
1,31
1,305
08:00
09:00
10:00
11:00
12:00
13:00
14:00

図9.12c

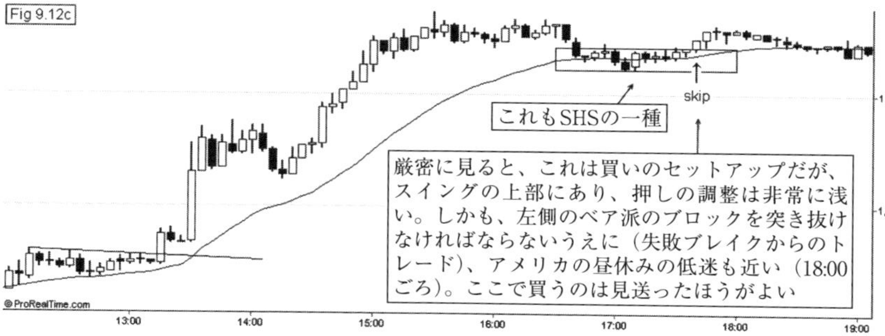
Fig 9.12c
skip
これもSHSの一種
厳密に見ると、これは買いのセットアップだが、スイングの上部にあり、押しの調整は非常に浅い。しかも、左側のベア派のブロックを突き抜けなければならないうえに（失敗ブレイクからのトレード）、アメリカの昼休みの低迷も近い（18:00ごろ）。ここで買うのは見送ったほうがよい
© ProRealTime.com
1,315
1,31
13:00
14:00
15:00
16:00
17:00
18:00
19:00

図9.13a

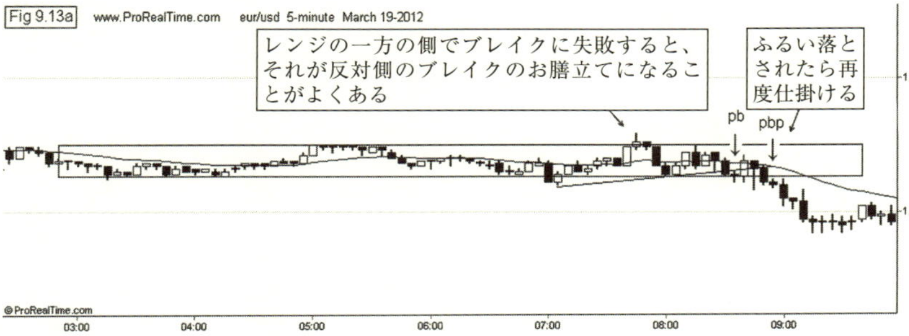
Fig 9.13a
www.ProRealTime.com eur/usd 5-minute March 19-2012
レンジの一方の側でブレイクに失敗すると、それが反対側のブレイクのお膳立てになることがよくある
ふるい落とされたら再度仕掛ける
pb
pbp
1,32
1,315
© ProRealTime.com
03:00
04:00
05:00
06:00
07:00
08:00
09:00

図9.13b

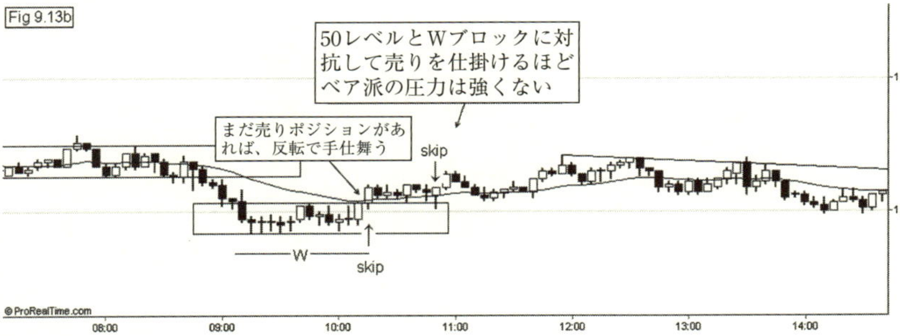
Fig 9.13b
50レベルとWブロックに対抗して売りを仕掛けるほどベア派の圧力は強くない
まだ売りポジションがあれば、反転で手仕舞う
skip
W
skip
1,32
1,315
© ProRealTime.com
08:00
09:00
10:00
11:00
12:00
13:00
14:00

図9.13c

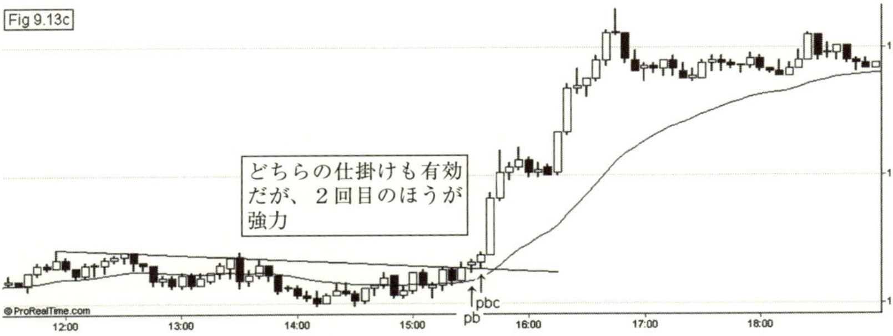
Fig 9.13c
どちらの仕掛けも有効だが、２回目のほうが強力
pbc
pb
1,325
1,32
1,315
© ProRealTime.com
12:00
13:00
14:00
15:00
16:00
17:00
18:00

図9.14a

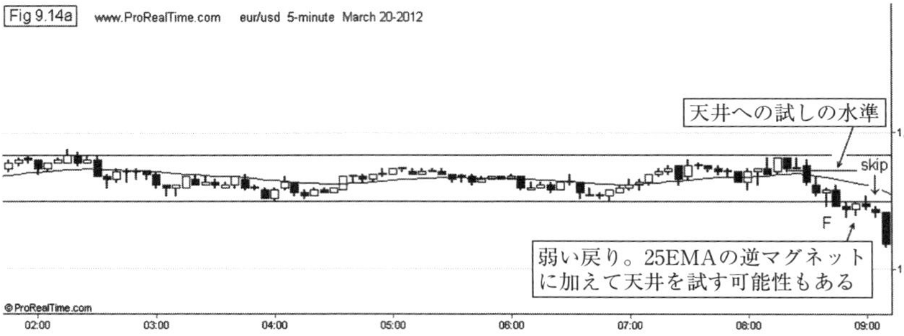
Fig 9.14a
www.ProRealTime.com eur/usd 5-minute March 20-2012
天井への試しの水準
skip
F
弱い戻り。25EMAの逆マグネット
に加えて天井を試す可能性もある
1,325
1,32
© ProRealTime.com
02:00
03:00
04:00
05:00
06:00
07:00
08:00
09:00

図9.14b

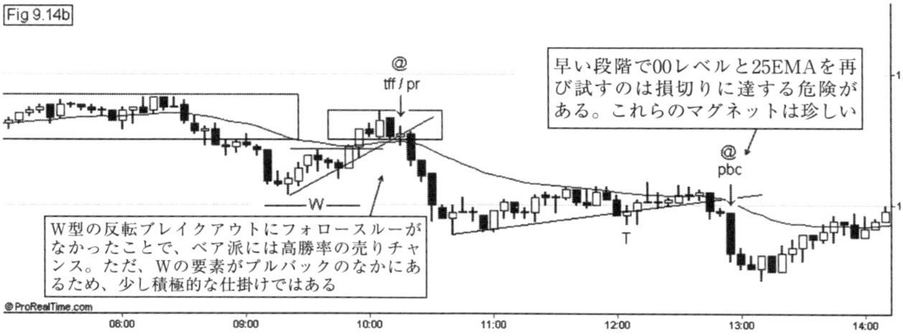
Fig 9.14b
@
tff / pr
早い段階で00レベルと25EMAを再
び試すのは損切りに達する危険が
ある。これらのマグネットは珍しい
@
pbc
W
T
W型の反転ブレイクアウトにフォロースルーが
なかったことで、ベア派には高勝率の売りチャ
ンス。ただ、Wの要素がプルバックのなかにあ
るため、少し積極的な仕掛けではある
1,325
1,32
© ProRealTime.com
08:00
09:00
10:00
11:00
12:00
13:00
14:00

図9.14c

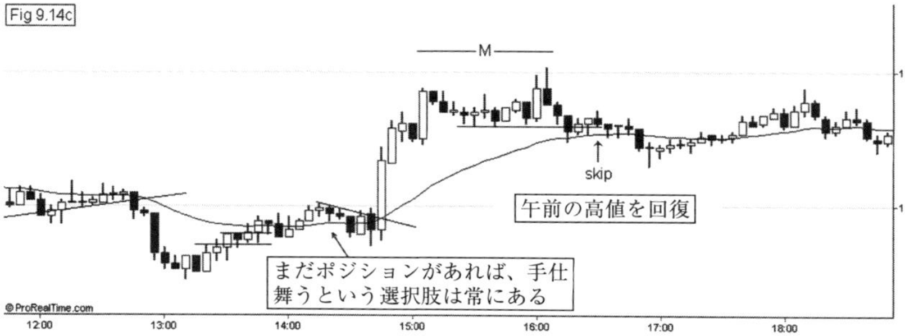
Fig 9.14c
M
skip
午前の高値を回復
まだポジションがあれば、手仕
舞うという選択肢は常にある
1,325
1,32
© ProRealTime.com
12:00
13:00
14:00
15:00
16:00
17:00
18:00

図9.15a

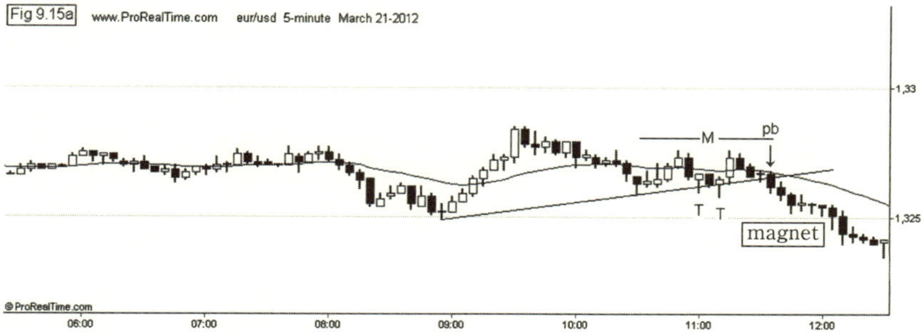
Fig 9.15a
www.ProRealTime.com eur/usd 5-minute March 21-2012
M
pb
T
T
magnet
1,33
1,325
© ProRealTime.com
06:00 07:00 08:00 09:00 10:00 11:00 12:00

図9.15b

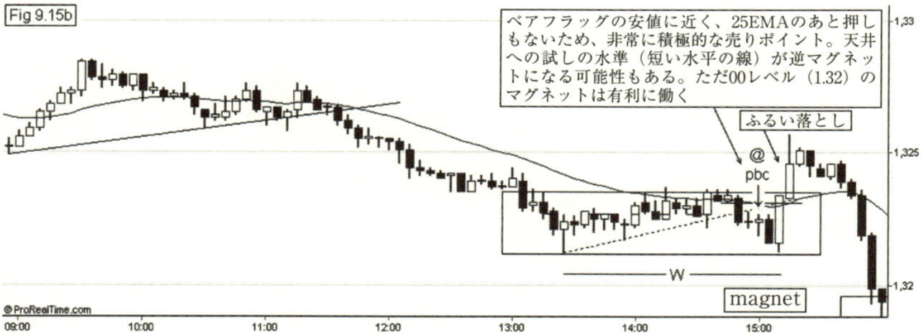
Fig 9.15b
ベアフラッグの安値に近く、25EMAのあと押しもないため、非常に積極的な売りポイント。天井への試しの水準（短い水平の線）が逆マグネットになる可能性もある。ただ00レベル（1.32）のマグネットは有利に働く
ふるい落とし
@
pbc
W
magnet
1,33
1,325
1,32
© ProRealTime.com
09:00 10:00 11:00 12:00 13:00 14:00 15:00

図9.15c

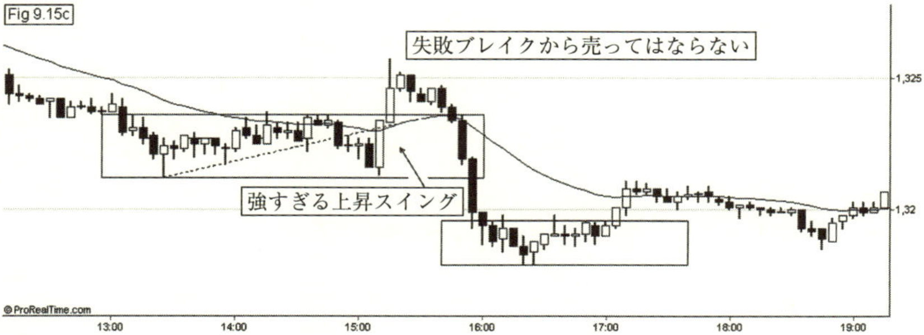
Fig 9.15c
失敗ブレイクから売ってはならない
強すぎる上昇スイング
1,325
1,32
© ProRealTime.com
13:00 14:00 15:00 16:00 17:00 18:00 19:00

図9.16a

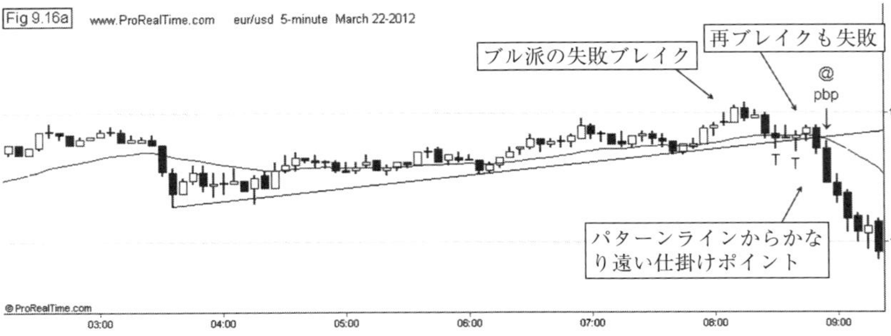
Fig 9.16a
www.ProRealTime.com eur/usd 5-minute March 22-2012
再ブレイクも失敗
ブル派の失敗ブレイク
@
pbp
T
T
パターンラインからかなり遠い仕掛けポイント
1,325
1,32
© ProRealTime.com
03:00
04:00
05:00
06:00
07:00
08:00
09:00

図9.16b

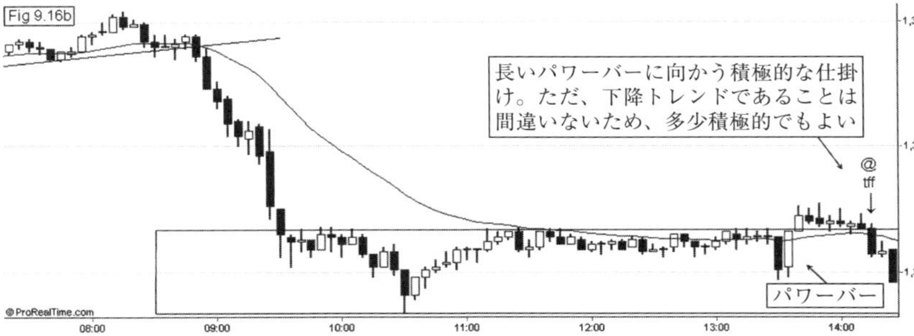
Fig 9.16b
1,325
長いパワーバーに向かう積極的な仕掛け。ただ、下降トレンドであることは間違いないため、多少積極的でもよい
1,32
@
tff
1,315
パワーバー
© ProRealTime.com
08:00
09:00
10:00
11:00
12:00
13:00
14:00

図9.16c

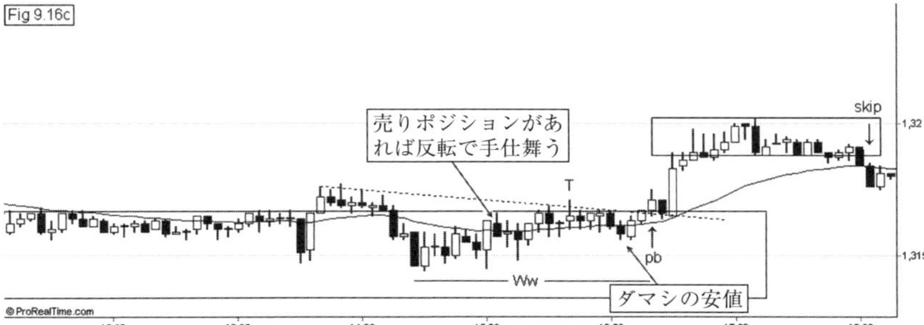
Fig 9.16c
skip
1,32
売りポジションがあれば反転で手仕舞う
T
pb
1,315
Ww
ダマシの安値
© ProRealTime.com
12:00
13:00
14:00
15:00
16:00
17:00
18:00

図9.17a

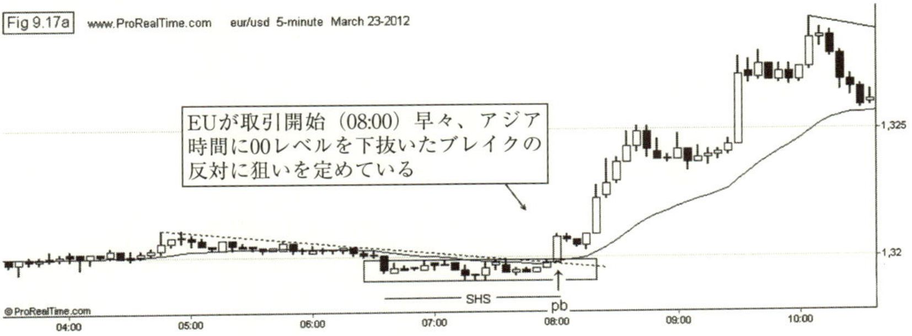
Fig 9.17a
www.ProRealTime.com eur/usd 5-minute March 23-2012
EUが取引開始（08:00）早々、アジア時間に00レベルを下抜いたブレイクの反対に狙いを定めている
SHS
pb
1,325
1,32
© ProRealTime.com
04:00
05:00
06:00
07:00
08:00
09:00
10:00

図9.17b

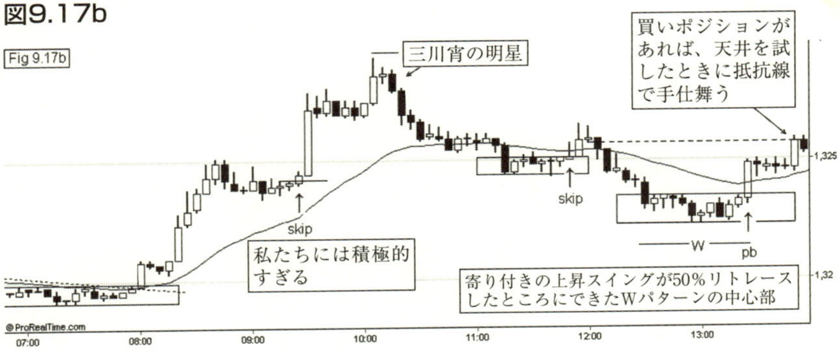
Fig 9.17b
三川宵の明星
買いポジションがあれば、天井を試したときに抵抗線で手仕舞う
skip
skip
私たちには積極的すぎる
W
pb
寄り付きの上昇スイングが50％リトレースしたところにできたWパターンの中心部
1,325
1,32
© ProRealTime.com
07:00
08:00
09:00
10:00
11:00
12:00
13:00

図9.17c

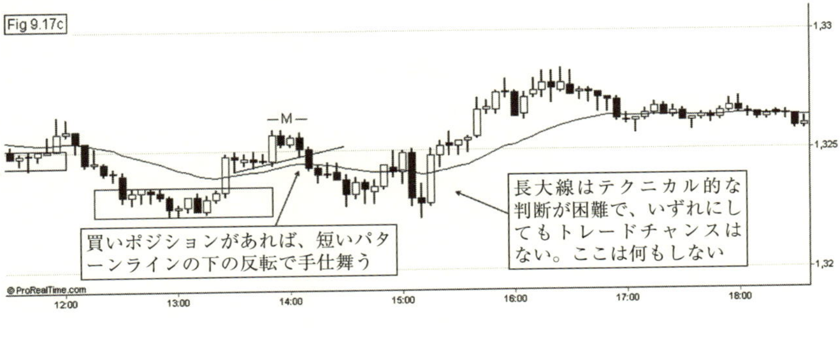
Fig 9.17c
M
買いポジションがあれば、短いパターンラインの下の反転で手仕舞う
長大線はテクニカル的な判断が困難で、いずれにしてもトレードチャンスはない。ここは何もしない
1,33
1,325
1,32
© ProRealTime.com
12:00
13:00
14:00
15:00
16:00
17:00
18:00

図9.18a

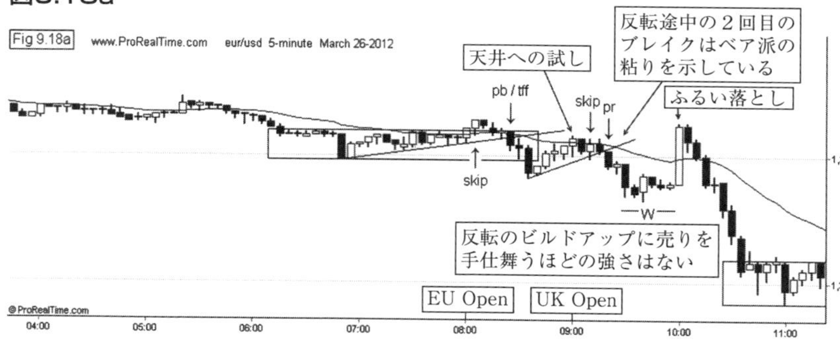

Fig 9.18a
www.ProRealTime.com eur/usd 5-minute March 26-2012
反転途中の２回目のブレイクはベア派の粘りを示している
天井への試し
pb / tff
skip
pr
ふるい落とし
skip
W
反転のビルドアップに売りを手仕舞うほどの強さはない
EU Open
UK Open
© ProRealTime.com

図9.18b

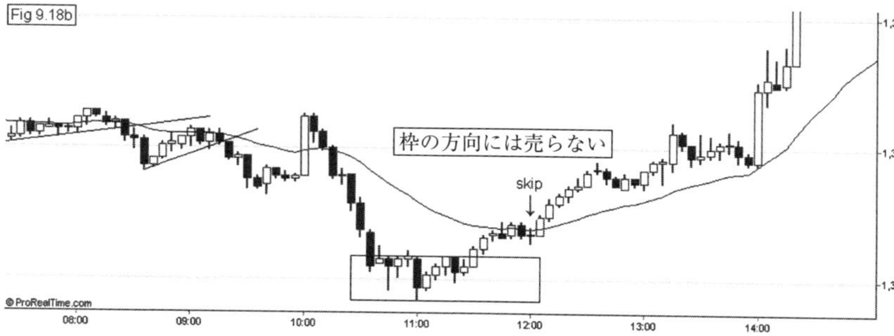

Fig 9.18b
枠の方向には売らない
skip
© ProRealTime.com

図9.18c

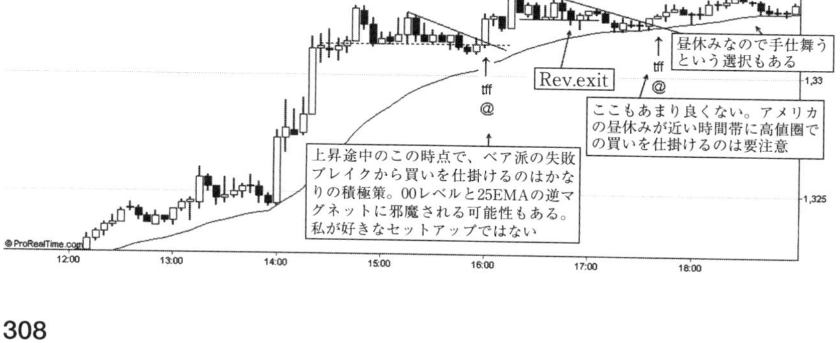

Fig 9.18c
tff
@
Rev.exit
tff
@
昼休みなので手仕舞うという選択もある
ここもあまり良くない。アメリカの昼休みが近い時間帯に高値圏での買いを仕掛けるのは要注意
上昇途中のこの時点で、ベア派の失敗ブレイクから買いを仕掛けるのはかなりの積極策。00レベルと25EMAの逆マグネットに邪魔される可能性もある。私が好きなセットアップではない
© ProRealTime.com

図9.19a

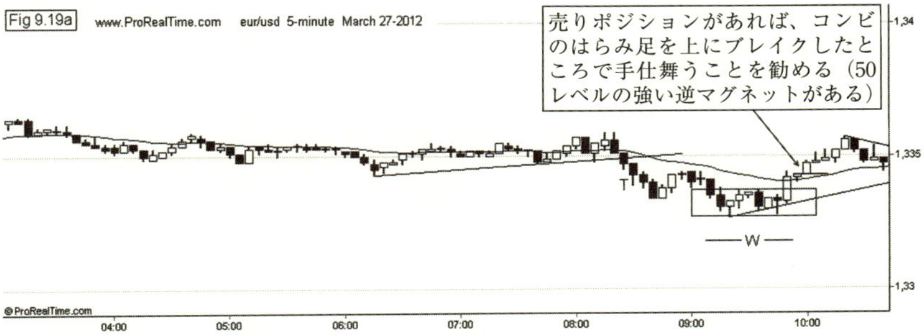
Fig 9.19a
www.ProRealTime.com eur/usd 5-minute March 27-2012
売りポジションがあれば、コンビのはらみ足を上にブレイクしたところで手仕舞うことを勧める（50レベルの強い逆マグネットがある）
T
W
1,34
1,335
1,33
© ProRealTime.com
04:00 05:00 06:00 07:00 08:00 09:00 10:00

図9.19b

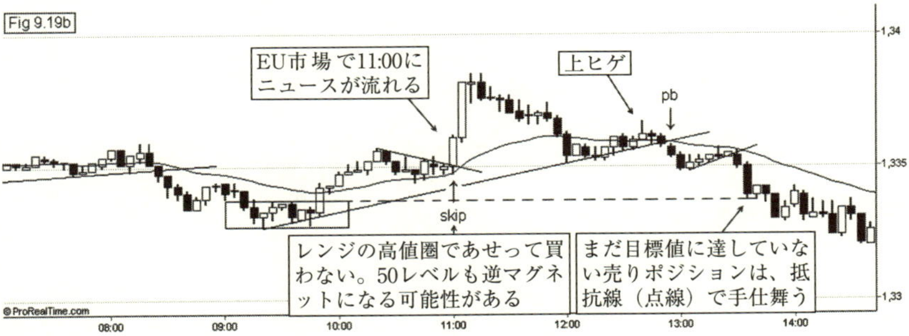
Fig 9.19b
EU市場で11:00にニュースが流れる
上ヒゲ
pb
skip
レンジの高値圏であせって買わない。50レベルも逆マグネットになる可能性がある
まだ目標値に達していない売りポジションは、抵抗線（点線）で手仕舞う
1,34
1,335
1,33
© ProRealTime.com
08:00 09:00 10:00 11:00 12:00 13:00 14:00

図9.19c

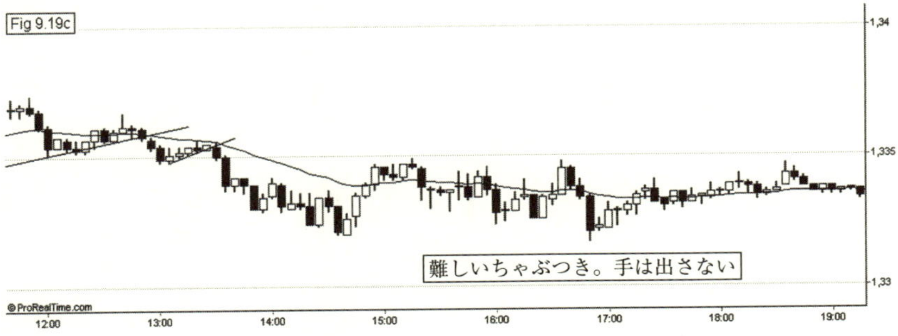
Fig 9.19c
難しいちゃぶつき。手は出さない
1,34
1,335
1,33
© ProRealTime.com
12:00 13:00 14:00 15:00 16:00 17:00 18:00 19:00

図9.20a

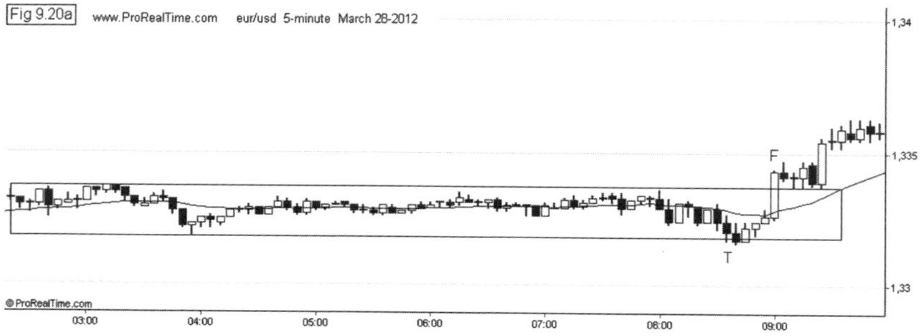

図9.20b

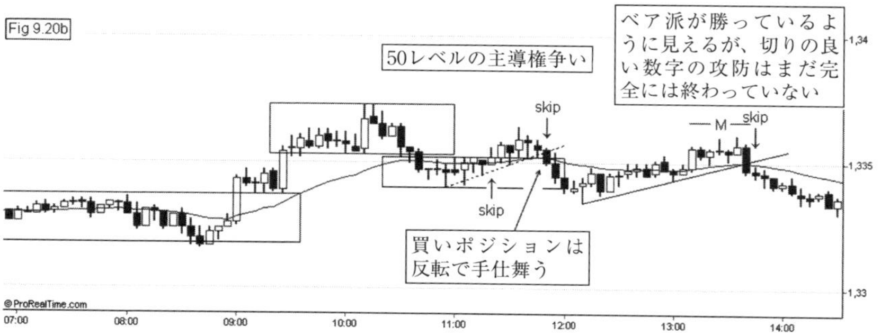

図9.20c

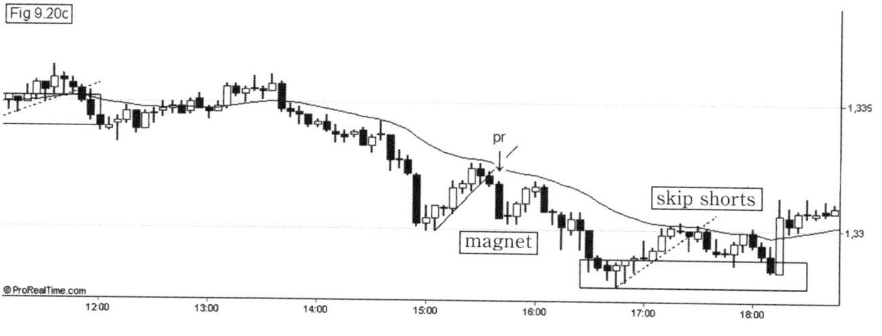

図9.21a

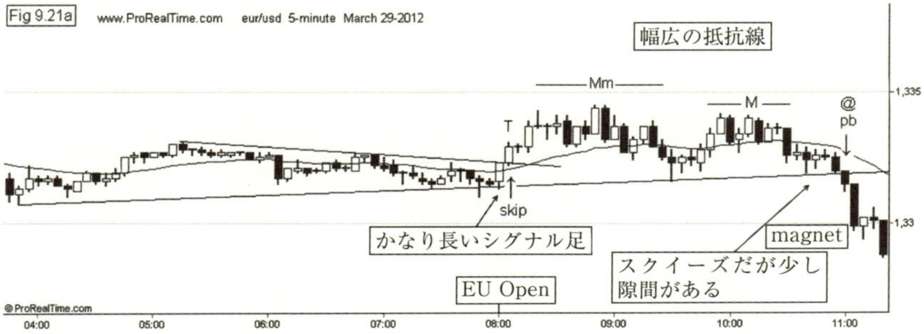

図9.21b

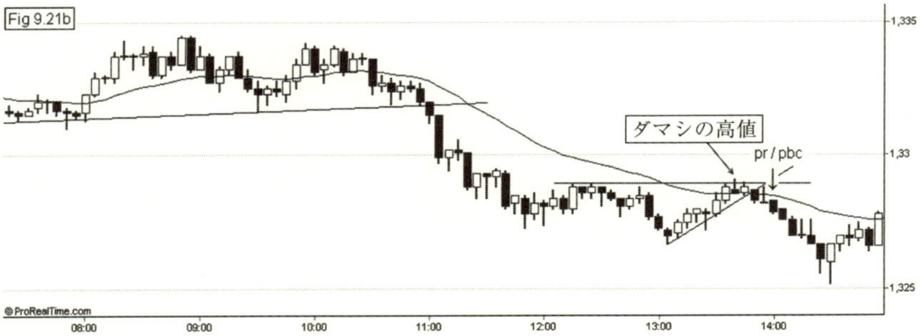

図9.21c

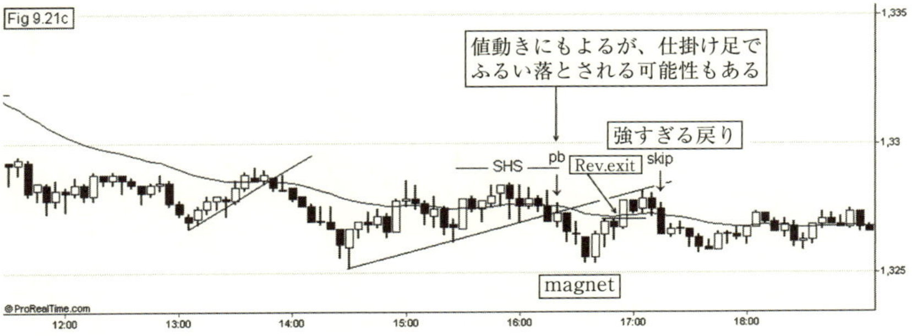

図9.22a

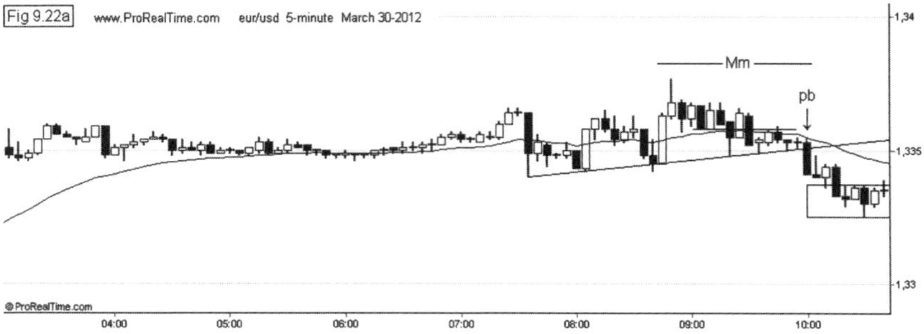
Fig 9.22a
www.ProRealTime.com eur/usd 5-minute March 30-2012
Mm
pb
1,34
1,335
1,33
© ProRealTime.com
04:00 05:00 06:00 07:00 08:00 09:00 10:00

図9.22b

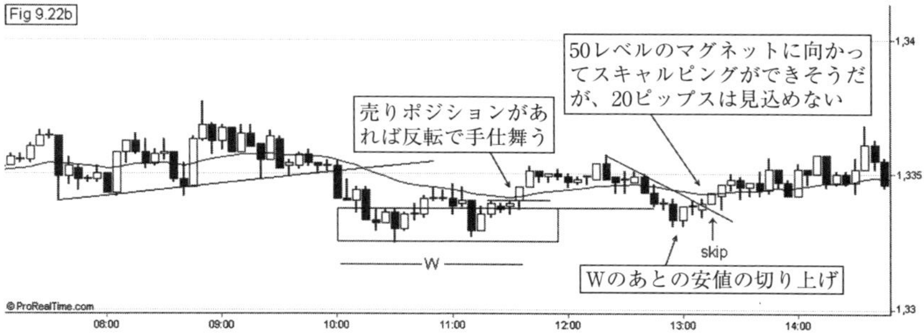
Fig 9.22b
50レベルのマグネットに向かってスキャルピングができそうだが、20ピップスは見込めない
売りポジションがあれば反転で手仕舞う
W
skip
Wのあとの安値の切り上げ
1,34
1,335
1,33
© ProRealTime.com
08:00 09:00 10:00 11:00 12:00 13:00 14:00

図9.22c

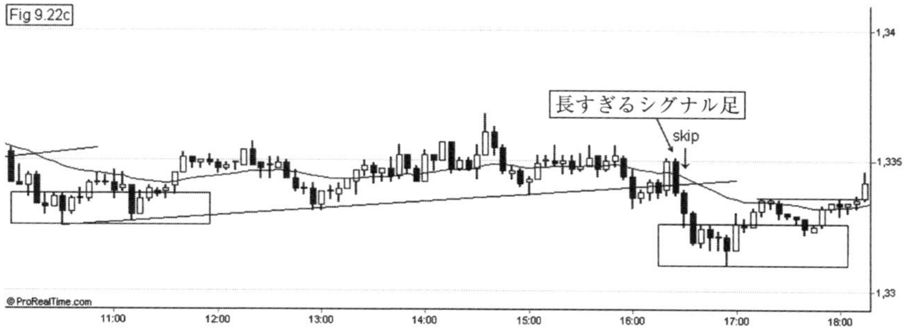
Fig 9.22c
長すぎるシグナル足
skip
1,34
1,335
1,33
© ProRealTime.com
11:00 12:00 13:00 14:00 15:00 16:00 17:00 18:00

図9.23a

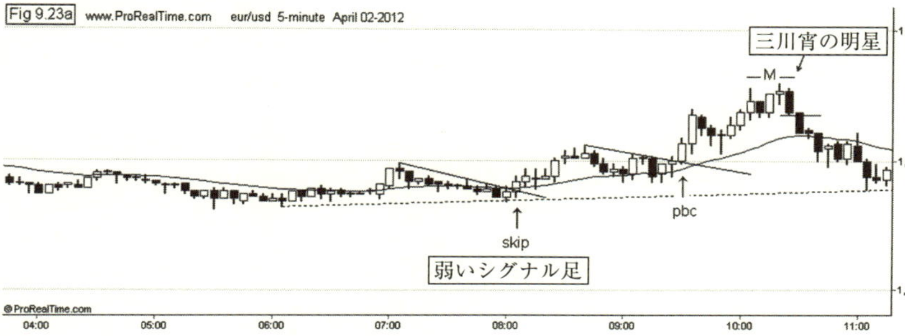

図9.23b

図9.23c

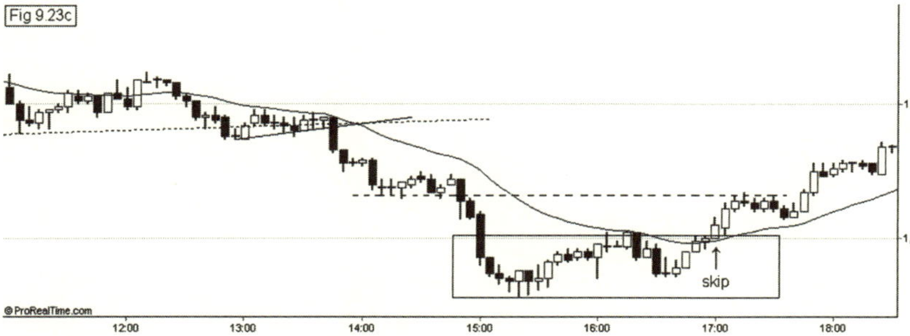

図9.24a

Fig 9.24a
www.ProRealTime.com eur/usd 5-minute April 03-2012
T
W
pbc
@
まだ目標値に達していなければ、反転で手仕舞う
© ProRealTime.com
1,34
1,335
1,33
06:00
07:00
08:00
09:00
10:00
11:00
12:00

図9.24b

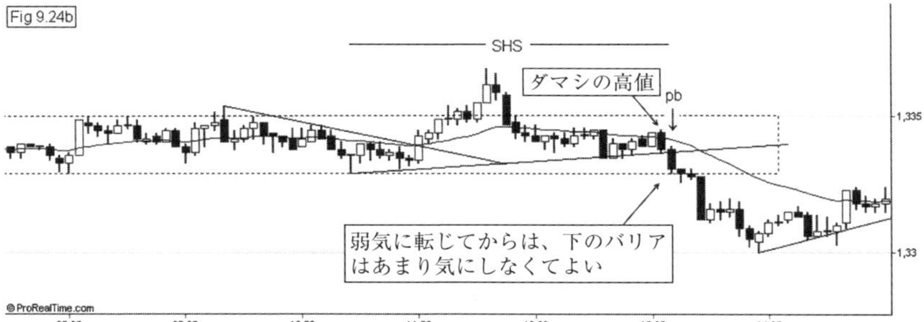

Fig 9.24b
SHS
ダマシの高値
pb
弱気に転じてからは、下のバリアはあまり気にしなくてよい
© ProRealTime.com
1,335
1,33
08:00
09:00
10:00
11:00
12:00
13:00
14:00

図9.24c

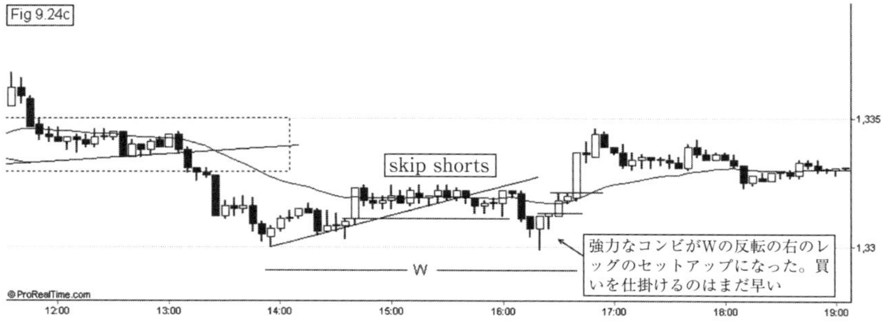

Fig 9.24c
skip shorts
W
強力なコンビがWの反転の右のレッグのセットアップになった。買いを仕掛けるのはまだ早い
© ProRealTime.com
1,335
1,33
12:00
13:00
14:00
15:00
16:00
17:00
18:00
19:00

図9.25a

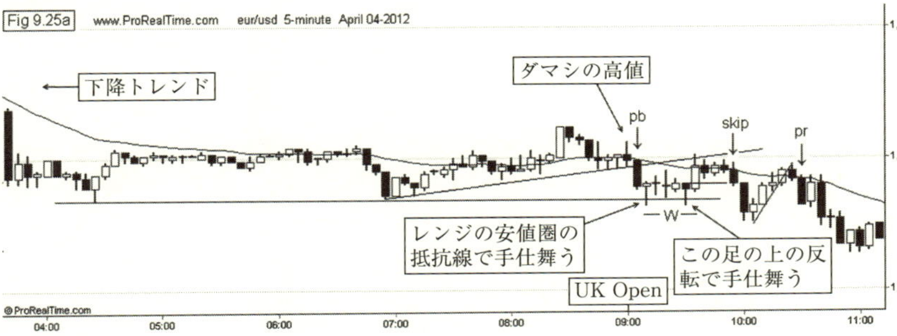
Fig 9.25a
www.ProRealTime.com
eur/usd 5-minute April 04-2012
下降トレンド
ダマシの高値
pb
skip
pr
W
レンジの安値圏の
抵抗線で手仕舞う
この足の上の反
転で手仕舞う
UK Open
1,325
1,32
1,315
© ProRealTime.com
04:00
05:00
06:00
07:00
08:00
09:00
10:00
11:00

図9.25b

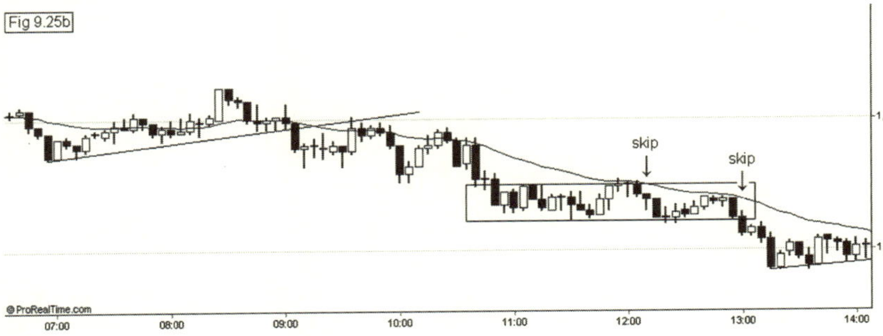
Fig 9.25b
skip
skip
1,32
1,315
© ProRealTime.com
07:00
08:00
09:00
10:00
11:00
12:00
13:00
14:00

図9.25c

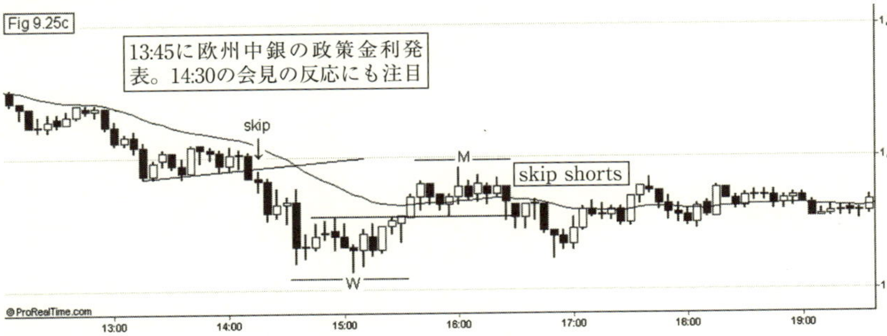
Fig 9.25c
13:45に欧州中銀の政策金利発
表。14:30の会見の反応にも注目
skip
M
skip shorts
W
1,32
1,315
1,31
© ProRealTime.com
13:00
14:00
15:00
16:00
17:00
18:00
19:00

図9.26a

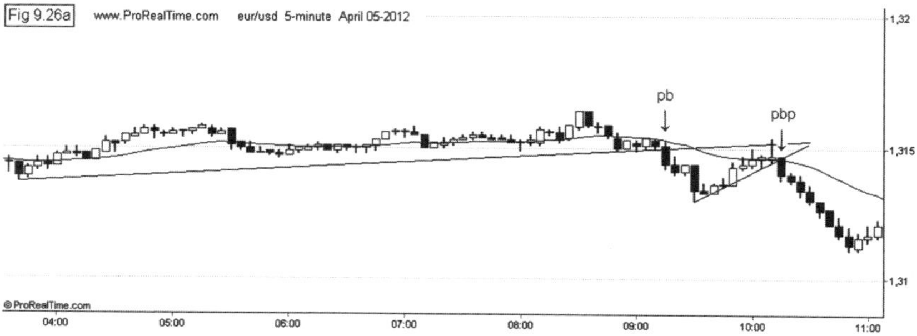

図9.26b

図9.26c

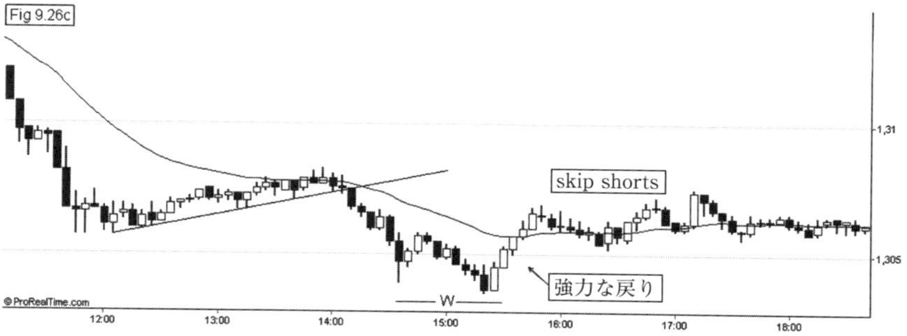

図9.27a

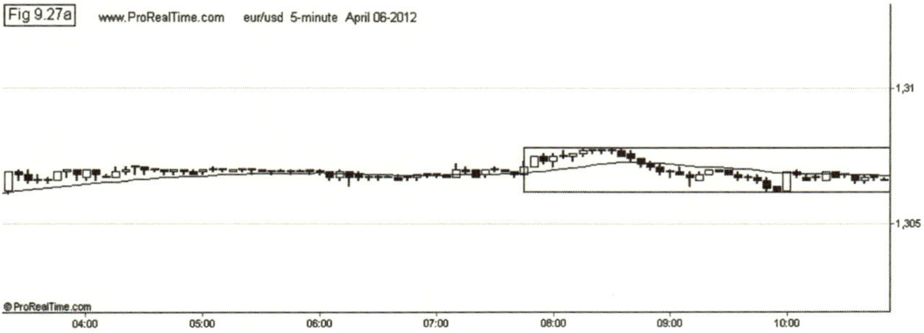
Fig 9.27a
www.ProRealTime.com　eur/usd 5-minute April 06-2012
1,31
1,305
© ProRealTime.com
04:00
05:00
06:00
07:00
08:00
09:00
10:00

図9.27b

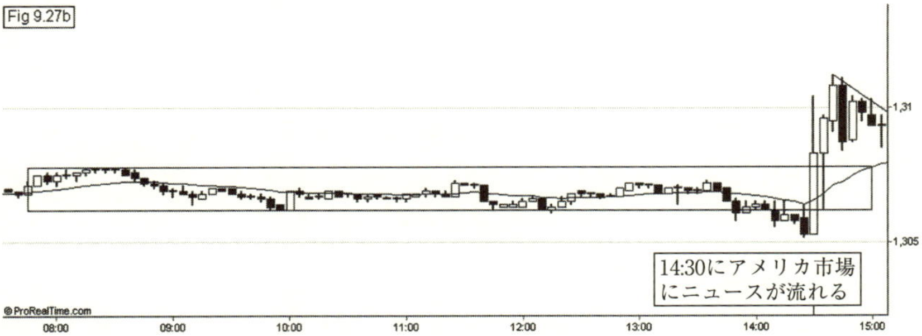
Fig 9.27b
1,31
1,305
14:30にアメリカ市場にニュースが流れる
© ProRealTime.com
08:00
09:00
10:00
11:00
12:00
13:00
14:00
15:00

図9.27c

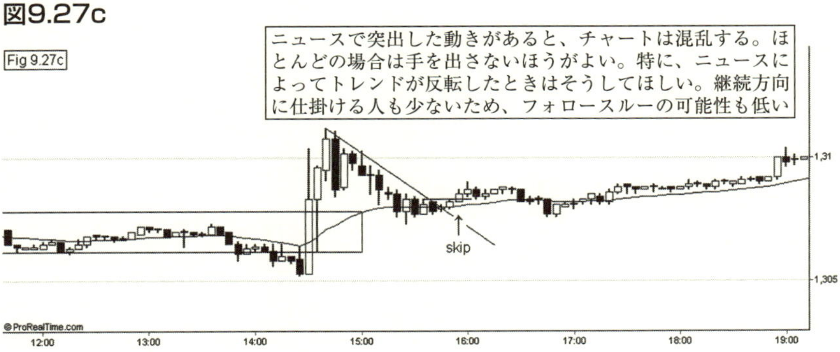
Fig 9.27c
ニュースで突出した動きがあると、チャートは混乱する。ほとんどの場合は手を出さないほうがよい。特に、ニュースによってトレンドが反転したときはそうしてほしい。継続方向に仕掛ける人も少ないため、フォロースルーの可能性も低い
skip
1,31
1,305
© ProRealTime.com
12:00
13:00
14:00
15:00
16:00
17:00
18:00
19:00

図9.28a

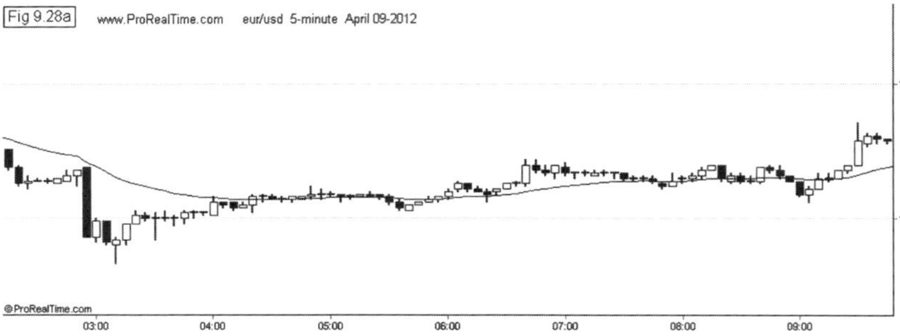
Fig 9.28a
www.ProRealTime.com eur/usd 5-minute April 09-2012
1,31
1,305
©ProRealTime.com
03:00
04:00
05:00
06:00
07:00
08:00
09:00

図9.28b

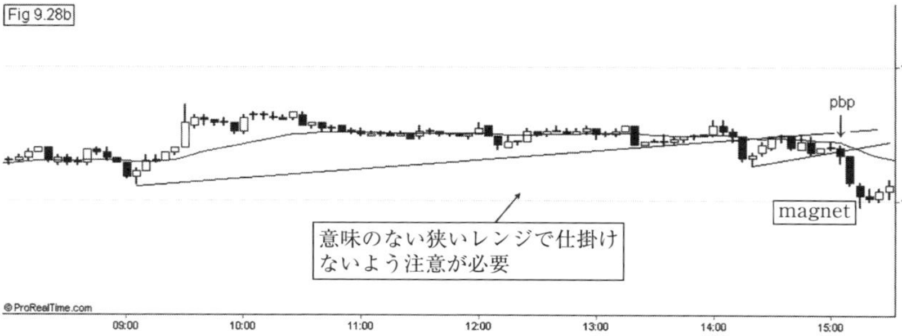
Fig 9.28b
1,31
pbp
1,305
magnet
意味のない狭いレンジで仕掛けないよう注意が必要
©ProRealTime.com
09:00
10:00
11:00
12:00
13:00
14:00
15:00

図9.28c

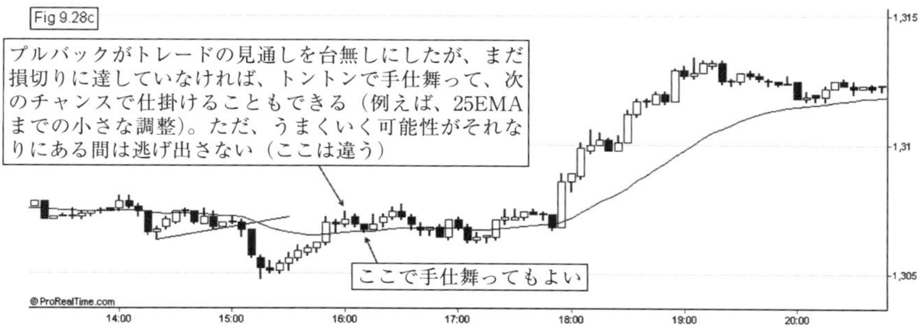
Fig 9.28c
1,315
プルバックがトレードの見通しを台無しにしたが、まだ損切りに達していなければ、トントンで手仕舞って、次のチャンスで仕掛けることもできる（例えば、25EMAまでの小さな調整）。ただ、うまくいく可能性がそれなりにある間は逃げ出さない（ここは違う）
1,31
ここで手仕舞ってもよい
1,305
©ProRealTime.com
14:00
15:00
16:00
17:00
18:00
19:00
20:00

図9.29a

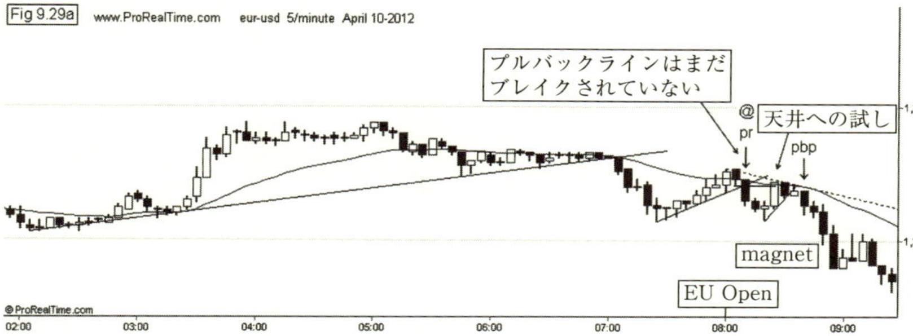

Fig 9.29a
www.ProRealTime.com eur-usd 5/minute April 10-2012
プルバックラインはまだブレイクされていない
@
pr
天井への試し
pbp
magnet
EU Open
1,315
1,31
© ProRealTime.com
02:00
03:00
04:00
05:00
06:00
07:00
08:00
09:00

図9.29b

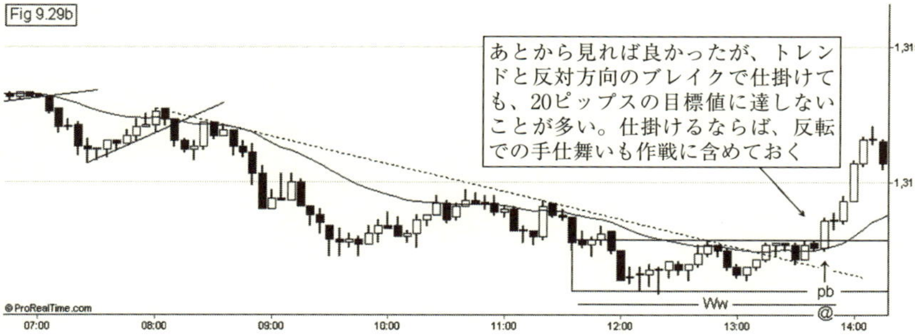

Fig 9.29b
あとから見れば良かったが、トレンドと反対方向のブレイクで仕掛けても、20ピップスの目標値に達しないことが多い。仕掛けるならば、反転での手仕舞いも作戦に含めておく
pb
Ww
@
1,315
1,31
© ProRealTime.com
07:00
08:00
09:00
10:00
11:00
12:00
13:00
14:00

図9.29c

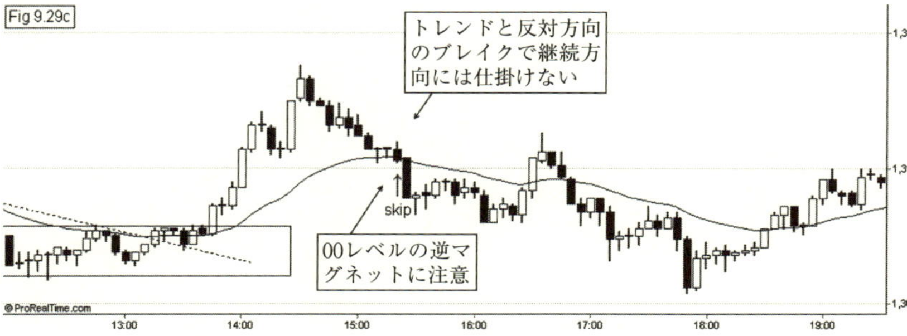

Fig 9.29c
トレンドと反対方向のブレイクで継続方向には仕掛けない
skip
00レベルの逆マグネットに注意
1,315
1,31
1,305
© ProRealTime.com
13:00
14:00
15:00
16:00
17:00
18:00
19:00

図9.30a

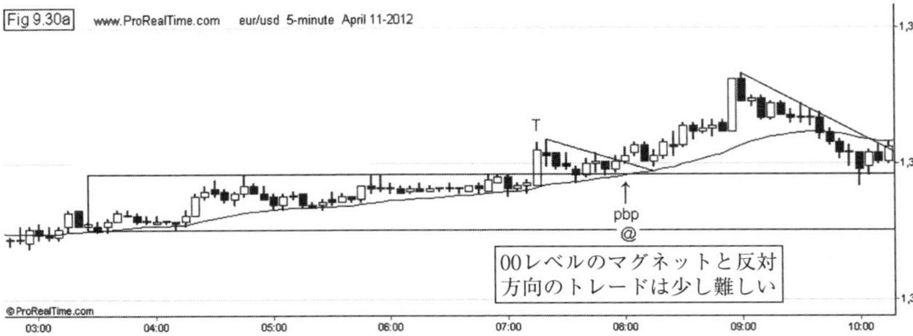

図9.30b

図9.30c

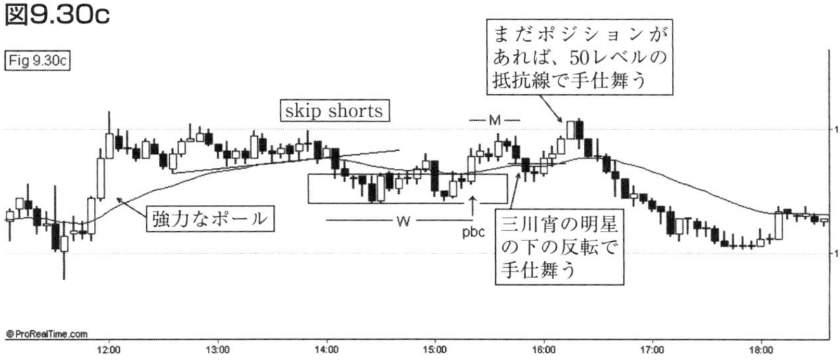

図9.31a

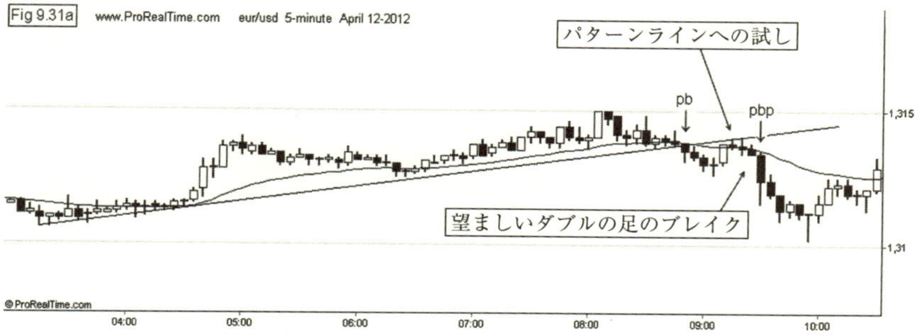

Fig 9.31a
www.ProRealTime.com eur/usd 5-minute April 12-2012
パターンラインへの試し
pb
pbp
望ましいダブルの足のブレイク
1,315
1,31
© ProRealTime.com
04:00
05:00
06:00
07:00
08:00
09:00
10:00

図9.31b

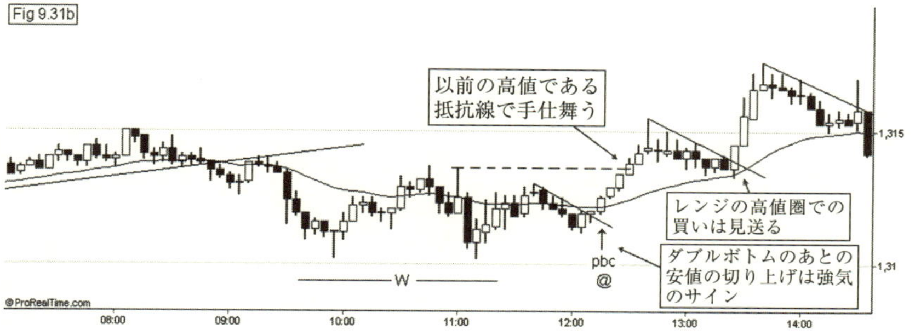

Fig 9.31b
以前の高値である
抵抗線で手仕舞う
レンジの高値圏での
買いは見送る
ダブルボトムのあとの
安値の切り上げは強気
のサイン
pbc
@
W
1,315
1,31
© ProRealTime.com
08:00
09:00
10:00
11:00
12:00
13:00
14:00

図9.31c

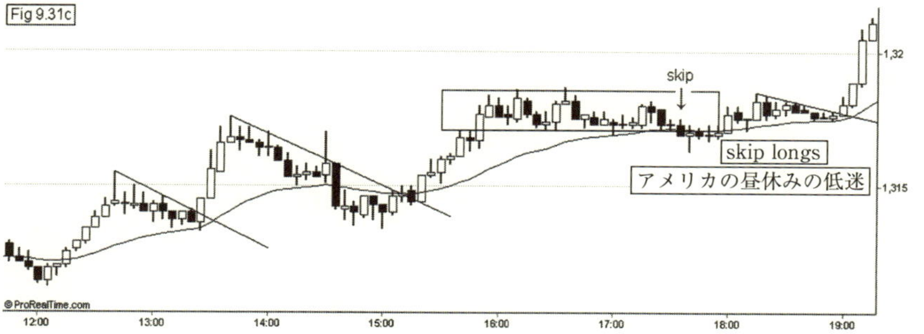

Fig 9.31c
skip
skip longs
アメリカの昼休みの低迷
1,32
1,315
© ProRealTime.com
12:00
13:00
14:00
15:00
16:00
17:00
18:00
19:00

図9.32a

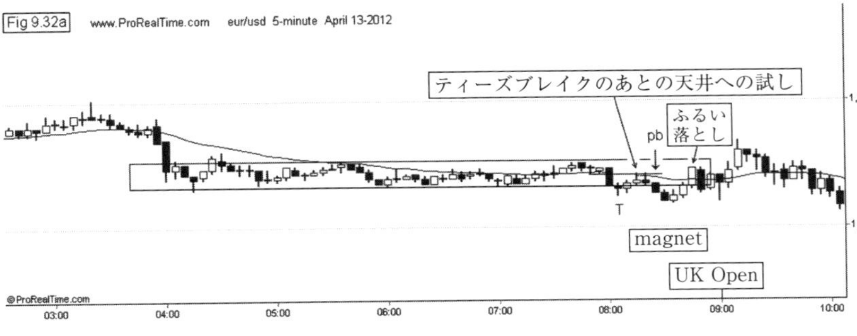
Fig 9.32a www.ProRealTime.com eur/usd 5-minute April 13-2012
ティーズブレイクのあとの天井への試し
ふるい
落とし
pb
T
magnet
UK Open
1,32
1,315
© ProRealTime.com
03:00
04:00
05:00
06:00
07:00
08:00
09:00
10:00

図9.32b

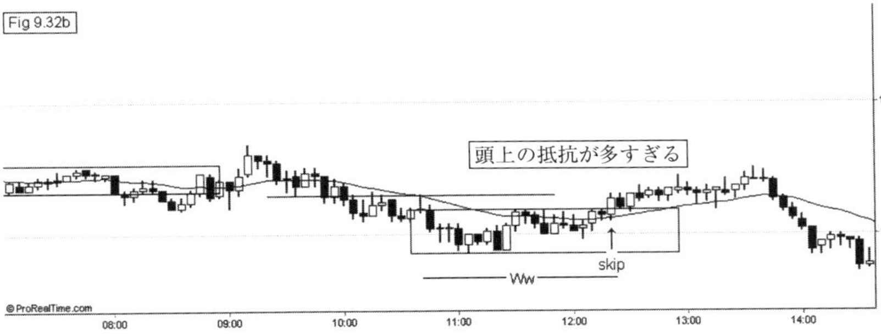
Fig 9.32b
頭上の抵抗が多すぎる
skip
Ww
1,32
1,315
© ProRealTime.com
08:00
09:00
10:00
11:00
12:00
13:00
14:00

図9.32c

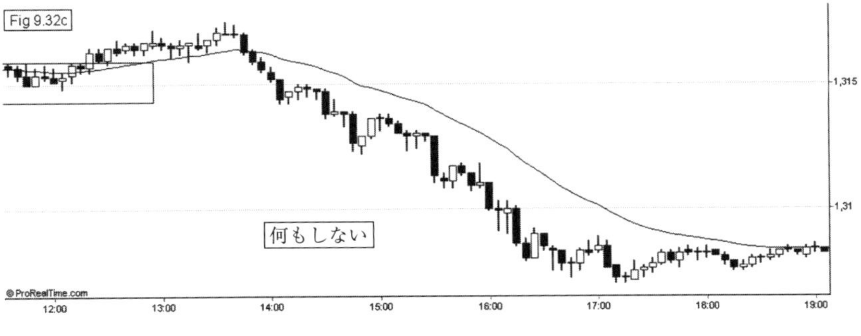
Fig 9.32c
何もしない
1,315
1,31
© ProRealTime.com
12:00
13:00
14:00
15:00
16:00
17:00
18:00
19:00

図9.33a

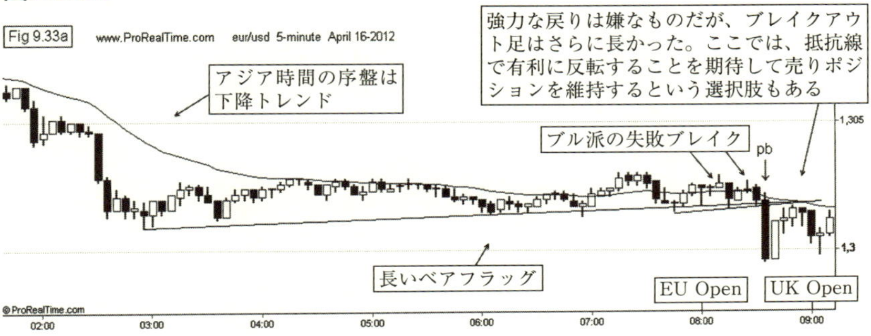

Fig 9.33a
www.ProRealTime.com eur/usd 5-minute April 16-2012
アジア時間の序盤は下降トレンド
強力な戻りは嫌なものだが、ブレイクアウト足はさらに長かった。ここでは、抵抗線で有利に反転することを期待して売りポジションを維持するという選択肢もある
ブル派の失敗ブレイク
pb
長いベアフラッグ
EU Open
UK Open
1,305
1,3
© ProRealTime.com
02:00
03:00
04:00
05:00
06:00
07:00
08:00
09:00

図9.33b

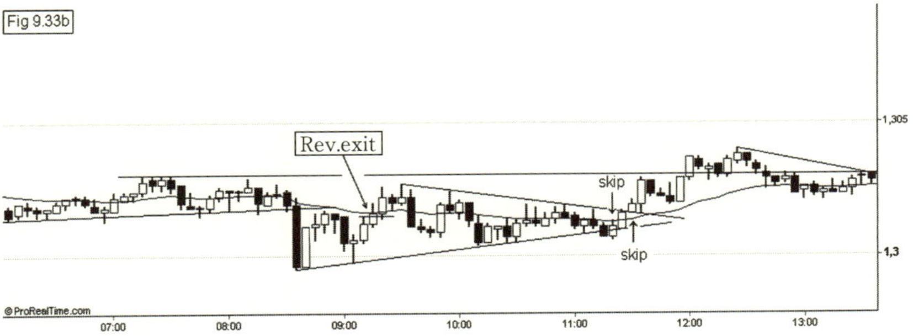

Fig 9.33b
Rev.exit
skip
skip
1,305
1,3
© ProRealTime.com
07:00
08:00
09:00
10:00
11:00
12:00
13:00

図9.33c

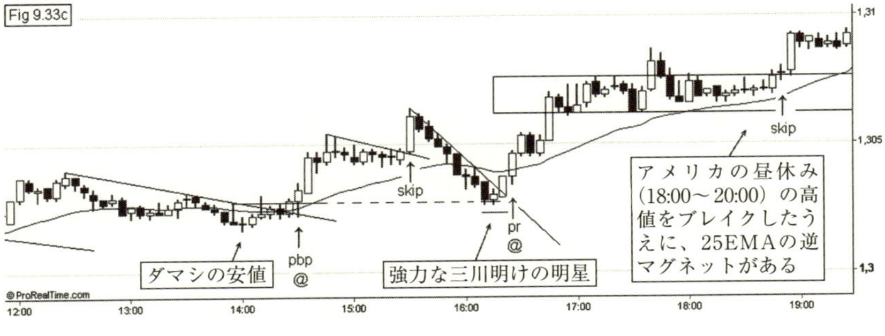

Fig 9.33c
skip
skip
pbp
@
pr
@
ダマシの安値
強力な三川明けの明星
アメリカの昼休み(18:00～20:00)の高値をブレイクしたうえに、25EMAの逆マグネットがある
1,31
1,305
1,3
© ProRealTime.com
12:00
13:00
14:00
15:00
16:00
17:00
18:00
19:00

図9.34a

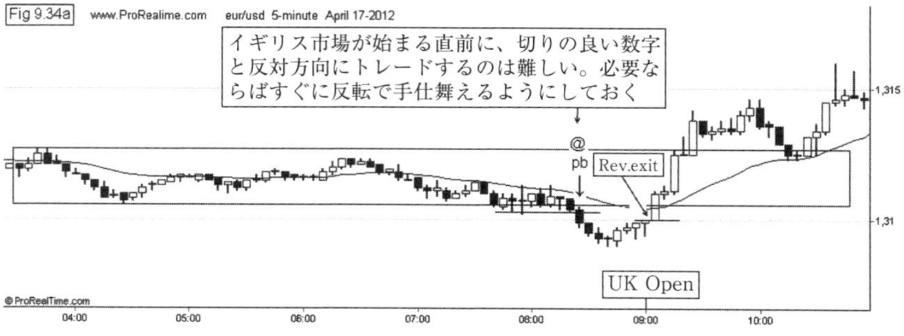
Fig 9.34a www.ProRealime.com eur/usd 5-minute April 17-2012
イギリス市場が始まる直前に、切りの良い数字と反対方向にトレードするのは難しい。必要ならばすぐに反転で手仕舞えるようにしておく
@
pb
Rev.exit
UK Open
1,315
1,31
© ProRealTime.com
04:00
05:00
06:00
07:00
08:00
09:00
10:00

図9.34b

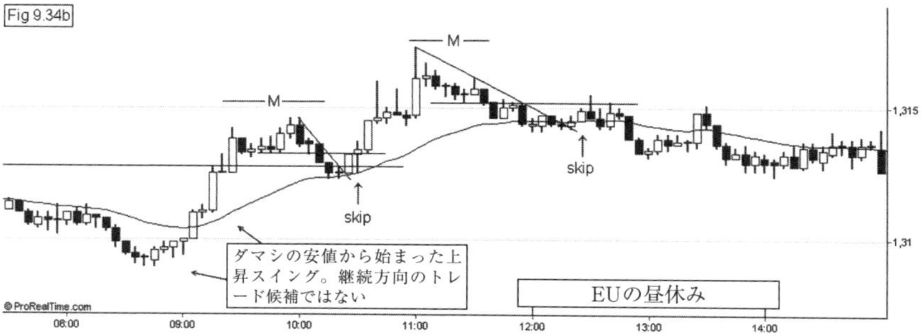
Fig 9.34b
M
M
skip
skip
ダマシの安値から始まった上昇スイング。継続方向のトレード候補ではない
EUの昼休み
1,315
1,31
© ProRealTime.com
08:00
09:00
10:00
11:00
12:00
13:00
14:00

図9.34c

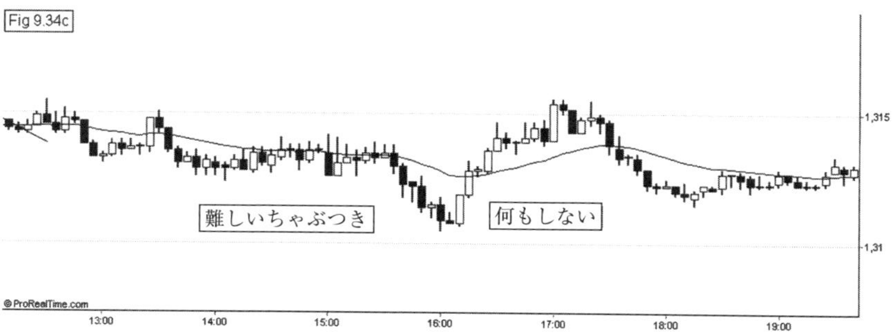
Fig 9.34c
難しいちゃぶつき
何もしない
1,315
1,31
© ProRealTime.com
13:00
14:00
15:00
16:00
17:00
18:00
19:00

図9.35a

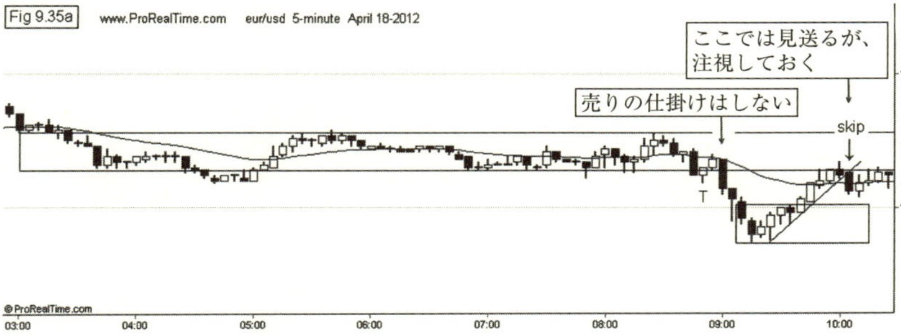
Fig 9.35a
www.ProRealTime.com eur/usd 5-minute April 18-2012
ここでは見送るが、
注視しておく
売りの仕掛けはしない
skip
T
1,315
1,31
© ProRealTime.com
03:00
04:00
05:00
06:00
07:00
08:00
09:00
10:00

図9.35b

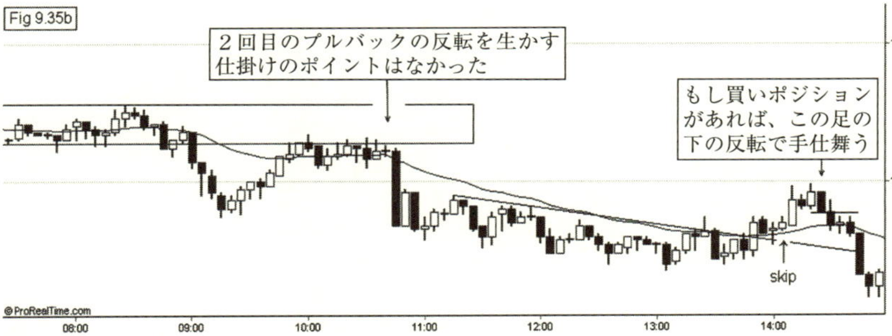
Fig 9.35b
2回目のプルバックの反転を生かす
仕掛けのポイントはなかった
もし買いポジション
があれば、この足の
下の反転で手仕舞う
skip
1,315
1,31
© ProRealTime.com
08:00
09:00
10:00
11:00
12:00
13:00
14:00

図9.35c

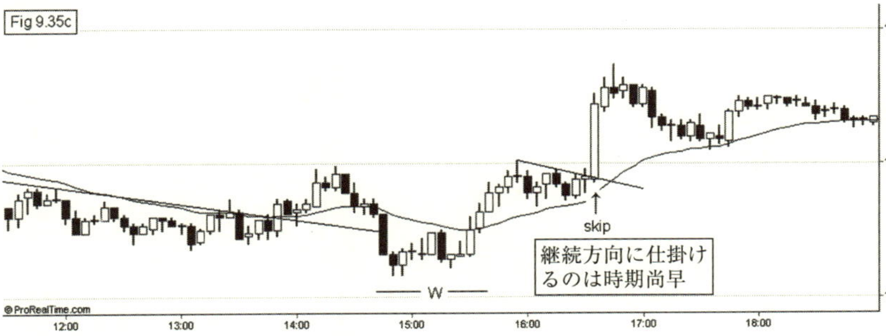
Fig 9.35c
skip
継続方向に仕掛け
るのは時期尚早
W
1,315
1,31
1,305
© ProRealTime.com
12:00
13:00
14:00
15:00
16:00
17:00
18:00

図9.36a

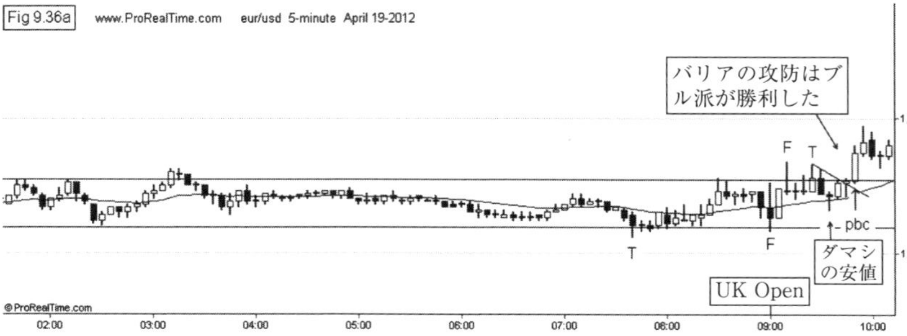

Fig 9.36a
www.ProRealTime.com eur/usd 5-minute April 19-2012
バリアの攻防はブル派が勝利した
F
T
T
F
pbc
ダマシの安値
UK Open
1,315
1,31
© ProRealTime.com
02:00
03:00
04:00
05:00
06:00
07:00
08:00
09:00
10:00

図9.36b

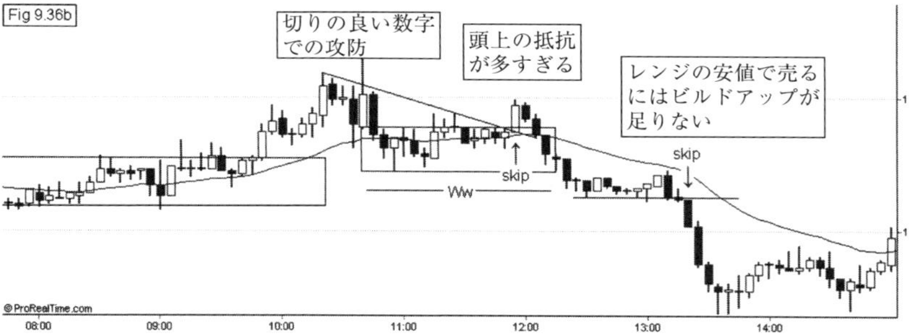

Fig 9.36b
切りの良い数字での攻防
頭上の抵抗が多すぎる
レンジの安値で売るにはビルドアップが足りない
skip
skip
Ww
1,315
1,31
© ProRealTime.com
08:00
09:00
10:00
11:00
12:00
13:00
14:00

図9.36c

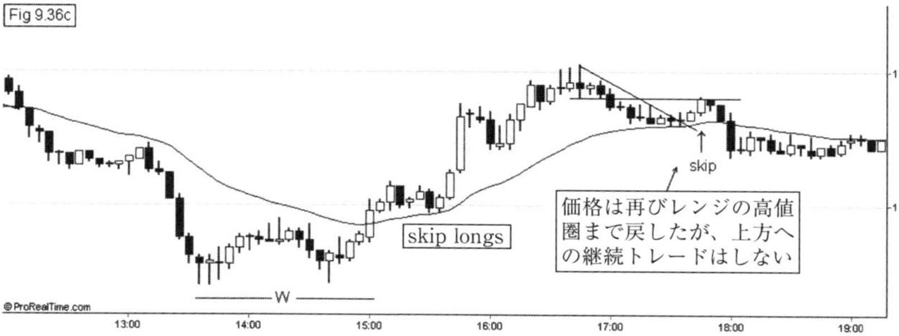

Fig 9.36c
skip
価格は再びレンジの高値圏まで戻したが、上方への継続トレードはしない
skip longs
W
1,315
1,31
© ProRealTime.com
13:00
14:00
15:00
16:00
17:00
18:00
19:00

図9.37a

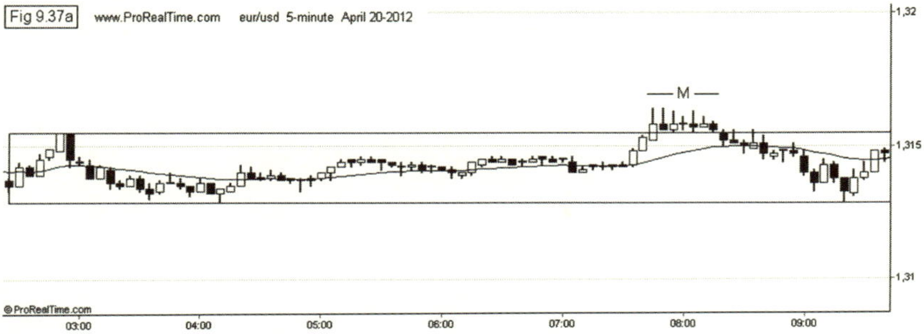
Fig 9.37a
www.ProRealTime.com eur/usd 5-minute April 20-2012
M
1,32
1,315
1,31
© ProRealTime.com
03:00
04:00
05:00
06:00
07:00
08:00
09:00

図9.37b

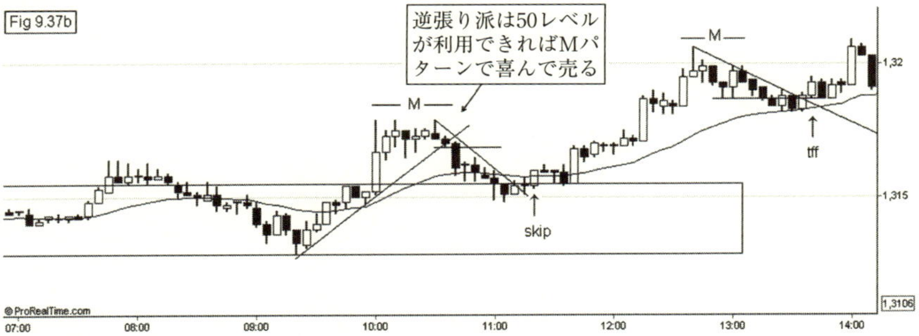
Fig 9.37b
逆張り派は50レベルが利用できればMパターンで喜んで売る
M
M
skip
tff
1,32
1,315
1,3106
© ProRealTime.com
07:00
08:00
09:00
10:00
11:00
12:00
13:00
14:00

図9.37c

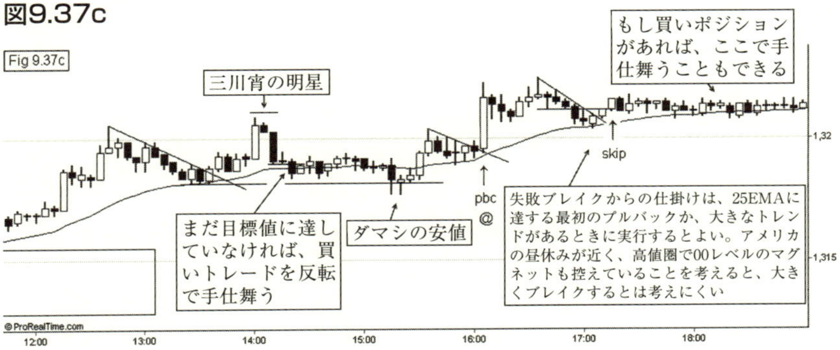
Fig 9.37c
三川宵の明星
もし買いポジションがあれば、ここで手仕舞うこともできる
skip
pbc
@
まだ目標値に達していなければ、買いトレードを反転で手仕舞う
ダマシの安値
失敗ブレイクからの仕掛けは、25EMAに達する最初のプルバックか、大きなトレンドがあるときに実行するとよい。アメリカの昼休みが近く、高値圏で00レベルのマグネットも控えていることを考えると、大きくブレイクするとは考えにくい
1,32
1,315
© ProRealTime.com
12:00
13:00
14:00
15:00
16:00
17:00
18:00

図9.38a

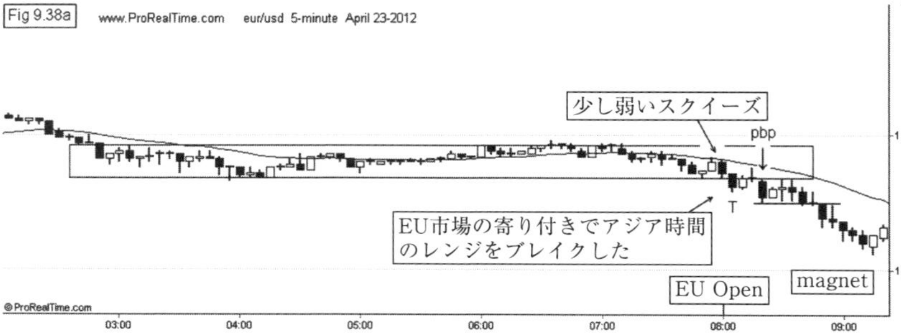
Fig 9.38a
www.ProRealTime.com eur/usd 5-minute April 23-2012
少し弱いスクイーズ
pbp
T
EU市場の寄り付きでアジア時間のレンジをブレイクした
magnet
EU Open
© ProRealTime.com
03:00
04:00
05:00
06:00
07:00
08:00
09:00
1,32
1,315

図9.38b

Fig 9.38b
ダマシの高値がブル派の士気を削ぐ
pb
T
ダブルの足のブレイク
© ProRealTime.com
07:00
08:00
09:00
10:00
11:00
12:00
13:00
1,32
1,315

図9.38c

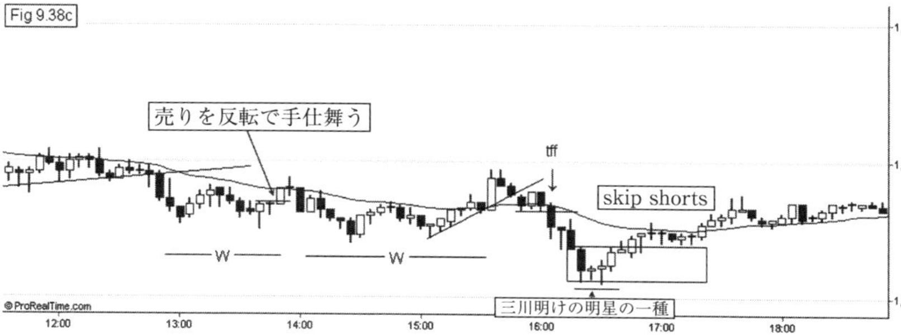
Fig 9.38c
売りを反転で手仕舞う
tff
skip shorts
W
W
三川明けの明星の一種
© ProRealTime.com
12:00
13:00
14:00
15:00
16:00
17:00
18:00
1,32
1,315
1,31

図9.39a

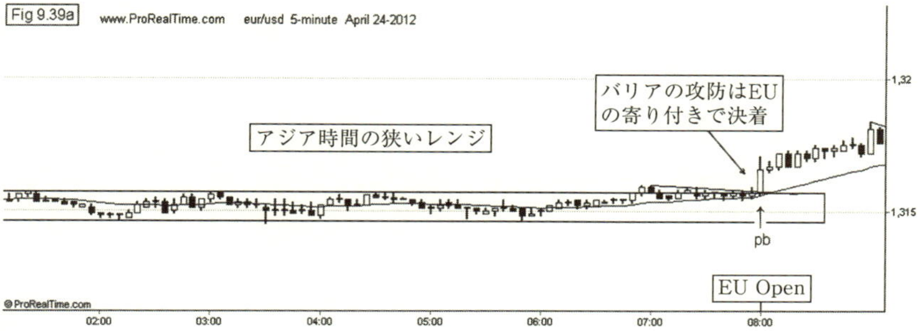
Fig 9.39a
www.ProRealTime.com eur/usd 5-minute April 24-2012
アジア時間の狭いレンジ
バリアの攻防はEUの寄り付きで決着
pb
EU Open
1,32
1,315
© ProRealTime.com
02:00 03:00 04:00 05:00 06:00 07:00 08:00

図9.39b

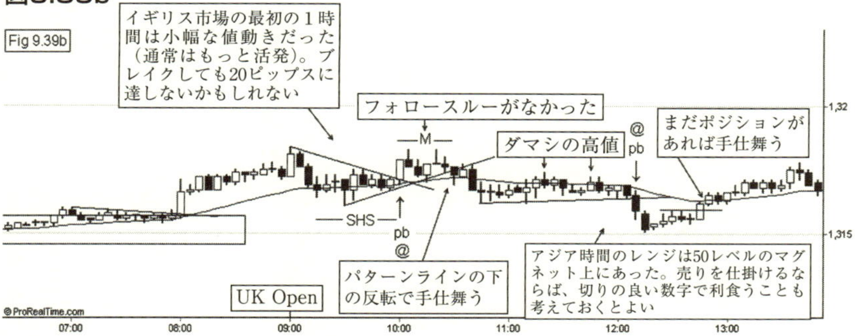
Fig 9.39b
イギリス市場の最初の１時間は小幅な値動きだった（通常はもっと活発）。ブレイクしても20ピップスに達しないかもしれない
フォロースルーがなかった
M
ダマシの高値
@
pb
まだポジションがあれば手仕舞う
SHS
pb
@
パターンラインの下の反転で手仕舞う
アジア時間のレンジは50レベルのマグネット上にあった。売りを仕掛けるならば、切りの良い数字で利食うことも考えておくとよい
UK Open
1,32
1,315
© ProRealTime.com
07:00 08:00 09:00 10:00 11:00 12:00 13:00

図9.39c

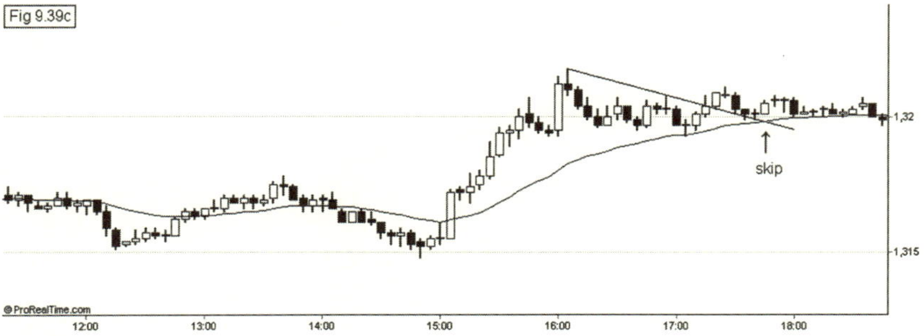
Fig 9.39c
skip
1,32
1,315
© ProRealTime.com
12:00 13:00 14:00 15:00 16:00 17:00 18:00

図9.40a

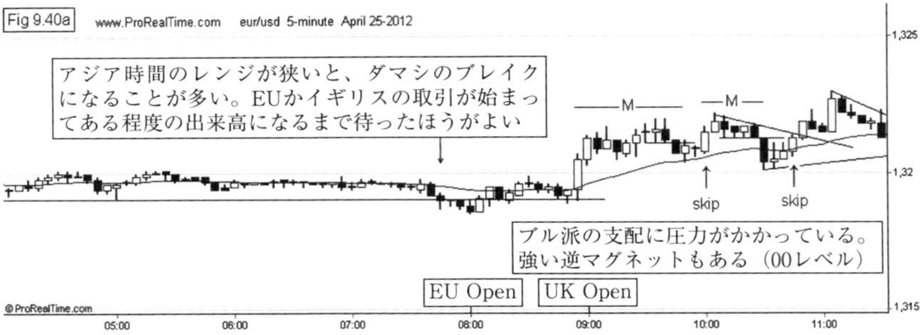
Fig 9.40a
www.ProRealTime.com eur/usd 5-minute April 25-2012
アジア時間のレンジが狭いと、ダマシのブレイクになることが多い。EUかイギリスの取引が始まってある程度の出来高になるまで待ったほうがよい
M
M
skip
skip
ブル派の支配に圧力がかかっている。強い逆マグネットもある（00レベル）
EU Open
UK Open
© ProRealTime.com
1,325
1,32
1,315
05:00
06:00
07:00
08:00
09:00
10:00
11:00

図9.40b

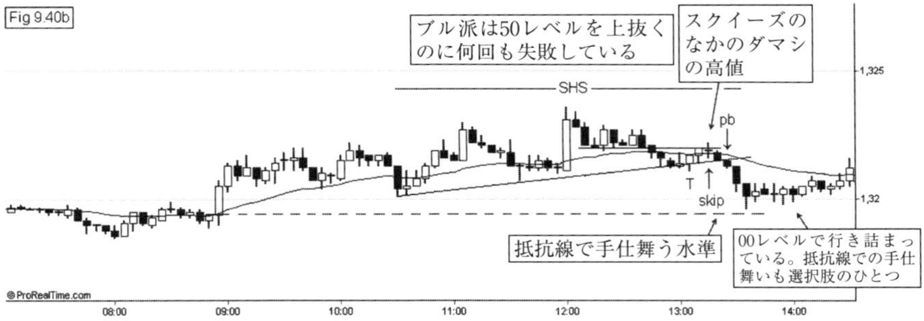
Fig 9.40b
ブル派は50レベルを上抜くのに何回も失敗している
スクイーズのなかのダマシの高値
SHS
pb
T
skip
抵抗線で手仕舞う水準
00レベルで行き詰まっている。抵抗線での手仕舞いも選択肢のひとつ
© ProRealTime.com
1,325
1,32
08:00
09:00
10:00
11:00
12:00
13:00
14:00

図9.40c

Fig 9.40c
M
pb
W
skip
20ピップスを狙うには時期尚早
前の安値である抵抗線で手仕舞う
© ProRealTime.com
1,325
1,32
12:00
13:00
14:00
15:00
16:00
17:00
18:00

図9.41a

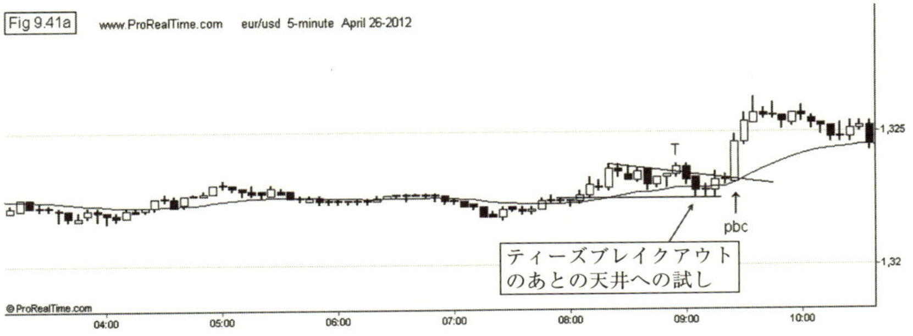
Fig 9.41a
www.ProRealTime.com　eur/usd 5-minute April 26-2012
T
pbc
ティーズブレイクアウト
のあとの天井への試し
1,325
1,32
04:00
05:00
06:00
07:00
08:00
09:00
10:00
© ProRealTime.com

図9.41b

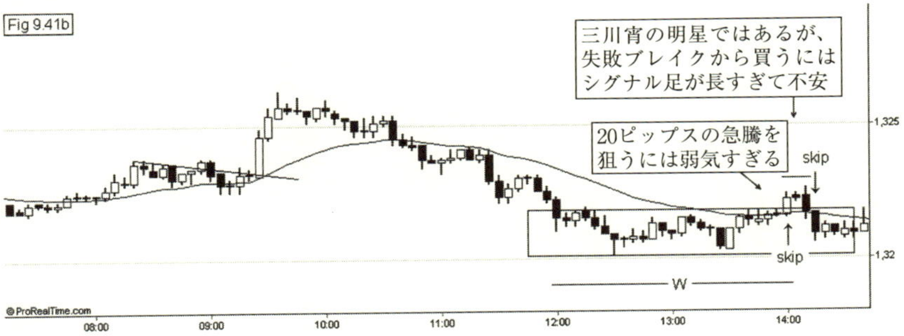
Fig 9.41b
三川宵の明星ではあるが、
失敗ブレイクから買うには
シグナル足が長すぎて不安
20ピップスの急騰を
狙うには弱気すぎる
skip
skip
W
1,325
1,32
08:00
09:00
10:00
11:00
12:00
13:00
14:00
© ProRealTime.com

図9.41c

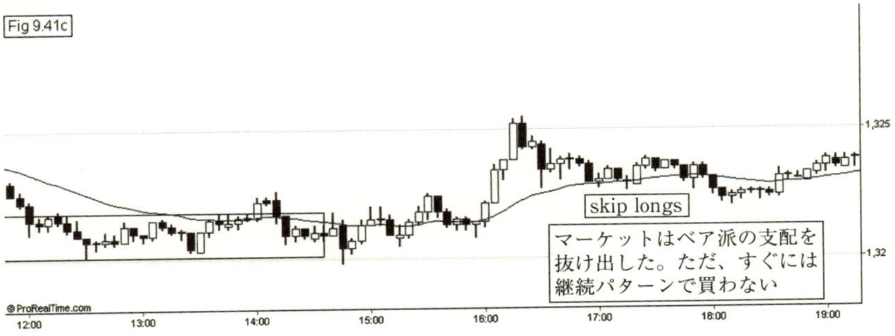
Fig 9.41c
skip longs
マーケットはベア派の支配を
抜け出した。ただ、すぐには
継続パターンで買わない
1,325
1,32
12:00
13:00
14:00
15:00
16:00
17:00
18:00
19:00
© ProRealTime.com

図9.42a

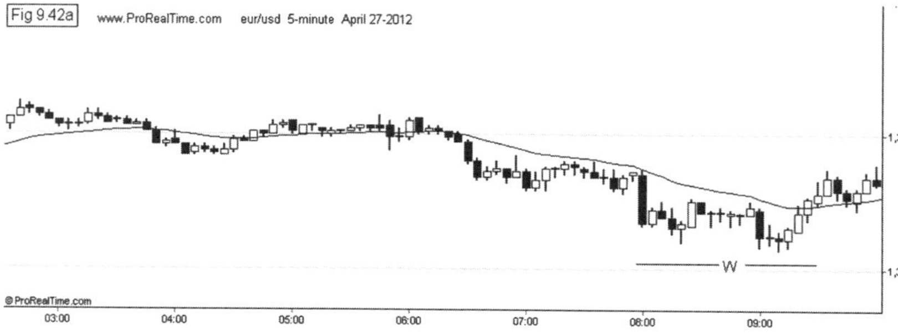
Fig 9.42a
www.ProRealTime.com eur/usd 5-minute April 27-2012
W
© ProRealTime.com
1,32
1,315
03:00
04:00
05:00
06:00
07:00
08:00
09:00

図9.42b

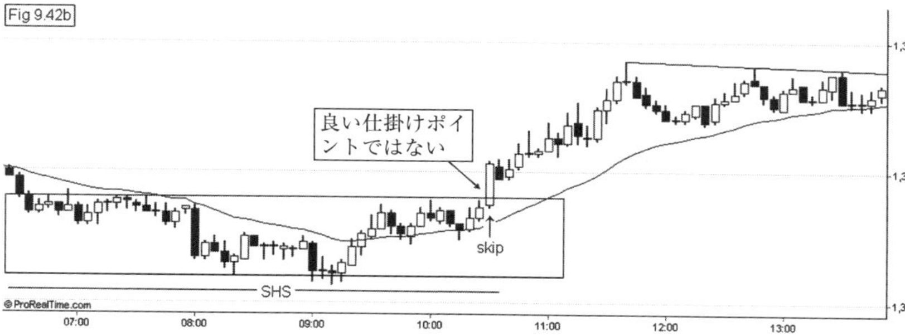
Fig 9.42b
良い仕掛けポイントではない
skip
SHS
© ProRealTime.com
1,325
1,32
1,315
07:00
08:00
09:00
10:00
11:00
12:00
13:00

図9.42c

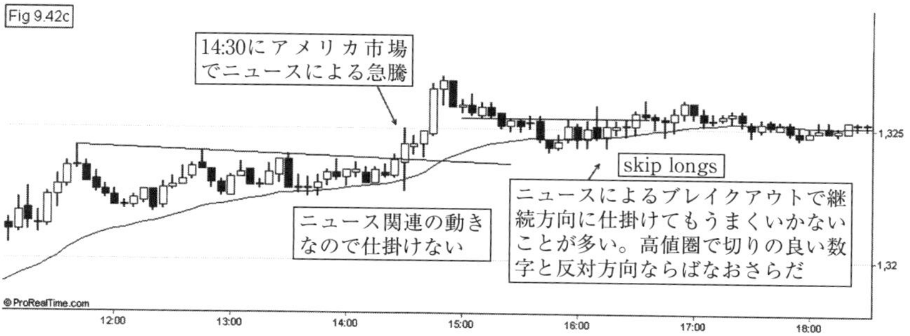
Fig 9.42c
14:30にアメリカ市場でニュースによる急騰
skip longs
ニュースによるブレイクアウトで継続方向に仕掛けてもうまくいかないことが多い。高値圏で切りの良い数字と反対方向ならばなおさらだ
ニュース関連の動きなので仕掛けない
© ProRealTime.com
1,325
1,32
12:00
13:00
14:00
15:00
16:00
17:00
18:00

図9.43a

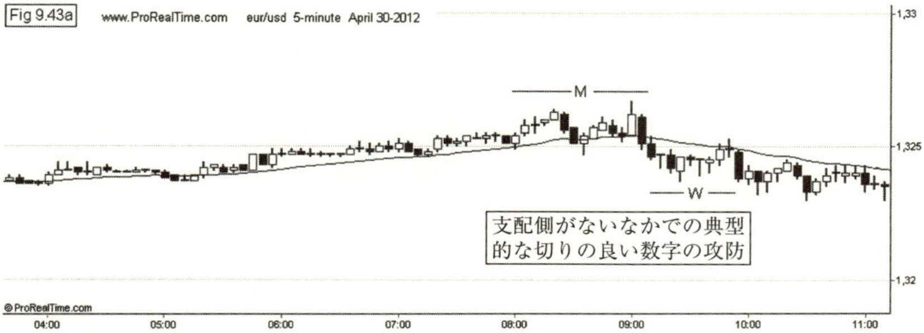
Fig 9.43a
www.ProRealTime.com eur/usd 5-minute April 30-2012
M
W
支配側がないなかでの典型的な切りの良い数字の攻防
1,33
1,325
1,32
© ProRealTime.com
04:00
05:00
06:00
07:00
08:00
09:00
10:00
11:00

図9.43b

Fig 9.43b
1,33
1,325
1,32
© ProRealTime.com
08:00
09:00
10:00
11:00
12:00
13:00
14:00

図9.43c

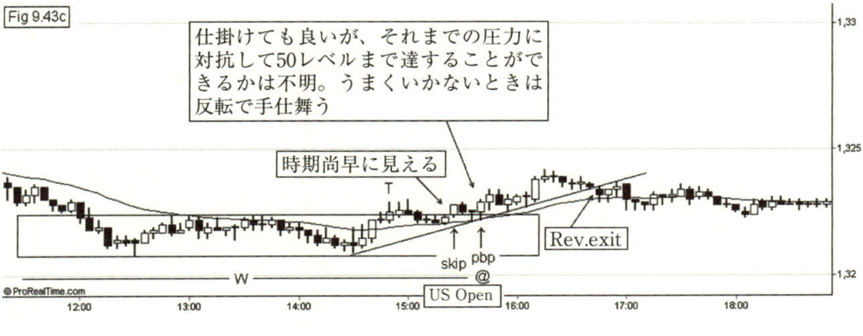
Fig 9.43c
仕掛けても良いが、それまでの圧力に対抗して50レベルまで達することができるかは不明。うまくいかないときは反転で手仕舞う
時期尚早に見える
T
skip
pbp
@
Rev.exit
W
US Open
1,33
1,325
1,32
© ProRealTime.com
12:00
13:00
14:00
15:00
16:00
17:00
18:00

図9.44a

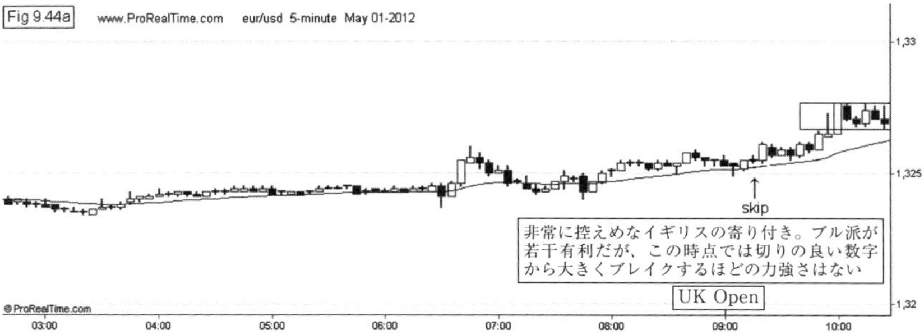
Fig 9.44a
www.ProRealTime.com eur/usd 5-minute May 01-2012
skip
非常に控えめなイギリスの寄り付き。ブル派が若干有利だが、この時点では切りの良い数字から大きくブレイクするほどの力強さはない
UK Open
© ProRealTime.com
1,33
1,325
1,32
03:00
04:00
05:00
06:00
07:00
08:00
09:00
10:00

図9.44b

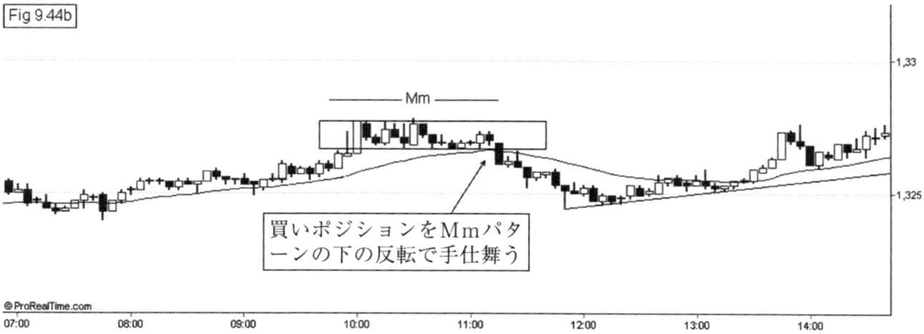
Fig 9.44b
Mm
買いポジションをMmパターンの下の反転で手仕舞う
© ProRealTime.com
1,33
1,325
07:00
08:00
09:00
10:00
11:00
12:00
13:00
14:00

図9.44c

Fig 9.44c
16:00にアメリカ市場にニュースが流れる
© ProRealTime.com
1,325
1,32
11:00
12:00
13:00
14:00
15:00
16:00
17:00
18:00

図9.45a

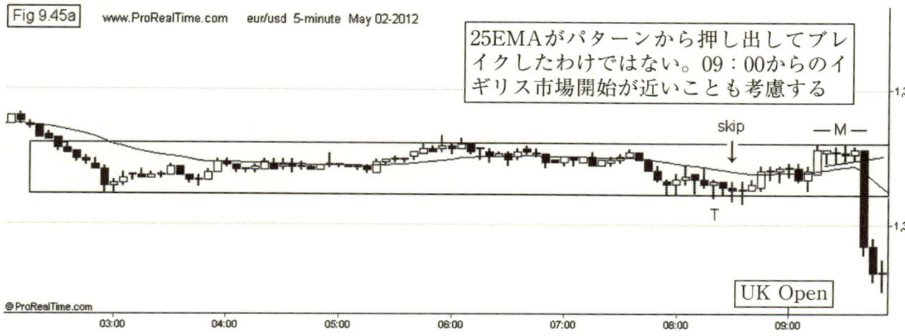
Fig 9.45a
www.ProRealTime.com　eur/usd 5-minute May 02-2012
25EMAがパターンから押し出してブレイクしたわけではない。09：00からのイギリス市場開始が近いことも考慮する
skip
M
T
UK Open
© ProRealTime.com
1,325
1,32
03:00
04:00
05:00
06:00
07:00
08:00
09:00

図9.45b

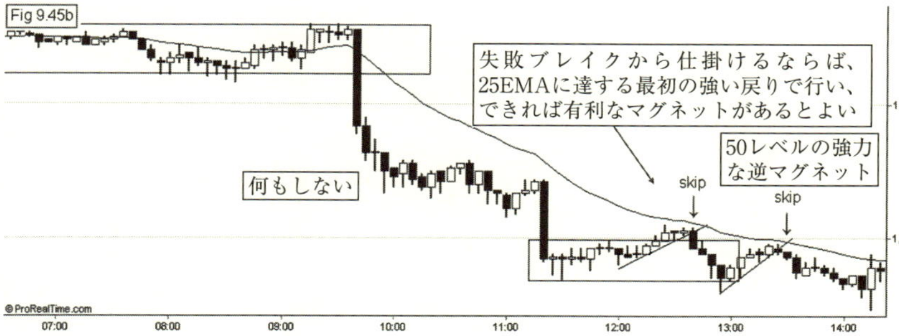
Fig 9.45b
失敗ブレイクから仕掛けるならば、25EMAに達する最初の強い戻りで行い、できれば有利なマグネットがあるとよい
50レベルの強力な逆マグネット
何もしない
skip
skip
© ProRealTime.com
1,32
1,315
07:00
08:00
09:00
10:00
11:00
12:00
13:00
14:00

図9.45c

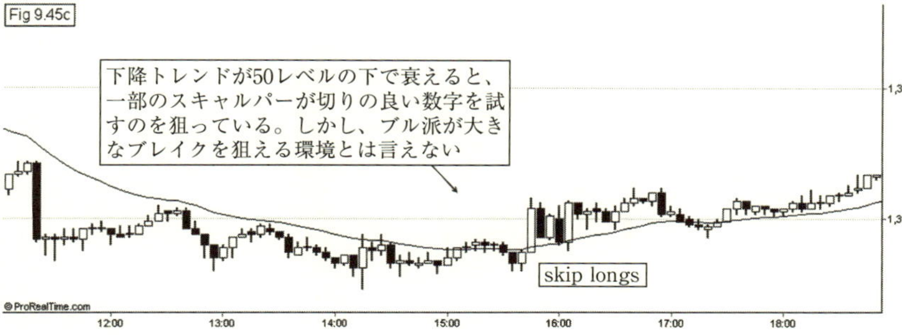
Fig 9.45c
下降トレンドが50レベルの下で衰えると、一部のスキャルパーが切りの良い数字を試すのを狙っている。しかし、ブル派が大きなブレイクを狙える環境とは言えない
skip longs
© ProRealTime.com
1,32
1,315
12:00
13:00
14:00
15:00
16:00
17:00
18:00

図9.46a

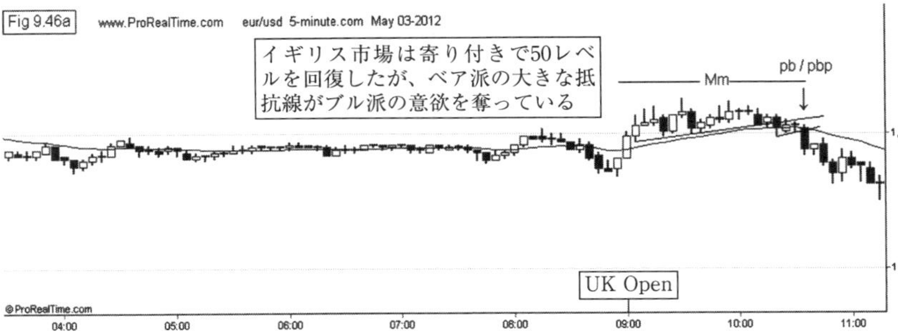
Fig 9.46a
www.ProRealTime.com eur/usd 5-minute.com May 03-2012
イギリス市場は寄り付きで50レベルを回復したが、ベア派の大きな抵抗線がブル派の意欲を奪っている
Mm
pb / pbp
1,315
1,31
UK Open
© ProRealTime.com
04:00
05:00
06:00
07:00
08:00
09:00
10:00
11:00

図9.46b

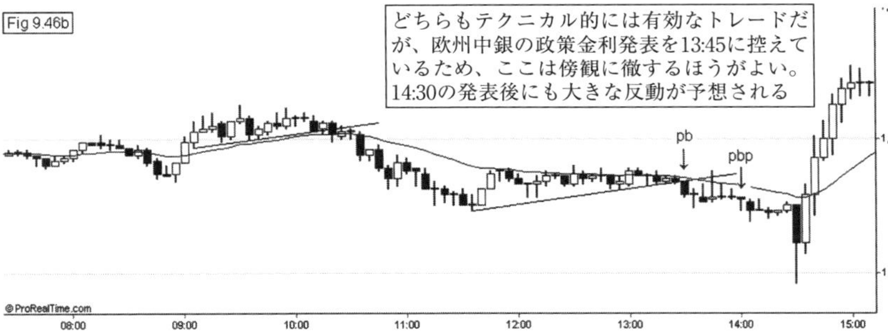
Fig 9.46b
どちらもテクニカル的には有効なトレードだが、欧州中銀の政策金利発表を13:45に控えているため、ここは傍観に徹するほうがよい。14:30の発表後にも大きな反動が予想される
pb
pbp
1,315
1,31
© ProRealTime.com
08:00
09:00
10:00
11:00
12:00
13:00
14:00
15:00

図9.46c

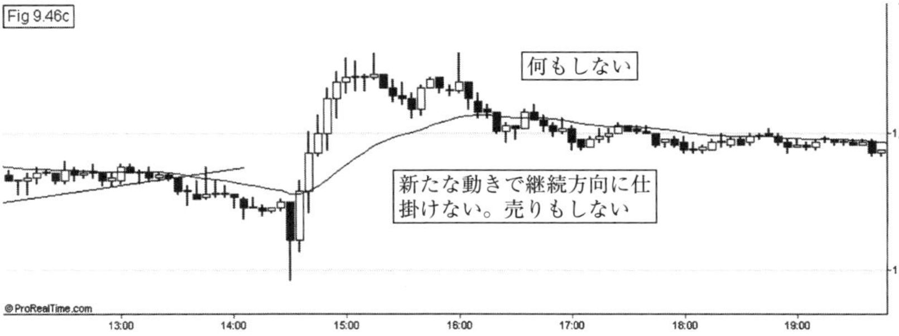
Fig 9.46c
何もしない
新たな動きで継続方向に仕掛けない。売りもしない
1,315
1,31
© ProRealTime.com
13:00
14:00
15:00
16:00
17:00
18:00
19:00

図9.47a

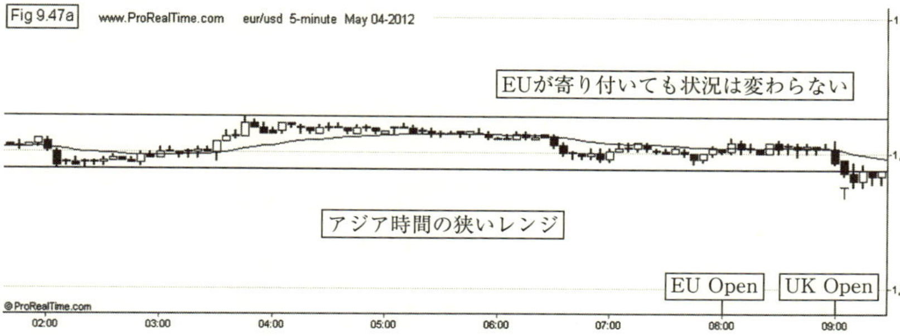
Fig 9.47a
www.ProRealTime.com eur/usd 5-minute May 04-2012
EUが寄り付いても状況は変わらない
アジア時間の狭いレンジ
EU Open
UK Open
© ProRealTime.com
1,32
1,315
1,31
02:00
03:00
04:00
05:00
06:00
07:00
08:00
09:00

図9.47b

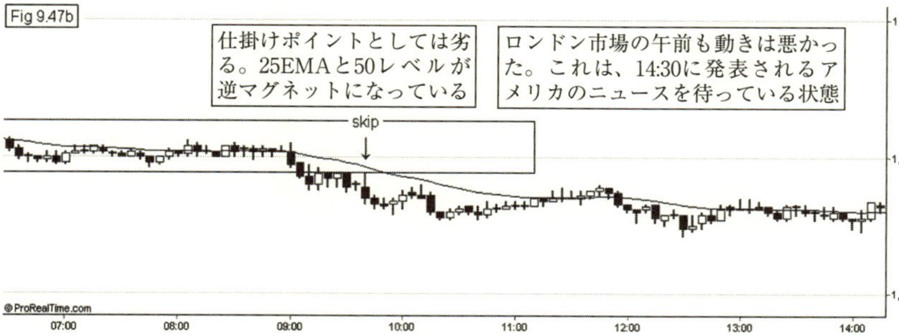
Fig 9.47b
仕掛けポイントとしては劣る。25EMAと50レベルが逆マグネットになっている
ロンドン市場の午前も動きは悪かった。これは、14:30に発表されるアメリカのニュースを待っている状態
skip
© ProRealTime.com
1,32
1,315
1,31
07:00
08:00
09:00
10:00
11:00
12:00
13:00
14:00

図9.47c

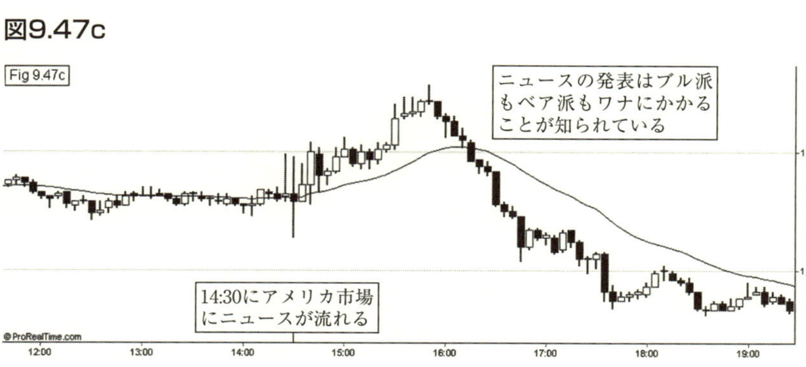
Fig 9.47c
ニュースの発表はブル派もベア派もワナにかかることが知られている
14:30にアメリカ市場にニュースが流れる
© ProRealTime.com
1,315
1,31
12:00
13:00
14:00
15:00
16:00
17:00
18:00
19:00

図9.48a

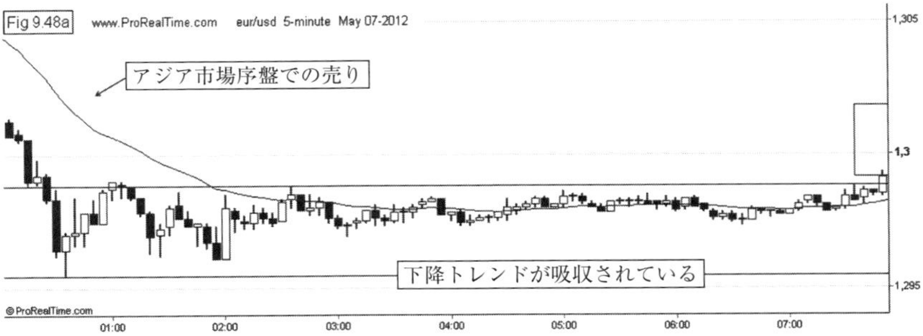
Fig 9.48a
www.ProRealTime.com eur/usd 5-minute May 07-2012
アジア市場序盤での売り
下降トレンドが吸収されている
1,305
1,3
1,295
© ProRealTime.com
01:00
02:00
03:00
04:00
05:00
06:00
07:00

図9.48b

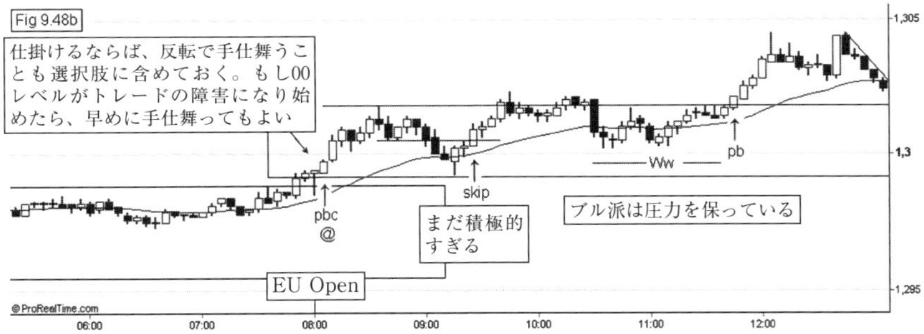
Fig 9.48b
仕掛けるならば、反転で手仕舞うことも選択肢に含めておく。もし00レベルがトレードの障害になり始めたら、早めに手仕舞ってもよい
pbc
@
まだ積極的すぎる
skip
Ww
pb
ブル派は圧力を保っている
EU Open
1,305
1,3
1,295
© ProRealTime.com
06:00
07:00
08:00
09:00
10:00
11:00
12:00

図9.48c

Fig 9.48c
M
magnet
mM
pr
@
Rev.exit
かなりの積極策
1,305
1,3
© ProRealTime.com
12:00
13:00
14:00
15:00
16:00
17:00
18:00

図9.49a

Fig 9.49a
www.ProRealTime.com eur/usd 5-minute May 08-2012
どちらの側にも手は出さない。ブル派はイギリスの寄り付き後も圧力を維持していたが、ブレイクは頭上の抵抗に遭った。ただ、ブル派の失敗ブレイクからの売りも積極的すぎる
skip
skip
W
UK Open
1,305
1,3
© ProRealTime.com
03:00
04:00
05:00
06:00
07:00
08:00
09:00
10:00

図9.49b

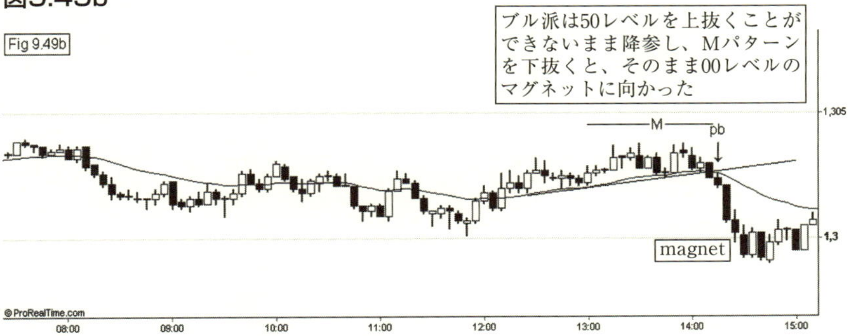
Fig 9.49b
ブル派は50レベルを上抜くことができないまま降参し、Mパターンを下抜くと、そのまま00レベルのマグネットに向かった
M
pb
magnet
1,305
1,3
© ProRealTime.com
08:00
09:00
10:00
11:00
12:00
13:00
14:00
15:00

図9.49c

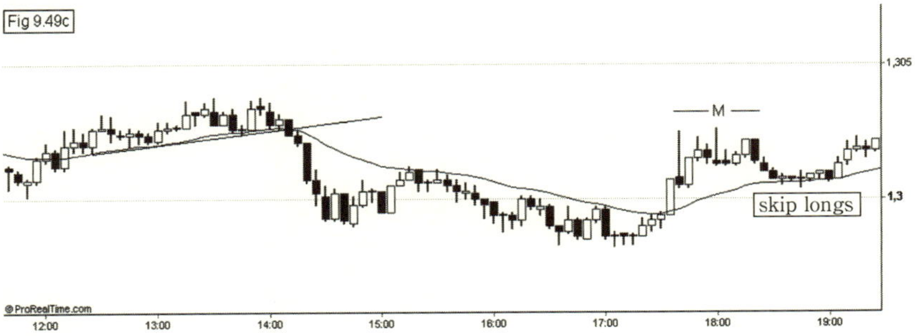
Fig 9.49c
M
skip longs
1,305
1,3
© ProRealTime.com
12:00
13:00
14:00
15:00
16:00
17:00
18:00
19:00

図9.50a

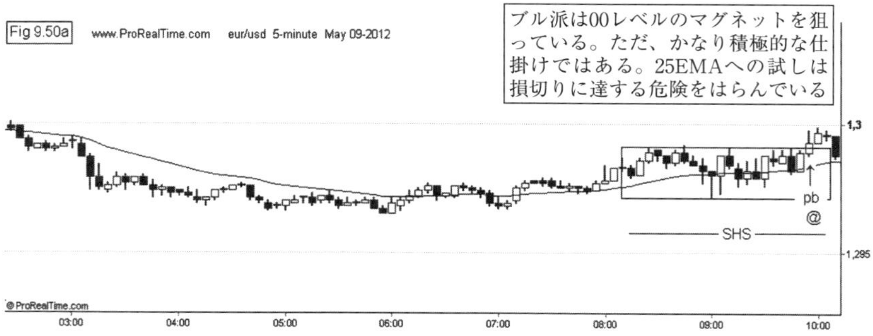
Fig 9.50a
www.ProRealTime.com eur/usd 5-minute May 09-2012
ブル派は00レベルのマグネットを狙っている。ただ、かなり積極的な仕掛けではある。25EMAへの試しは損切りに達する危険をはらんでいる
pb
@
SHS
1,3
1,295
© ProRealTime.com
03:00
04:00
05:00
06:00
07:00
08:00
09:00
10:00

図9.50b

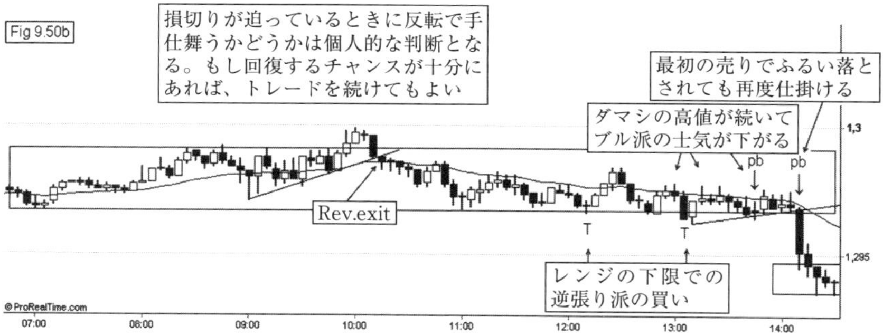
Fig 9.50b
損切りが迫っているときに反転で手仕舞うかどうかは個人的な判断となる。もし回復するチャンスが十分にあれば、トレードを続けてもよい
最初の売りでふるい落とされても再度仕掛ける
ダマシの高値が続いてブル派の士気が下がる
pb
pb
Rev.exit
T
T
レンジの下限での逆張り派の買い
1,3
1,295
© ProRealTime.com
07:00
08:00
09:00
10:00
11:00
12:00
13:00
14:00

図9.50c

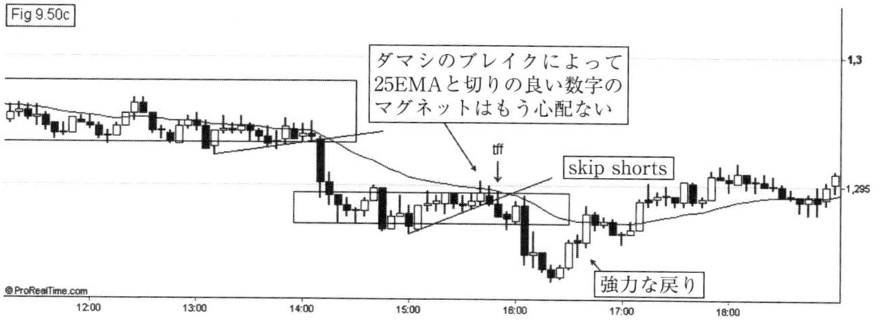
Fig 9.50c
ダマシのブレイクによって25EMAと切りの良い数字のマグネットはもう心配ない
tff
skip shorts
強力な戻り
1,3
1,295
© ProRealTime.com
12:00
13:00
14:00
15:00
16:00
17:00
18:00

図9.51a

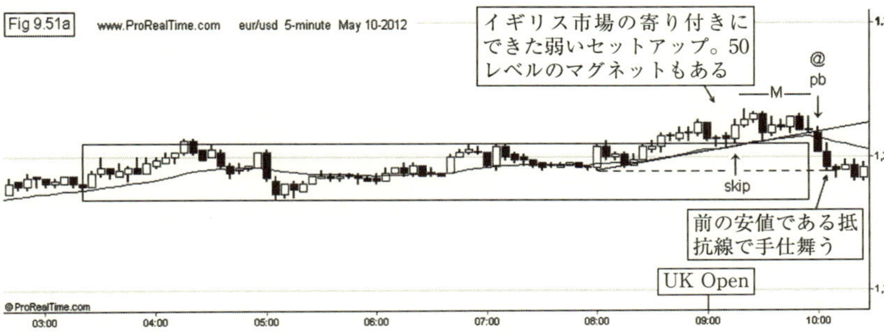
Fig 9.51a
www.ProRealTime.com　eur/usd 5-minute May 10-2012
イギリス市場の寄り付きにできた弱いセットアップ。50レベルのマグネットもある
M
@
pb
skip
前の安値である抵抗線で手仕舞う
UK Open
1.3
1,295
1,29
© ProRealTime.com
03:00
04:00
05:00
06:00
07:00
08:00
09:00
10:00

図9.51b

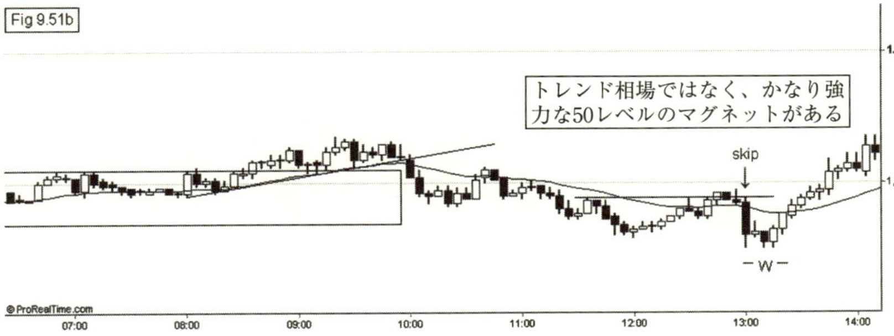
Fig 9.51b
1.3
トレンド相場ではなく、かなり強力な50レベルのマグネットがある
skip
1,295
W
© ProRealTime.com
07:00
08:00
09:00
10:00
11:00
12:00
13:00
14:00

図9.51c

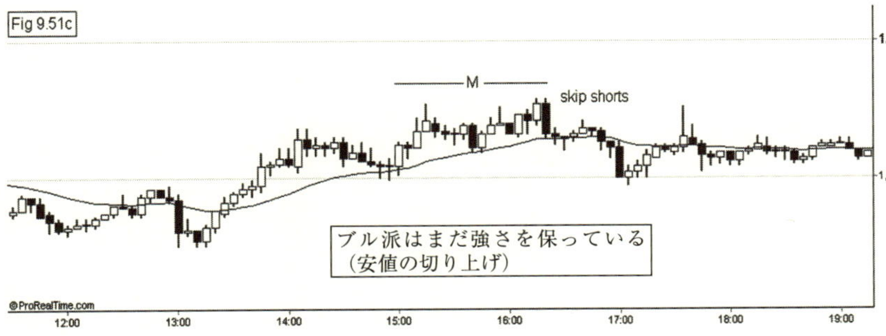
Fig 9.51c
1.3
M
skip shorts
1,295
ブル派はまだ強さを保っている（安値の切り上げ）
© ProRealTime.com
12:00
13:00
14:00
15:00
16:00
17:00
18:00
19:00

図9.52a

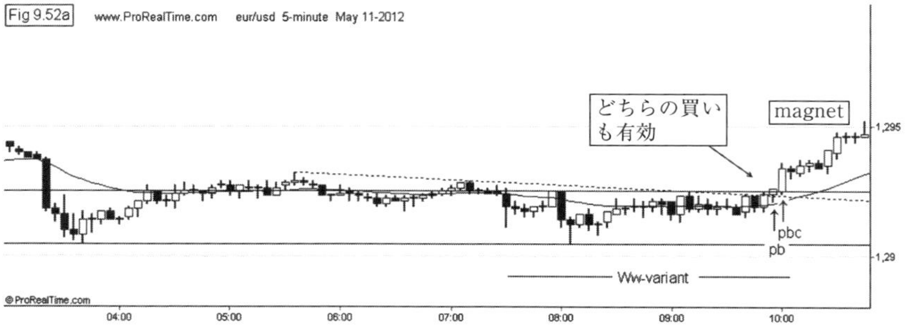

図9.52b

図9.52c

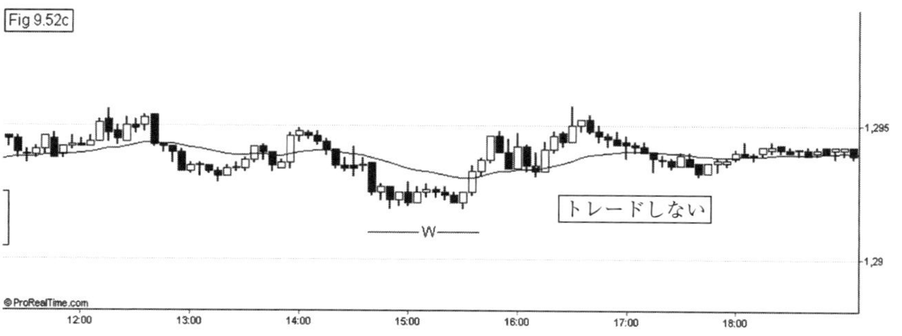

図9.53a

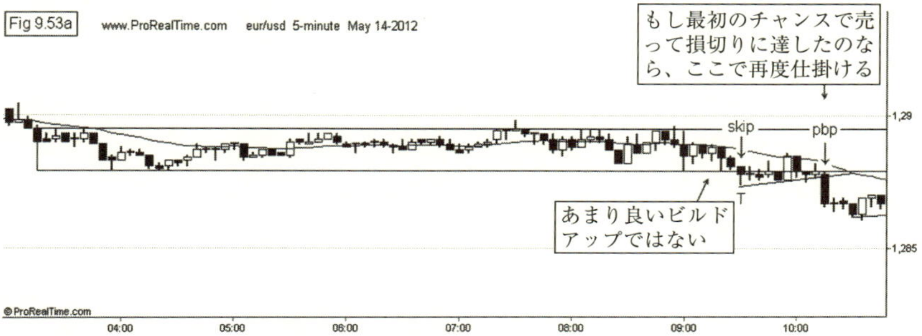
Fig 9.53a
www.ProRealTime.com eur/usd 5-minute May 14-2012
もし最初のチャンスで売って損切りに達したのなら、ここで再度仕掛ける
skip
pbp
T
あまり良いビルドアップではない
1,29
1,285
© ProRealTime.com
04:00
05:00
06:00
07:00
08:00
09:00
10:00

図9.53b

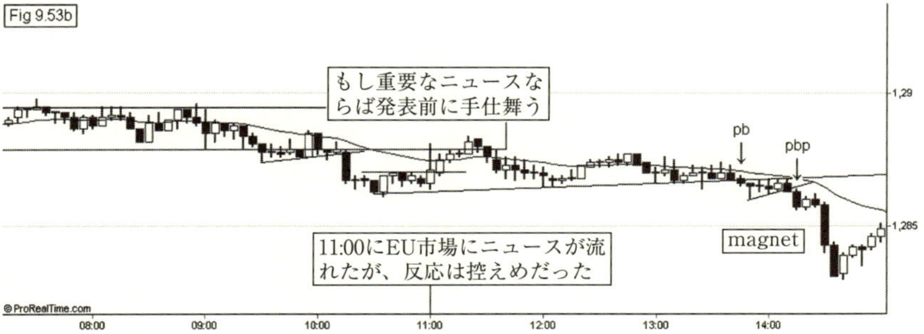
Fig 9.53b
もし重要なニュースならば発表前に手仕舞う
pb
pbp
magnet
11:00にEU市場にニュースが流れたが、反応は控えめだった
1,29
1,285
© ProRealTime.com
08:00
09:00
10:00
11:00
12:00
13:00
14:00

図9.53c

Fig 9.53c
skip longs
ベア派の圧力が消えつつある
1,29
1,285
© ProRealTime.com
12:00
13:00
14:00
15:00
16:00
17:00
18:00
19:00

図9.54a

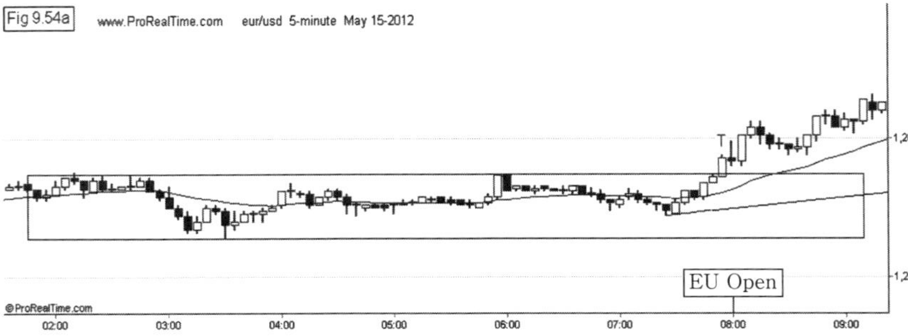
Fig 9.54a
www.ProRealTime.com eur/usd 5-minute May 15-2012
T
1,285
1,28
EU Open
© ProRealTime.com
02:00
03:00
04:00
05:00
06:00
07:00
08:00
09:00

図9.54b

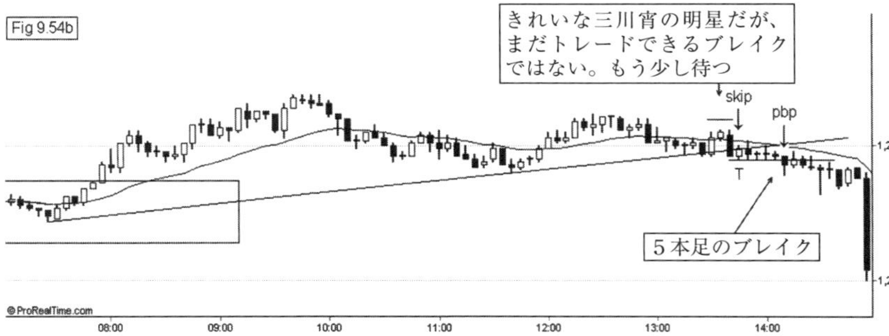
Fig 9.54b
きれいな三川宵の明星だが、
まだトレードできるブレイク
ではない。もう少し待つ
skip
pbp
T
5本足のブレイク
1,285
1,28
© ProRealTime.com
08:00
09:00
10:00
11:00
12:00
13:00
14:00

図9.54c

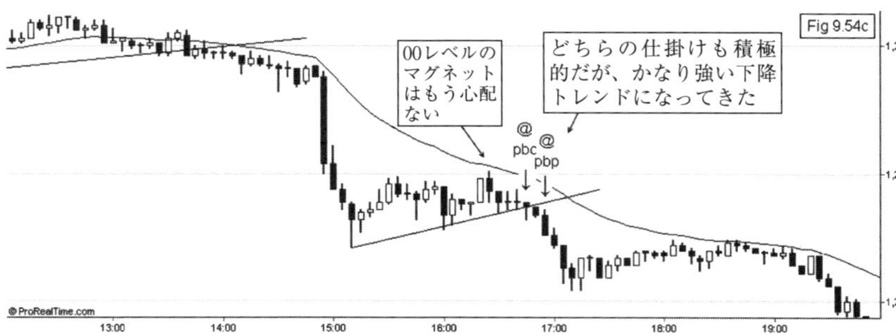
Fig 9.54c
00レベルの
マグネット
はもう心配
ない
どちらの仕掛けも積極
的だが、かなり強い下降
トレンドになってきた
@
pbc
@
pbp
1,285
1,28
1,275
© ProRealTime.com
13:00
14:00
15:00
16:00
17:00
18:00
19:00

図9.55a

図9.55b

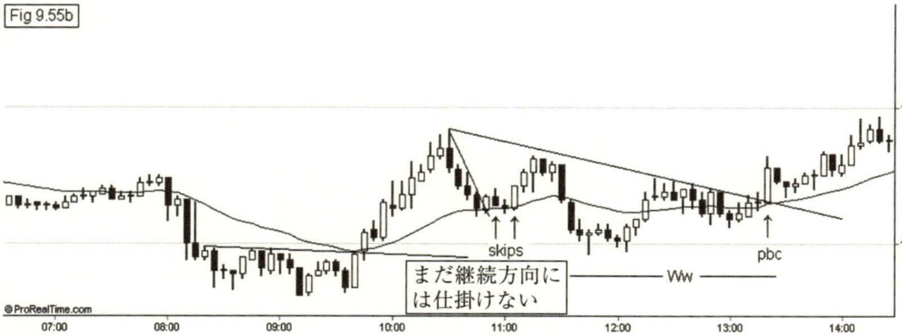

図9.55c

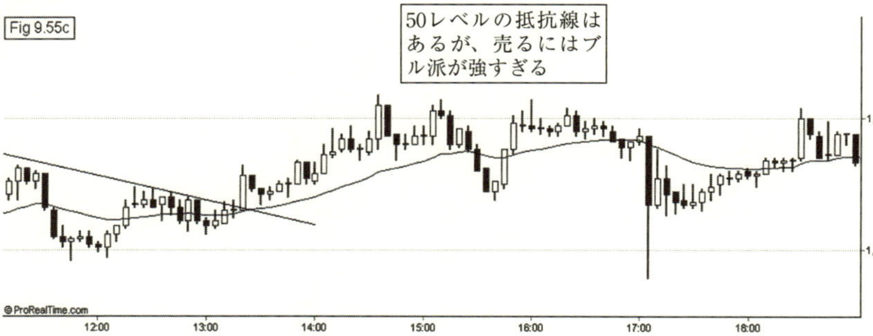

図9.56a

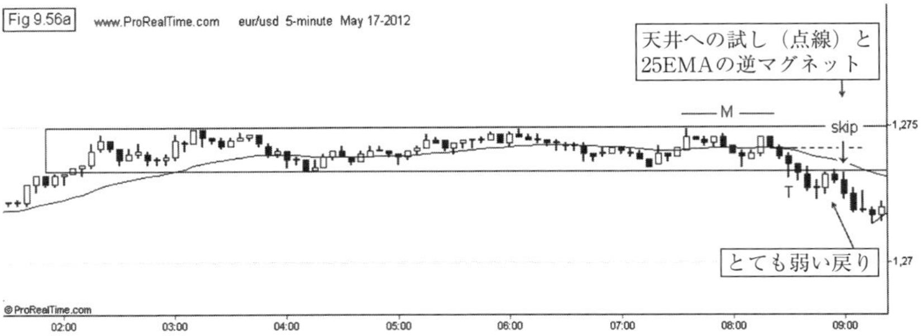

Fig 9.56a
www.ProRealTime.com eur/usd 5-minute May 17-2012
天井への試し（点線）と
25EMAの逆マグネット
M
skip
T
とても弱い戻り
1,275
1,27
© ProRealTime.com
02:00
03:00
04:00
05:00
06:00
07:00
08:00
09:00

図9.56b

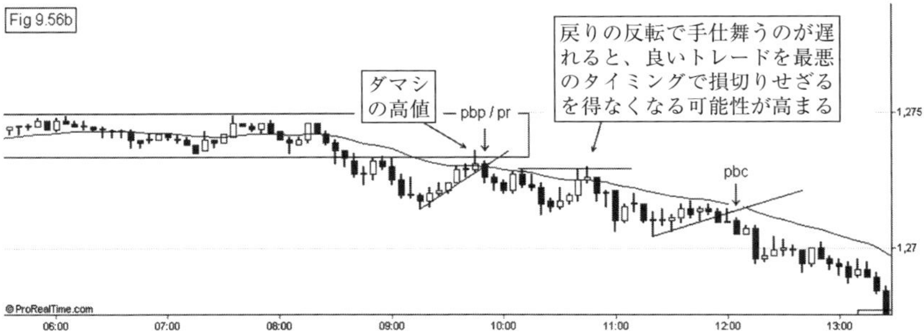

Fig 9.56b
ダマシ
の高値
pbp / pr
戻りの反転で手仕舞うのが遅
れると、良いトレードを最悪
のタイミングで損切りせざる
を得なくなる可能性が高まる
pbc
1,275
1,27
© ProRealTime.com
06:00
07:00
08:00
09:00
10:00
11:00
12:00
13:00

図9.56c

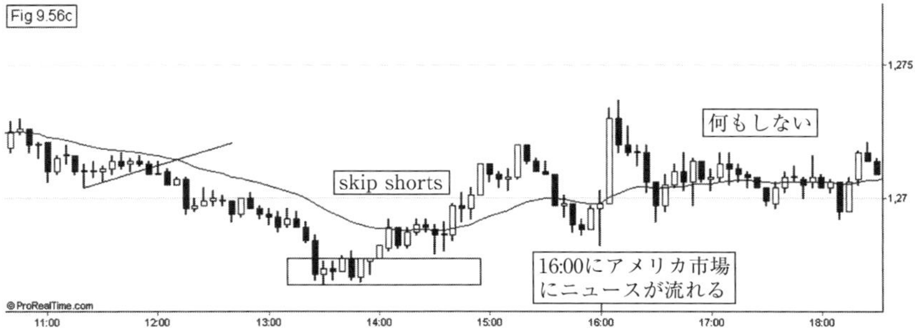

Fig 9.56c
何もしない
skip shorts
16:00にアメリカ市場
にニュースが流れる
1,275
1,27
© ProRealTime.com
11:00
12:00
13:00
14:00
15:00
16:00
17:00
18:00

図9.57a

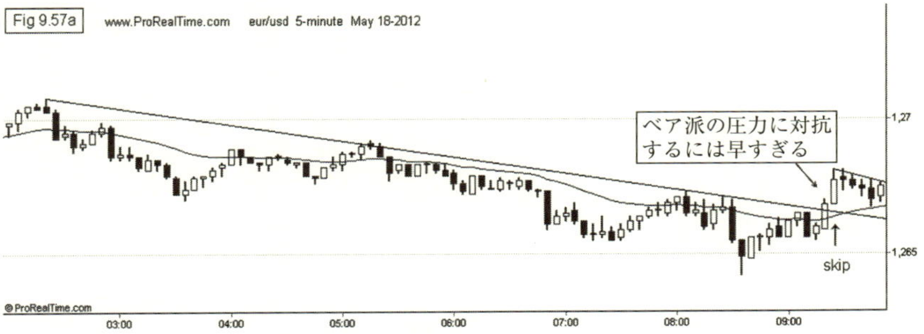
Fig 9.57a
www.ProRealTime.com eur/usd 5-minute May 18-2012
ベア派の圧力に対抗するには早すぎる
skip
1,27
1,265
© ProRealTime.com
03:00
04:00
05:00
06:00
07:00
08:00
09:00

図9.57b

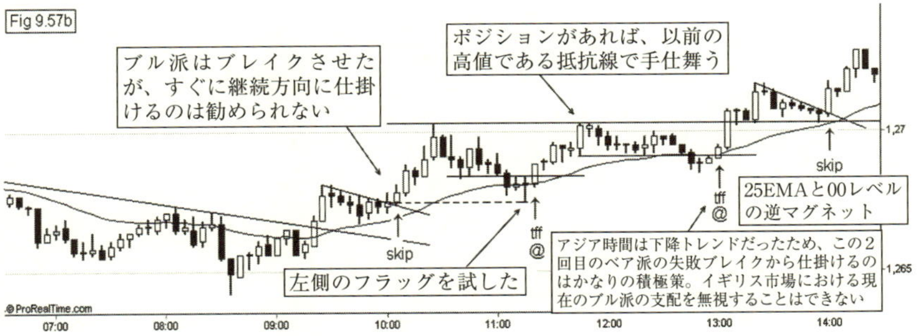
Fig 9.57b
ブル派はブレイクさせたが、すぐに継続方向に仕掛けるのは勧められない
ポジションがあれば、以前の高値である抵抗線で手仕舞う
skip
tff
@
左側のフラッグを試した
tff
@
skip
25EMAと00レベルの逆マグネット
アジア時間は下降トレンドだったため、この2回目のベア派の失敗ブレイクから仕掛けるのはかなりの積極策。イギリス市場における現在のブル派の支配を無視することはできない
1,27
1,265
© ProRealTime.com
07:00
08:00
09:00
10:00
11:00
12:00
13:00
14:00

図9.57c

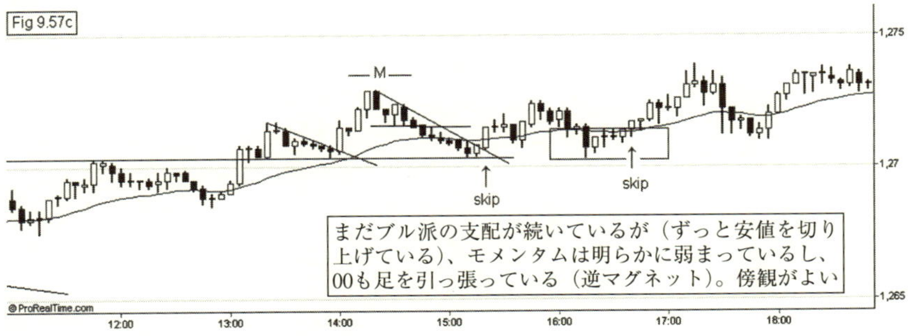
Fig 9.57c
M
skip
skip
まだブル派の支配が続いているが（ずっと安値を切り上げている）、モメンタムは明らかに弱まっているし、00も足を引っ張っている（逆マグネット）。傍観がよい
1,275
1,27
1,265
© ProRealTime.com
12:00
13:00
14:00
15:00
16:00
17:00
18:00

図9.58a

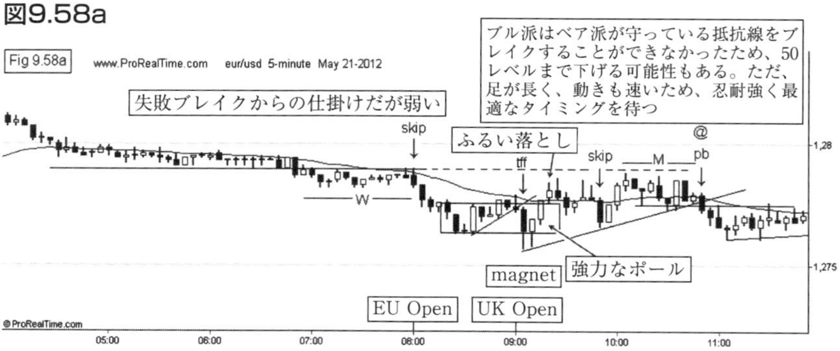
Fig 9.58a
www.ProRealTime.com eur/usd 5-minute May 21-2012
ブル派はベア派が守っている抵抗線をブレイクすることができなかったため、50レベルまで下げる可能性もある。ただ、足が長く、動きも速いため、忍耐強く最適なタイミングを待つ
失敗ブレイクからの仕掛けだが弱い
skip
ふるい落とし
tff
skip
M
@
pb
W
magnet
強力なポール
EU Open
UK Open
1,28
1,275
© ProRealTime.com
05:00
06:00
07:00
08:00
09:00
10:00
11:00

図9.58b

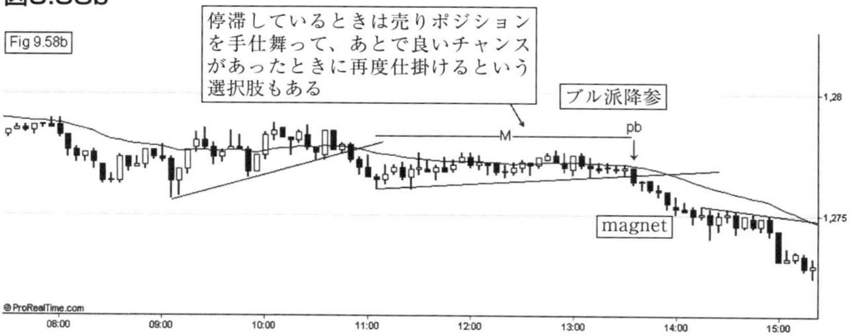
Fig 9.58b
停滞しているときは売りポジションを手仕舞って、あとで良いチャンスがあったときに再度仕掛けるという選択肢もある
ブル派降参
M
pb
magnet
1,28
1,275
© ProRealTime.com
08:00
09:00
10:00
11:00
12:00
13:00
14:00
15:00

図9.58c

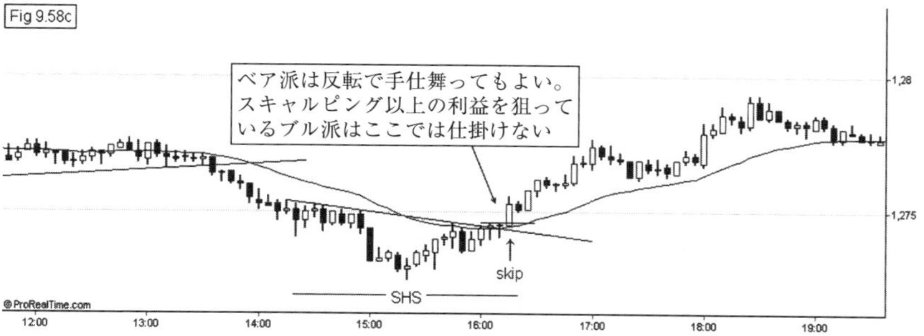
Fig 9.58c
ベア派は反転で手仕舞ってもよい。スキャルピング以上の利益を狙っているブル派はここでは仕掛けない
skip
SHS
1,28
1,275
© ProRealTime.com
12:00
13:00
14:00
15:00
16:00
17:00
18:00
19:00

図9.59a

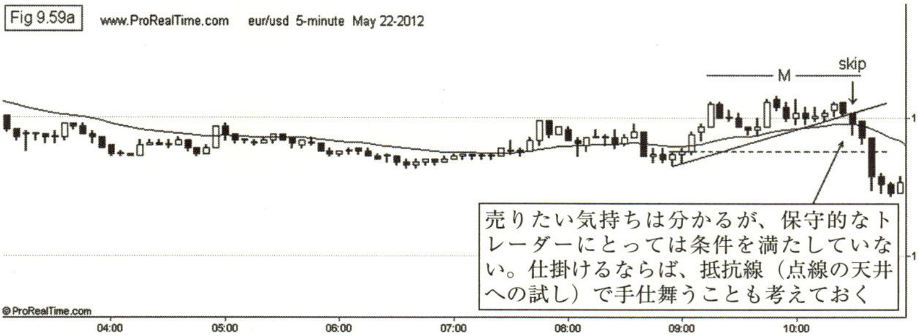
Fig 9.59a
www.ProRealTime.com　eur/usd 5-minute May 22-2012
M
skip
売りたい気持ちは分かるが、保守的なトレーダーにとっては条件を満たしていない。仕掛けるならば、抵抗線（点線の天井への試し）で手仕舞うことも考えておく
1,28
1,275
© ProRealTime.com
04:00
05:00
06:00
07:00
08:00
09:00
10:00

図9.59b

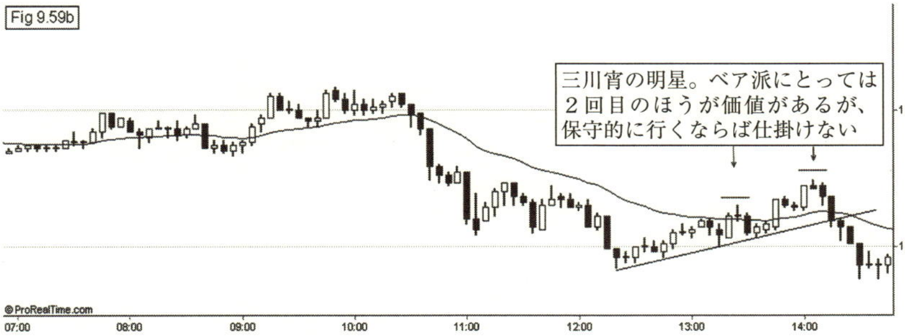
Fig 9.59b
三川宵の明星。ベア派にとっては２回目のほうが価値があるが、保守的に行くならば仕掛けない
1,28
1,275
© ProRealTime.com
07:00
08:00
09:00
10:00
11:00
12:00
13:00
14:00

図9.59c

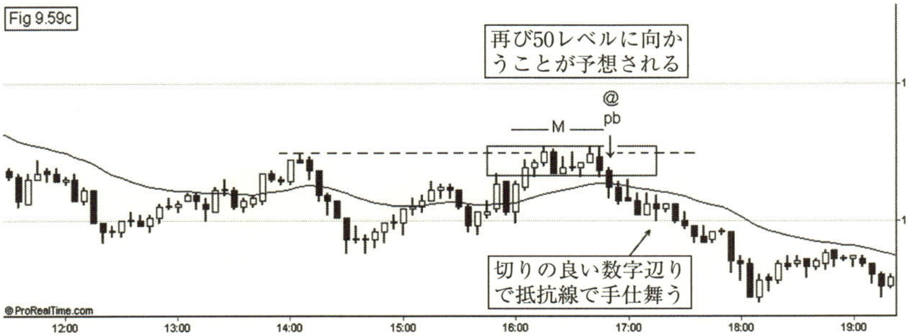
Fig 9.59c
再び50レベルに向かうことが予想される
@
pb
M
切りの良い数字辺りで抵抗線で手仕舞う
1,28
1,275
© ProRealTime.com
12:00
13:00
14:00
15:00
16:00
17:00
18:00
19:00

図9.60a

図9.60b

図9.60c

図9.61a

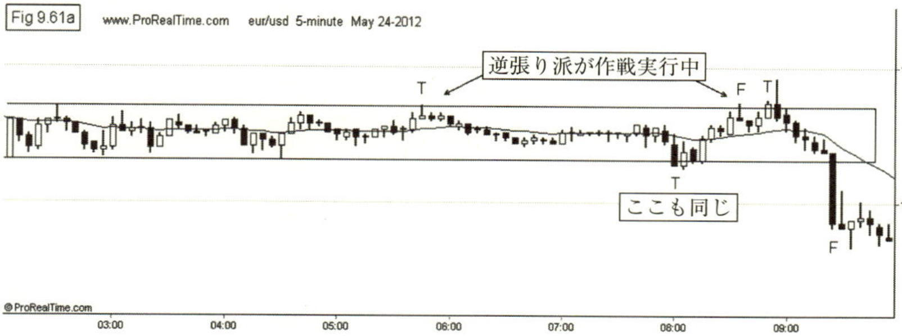

図9.61b

図9.61c

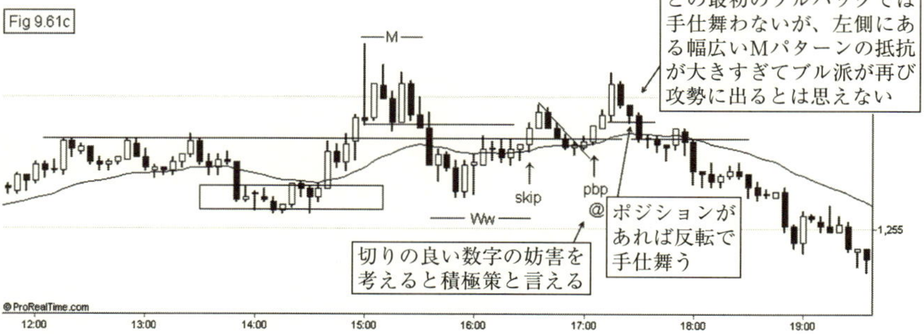

図9.62a

図9.62b

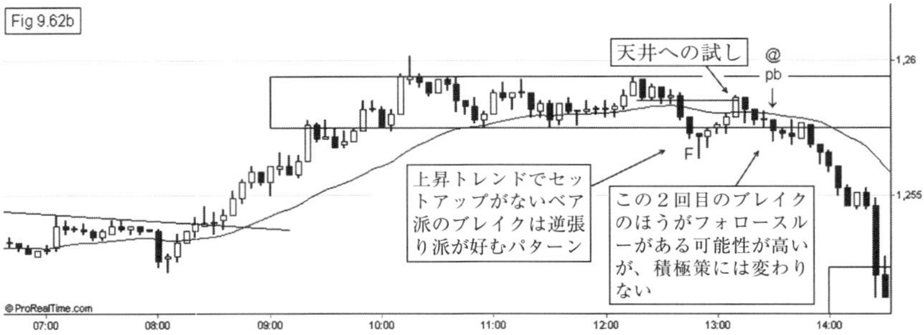

図9.62c

図9.63a

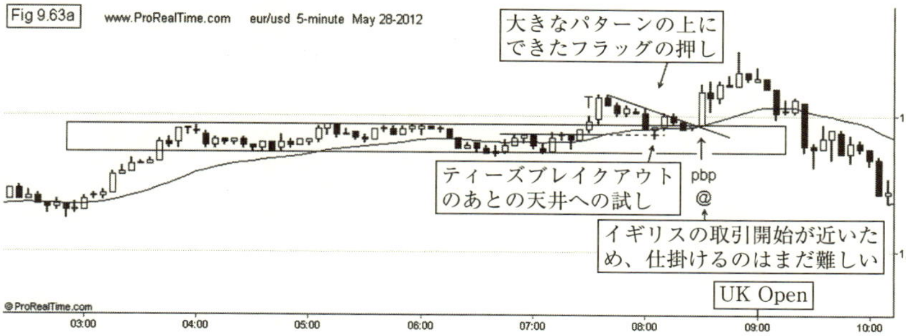
Fig 9.63a
www.ProRealTime.com　eur/usd 5-minute May 28-2012
大きなパターンの上にできたフラッグの押し
T
ティーズブレイクアウトのあとの天井への試し
pbp
@
イギリスの取引開始が近いため、仕掛けるのはまだ難しい
UK Open
1,26
1,255
© ProRealTime.com
03:00
04:00
05:00
06:00
07:00
08:00
09:00
10:00

図9.63b

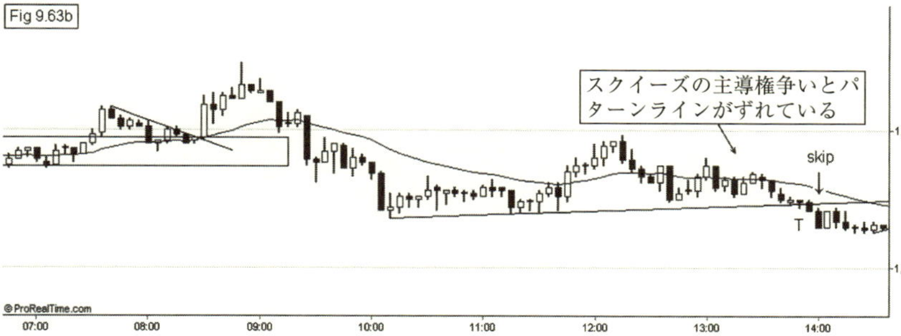
Fig 9.63b
スクイーズの主導権争いとパターンラインがずれている
skip
T
1,26
1,255
© ProRealTime.com
07:00
08:00
09:00
10:00
11:00
12:00
13:00
14:00

図9.63c

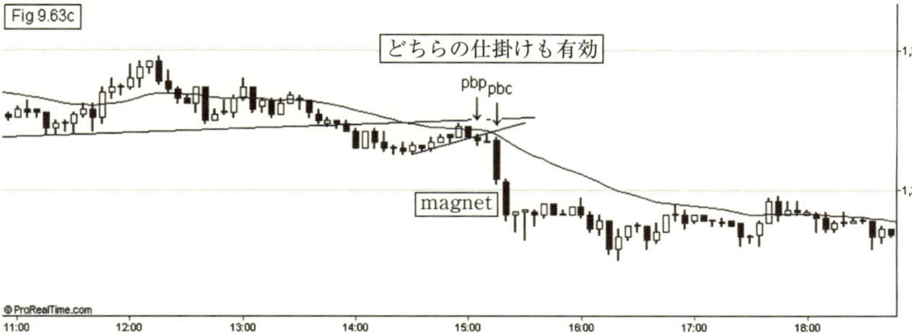
Fig 9.63c
どちらの仕掛けも有効
pbp
pbc
magnet
1,26
1,255
© ProRealTime.com
11:00
12:00
13:00
14:00
15:00
16:00
17:00
18:00

図9.64a

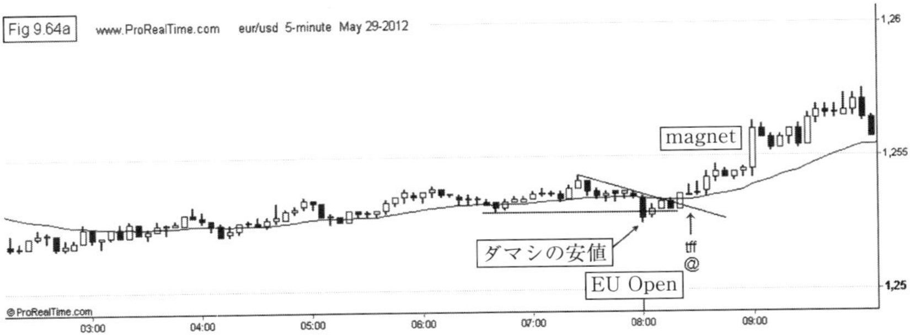
Fig 9.64a
www.ProRealTime.com eur/usd 5-minute May 29-2012
magnet
ダマシの安値
tff
@
EU Open
1,26
1,255
1,25
© ProRealTime.com
03:00
04:00
05:00
06:00
07:00
08:00
09:00

図9.64b

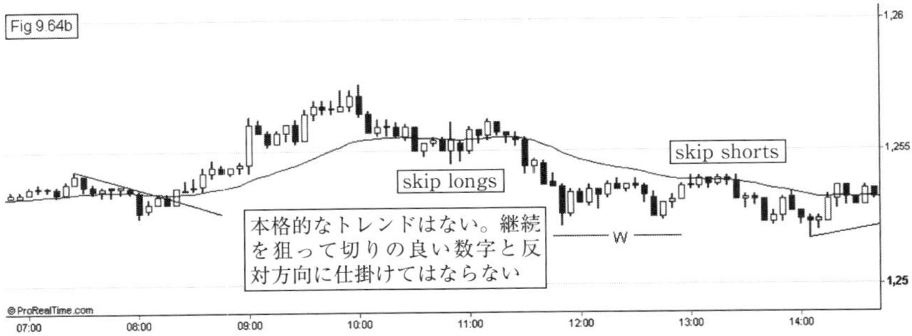
Fig 9.64b
skip longs
skip shorts
本格的なトレンドはない。継続を狙って切りの良い数字と反対方向に仕掛けてはならない
W
1,26
1,255
1,25
© ProRealTime.com
07:00
08:00
09:00
10:00
11:00
12:00
13:00
14:00

図9.64c

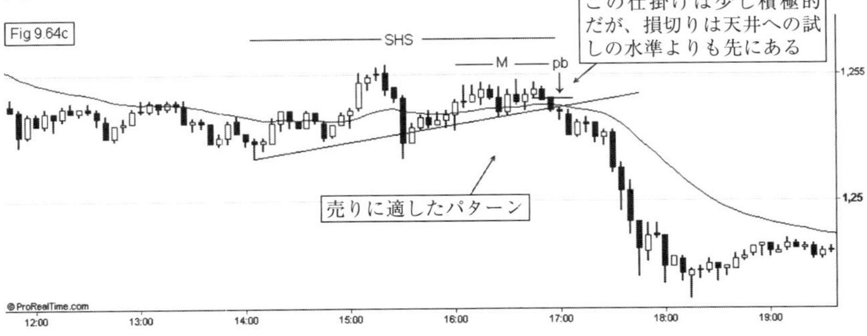
Fig 9.64c
この仕掛けは少し積極的だが、損切りは天井への試しの水準よりも先にある
SHS
M
pb
売りに適したパターン
1,255
1,25
© ProRealTime.com
12:00
13:00
14:00
15:00
16:00
17:00
18:00
19:00

図9.65a

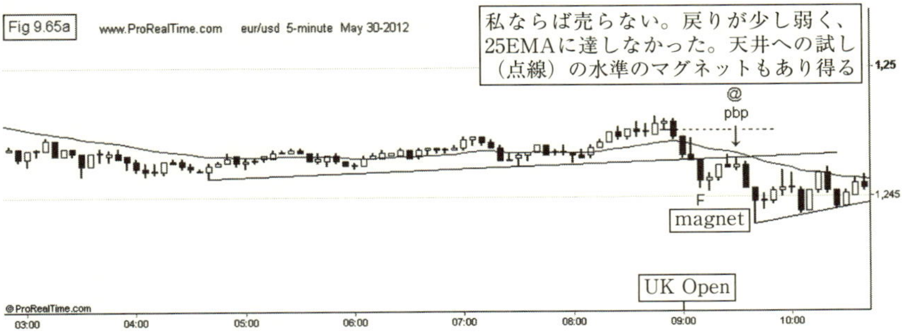
Fig 9.65a
www.ProRealTime.com　eur/usd 5-minute May 30-2012
私ならば売らない。戻りが少し弱く、25EMAに達しなかった。天井への試し（点線）の水準のマグネットもあり得る
@
pbp
F
magnet
UK Open
1,25
1,245
© ProRealTime.com
03:00
04:00
05:00
06:00
07:00
08:00
09:00
10:00

図9.65b

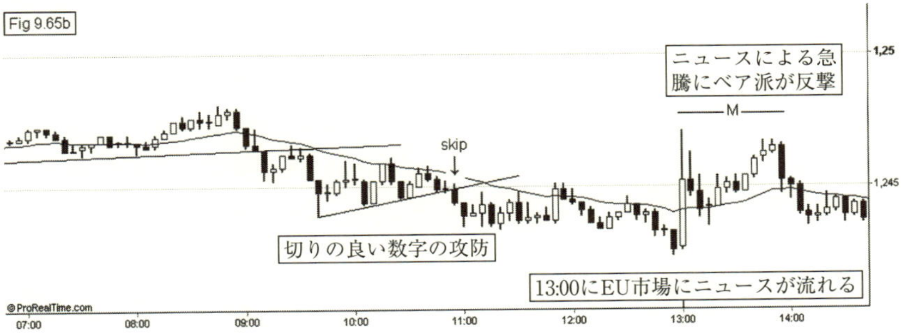
Fig 9.65b
ニュースによる急騰にベア派が反撃
M
skip
切りの良い数字の攻防
13:00にEU市場にニュースが流れる
1,25
1,245
© ProRealTime.com
07:00
08:00
09:00
10:00
11:00
12:00
13:00
14:00

図9.65c

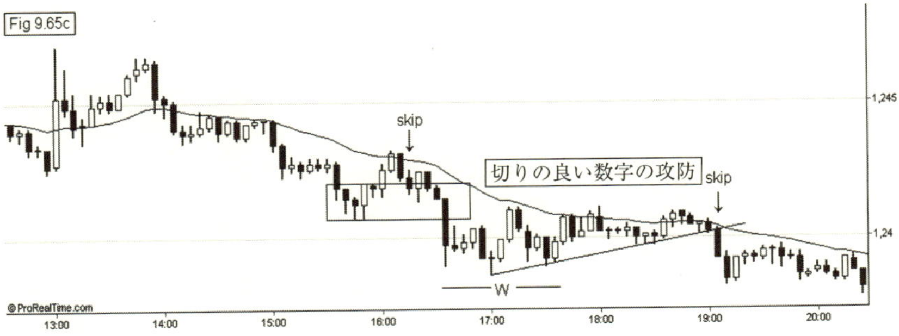
Fig 9.65c
skip
切りの良い数字の攻防
skip
W
1,245
1,24
© ProRealTime.com
13:00
14:00
15:00
16:00
17:00
18:00
19:00
20:00

図9.66a

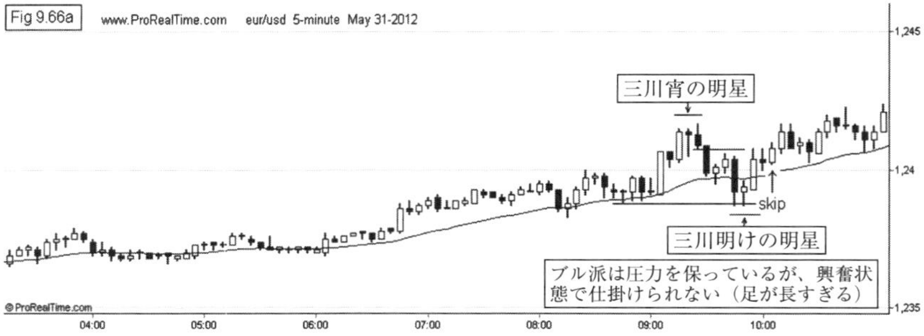

図9.66b

図9.66c

図9.67a

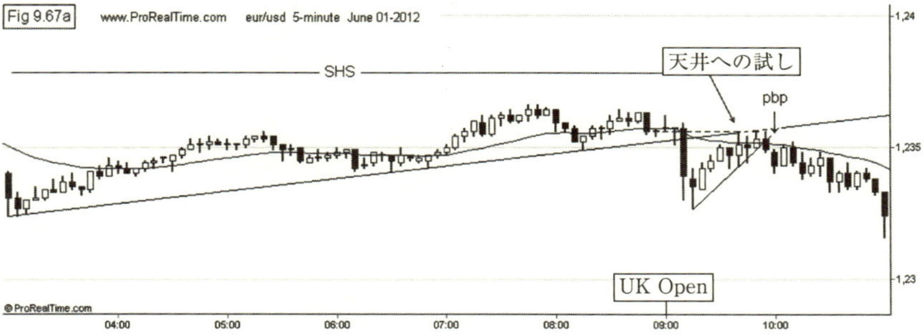

図9.67b

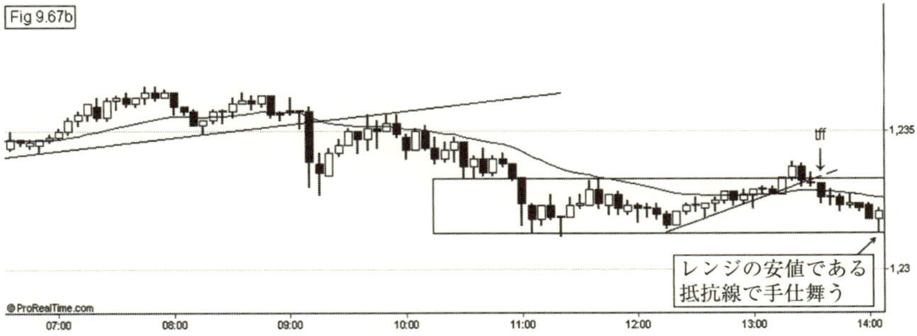

図9.67c

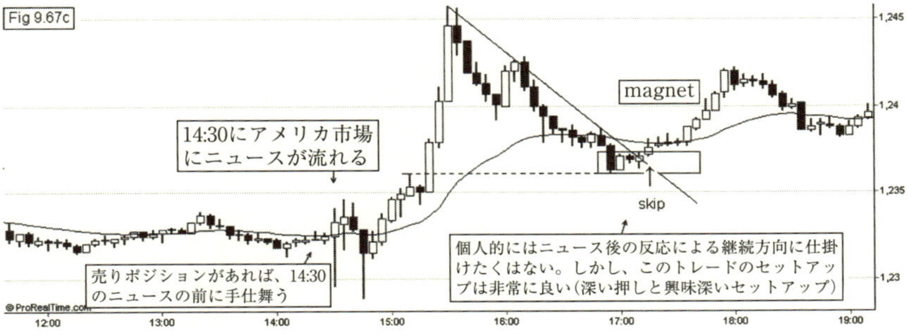

図9.68a

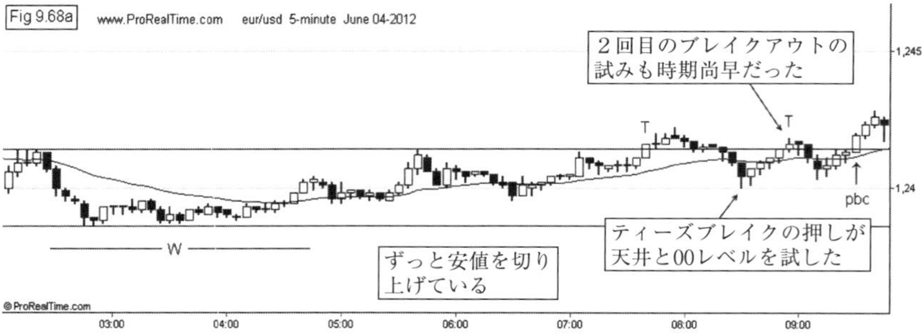

Fig 9.68a
www.ProRealTime.com eur/usd 5-minute June 04-2012
2回目のブレイクアウトの試みも時期尚早だった
T
T
1,245
1,24
pbc
W
ずっと安値を切り上げている
ティーズブレイクの押しが天井と00レベルを試した
© ProRealTime.com
03:00
04:00
05:00
06:00
07:00
08:00
09:00

図9.68b

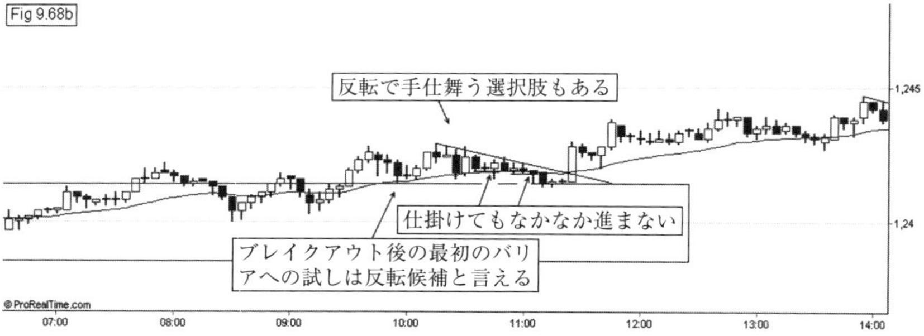

Fig 9.68b
反転で手仕舞う選択肢もある
1,245
仕掛けてもなかなか進まない
1,24
ブレイクアウト後の最初のバリアへの試しは反転候補と言える
© ProRealTime.com
07:00
08:00
09:00
10:00
11:00
12:00
13:00
14:00

図9.68c

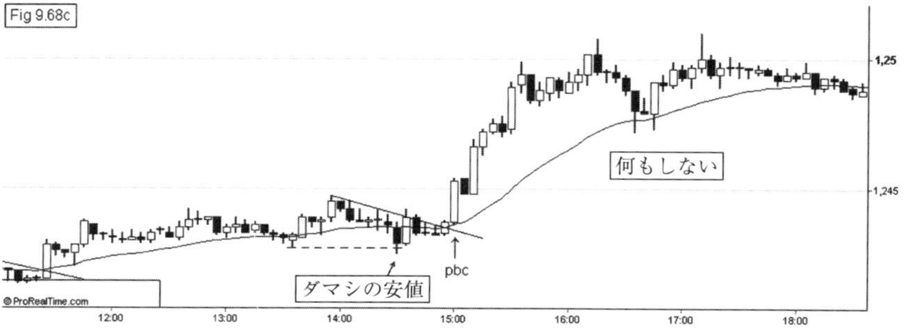

Fig 9.68c
1,25
何もしない
1,245
pbc
ダマシの安値
© ProRealTime.com
12:00
13:00
14:00
15:00
16:00
17:00
18:00

図9.69a

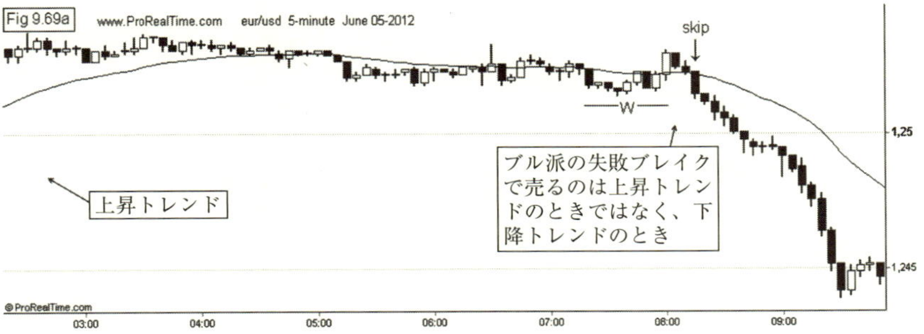
Fig 9.69a
www.ProRealTime.com　eur/usd 5-minute June 05-2012
skip
W
上昇トレンド
ブル派の失敗ブレイクで売るのは上昇トレンドのときではなく、下降トレンドのとき
1,25
1,245
© ProRealTime.com
03:00
04:00
05:00
06:00
07:00
08:00
09:00

図9.69b

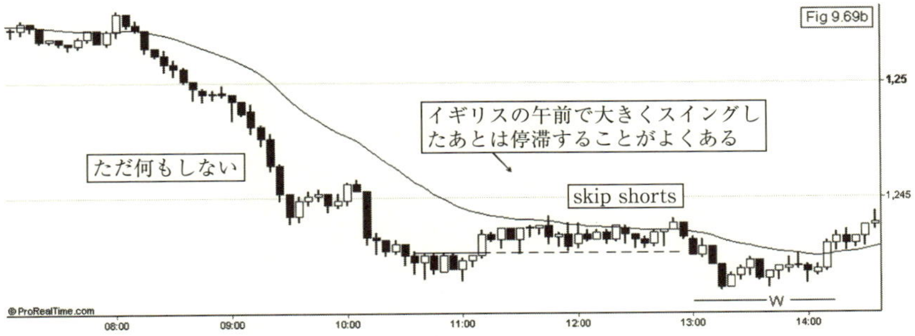
Fig 9.69b
イギリスの午前で大きくスイングしたあとは停滞することがよくある
ただ何もしない
skip shorts
W
1,25
1,245
© ProRealTime.com
08:00
09:00
10:00
11:00
12:00
13:00
14:00

図9.69c

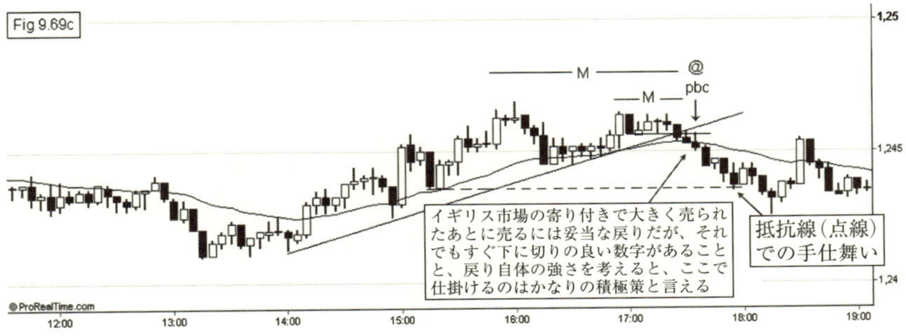
Fig 9.69c
M
@
M
pbc
イギリス市場の寄り付きで大きく売られたあとに売るには妥当な戻りだが、それでもすぐ下に切りの良い数字があることと、戻り自体の強さを考えると、ここで仕掛けるのはかなりの積極策と言える
抵抗線（点線）での手仕舞い
1,25
1,245
1,24
© ProRealTime.com
12:00
13:00
14:00
15:00
16:00
17:00
18:00
19:00

図9.70a

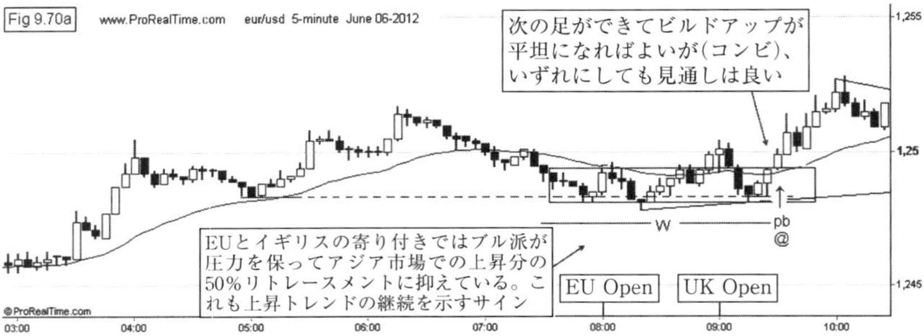
Fig 9.70a
www.ProRealTime.com eur/usd 5-minute June 06-2012
次の足ができてビルドアップが平坦になればよいが(コンビ)、いずれにしても見通しは良い
EUとイギリスの寄り付きではブル派が圧力を保ってアジア市場での上昇分の50%リトレースメントに抑えている。これも上昇トレンドの継続を示すサイン
W
pb
@
EU Open
UK Open
1,255
1,25
1,245
© ProRealTime.com
03:00
04:00
05:00
06:00
07:00
08:00
09:00
10:00

図9.70b

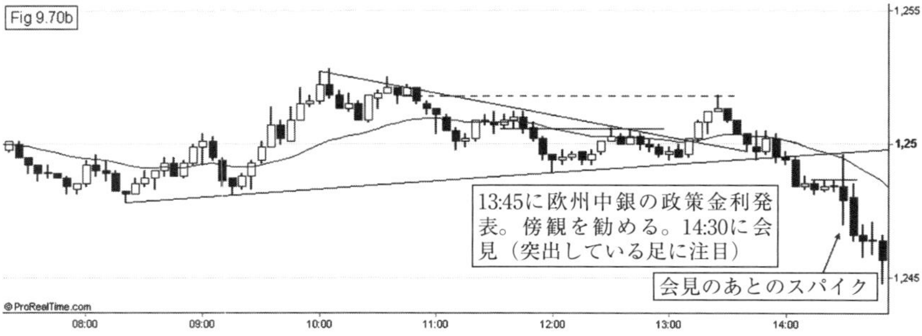
Fig 9.70b
13:45に欧州中銀の政策金利発表。傍観を勧める。14:30に会見（突出している足に注目）
会見のあとのスパイク
1,255
1,25
1,245
© ProRealTime.com
08:00
09:00
10:00
11:00
12:00
13:00
14:00

図9.70c

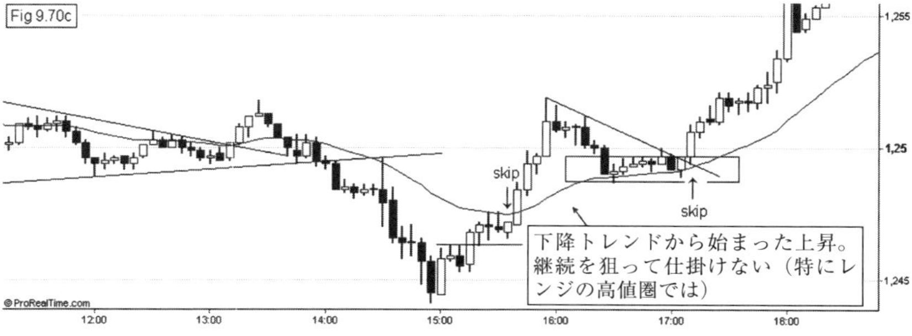
Fig 9.70c
skip
skip
下降トレンドから始まった上昇。継続を狙って仕掛けない（特にレンジの高値圏では）
1,255
1,25
1,245
© ProRealTime.com
12:00
13:00
14:00
15:00
16:00
17:00
18:00

図9.71a

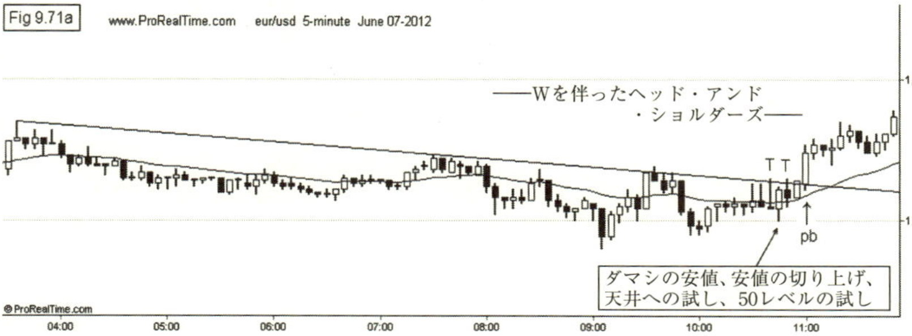
Fig 9.71a
www.ProRealTime.com　eur/usd 5-minute June 07-2012
1,26
1,255
――Wを伴ったヘッド・アンド・ショルダーズ――
T T
pb
ダマシの安値、安値の切り上げ、天井への試し、50レベルの試し
© ProRealTime.com
04:00 05:00 06:00 07:00 08:00 09:00 10:00 11:00

図9.71b

Fig 9.71b
1,26
1,255
何もしない
© ProRealTime.com
08:00 09:00 10:00 11:00 12:00 13:00 14:00

図9.71c

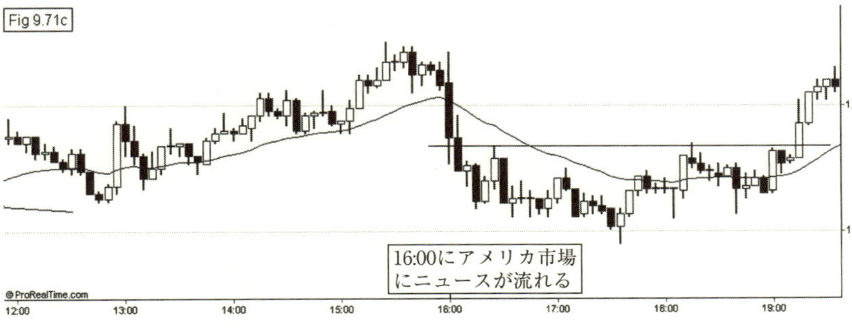
Fig 9.71c
1,26
1,255
16:00にアメリカ市場にニュースが流れる
© ProRealTime.com
12:00 13:00 14:00 15:00 16:00 17:00 18:00 19:00

図9.72a

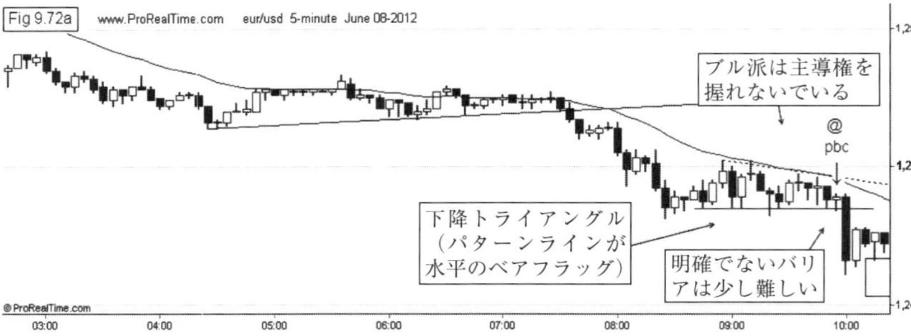
Fig 9.72a
www.ProRealTime.com eur/usd 5-minute June 08-2012
ブル派は主導権を
握れないでいる
@
pbc
下降トライアングル
（パターンラインが
水平のベアフラッグ）
明確でないバリ
アは少し難しい
© ProRealTime.com

図9.72b

Fig 9.72b
skip longs
W
skip longs
© ProRealTime.com

図9.72c

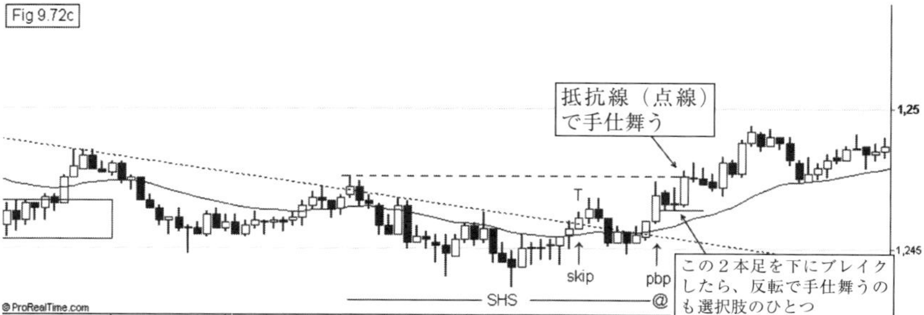
Fig 9.72c
抵抗線（点線）
で手仕舞う
T
skip
pbp
@
SHS
この２本足を下にブレイク
したら、反転で手仕舞うの
も選択肢のひとつ
© ProRealTime.com

図9.73a

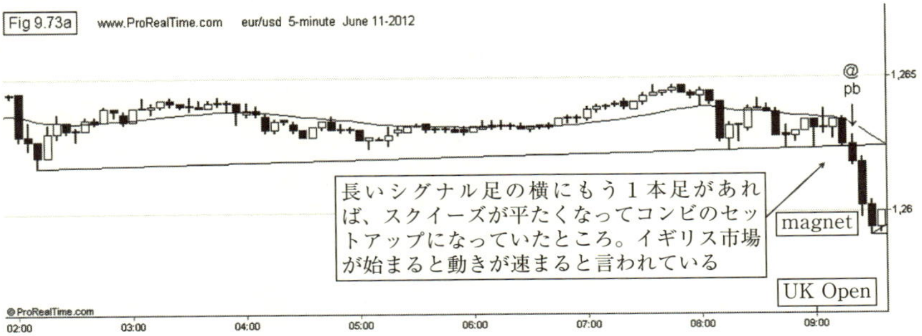
Fig 9.73a
www.ProRealTime.com eur/usd 5-minute June 11-2012
@
pb
長いシグナル足の横にもう１本足があれば、スクイーズが平たくなってコンビのセットアップになっていたところ。イギリス市場が始まると動きが速まると言われている
magnet
UK Open
© ProRealTime.com
1,265
1,26
02:00
03:00
04:00
05:00
06:00
07:00
08:00
09:00

図9.73b

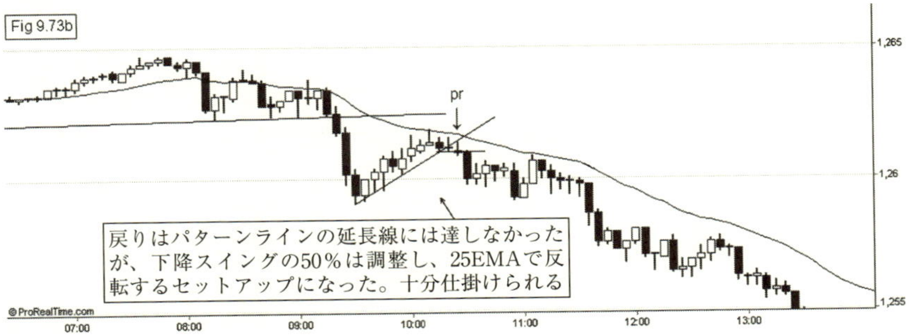
Fig 9.73b
pr
戻りはパターンラインの延長線には達しなかったが、下降スイングの50%は調整し、25EMAで反転するセットアップになった。十分仕掛けられる
© ProRealTime.com
1,265
1,26
1,255
07:00
08:00
09:00
10:00
11:00
12:00
13:00

図9.73c

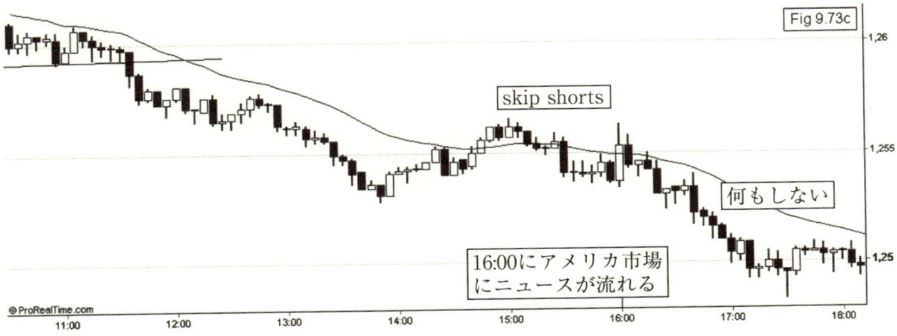
Fig 9.73c
skip shorts
何もしない
16:00にアメリカ市場にニュースが流れる
© ProRealTime.com
1,26
1,255
1,25
11:00
12:00
13:00
14:00
15:00
16:00
17:00
18:00

図9.74a

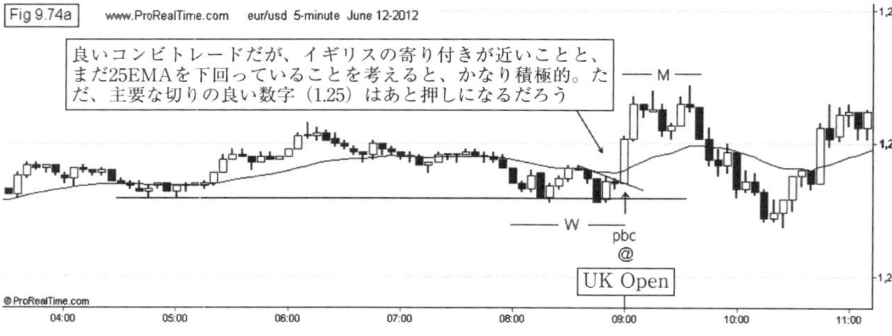

図9.74b

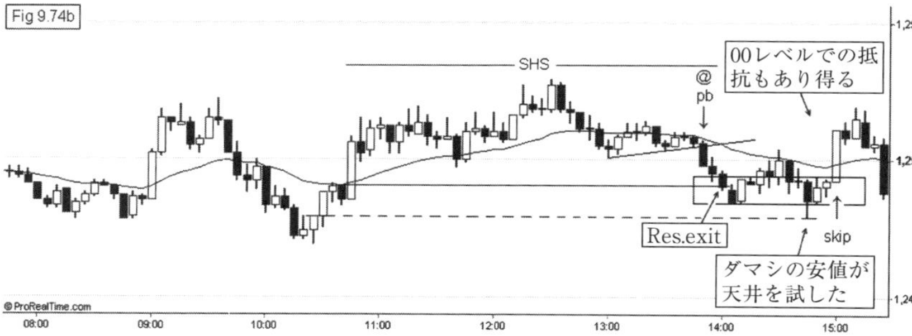

図9.74c

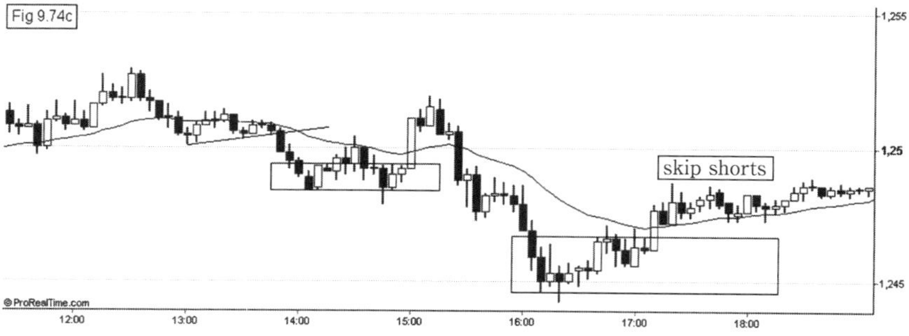

図9.75a

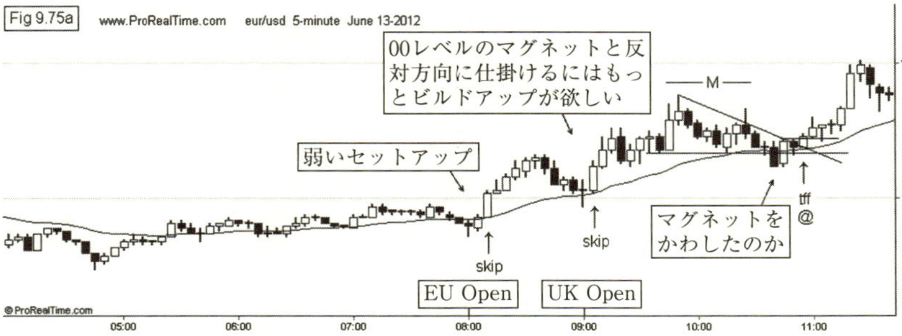
Fig 9.75a
www.ProRealTime.com eur/usd 5-minute June 13-2012
00レベルのマグネットと反対方向に仕掛けるにはもっとビルドアップが欲しい
弱いセットアップ
M
skip
skip
tff
@
マグネットをかわしたのか
EU Open
UK Open
1,255
1,25
05:00
06:00
07:00
08:00
09:00
10:00
11:00
© ProRealTime.com

図9.75b

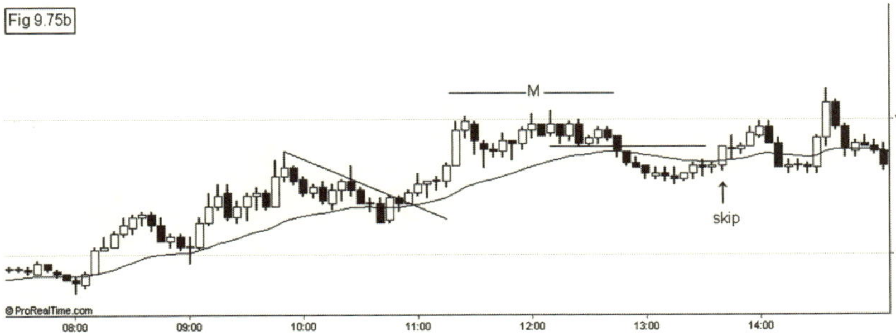
Fig 9.75b
M
skip
1,255
1,25
08:00
09:00
10:00
11:00
12:00
13:00
14:00
© ProRealTime.com

図9.75c

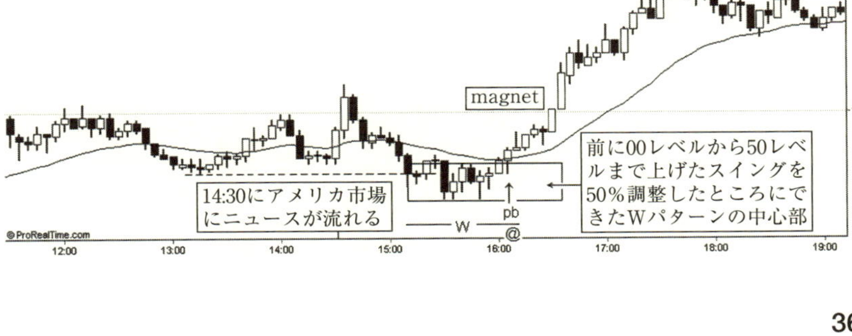
Fig 9.75c
magnet
前に00レベルから50レベルまで上げたスイングを50％調整したところにできたWパターンの中心部
14:30にアメリカ市場にニュースが流れる
pb
W
@
1,26
1,255
12:00
13:00
14:00
15:00
16:00
17:00
18:00
19:00
© ProRealTime.com

図9.76a

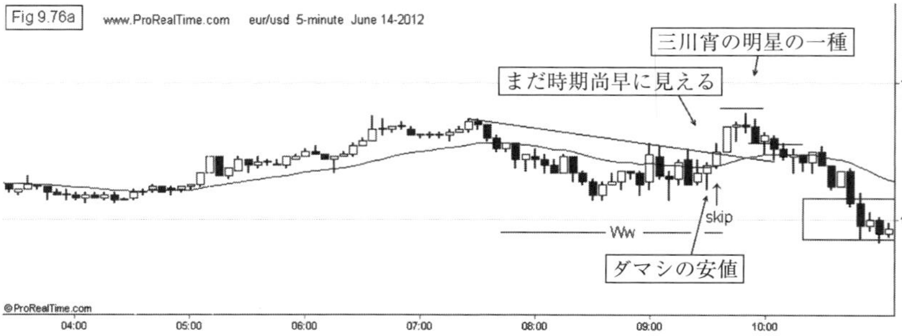
Fig 9.76a
www.ProRealTime.com eur/usd 5-minute June 14-2012
三川宵の明星の一種
まだ時期尚早に見える
skip
Ww
ダマシの安値
1,26
1,255
© ProRealTime.com
04:00
05:00
06:00
07:00
08:00
09:00
10:00

図9.76b

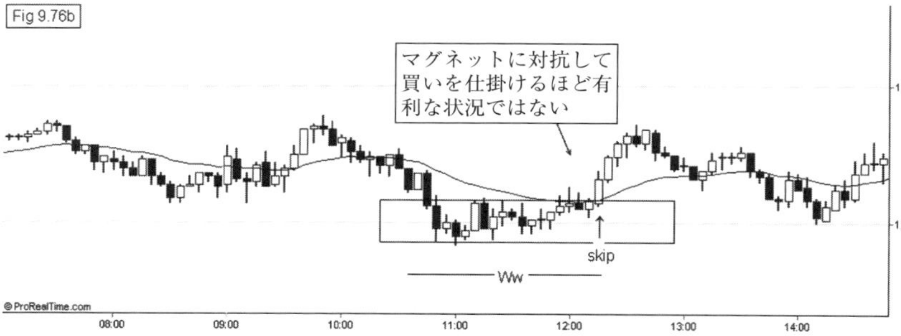
Fig 9.76b
マグネットに対抗して
買いを仕掛けるほど有
利な状況ではない
skip
Ww
1,26
1,255
© ProRealTime.com
08:00
09:00
10:00
11:00
12:00
13:00
14:00

図9.76c

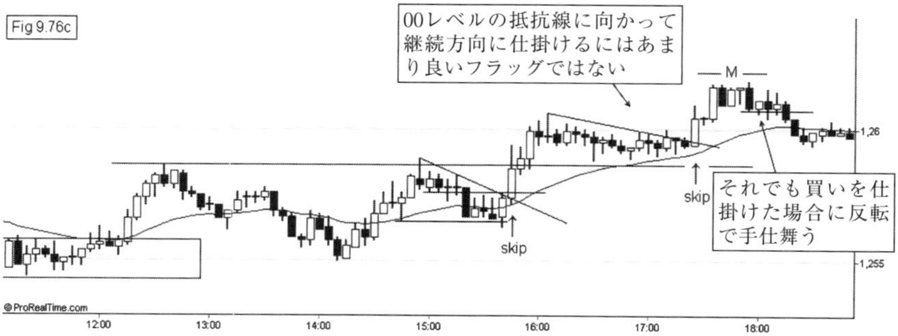
Fig 9.76c
00レベルの抵抗線に向かって
継続方向に仕掛けるにはあま
り良いフラッグではない
M
skip
skip
それでも買いを仕
掛けた場合に反転
で手仕舞う
1,26
1,255
© ProRealTime.com
12:00
13:00
14:00
15:00
16:00
17:00
18:00

図9.77a

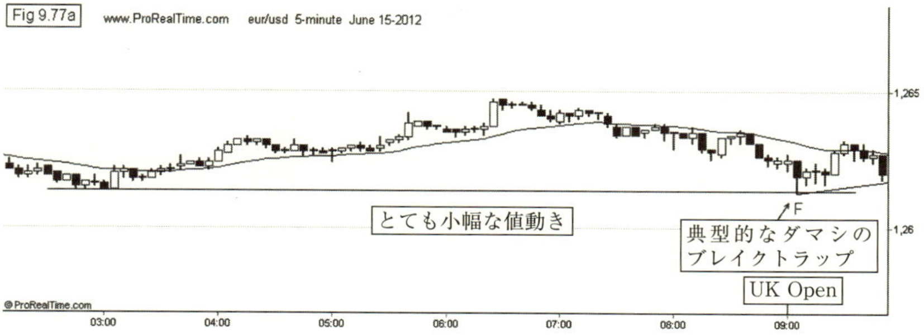
Fig 9.77a
www.ProRealTime.com　eur/usd 5-minute June 15-2012
とても小幅な値動き
F
典型的なダマシのブレイクトラップ
UK Open
1,265
1,26
© ProRealTime.com
03:00
04:00
05:00
06:00
07:00
08:00
09:00

図9.77b

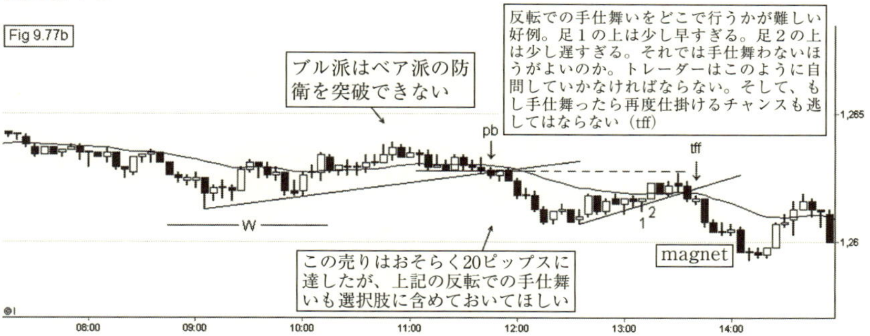
Fig 9.77b
反転での手仕舞いをどこで行うかが難しい好例。足1の上は少し早すぎる。足2の上は少し遅すぎる。それでは手仕舞わないほうがよいのか。トレーダーはこのように自問していかなければならない。そして、もし手仕舞ったら再度仕掛けるチャンスも逃してはならない（tff）
ブル派はベア派の防衛を突破できない
pb
tff
W
1
2
この売りはおそらく20ピップスに達したが、上記の反転での手仕舞いも選択肢に含めておいてほしい
magnet
1,265
1,26
08:00
09:00
10:00
11:00
12:00
13:00
14:00

図9.77c

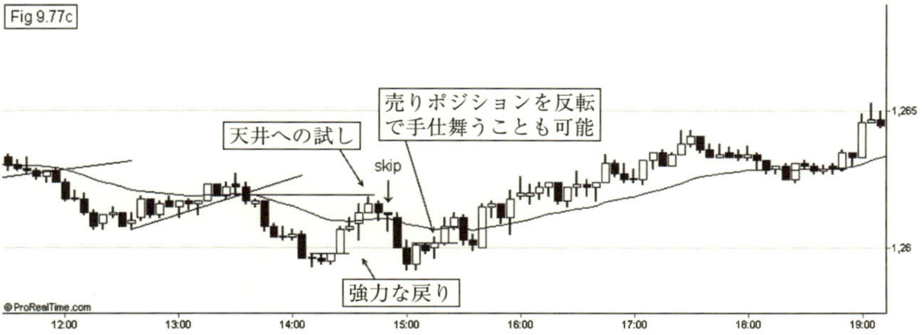
Fig 9.77c
売りポジションを反転で手仕舞うことも可能
天井への試し
skip
強力な戻り
1,265
1,26
© ProRealTime.com
12:00
13:00
14:00
15:00
16:00
17:00
18:00
19:00

図9.78a

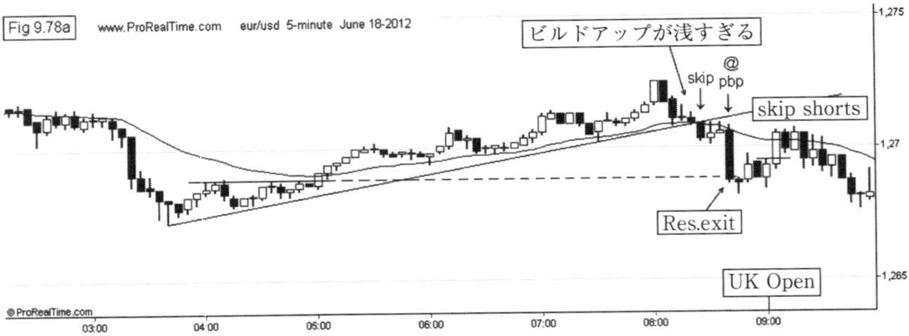
Fig 9.78a
www.ProRealTime.com eur/usd 5-minute June 18-2012
ビルドアップが浅すぎる
skip
@
pbp
skip shorts
Res.exit
UK Open
1,275
1,27
1,265
© ProRealTime.com
03:00
04:00
05:00
06:00
07:00
08:00
09:00

図9.78b

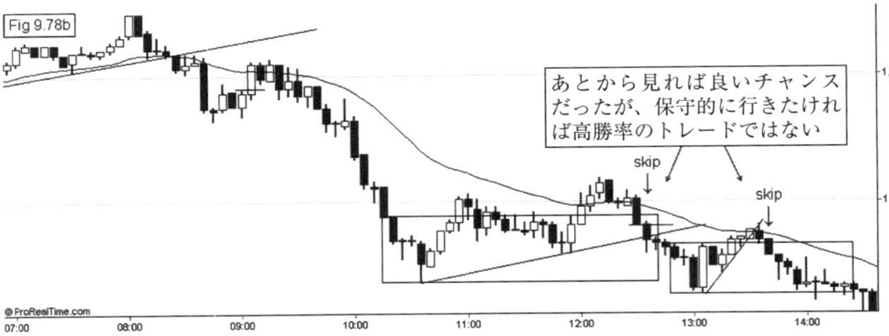
Fig 9.78b
あとから見れば良いチャンスだったが、保守的に行きたければ高勝率のトレードではない
skip
skip
1,27
1,265
© ProRealTime.com
07:00
08:00
09:00
10:00
11:00
12:00
13:00
14:00

図9.78c

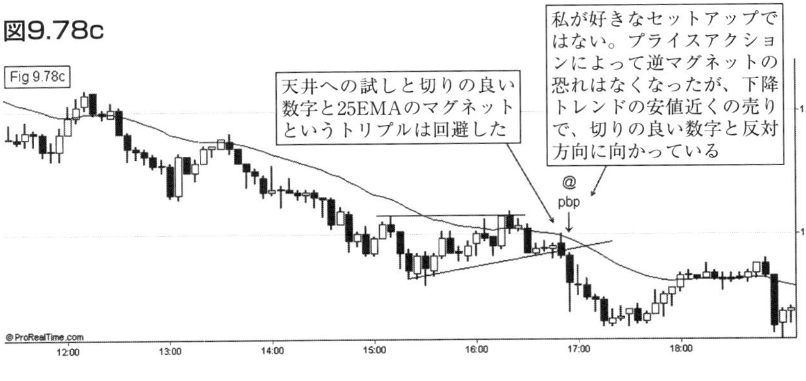
Fig 9.78c
天井への試しと切りの良い数字と25EMAのマグネットというトリプルは回避した
私が好きなセットアップではない。プライスアクションによって逆マグネットの恐れはなくなったが、下降トレンドの安値近くの売りで、切りの良い数字と反対方向に向かっている
@
pbp
1,265
1,26
© ProRealTime.com
12:00
13:00
14:00
15:00
16:00
17:00
18:00

図9.79a

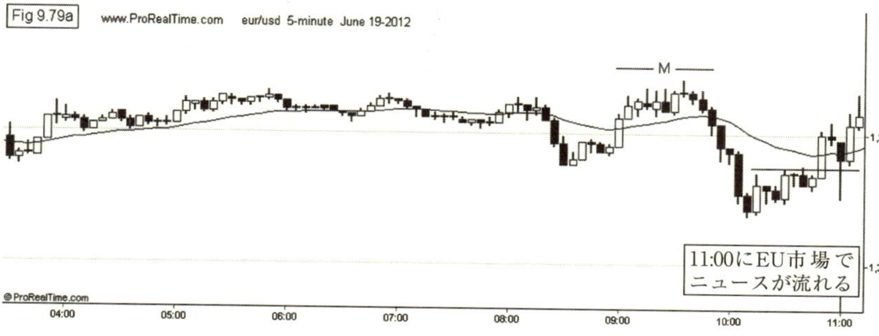
Fig 9.79a
www.ProRealTime.com eur/usd 5-minute June 19-2012
M
11:00にEU市場で
ニュースが流れる
@ProRealTime.com
1,26
1,255
04:00
05:00
06:00
07:00
08:00
09:00
10:00
11:00

図9.79b

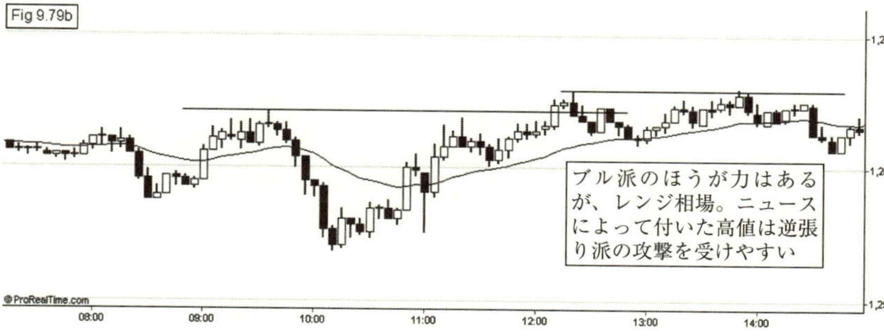
Fig 9.79b
ブル派のほうが力はあるが、レンジ相場。ニュースによって付いた高値は逆張り派の攻撃を受けやすい
@ProRealTime.com
1,265
1,26
1,255
08:00
09:00
10:00
11:00
12:00
13:00
14:00

図9.79c

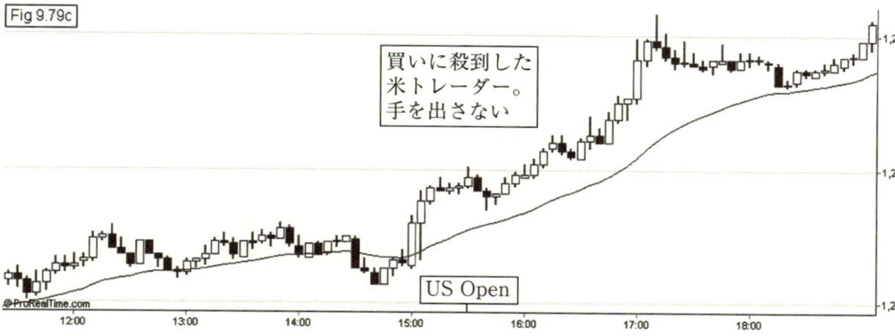
Fig 9.79c
買いに殺到した米トレーダー。手を出さない
US Open
@ProRealTime.com
1,27
1,265
1,26
12:00
13:00
14:00
15:00
16:00
17:00
18:00

図9.80a

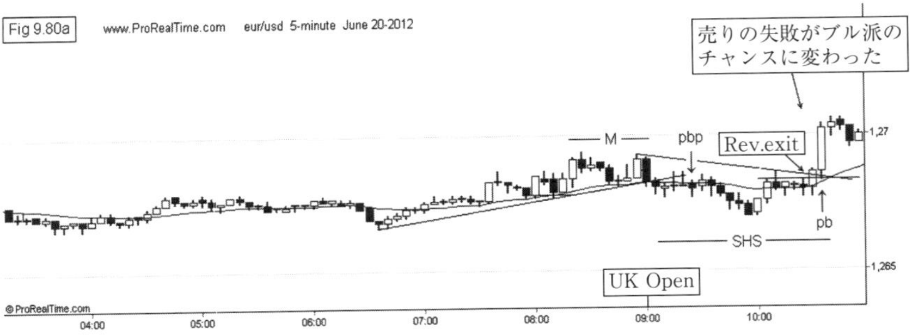
Fig 9.80a
www.ProRealTime.com eur/usd 5-minute June 20-2012
売りの失敗がブル派のチャンスに変わった
M
pbp
Rev.exit
pb
SHS
UK Open
1,27
1,265
© ProRealTime.com
04:00
05:00
06:00
07:00
08:00
09:00
10:00

図9.80b

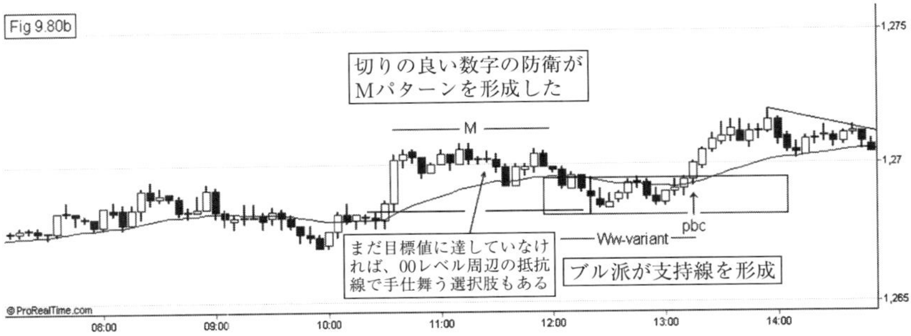
Fig 9.80b
切りの良い数字の防衛がMパターンを形成した
M
まだ目標値に達していなければ、00レベル周辺の抵抗線で手仕舞う選択肢もある
Ww-variant
pbc
ブル派が支持線を形成
1,275
1,27
1,265
© ProRealTime.com
08:00
09:00
10:00
11:00
12:00
13:00
14:00

図9.80c

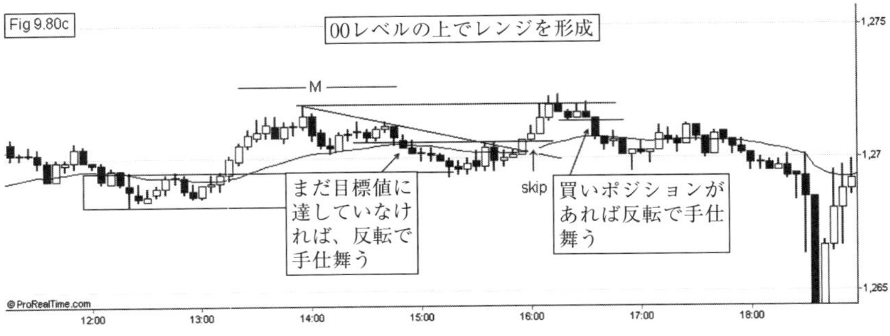
Fig 9.80c
00レベルの上でレンジを形成
M
まだ目標値に達していなければ、反転で手仕舞う
skip
買いポジションがあれば反転で手仕舞う
1,275
1,27
1,265
© ProRealTime.com
12:00
13:00
14:00
15:00
16:00
17:00
18:00

図9.81a

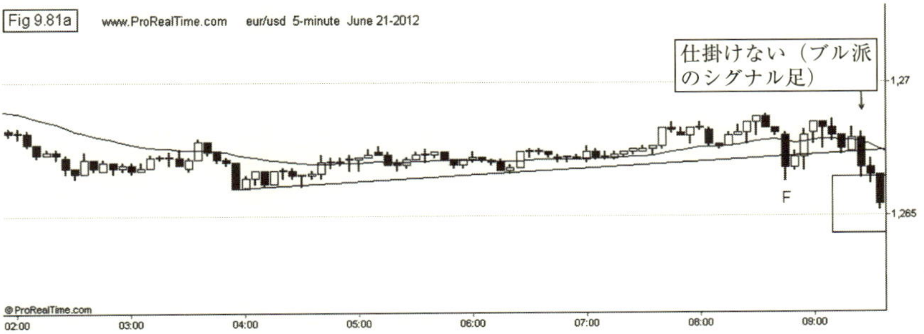
Fig 9.81a
www.ProRealTime.com eur/usd 5-minute June 21-2012
仕掛けない（ブル派のシグナル足）
F
1,27
1,265
© ProRealTime.com
02:00
03:00
04:00
05:00
06:00
07:00
08:00
09:00

図9.81b

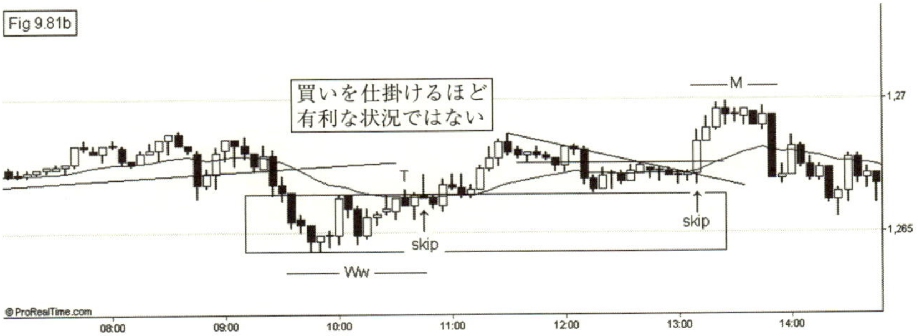
Fig 9.81b
買いを仕掛けるほど有利な状況ではない
M
T
skip
skip
Ww
1,27
1,265
© ProRealTime.com
08:00
09:00
10:00
11:00
12:00
13:00
14:00

図9.81c

Fig 9.81c
何もしない
1,27
1,265
1,26
© ProRealTime.com
11:00
12:00
13:00
14:00
15:00
16:00
17:00
18:00

図9.82a

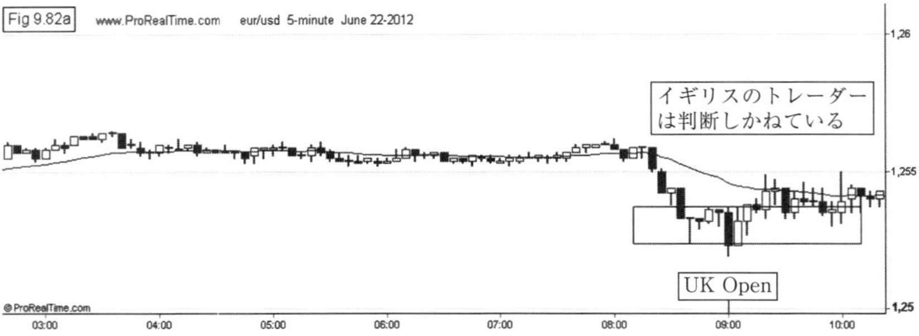

図9.82b

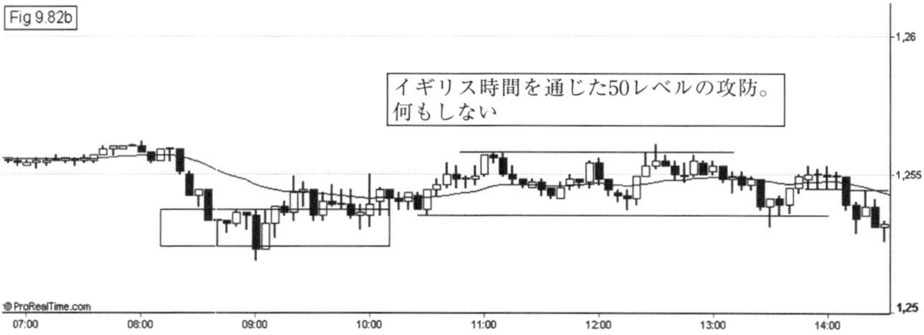

図9.82c

図9.83a

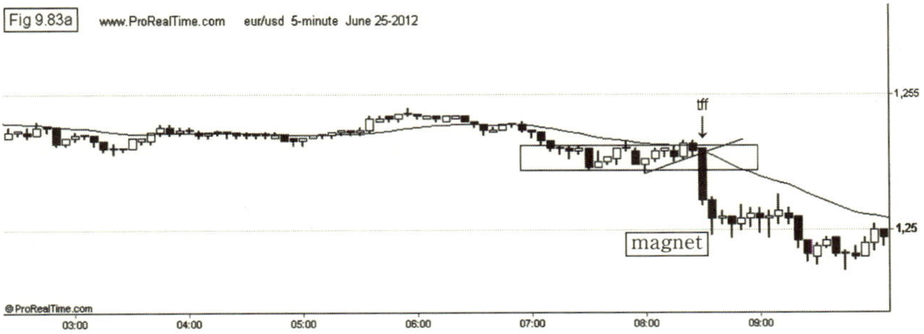
Fig 9.83a
www.ProRealTime.com eur/usd 5-minute June 25-2012
tff
magnet
© ProRealTime.com
1,255
1,25
03:00
04:00
05:00
06:00
07:00
08:00
09:00

図9.83b

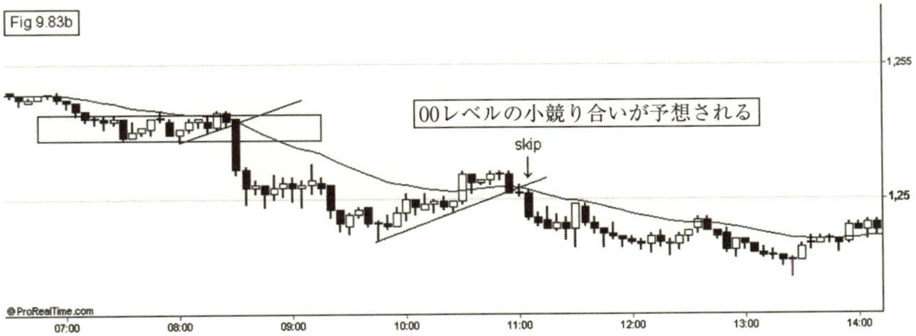
Fig 9.83b
00レベルの小競り合いが予想される
skip
© ProRealTime.com
1,255
1,25
07:00
08:00
09:00
10:00
11:00
12:00
13:00
14:00

図9.83c

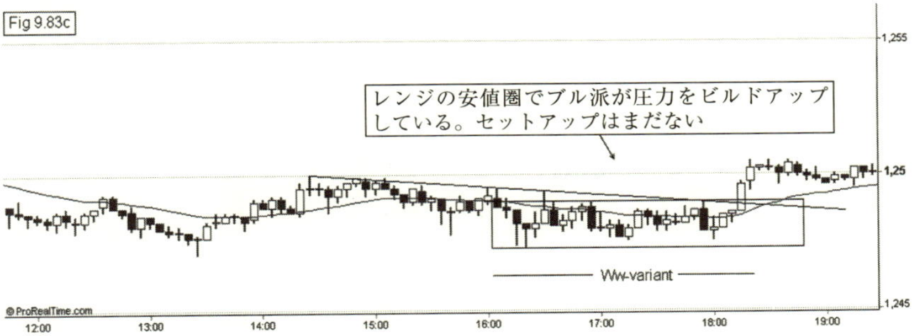
Fig 9.83c
レンジの安値圏でブル派が圧力をビルドアップしている。セットアップはまだない
Ww-variant
© ProRealTime.com
1,255
1,25
1,245
12:00
13:00
14:00
15:00
16:00
17:00
18:00
19:00

図9.84a

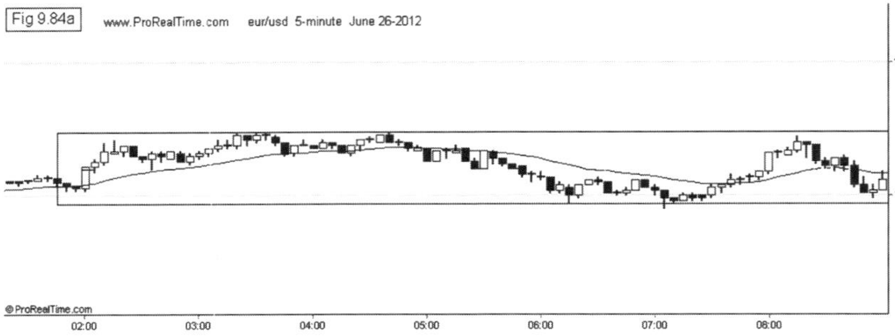

図9.84b

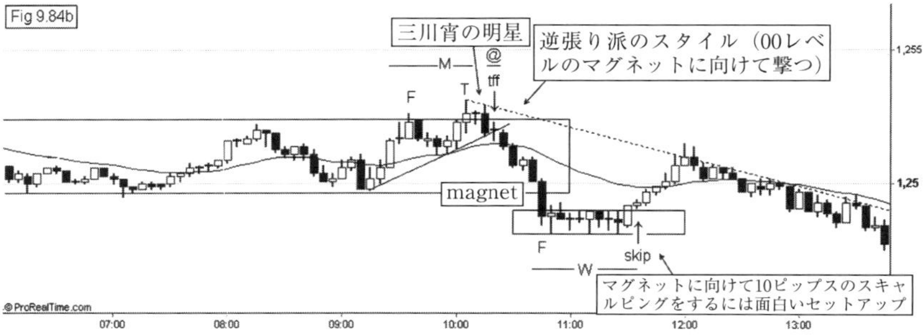

図9.84c

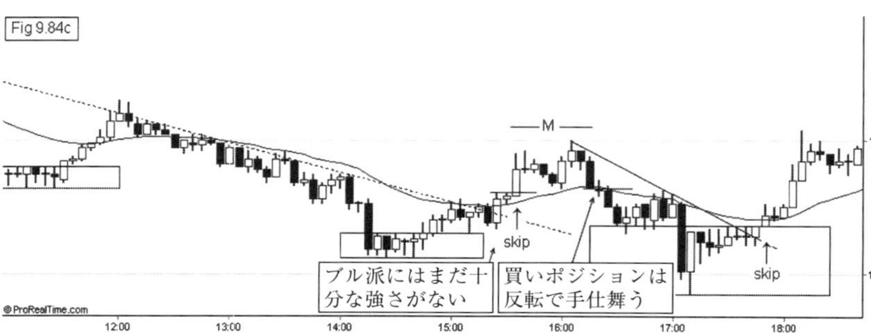

図9.85a

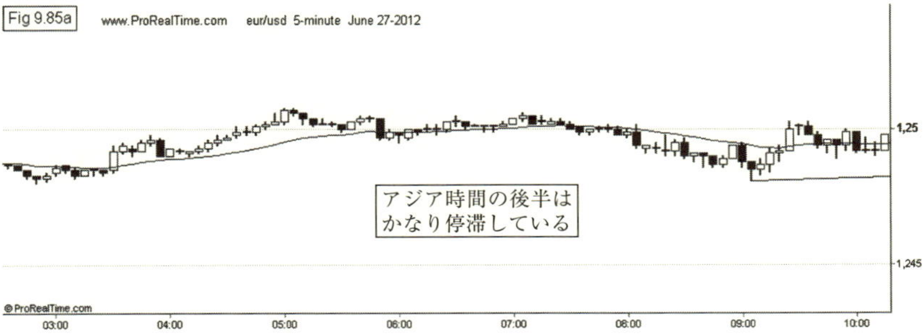
Fig 9.85a
www.ProRealTime.com eur/usd 5-minute June 27-2012
アジア時間の後半は
かなり停滞している
1,25
1,245
© ProRealTime.com
03:00
04:00
05:00
06:00
07:00
08:00
09:00
10:00

図9.85b

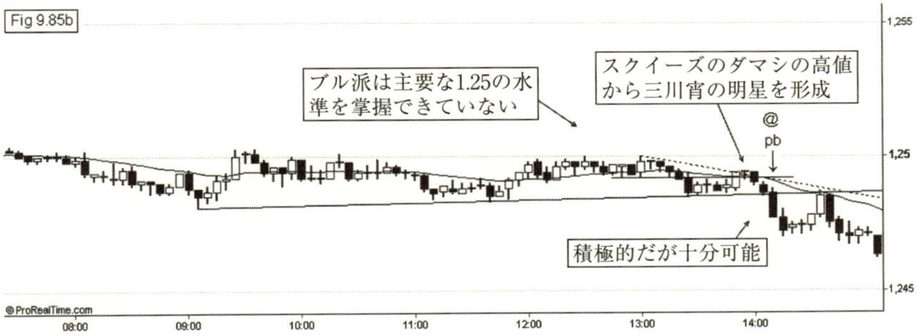
Fig 9.85b
ブル派は主要な1.25の水
準を掌握できていない
スクイーズのダマシの高値
から三川宵の明星を形成
@
pb
積極的だが十分可能
1,255
1,25
1,245
© ProRealTime.com
08:00
09:00
10:00
11:00
12:00
13:00
14:00

図9.85c

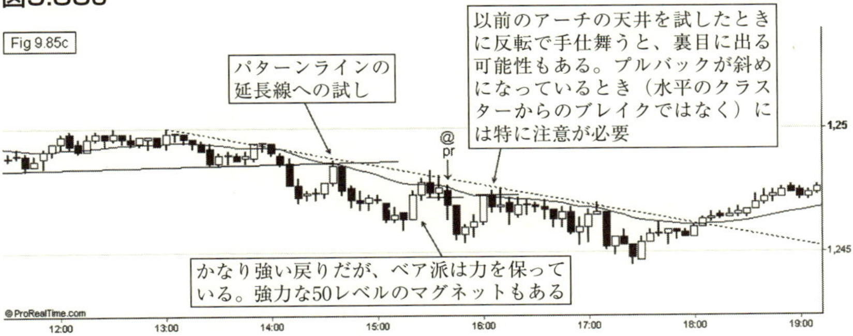
Fig 9.85c
パターンラインの
延長線への試し
以前のアーチの天井を試したとき
に反転で手仕舞うと、裏目に出る
可能性もある。プルバックが斜め
になっているとき（水平のクラス
ターからのブレイクではなく）に
は特に注意が必要
@
pr
かなり強い戻りだが、ベア派は力を保って
いる。強力な50レベルのマグネットもある
1,25
1,245
© ProRealTime.com
12:00
13:00
14:00
15:00
16:00
17:00
18:00
19:00

図9.86a

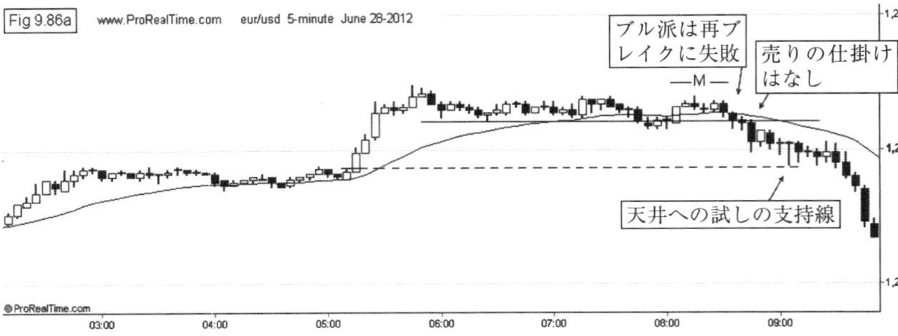
Fig 9.86a
www.ProRealTime.com eur/usd 5-minute June 28-2012
ブル派は再ブレイクに失敗
売りの仕掛けはなし
—M—
天井への試しの支持線
1,255
1,25
1,245
© ProRealTime.com
03:00
04:00
05:00
06:00
07:00
08:00
09:00

図9.86b

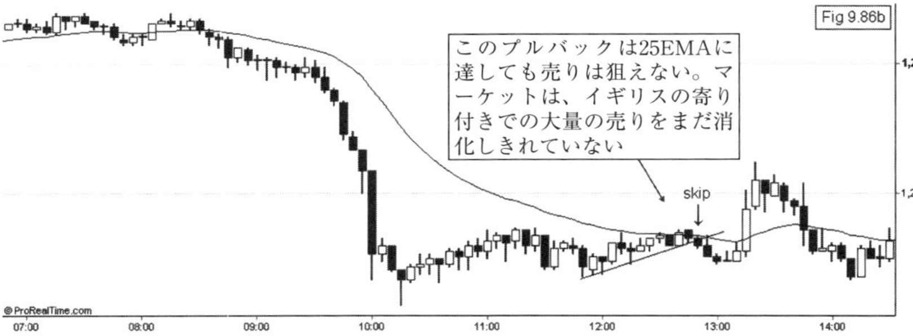
Fig 9.86b
このプルバックは25EMAに達しても売りは狙えない。マーケットは、イギリスの寄り付きでの大量の売りをまだ消化しきれていない
skip
1,25
1,245
© ProRealTime.com
07:00
08:00
09:00
10:00
11:00
12:00
13:00
14:00

図9.86c

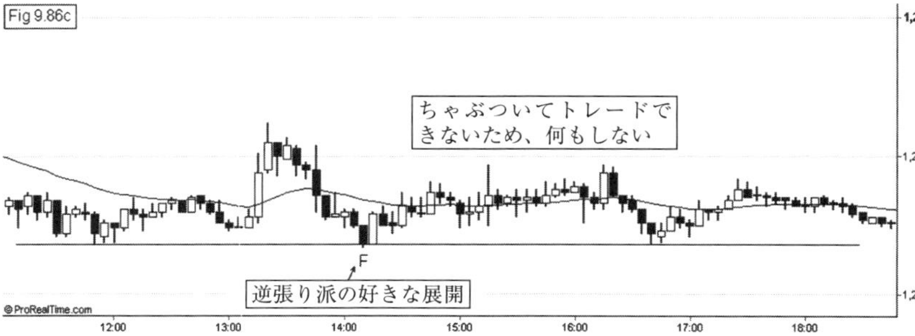
Fig 9.86c
ちゃぶついてトレードできないため、何もしない
F
逆張り派の好きな展開
1,25
1,245
1,24
© ProRealTime.com
12:00
13:00
14:00
15:00
16:00
17:00
18:00

図9.87a

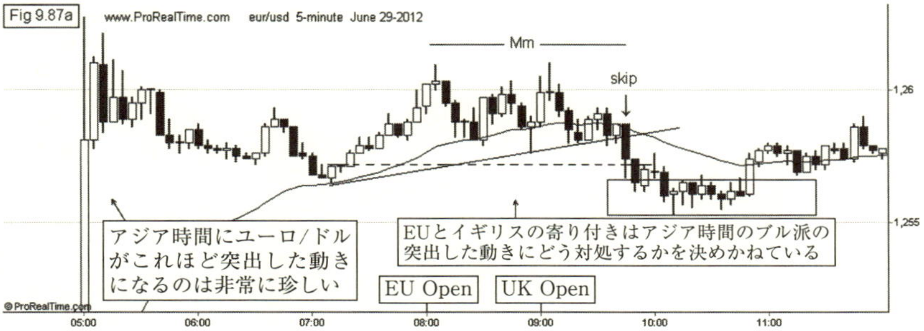
Fig 9.87a
www.ProRealTime.com eur/usd 5-minute June 29-2012
Mm
skip
アジア時間にユーロ/ドルがこれほど突出した動きになるのは非常に珍しい
EUとイギリスの寄り付きはアジア時間のブル派の突出した動きにどう対処するかを決めかねている
EU Open
UK Open

図9.87b

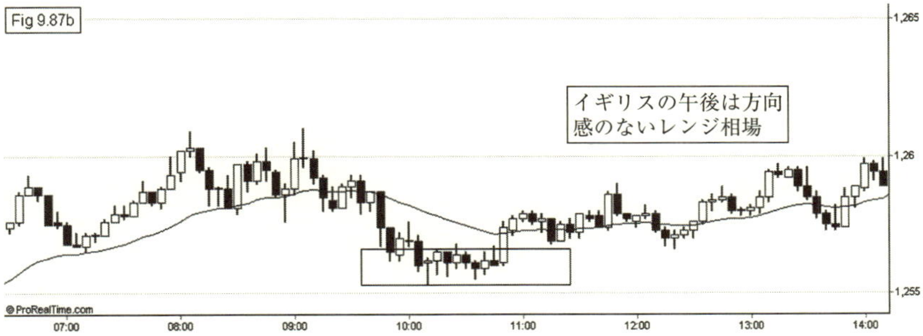
Fig 9.87b
イギリスの午後は方向感のないレンジ相場

図9.87c

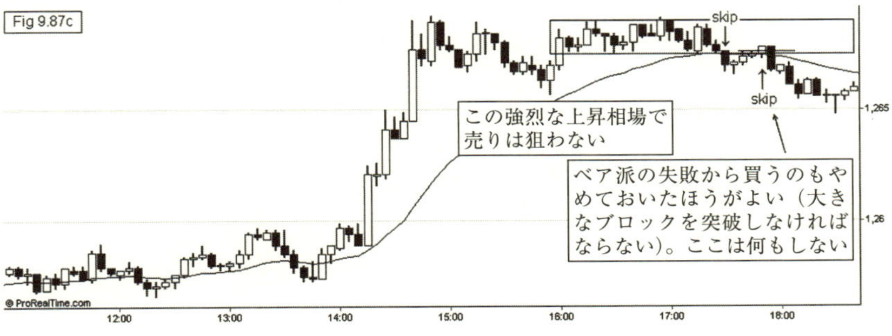
Fig 9.87c
skip
skip
この強烈な上昇相場で売りは狙わない
ベア派の失敗から買うのもやめておいたほうがよい（大きなブロックを突破しなければならない）。ここは何もしない

図9.88a

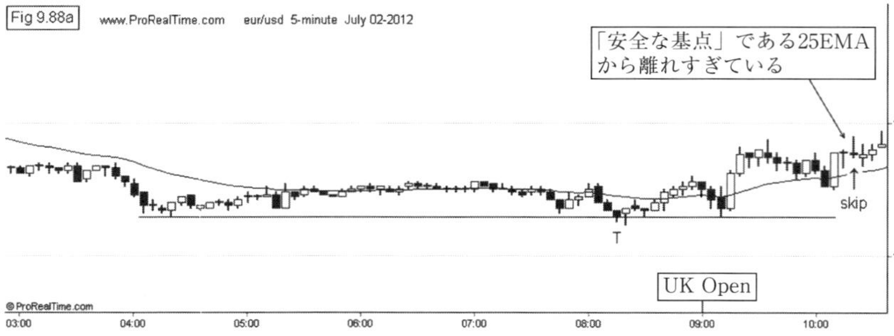

図9.88b

図9.88c

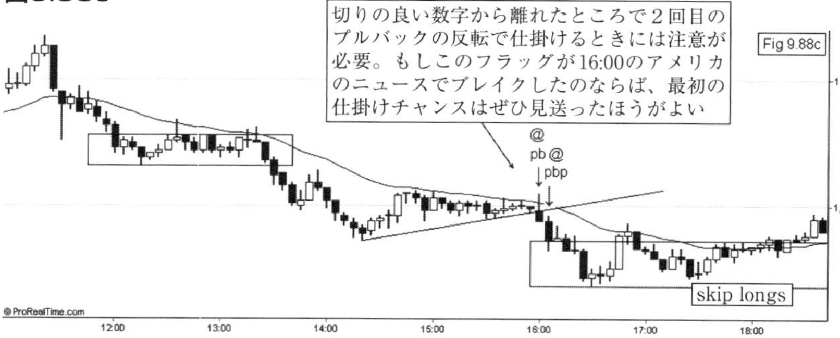

図9.89a

Fig 9.89a
www.ProRealTime.com eur/usd 5-minute July 03-2012
長いシグナル足と逆トリプル（00レベルと25EMAとパターンラインへの試し）の危険性を考えれば見送ったほうがよい。ただ、もし仕掛け足がシグナル足を超える前にマグネットを試したら、より良い売りのチャンスになる（仕掛け足の始値を考えるとそうなる可能性は低い）
skip
UK Open
1,265
1,26
1,255
© ProRealTime.com
04:00
05:00
06:00
07:00
08:00
09:00
10:00

図9.89b

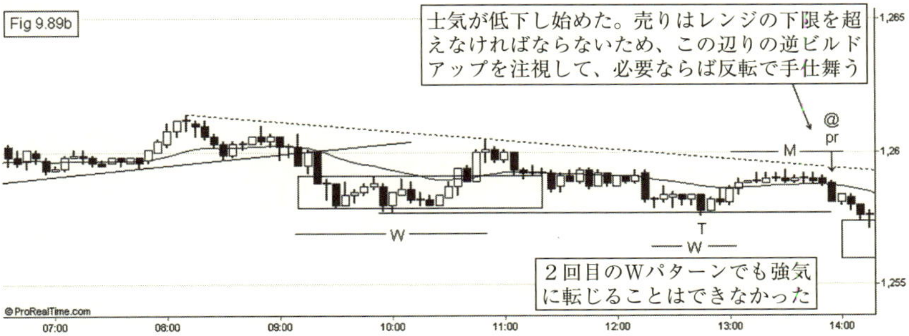
Fig 9.89b
士気が低下し始めた。売りはレンジの下限を超えなければならないため、この辺りの逆ビルドアップを注視して、必要ならば反転で手仕舞う
@
pr
M
W
T
W
2回目のWパターンでも強気に転じることはできなかった
1,265
1,26
1,255
© ProRealTime.com
07:00
08:00
09:00
10:00
11:00
12:00
13:00
14:00

図9.89c

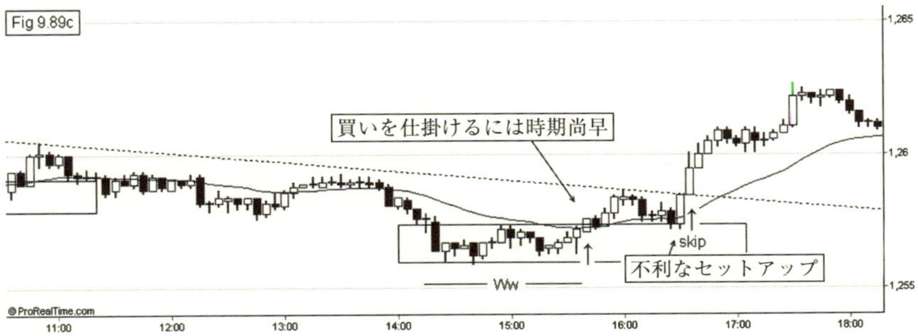
Fig 9.89c
買いを仕掛けるには時期尚早
skip
不利なセットアップ
Ww
1,265
1,26
1,255
© ProRealTime.com
11:00
12:00
13:00
14:00
15:00
16:00
17:00
18:00

図9.90a

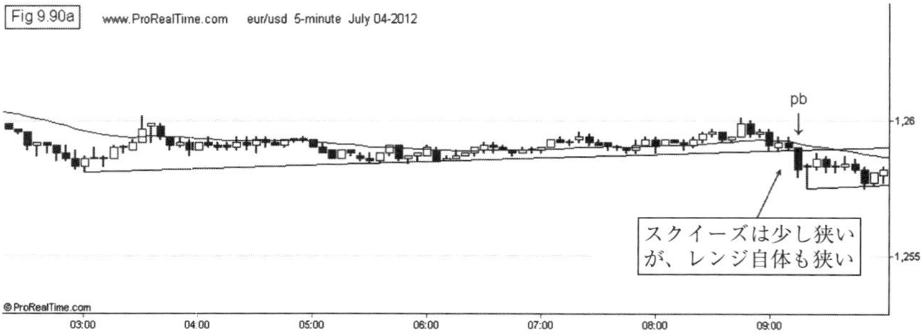
Fig 9.90a
www.ProRealTime.com eur/usd 5-minute July 04-2012
pb
スクイーズは少し狭いが、レンジ自体も狭い
1,26
1,255
© ProRealTime.com
03:00
04:00
05:00
06:00
07:00
08:00
09:00

図9.90b

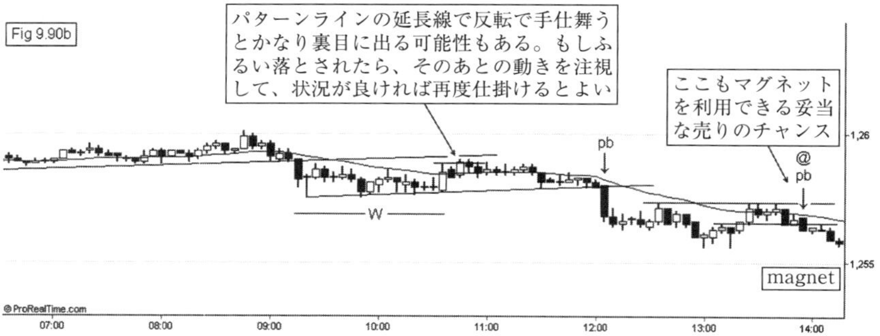
Fig 9.90b
パターンラインの延長線で反転で手仕舞うとかなり裏目に出る可能性もある。もしふるい落とされたら、そのあとの動きを注視して、状況が良ければ再度仕掛けるとよい
ここもマグネットを利用できる妥当な売りのチャンス
pb
@
pb
W
magnet
1,26
1,255
© ProRealTime.com
07:00
08:00
09:00
10:00
11:00
12:00
13:00
14:00

図9.90c

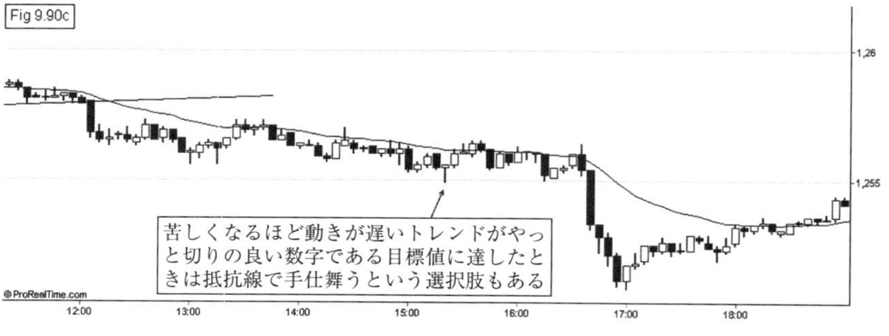
Fig 9.90c
苦しくなるほど動きが遅いトレンドがやっと切りの良い数字である目標値に達したときは抵抗線で手仕舞うという選択肢もある
1,26
1,255
© ProRealTime.com
12:00
13:00
14:00
15:00
16:00
17:00
18:00

図9.91a

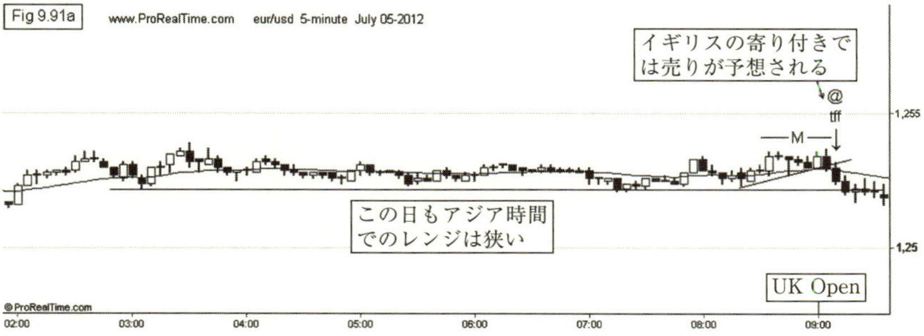
Fig 9.91a
www.ProRealTime.com eur/usd 5-minute July 05-2012
イギリスの寄り付きでは売りが予想される
@
tff
M
この日もアジア時間でのレンジは狭い
UK Open
1,255
1,25
© ProRealTime.com
02:00
03:00
04:00
05:00
06:00
07:00
08:00
09:00

図9.91b

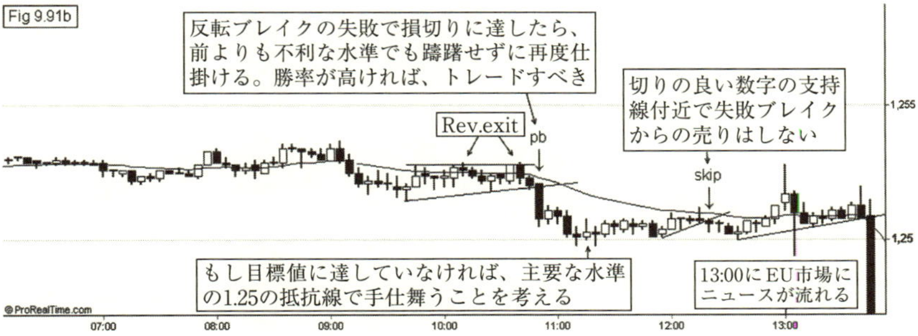
Fig 9.91b
反転ブレイクの失敗で損切りに達したら、前よりも不利な水準でも躊躇せずに再度仕掛ける。勝率が高ければ、トレードすべき
切りの良い数字の支持線付近で失敗ブレイクからの売りはしない
Rev.exit
pb
skip
もし目標値に達していなければ、主要な水準の1.25の抵抗線で手仕舞うことを考える
13:00にEU市場にニュースが流れる
1,255
1,25
© ProRealTime.com
07:00
08:00
09:00
10:00
11:00
12:00
13:00

図9.91c

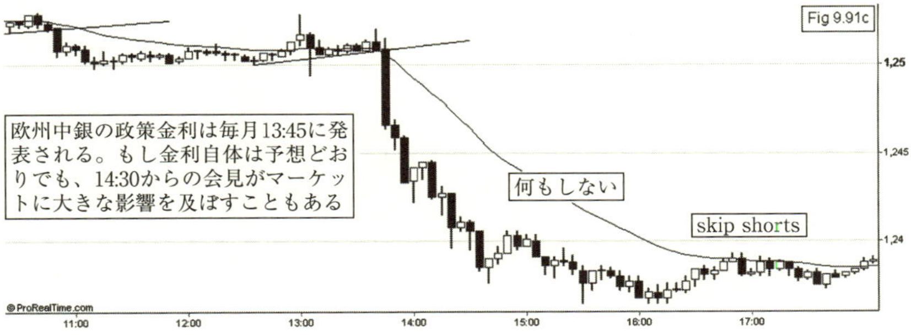
Fig 9.91c
欧州中銀の政策金利は毎月13:45に発表される。もし金利自体は予想どおりでも、14:30からの会見がマーケットに大きな影響を及ぼすこともある
何もしない
skip shorts
1,25
1,245
1,24
© ProRealTime.com
11:00
12:00
13:00
14:00
15:00
16:00
17:00

図9.92a

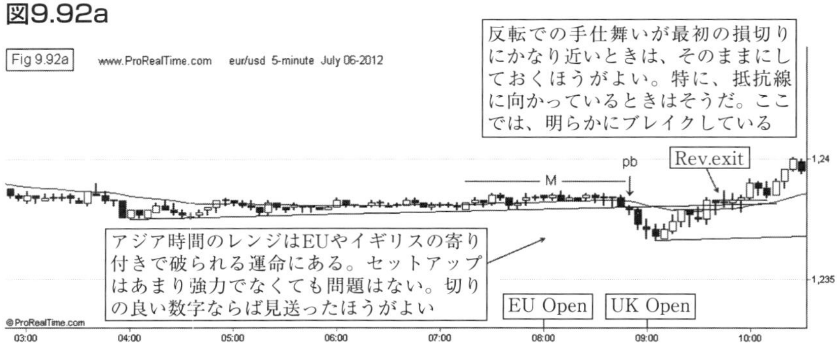
Fig 9.92a
www.ProRealTime.com eur/usd 5-minute July 06-2012
反転での手仕舞いが最初の損切りにかなり近いときは、そのままにしておくほうがよい。特に、抵抗線に向かっているときはそうだ。ここでは、明らかにブレイクしている
pb
Rev.exit
M
アジア時間のレンジはEUやイギリスの寄り付きで破られる運命にある。セットアップはあまり強力でなくても問題はない。切りの良い数字ならば見送ったほうがよい
EU Open
UK Open
1,24
1,235
© ProRealTime.com
03:00
04:00
05:00
06:00
07:00
08:00
09:00
10:00

図9.92b

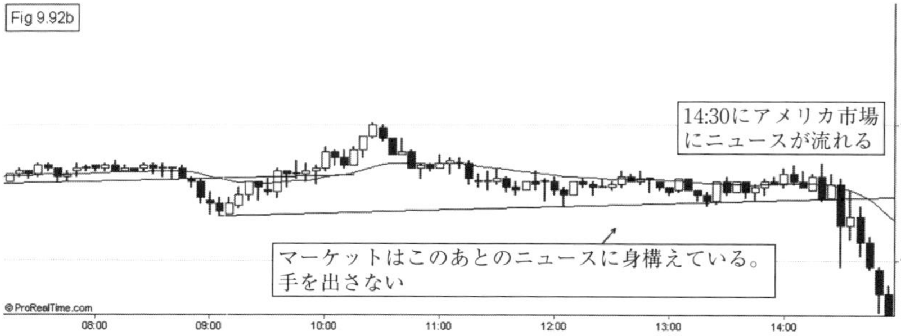
Fig 9.92b
14:30にアメリカ市場にニュースが流れる
マーケットはこのあとのニュースに身構えている。手を出さない
1,24
1,235
© ProRealTime.com
08:00
09:00
10:00
11:00
12:00
13:00
14:00

図9.92c

Fig 9.92c
何もしない
1,235
1,23
© ProRealTime.com
12:00
13:00
14:00
15:00
16:00
17:00
18:00

図9.93a

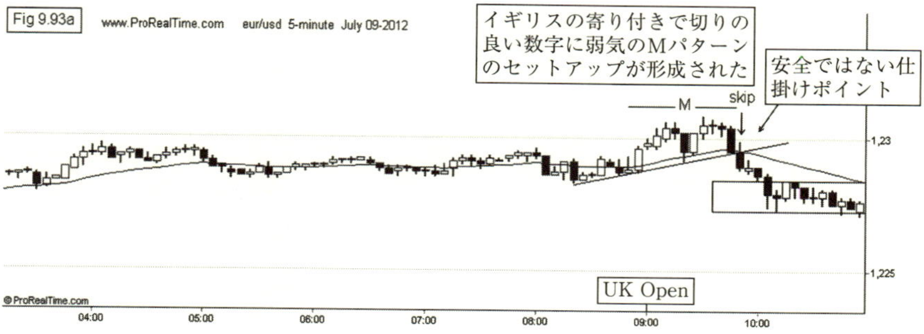
Fig 9.93a
www.ProRealTime.com　eur/usd 5-minute July 09-2012
イギリスの寄り付きで切りの良い数字に弱気のMパターンのセットアップが形成された
安全ではない仕掛けポイント
M
skip
1,23
1,225
UK Open
© ProRealTime.com
04:00
05:00
06:00
07:00
08:00
09:00
10:00

図9.93b

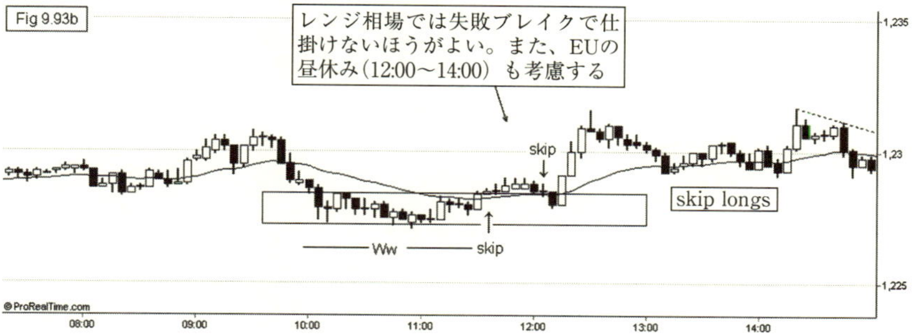
Fig 9.93b
レンジ相場では失敗ブレイクで仕掛けないほうがよい。また、EUの昼休み（12:00～14:00）も考慮する
1,235
skip
1,23
skip longs
Ww
skip
1,225
© ProRealTime.com
08:00
09:00
10:00
11:00
12:00
13:00
14:00

図9.93c

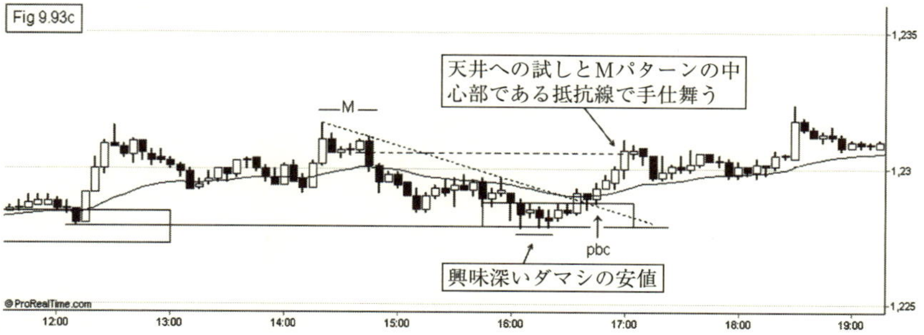
Fig 9.93c
1,235
天井への試しとMパターンの中心部である抵抗線で手仕舞う
M
1,23
pbc
興味深いダマシの安値
© ProRealTime.com
1,225
12:00
13:00
14:00
15:00
16:00
17:00
18:00
19:00

図9.94a

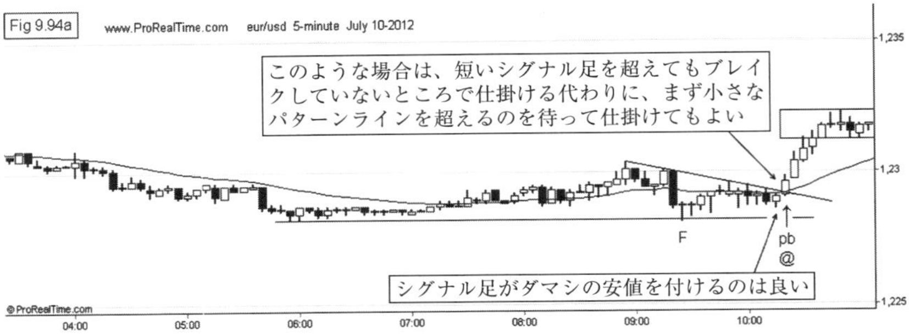

Fig 9.94a
www.ProRealTime.com eur/usd 5-minute July 10-2012
このような場合は、短いシグナル足を超えてもブレイクしていないところで仕掛ける代わりに、まず小さなパターンラインを超えるのを待って仕掛けてもよい
F
pb
@
シグナル足がダマシの安値を付けるのは良い
© ProRealTime.com
1,235
1,23
1,225
04:00
05:00
06:00
07:00
08:00
09:00
10:00

図9.94b

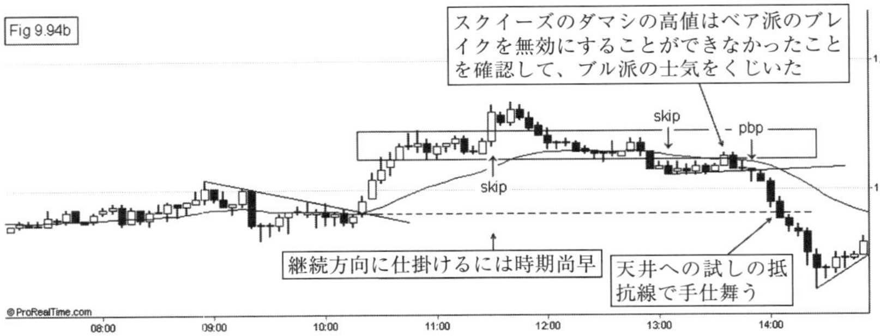

Fig 9.94b
スクイーズのダマシの高値はベア派のブレイクを無効にすることができなかったことを確認して、ブル派の士気をくじいた
skip
pbp
skip
継続方向に仕掛けるには時期尚早
天井への試しの抵抗線で手仕舞う
© ProRealTime.com
1,235
1,23
08:00
09:00
10:00
11:00
12:00
13:00
14:00

図9.94c

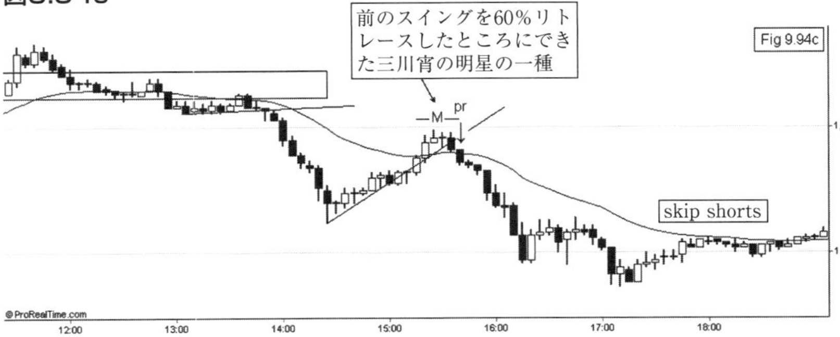

前のスイングを60%リトレースしたところにできた三川宵の明星の一種
Fig 9.94c
M
pr
skip shorts
© ProRealTime.com
1,23
1,225
12:00
13:00
14:00
15:00
16:00
17:00
18:00

図9.95a

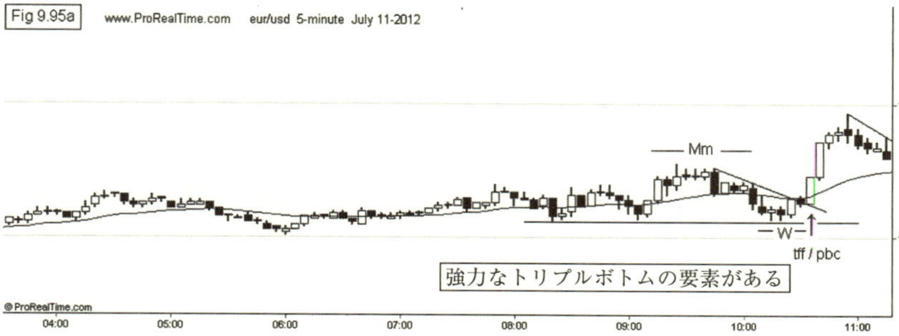
Fig 9.95a
www.ProRealTime.com eur/usd 5-minute July 11-2012
Mm
W
tff / pbc
強力なトリプルボトムの要素がある
1,23
1,225
© ProRealTime.com
04:00
05:00
06:00
07:00
08:00
09:00
10:00
11:00

図9.95b

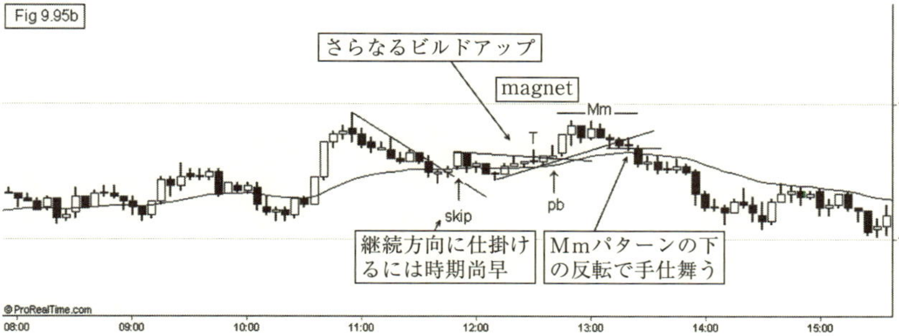
Fig 9.95b
さらなるビルドアップ
magnet
Mm
T
pb
skip
継続方向に仕掛けるには時期尚早
Mmパターンの下の反転で手仕舞う
1,23
1,225
© ProRealTime.com
08:00
09:00
10:00
11:00
12:00
13:00
14:00
15:00

図9.95c

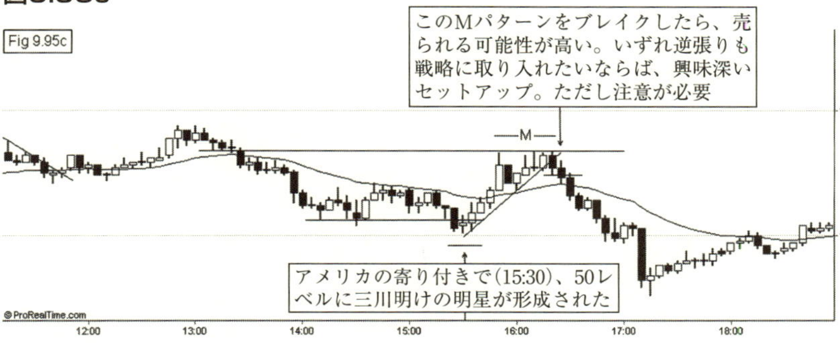
Fig 9.95c
このMパターンをブレイクしたら、売られる可能性が高い。いずれ逆張りも戦略に取り入れたいならば、興味深いセットアップ。ただし注意が必要
M
アメリカの寄り付きで(15:30)、50レベルに三川明けの明星が形成された
1,23
1,225
© ProRealTime.com
12:00
13:00
14:00
15:00
16:00
17:00
18:00

図9.96a

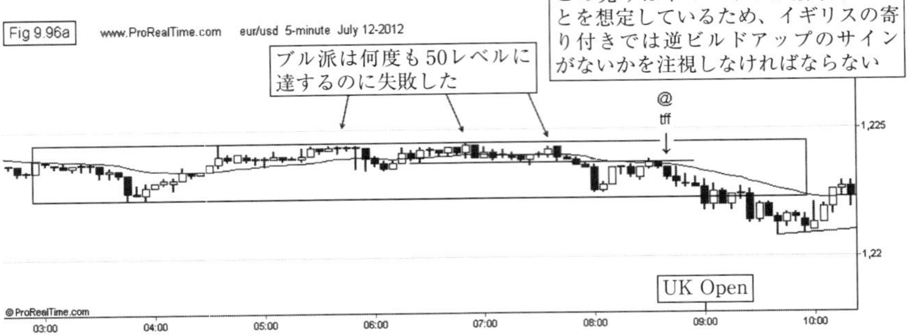
Fig 9.96a
www.ProRealTime.com eur/usd 5-minute July 12-2012
ブル派は何度も50レベルに達するのに失敗した
この売りは下のバリアが崩壊することを想定しているため、イギリスの寄り付きでは逆ビルドアップのサインがないかを注視しなければならない
@
tff
UK Open
1,225
1,22
© ProRealTime.com
03:00
04:00
05:00
06:00
07:00
08:00
09:00
10:00

図9.96b

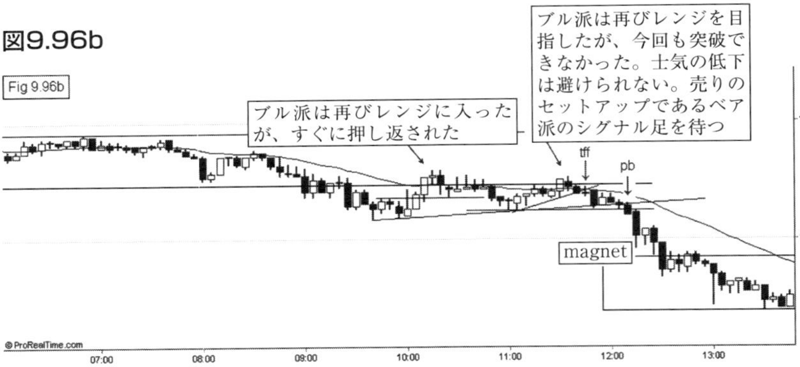
Fig 9.96b
ブル派は再びレンジに入ったが、すぐに押し返された
ブル派は再びレンジを目指したが、今回も突破できなかった。士気の低下は避けられない。売りのセットアップであるベア派のシグナル足を待つ
tff
pb
magnet
1,225
1,22
© ProRealTime.com
07:00
08:00
09:00
10:00
11:00
12:00
13:00

図9.96c

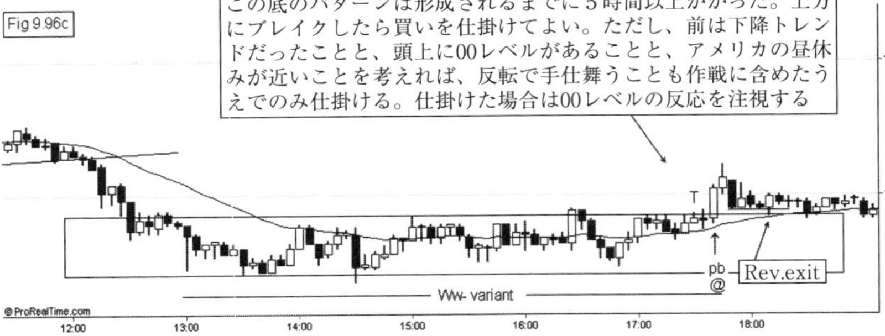
Fig 9.96c
この底のパターンは形成されるまでに5時間以上かかった。上方にブレイクしたら買いを仕掛けてよい。ただし、前は下降トレンドだったことと、頭上に00レベルがあることと、アメリカの昼休みが近いことを考えれば、反転で手仕舞うことも作戦に含めたうえでのみ仕掛ける。仕掛けた場合は00レベルの反応を注視する
T
pb
@
Rev.exit
Ww- variant
1,225
1,22
© ProRealTime.com
12:00
13:00
14:00
15:00
16:00
17:00
18:00

図9.97a

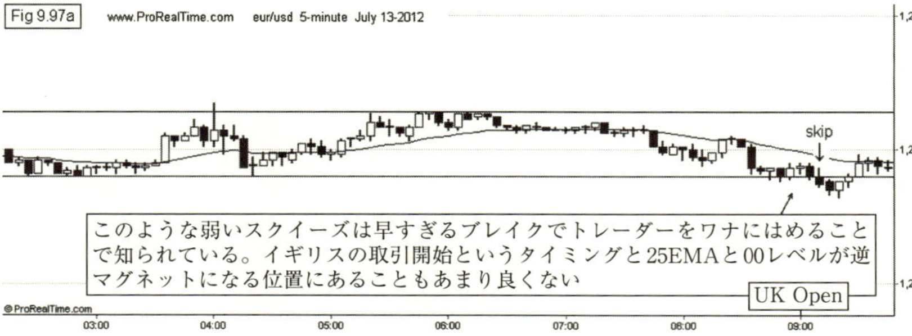

Fig 9.97a
www.ProRealTime.com　eur/usd 5-minute July 13-2012
1,225
skip
1,22
このような弱いスクイーズは早すぎるブレイクでトレーダーをワナにはめることで知られている。イギリスの取引開始というタイミングと25EMAと00レベルが逆マグネットになる位置にあることもあまり良くない
UK Open
1,215
© ProRealTime.com
03:00
04:00
05:00
06:00
07:00
08:00
09:00

図9.97b

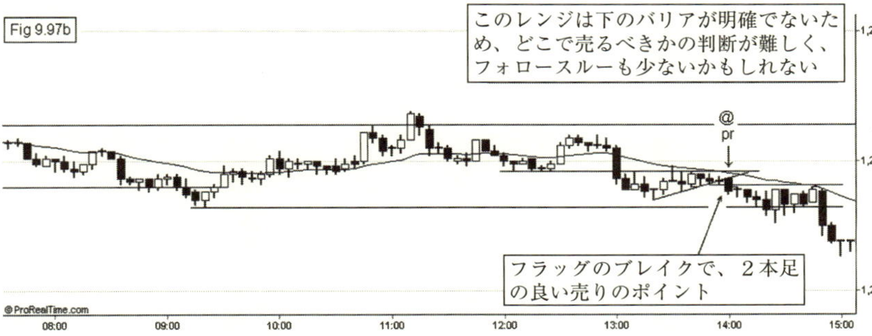

Fig 9.97b
このレンジは下のバリアが明確でないため、どこで売るべきかの判断が難しく、フォロースルーも少ないかもしれない
1,225
@
pr
1,22
フラッグのブレイクで、２本足の良い売りのポイント
1,215
© ProRealTime.com
08:00
09:00
10:00
11:00
12:00
13:00
14:00
15:00

図9.97c

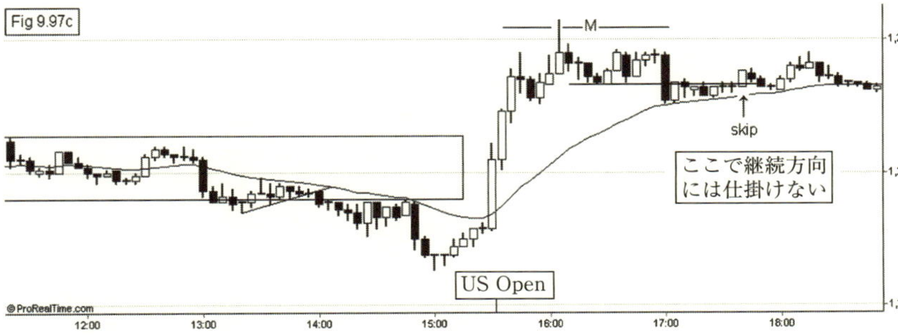

Fig 9.97c
M
1,225
skip
1,22
ここで継続方向には仕掛けない
US Open
1,215
© ProRealTime.com
12:00
13:00
14:00
15:00
16:00
17:00
18:00

図9.98a

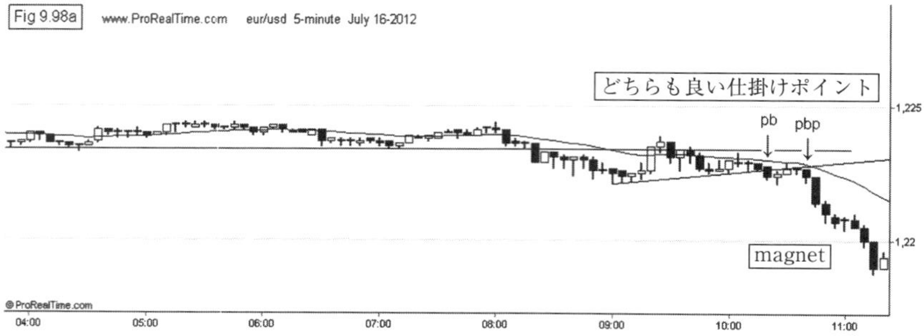

図9.98b

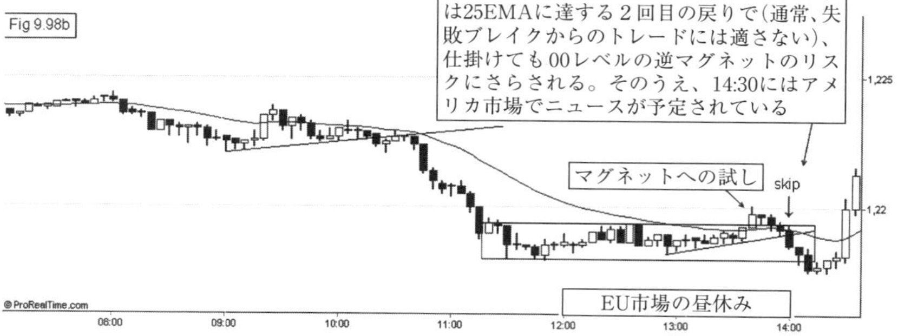
一見売れそうなポイントに見えるが、これは25EMAに達する２回目の戻りで(通常、失敗ブレイクからのトレードには適さない)、仕掛けても00レベルの逆マグネットのリスクにさらされる。そのうえ、14:30にはアメリカ市場でニュースが予定されている

図9.98c

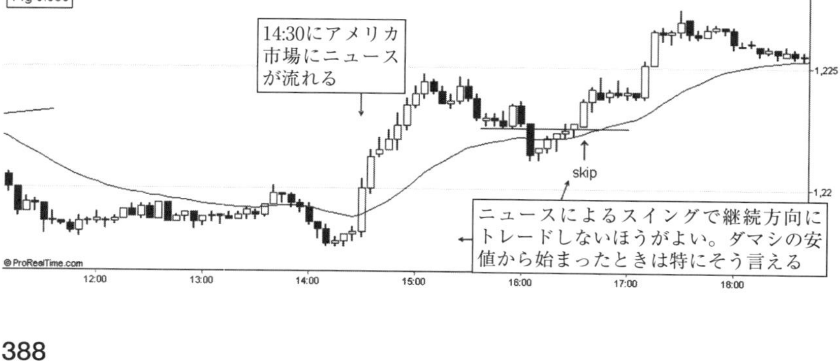
Fig 9.98c

図9.99a

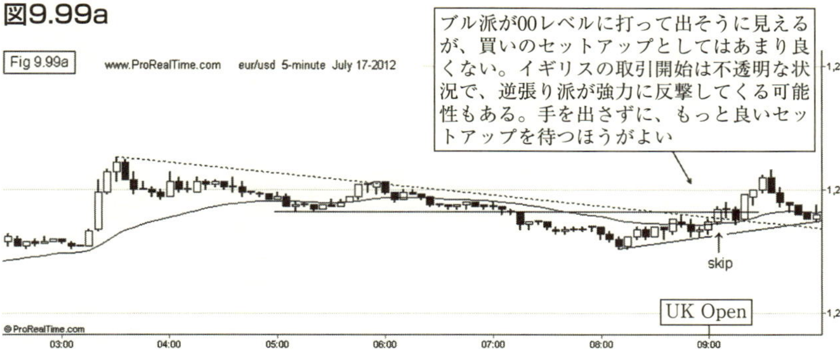
Fig 9.99a
www.ProRealTime.com eur/usd 5-minute July 17-2012
ブル派が00レベルに打って出そうに見えるが、買いのセットアップとしてはあまり良くない。イギリスの取引開始は不透明な状況で、逆張り派が強力に反撃してくる可能性もある。手を出さずに、もっと良いセットアップを待つほうがよい
skip
UK Open
© ProRealTime.com
1,235
1,23
1,225
03:00
04:00
05:00
06:00
07:00
08:00
09:00

図9.99b

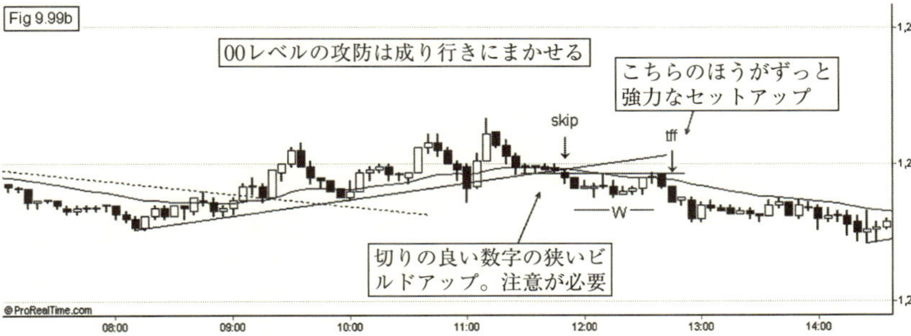
Fig 9.99b
00レベルの攻防は成り行きにまかせる
こちらのほうがずっと強力なセットアップ
skip
tff
W
切りの良い数字の狭いビルドアップ。注意が必要
© ProRealTime.com
1,235
1,23
1,225
08:00
09:00
10:00
11:00
12:00
13:00
14:00

図9.99c

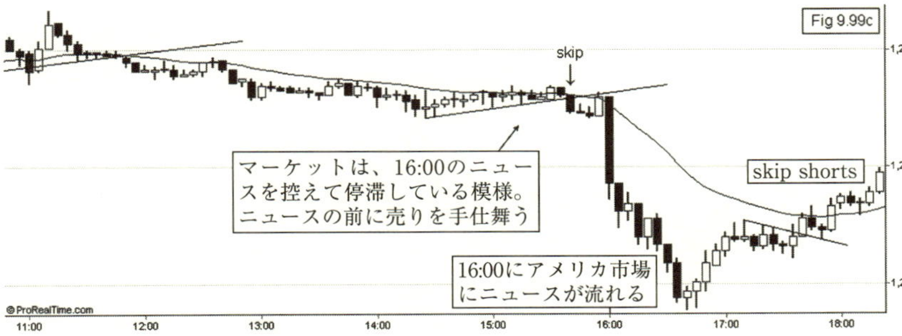
Fig 9.99c
skip
マーケットは、16:00のニュースを控えて停滞している模様。ニュースの前に売りを手仕舞う
skip shorts
16:00にアメリカ市場にニュースが流れる
© ProRealTime.com
1,23
1,225
1,22
11:00
12:00
13:00
14:00
15:00
16:00
17:00
18:00

図9.100a

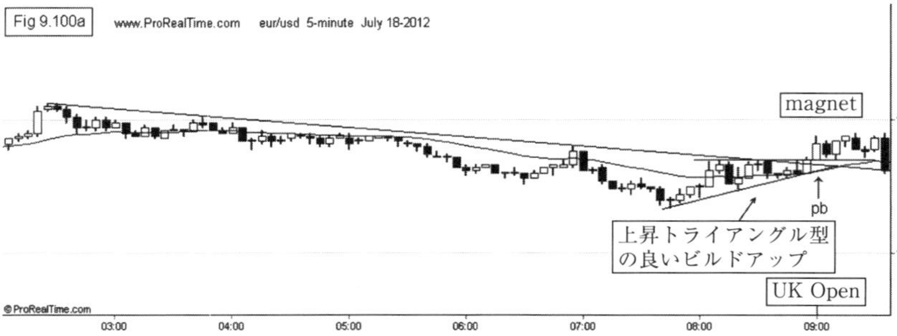

図9.100b

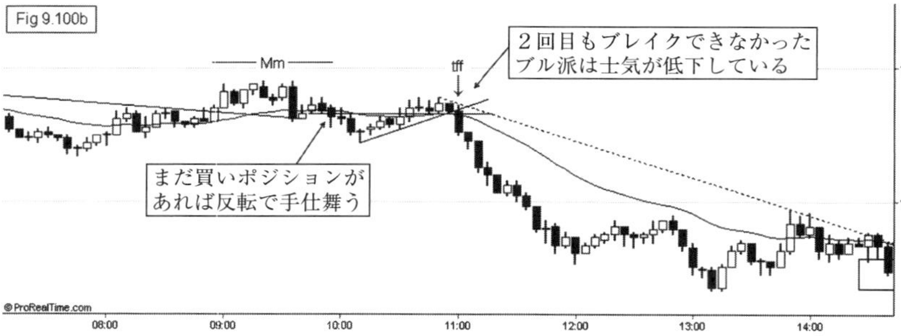

図9.100c

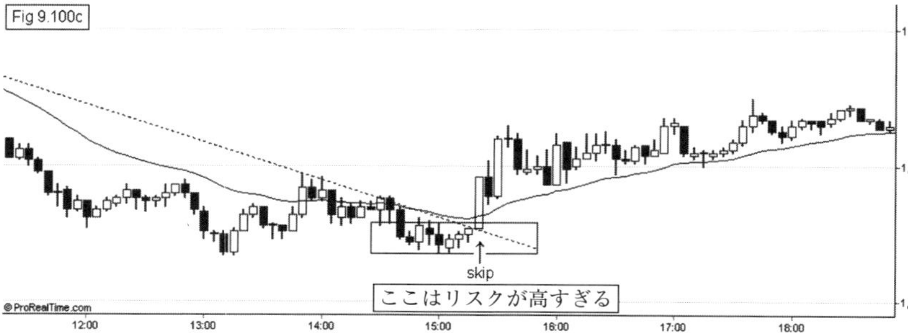

図9.101a

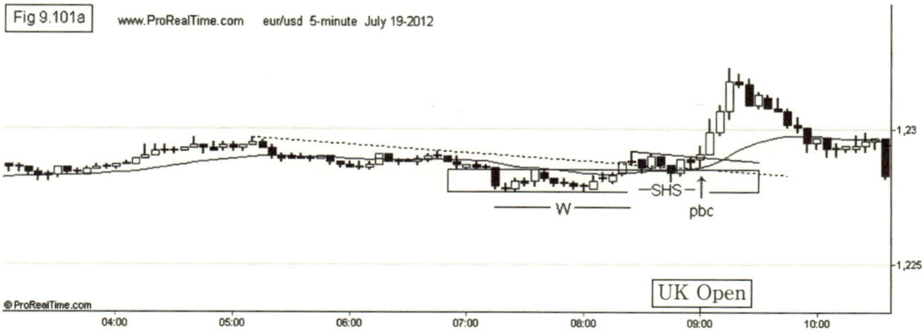

図9.101b

図9.101c

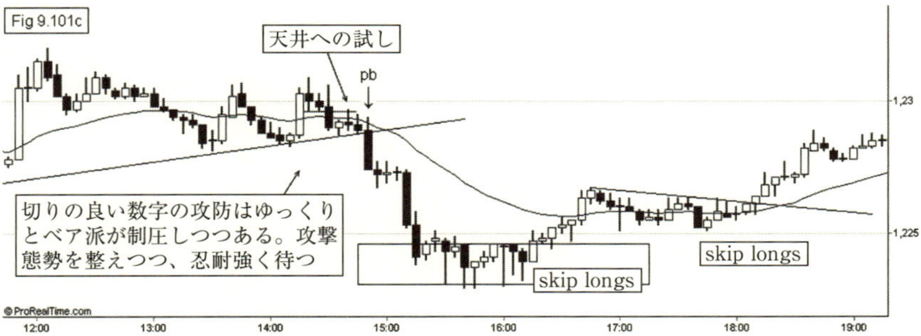

図9.102a

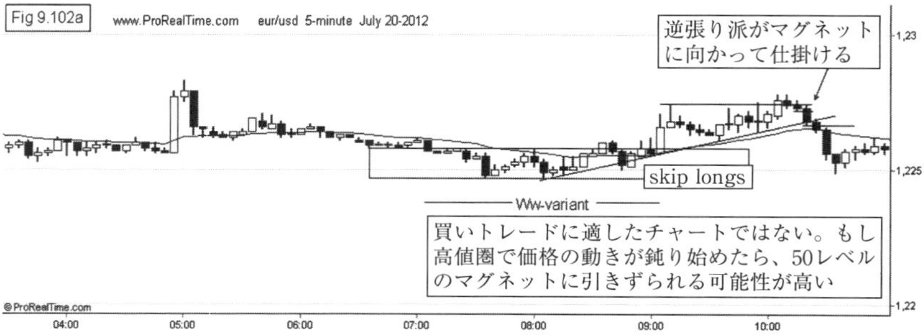
Fig 9.102a
www.ProRealTime.com eur/usd 5-minute July 20-2012
逆張り派がマグネットに向かって仕掛ける
skip longs
Ww-variant
買いトレードに適したチャートではない。もし高値圏で価格の動きが鈍り始めたら、50レベルのマグネットに引きずられる可能性が高い
© ProRealTime.com
1,23
1,225
1,22
04:00
05:00
06:00
07:00
08:00
09:00
10:00

図9.102b

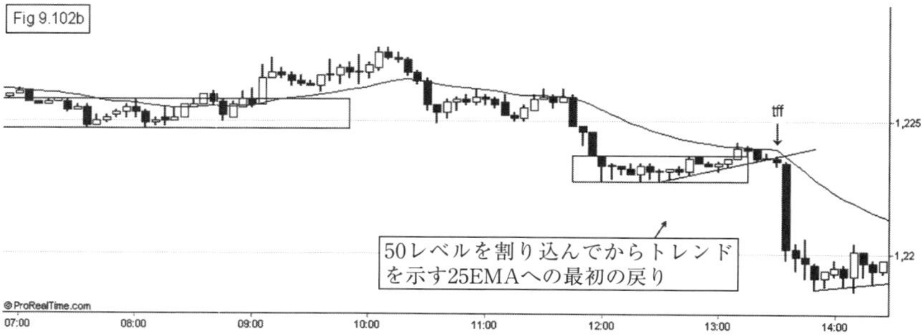
Fig 9.102b
tff
50レベルを割り込んでからトレンドを示す25EMAへの最初の戻り
© ProRealTime.com
1,225
1,22
07:00
08:00
09:00
10:00
11:00
12:00
13:00
14:00

図9.102c

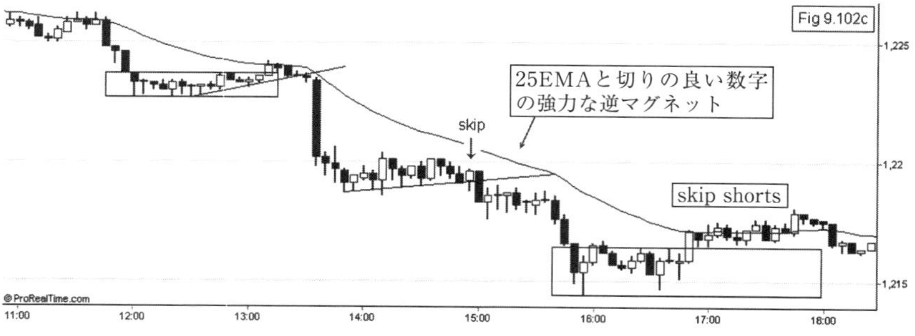
Fig 9.102c
25EMAと切りの良い数字の強力な逆マグネット
skip
skip shorts
© ProRealTime.com
1,225
1,22
1,215
11:00
12:00
13:00
14:00
15:00
16:00
17:00
18:00

図9.103a

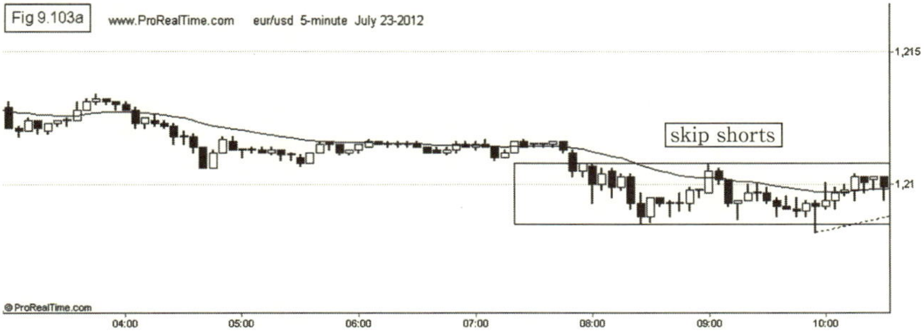
Fig 9.103a
www.ProRealTime.com　eur/usd 5-minute July 23-2012
skip shorts
1,215
1,21
©ProRealTime.com
04:00 05:00 06:00 07:00 08:00 09:00 10:00

図9.103b

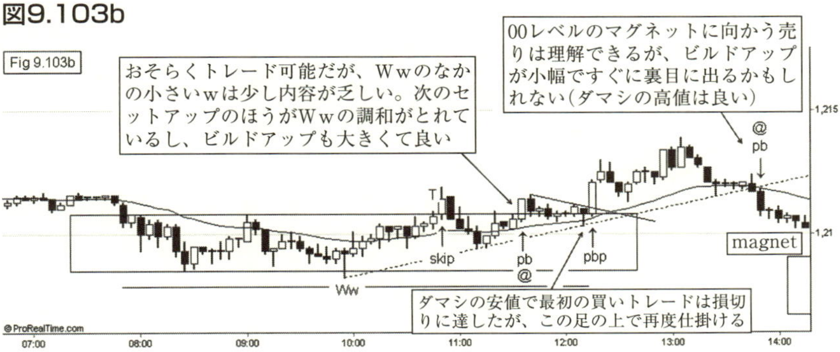
Fig 9.103b
おそらくトレード可能だが、Wwのなかの小さいwは少し内容が乏しい。次のセットアップのほうがWwの調和がとれているし、ビルドアップも大きくて良い
00レベルのマグネットに向かう売りは理解できるが、ビルドアップが小幅ですぐに裏目に出るかもしれない（ダマシの高値は良い）
T
skip
pb
@
pbp
@
pb
magnet
Ww
ダマシの安値で最初の買いトレードは損切りに達したが、この足の上で再度仕掛ける
1,215
1,21
©ProRealTime.com
07:00 08:00 09:00 10:00 11:00 12:00 13:00 14:00

図9.103c

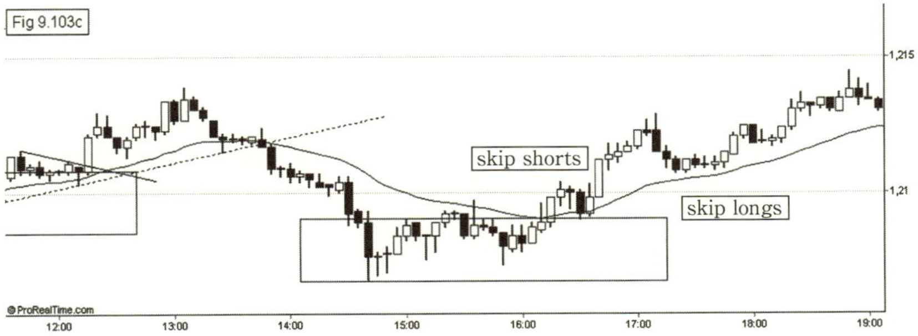
Fig 9.103c
skip shorts
skip longs
1,215
1,21
©ProRealTime.com
12:00 13:00 14:00 15:00 16:00 17:00 18:00 19:00

図9.104a

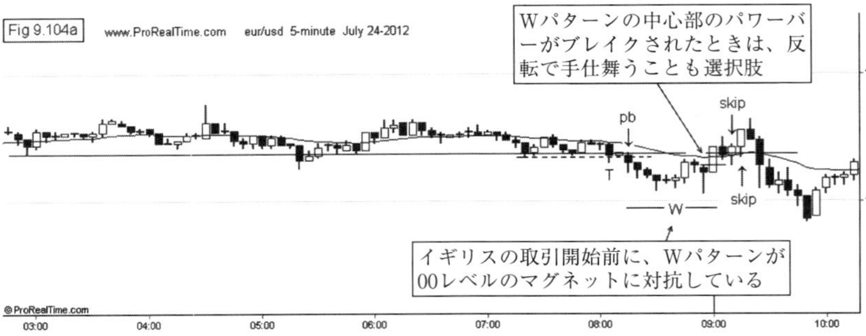
Fig 9.104a
www.ProRealTime.com eur/usd 5-minute July 24-2012
Wパターンの中心部のパワーバーがブレイクされたときは、反転で手仕舞うことも選択肢
pb
skip
T
skip
W
イギリスの取引開始前に、Wパターンが00レベルのマグネットに対抗している
1,215
1,21
© ProRealTime.com
03:00
04:00
05:00
06:00
07:00
08:00
09:00
10:00

図9.104b

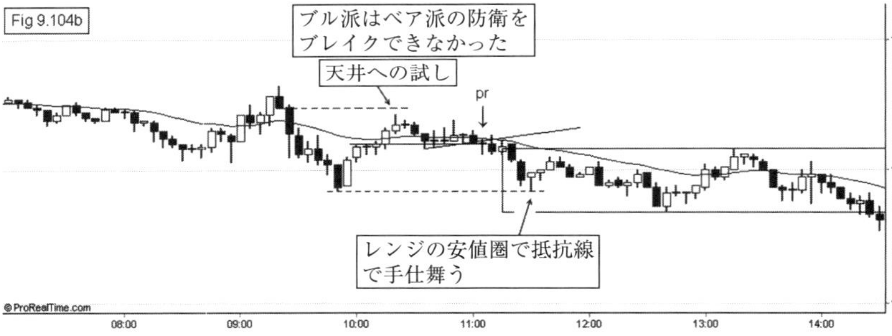
Fig 9.104b
ブル派はベア派の防衛をブレイクできなかった
天井への試し
pr
レンジの安値圏で抵抗線で手仕舞う
1,215
1,21
1,205
© ProRealTime.com
08:00
09:00
10:00
11:00
12:00
13:00
14:00

図9.104c

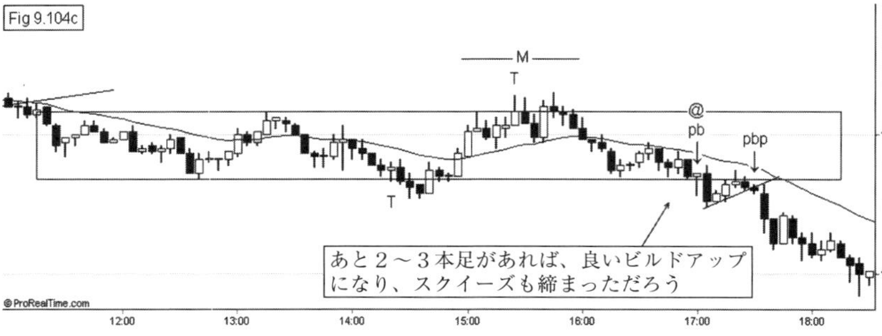
Fig 9.104c
M
T
@
pb
pbp
T
あと２～３本足があれば、良いビルドアップになり、スクイーズも締まっただろう
1,21
1,205
© ProRealTime.com
12:00
13:00
14:00
15:00
16:00
17:00
18:00

図9.105a

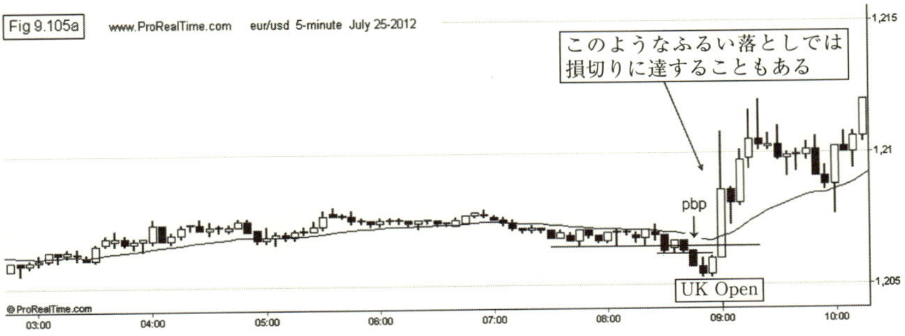
Fig 9.105a
www.ProRealTime.com eur/usd 5-minute July 25-2012
このようなふるい落としでは
損切りに達することもある
pbp
UK Open
1,215
1,21
1,205
© ProRealTime.com
03:00
04:00
05:00
06:00
07:00
08:00
09:00
10:00

図9.105b

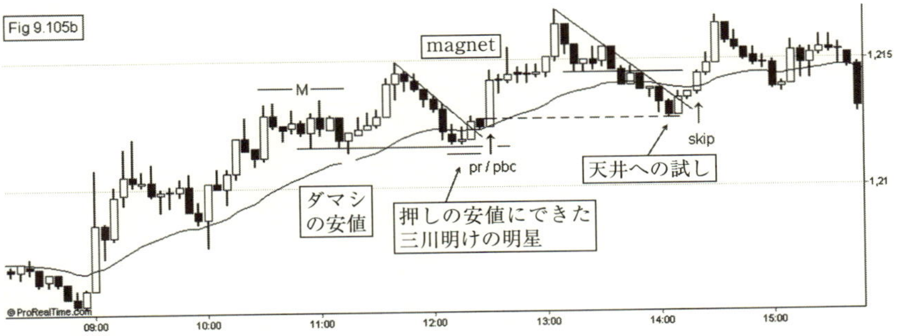
Fig 9.105b
magnet
M
pr / pbc
skip
天井への試し
ダマシ
の安値
押しの安値にできた
三川明けの明星
1,215
1,21
© ProRealTime.com
09:00
10:00
11:00
12:00
13:00
14:00
15:00

図9.105c

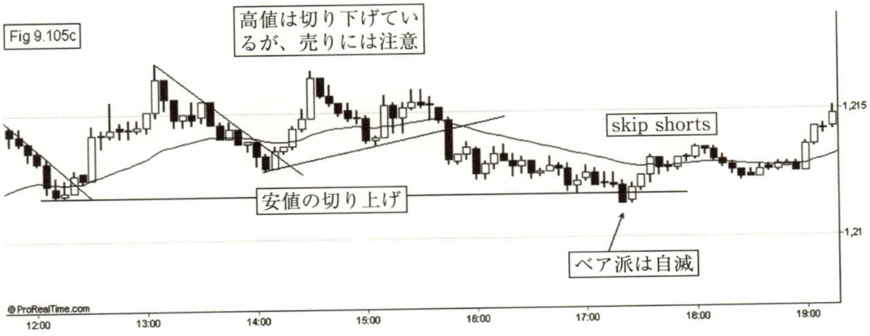
Fig 9.105c
高値は切り下げてい
るが、売りには注意
skip shorts
安値の切り上げ
ベア派は自滅
1,215
1,21
© ProRealTime.com
12:00
13:00
14:00
15:00
16:00
17:00
18:00
19:00

図9.106a

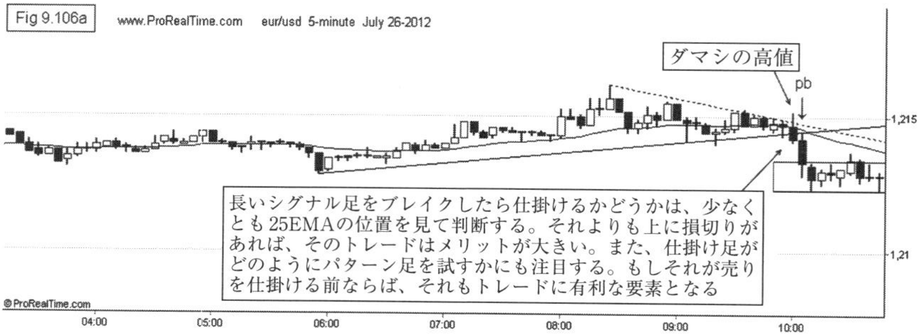

Fig 9.106a
www.ProRealTime.com eur/usd 5-minute July 26-2012
ダマシの高値
pb
長いシグナル足をブレイクしたら仕掛けるかどうかは、少なくとも25EMAの位置を見て判断する。それよりも上に損切りがあれば、そのトレードはメリットが大きい。また、仕掛け足がどのようにパターン足を試すかにも注目する。もしそれが売りを仕掛ける前ならば、それもトレードに有利な要素となる

図9.106b

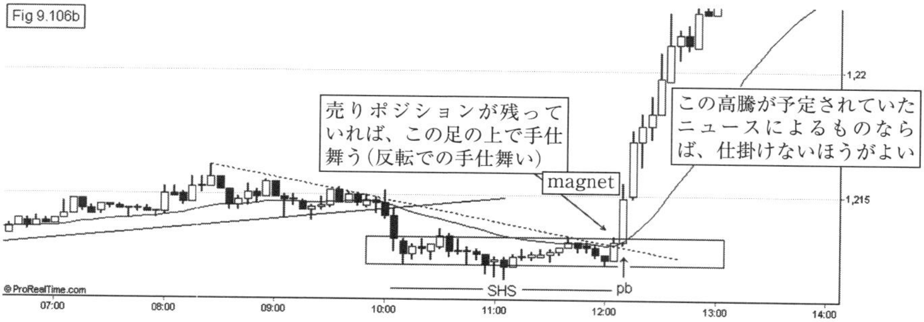

Fig 9.106b
売りポジションが残っていれば、この足の上で手仕舞う（反転での手仕舞い）
この高騰が予定されていたニュースによるものならば、仕掛けないほうがよい
magnet
SHS
pb

図9.106c

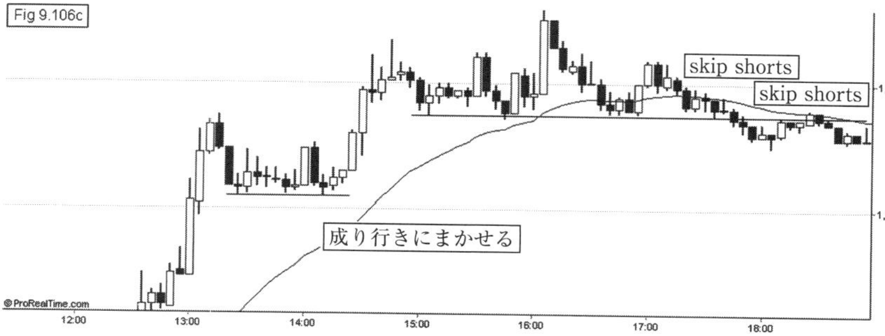

Fig 9.106c
skip shorts
skip shorts
成り行きにまかせる

図9.107a

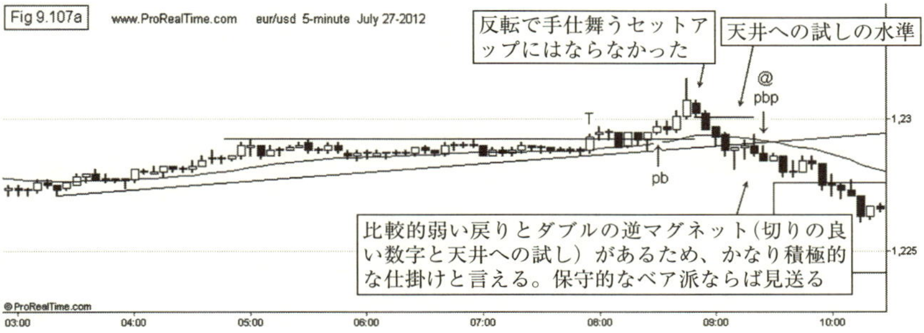
Fig 9.107a
www.ProRealTime.com　eur/usd 5-minute July 27-2012
反転で手仕舞うセットアップにはならなかった
天井への試しの水準
@
pbp
T
pb
比較的弱い戻りとダブルの逆マグネット（切りの良い数字と天井への試し）があるため、かなり積極的な仕掛けと言える。保守的なベア派ならば見送る
1,23
1,225
© ProRealTime.com
03:00
04:00
05:00
06:00
07:00
08:00
09:00
10:00

図9.107b

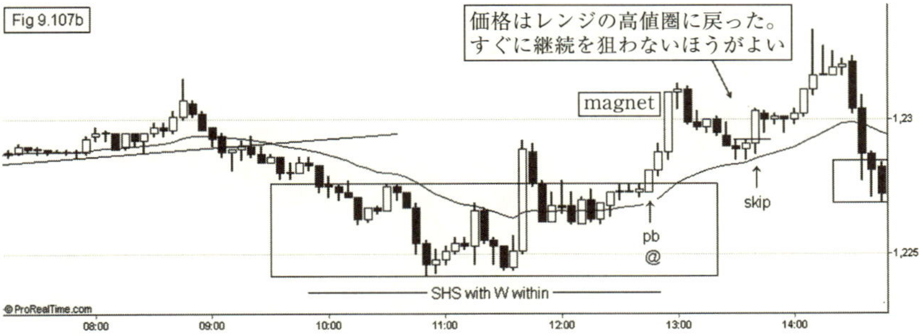
Fig 9.107b
価格はレンジの高値圏に戻った。すぐに継続を狙わないほうがよい
magnet
skip
pb
@
SHS with W within
1,23
1,225
© ProRealTime.com
08:00
09:00
10:00
11:00
12:00
13:00
14:00

図9.107c

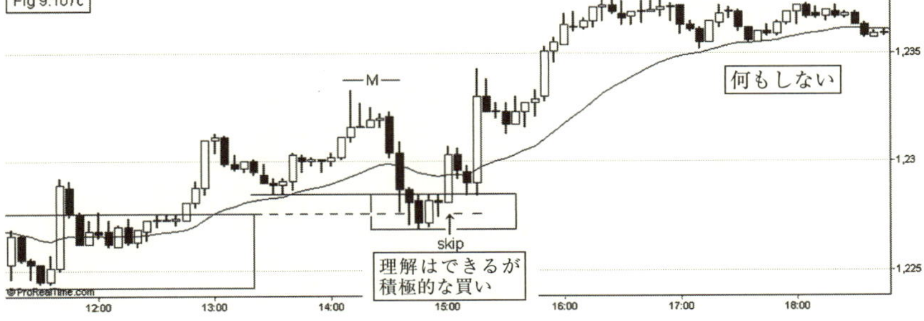
Fig 9.107c
M
何もしない
skip
理解はできるが積極的な買い
1,235
1,23
1,225
© ProRealTime.com
12:00
13:00
14:00
15:00
16:00
17:00
18:00

図9.108a

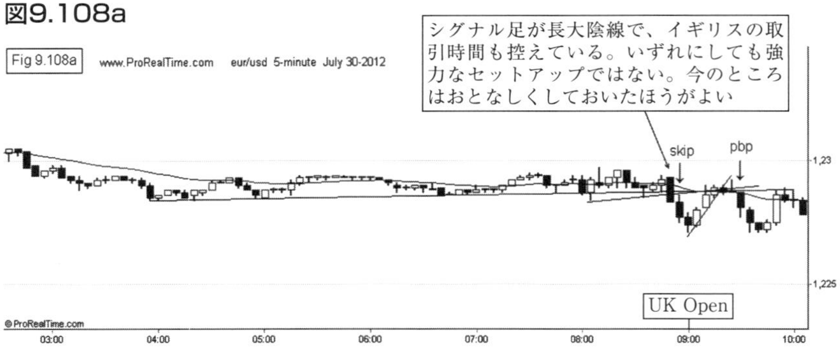

Fig 9.108a
www.ProRealTime.com eur/usd 5-minute July 30-2012
シグナル足が長大陰線で、イギリスの取引時間も控えている。いずれにしても強力なセットアップではない。今のところはおとなしくしておいたほうがよい
skip
pbp
UK Open
1,23
1,225
© ProRealTime.com
03:00
04:00
05:00
06:00
07:00
08:00
09:00
10:00

図9.108b

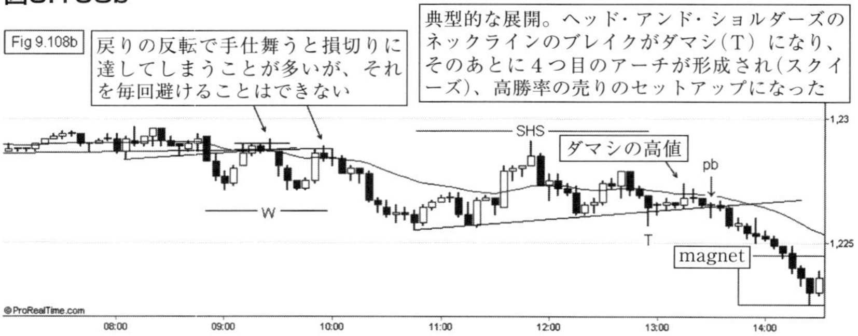

Fig 9.108b
戻りの反転で手仕舞うと損切りに達してしまうことが多いが、それを毎回避けることはできない
典型的な展開。ヘッド・アンド・ショルダーズのネックラインのブレイクがダマシ(T) になり、そのあとに４つ目のアーチが形成され(スクイーズ)、高勝率の売りのセットアップになった
SHS
ダマシの高値
pb
W
T
magnet
1,23
1,225
© ProRealTime.com
08:00
09:00
10:00
11:00
12:00
13:00
14:00

図9.108c

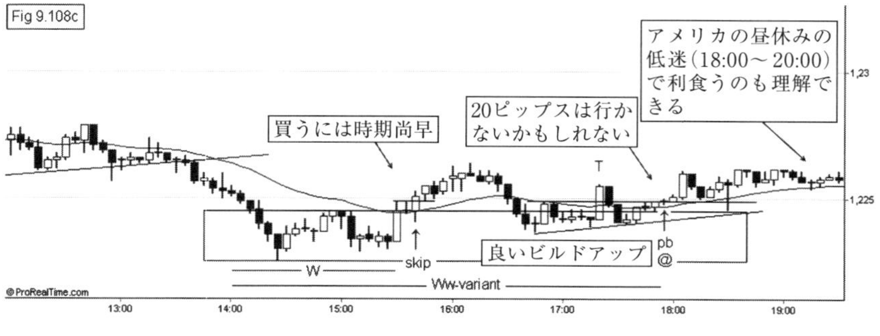

Fig 9.108c
アメリカの昼休みの低迷(18:00～20:00)で利食うのも理解できる
買うには時期尚早
20ピップスは行かないかもしれない
T
skip
良いビルドアップ
pb
@
W
Ww-variant
1,23
1,225
© ProRealTime.com
13:00
14:00
15:00
16:00
17:00
18:00
19:00

図9.109a

Fig 9.109a
www.ProRealTime.com eur/usd 5-minute July 31-2012
skip shorts
skip shorts
1,23
1,225
© ProRealTime.com
04:00
05:00
06:00
07:00
08:00
09:00
10:00
11:00

図9.109b

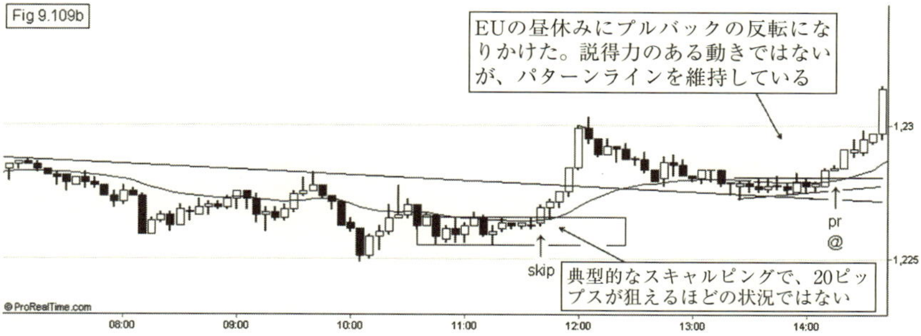
Fig 9.109b
EUの昼休みにプルバックの反転になりかけた。説得力のある動きではないが、パターンラインを維持している
1,23
pr
@
skip
典型的なスキャルピングで、20ピップスが狙えるほどの状況ではない
1,225
© ProRealTime.com
08:00
09:00
10:00
11:00
12:00
13:00
14:00

図9.109c

Fig 9.109c
足が平均以上の長さになっている。おとなしくしているほうがよい
1,23
W
1,225
US Open
© ProRealTime.com
12:00
13:00
14:00
15:00
16:00
17:00
18:00

図9.110a

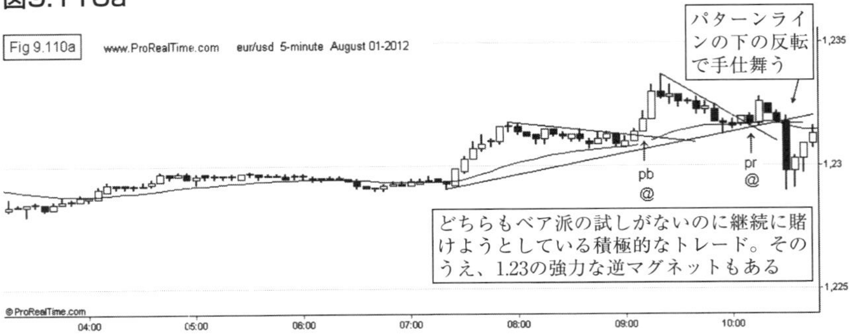
Fig 9.110a
www.ProRealTime.com eur/usd 5-minute August 01-2012
パターンラインの下の反転で手仕舞う
pb
@
pr
@
どちらもベア派の試しがないのに継続に賭けようとしている積極的なトレード。そのうえ、1.23の強力な逆マグネットもある
1,235
1,23
1,225
© ProRealTime.com
04:00
05:00
06:00
07:00
08:00
09:00
10:00

図9.110b

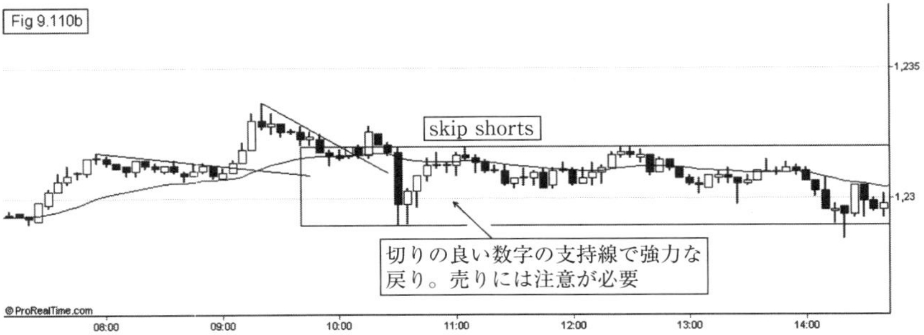
Fig 9.110b
skip shorts
切りの良い数字の支持線で強力な戻り。売りには注意が必要
1,235
1,23
© ProRealTime.com
08:00
09:00
10:00
11:00
12:00
13:00
14:00

図9.110c

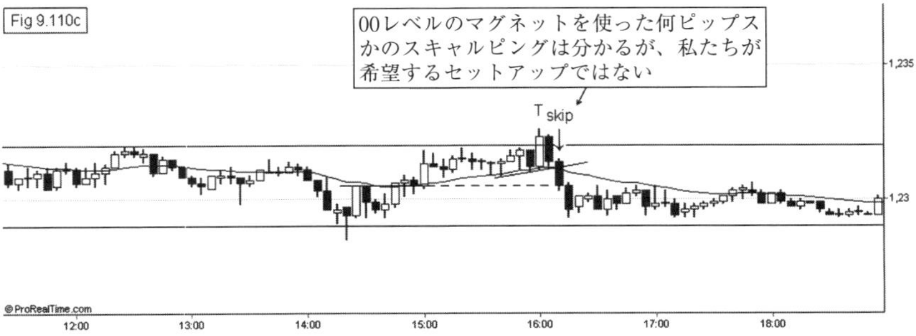
Fig 9.110c
00レベルのマグネットを使った何ピップスかのスキャルピングは分かるが、私たちが希望するセットアップではない
T skip
1,235
1,23
© ProRealTime.com
12:00
13:00
14:00
15:00
16:00
17:00
18:00

図9.111a

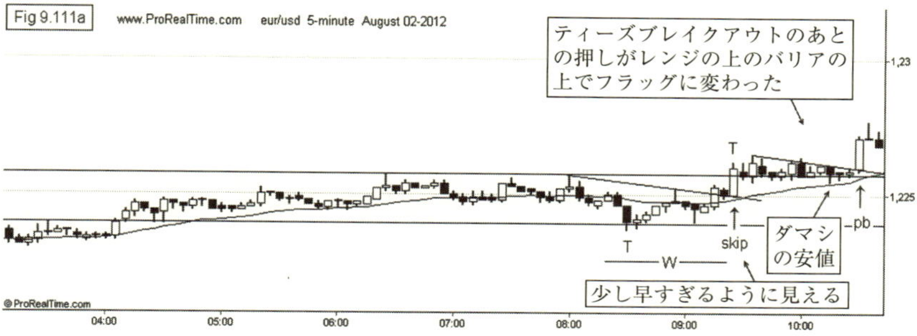
Fig 9.111a
www.ProRealTime.com eur/usd 5-minute August 02-2012
ティーズブレイクアウトのあとの押しがレンジの上のバリアの上でフラッグに変わった
T
T
W
skip
ダマシの安値
pb
少し早すぎるように見える
© ProRealTime.com
04:00
05:00
06:00
07:00
08:00
09:00
10:00
1,23
1,225

図9.111b

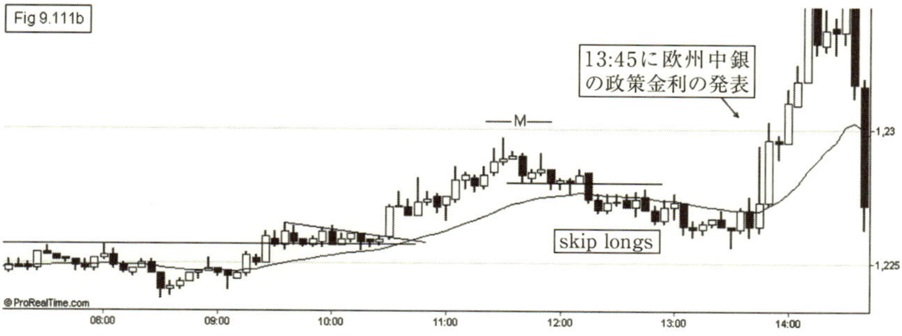
Fig 9.111b
13:45に欧州中銀の政策金利の発表
M
skip longs
© ProRealTime.com
08:00
09:00
10:00
11:00
12:00
13:00
14:00
1,23
1,225

図9.111c

Fig 9.111c
ただ何もしない
© ProRealTime.com
12:00
13:00
14:00
15:00
16:00
17:00
18:00
19:00
1,225
1,22
1,215

図9.112a

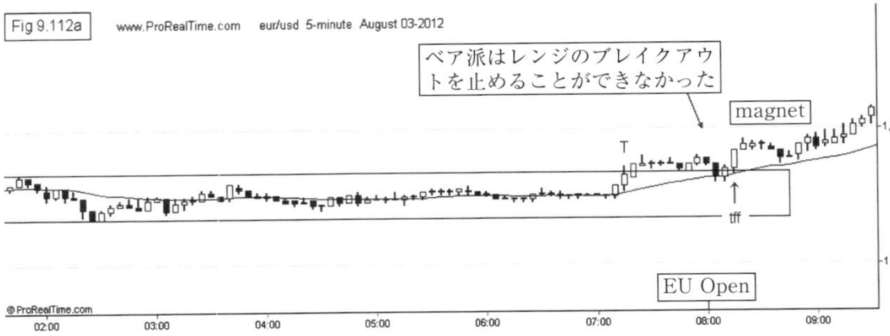
Fig 9.112a
www.ProRealTime.com eur/usd 5-minute August 03-2012
ベア派はレンジのブレイクアウトを止めることができなかった
magnet
T
tff
EU Open
© ProRealTime.com
1,22
1,215
02:00
03:00
04:00
05:00
06:00
07:00
08:00
09:00

図9.112b

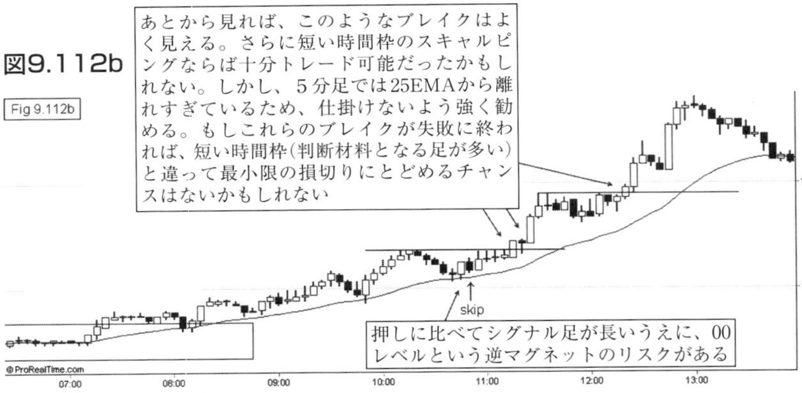
あとから見れば、このようなブレイクはよく見える。さらに短い時間枠のスキャルピングならば十分トレード可能だったかもしれない。しかし、5分足では25EMAから離れすぎているため、仕掛けないよう強く勧める。もしこれらのブレイクが失敗に終われば、短い時間枠(判断材料となる足が多い)と違って最小限の損切りにとどめるチャンスはないかもしれない
Fig 9.112b
skip
押しに比べてシグナル足が長いうえに、00レベルという逆マグネットのリスクがある
© ProRealTime.com
1,225
1,22
07:00
08:00
09:00
10:00
11:00
12:00
13:00

図9.112c

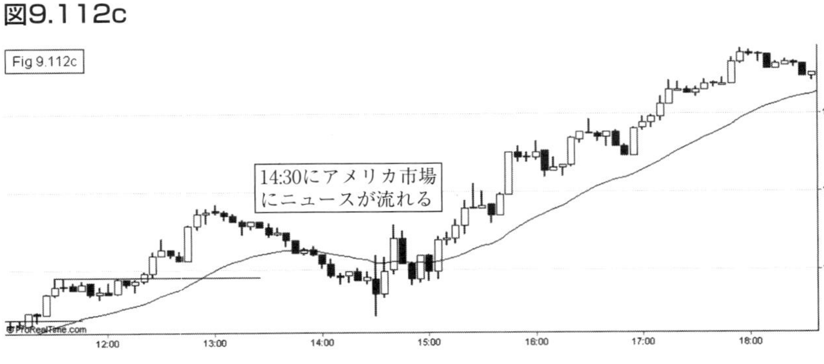
Fig 9.112c
14:30にアメリカ市場にニュースが流れる
© ProRealTime.com
1,235
1,23
1,225
12:00
13:00
14:00
15:00
16:00
17:00
18:00

図9.113a

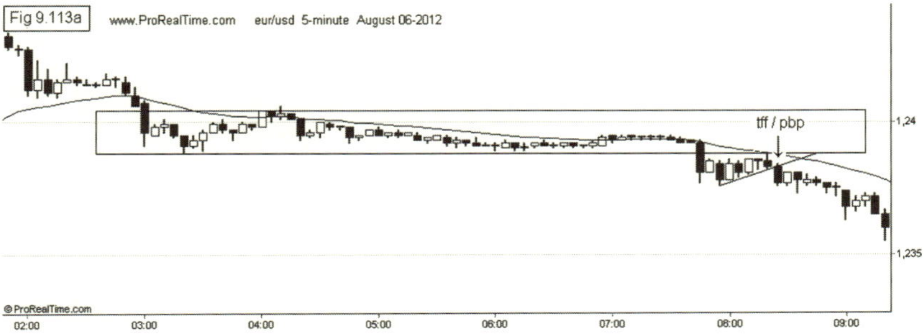
Fig 9.113a
www.ProRealTime.com eur/usd 5-minute August 06-2012
tff / pbp
1,24
1,235
© ProRealTime.com
02:00
03:00
04:00
05:00
06:00
07:00
08:00
09:00

図9.113b

Fig 9.113b
skip shorts
強力な戻り
1,24
1,235
© ProRealTime.com
07:00
08:00
09:00
10:00
11:00
12:00
13:00

図9.113c

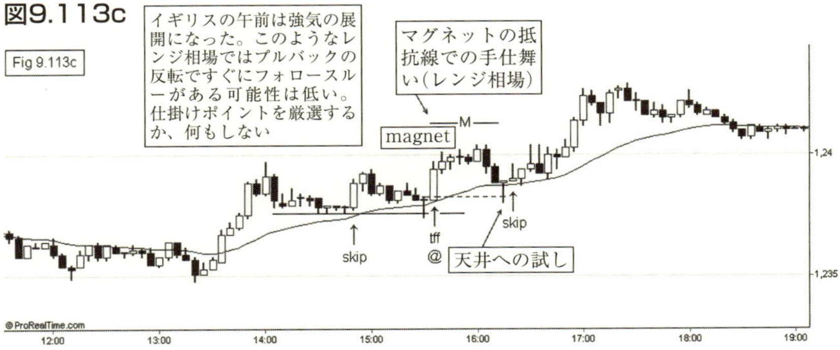
Fig 9.113c
イギリスの午前は強気の展開になった。このようなレンジ相場ではプルバックの反転ですぐにフォロースルーがある可能性は低い。仕掛けポイントを厳選するか、何もしない
マグネットの抵抗線での手仕舞い（レンジ相場）
M
magnet
skip
tff
@
skip
天井への試し
1,24
1,235
© ProRealTime.com
12:00
13:00
14:00
15:00
16:00
17:00
18:00
19:00

図9.114a

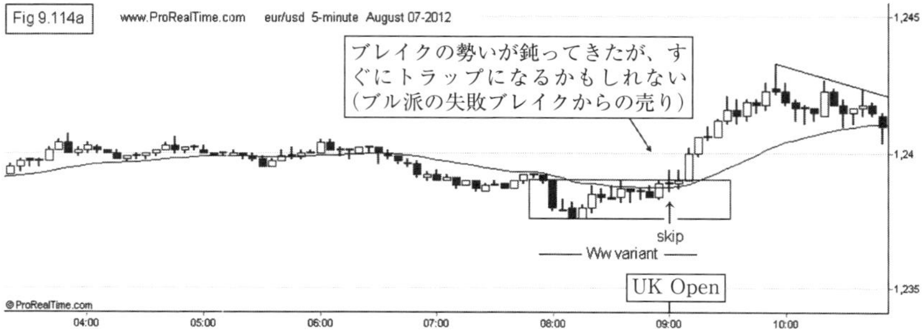
Fig 9.114a
www.ProRealTime.com eur/usd 5-minute August 07-2012
ブレイクの勢いが鈍ってきたが、すぐにトラップになるかもしれない（ブル派の失敗ブレイクからの売り）
skip
Ww variant
UK Open
© ProRealTime.com

図9.114b

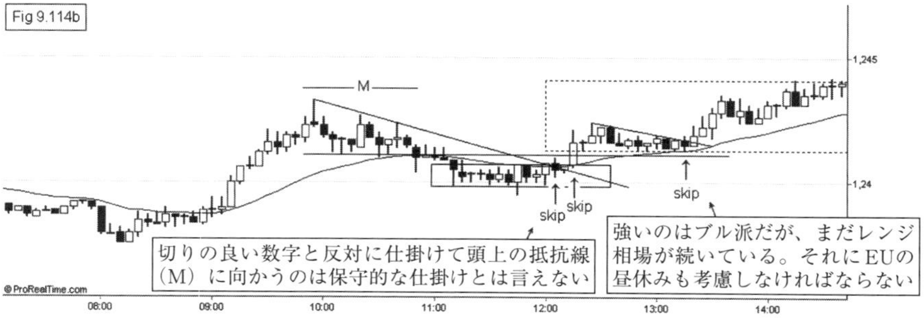
Fig 9.114b
M
skip
skip
skip
切りの良い数字と反対に仕掛けて頭上の抵抗線（M）に向かうのは保守的な仕掛けとは言えない
強いのはブル派だが、まだレンジ相場が続いている。それにEUの昼休みも考慮しなければならない
© ProRealTime.com

図9.114c

Fig 9.114c
skip shorts
© ProRealTime.com

図9.115a

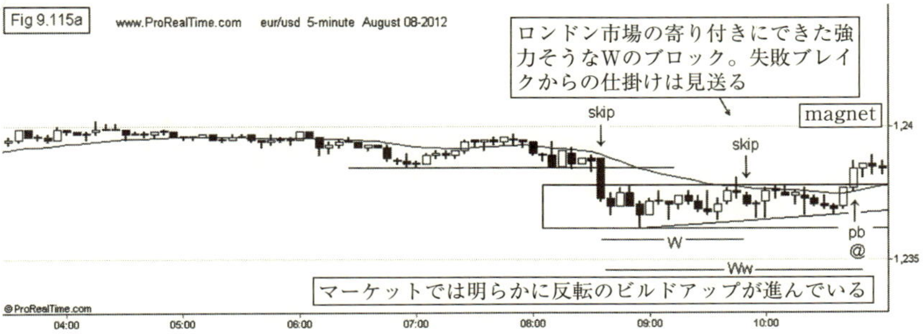

図9.115b

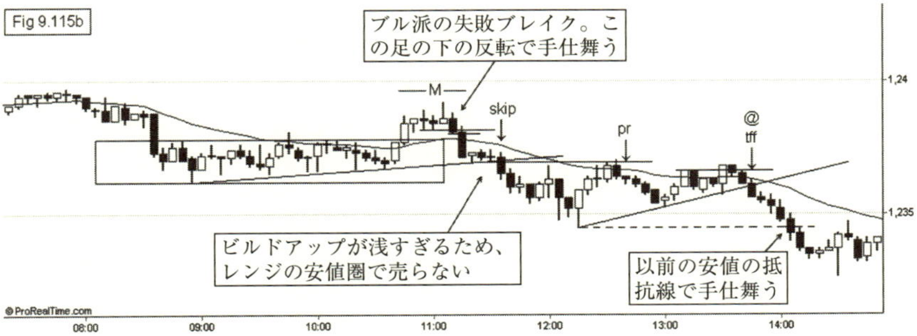

図9.115c

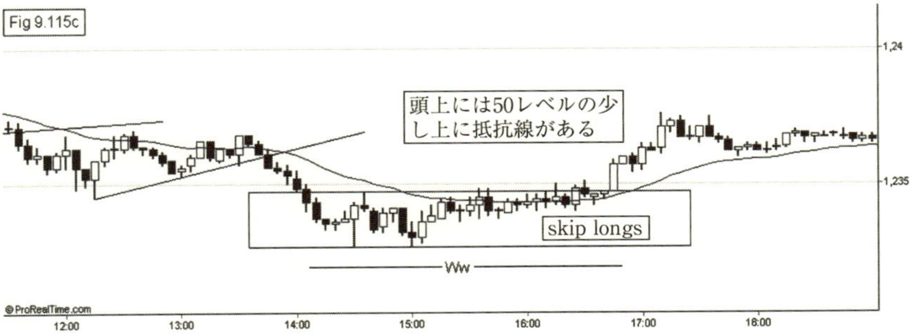

図9.116a

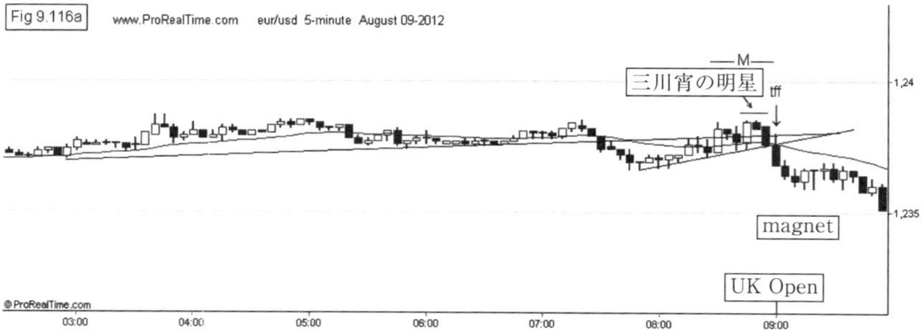

図9.116b

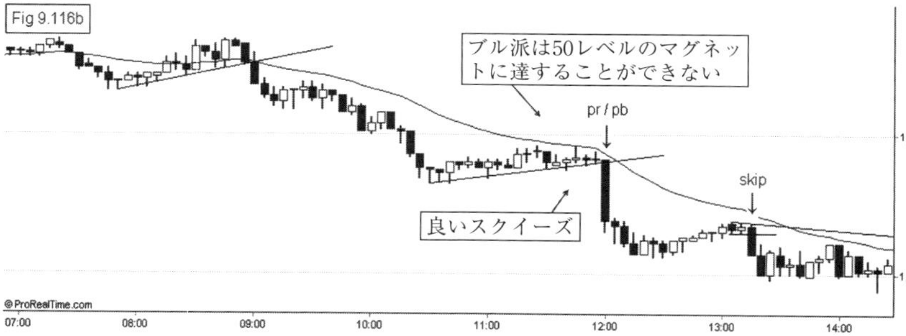

図9.116c

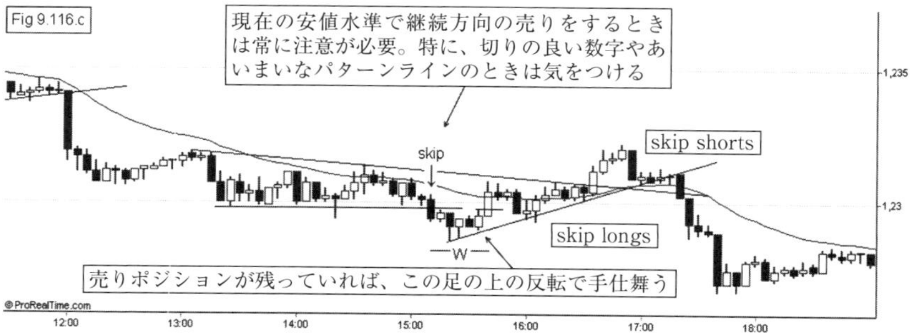

図9.117a

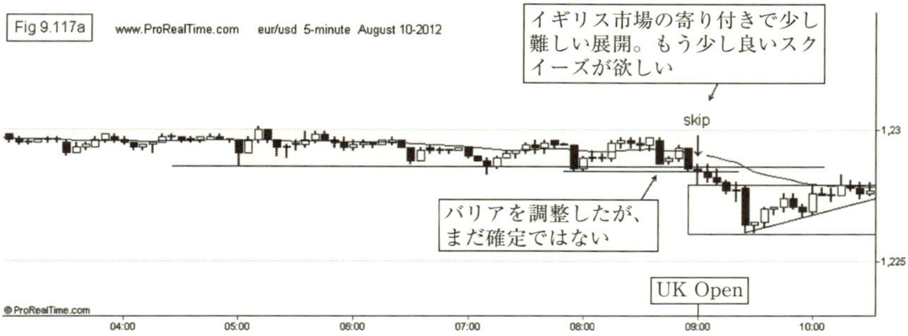
Fig 9.117a
www.ProRealTime.com　eur/usd 5-minute August 10-2012
イギリス市場の寄り付きで少し難しい展開。もう少し良いスクイーズが欲しい
skip
バリアを調整したが、まだ確定ではない
UK Open
1,23
1,225
© ProRealTime.com
04:00
05:00
06:00
07:00
08:00
09:00
10:00

図9.117b

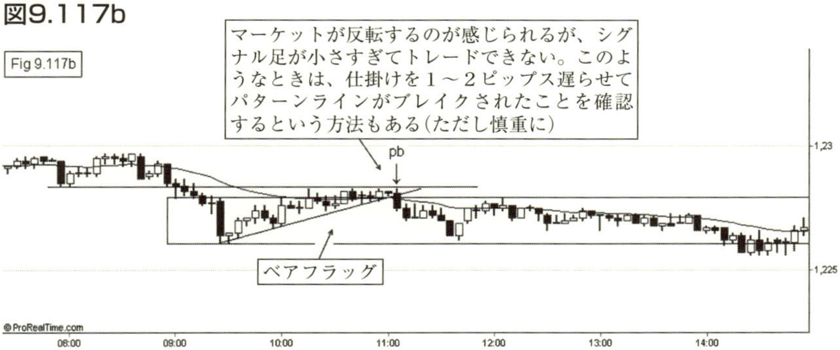
Fig 9.117b
マーケットが反転するのが感じられるが、シグナル足が小さすぎてトレードできない。このようなときは、仕掛けを１～２ピップス遅らせてパターンラインがブレイクされたことを確認するという方法もある（ただし慎重に）
pb
ベアフラッグ
1,23
1,225
© ProRealTime.com
08:00
09:00
10:00
11:00
12:00
13:00
14:00

図9.117c

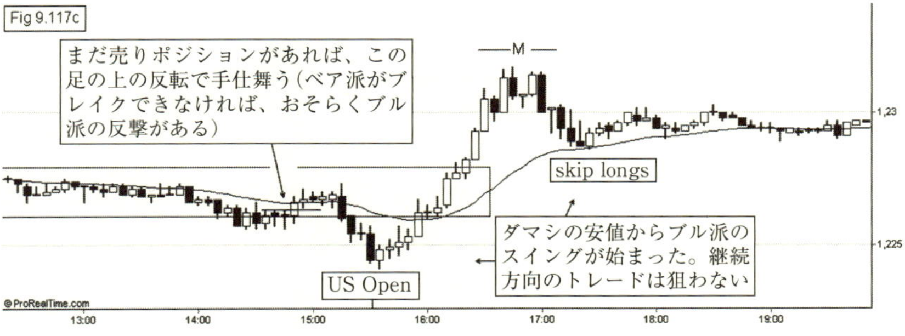
Fig 9.117c
まだ売りポジションがあれば、この足の上の反転で手仕舞う（ベア派がブレイクできなければ、おそらくブル派の反撃がある）
M
skip longs
ダマシの安値からブル派のスイングが始まった。継続方向のトレードは狙わない
US Open
1,23
1,225
© ProRealTime.com
13:00
14:00
15:00
16:00
17:00
18:00
19:00

図9.118a

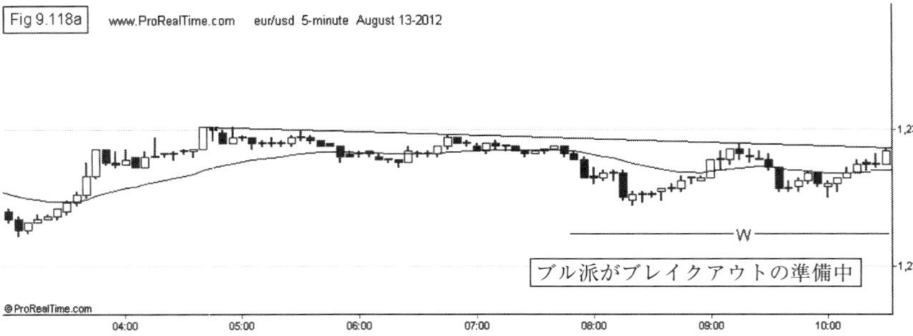

図9.118b

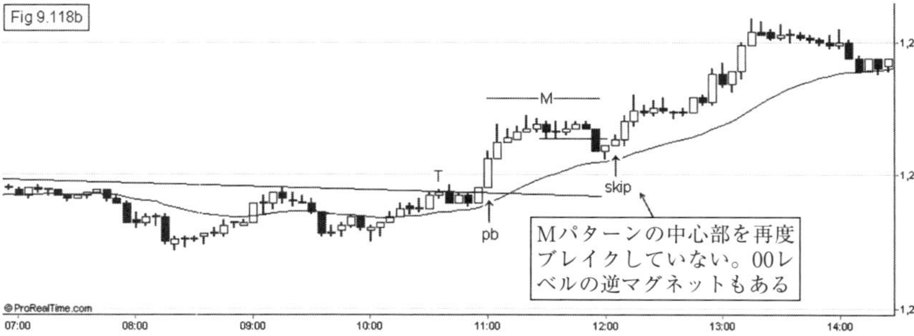

図9.118c

図9.119a

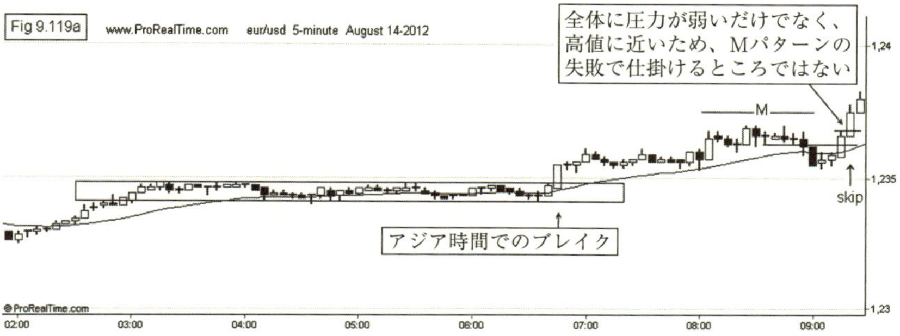
Fig 9.119a
www.ProRealTime.com eur/usd 5-minute August 14-2012
全体に圧力が弱いだけでなく、高値に近いため、Mパターンの失敗で仕掛けるところではない
M
skip
アジア時間でのブレイク
© ProRealTime.com
1,24
1,235
1,23
02:00
03:00
04:00
05:00
06:00
07:00
08:00
09:00

図9.119b

Fig 9.119b
M
skip shorts
skip
© ProRealTime.com
1,24
1,235
06:00
07:00
08:00
09:00
10:00
11:00
12:00
13:00

図9.119c

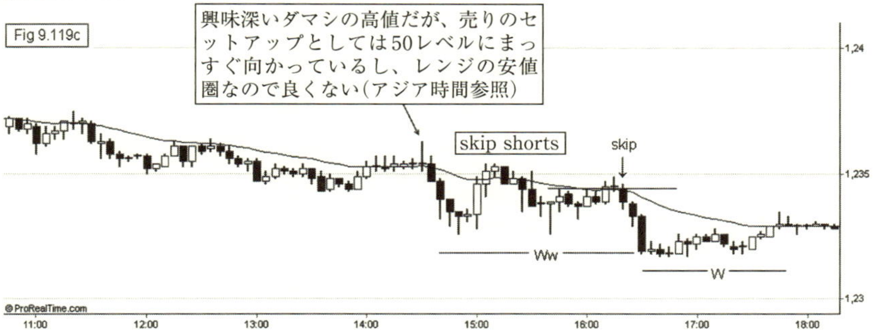
Fig 9.119c
興味深いダマシの高値だが、売りのセットアップとしては50レベルにまっすぐ向かっているし、レンジの安値圏なので良くない（アジア時間参照）
skip shorts
skip
Ww
W
© ProRealTime.com
1,24
1,235
1,23
11:00
12:00
13:00
14:00
15:00
16:00
17:00
18:00

図9.120a

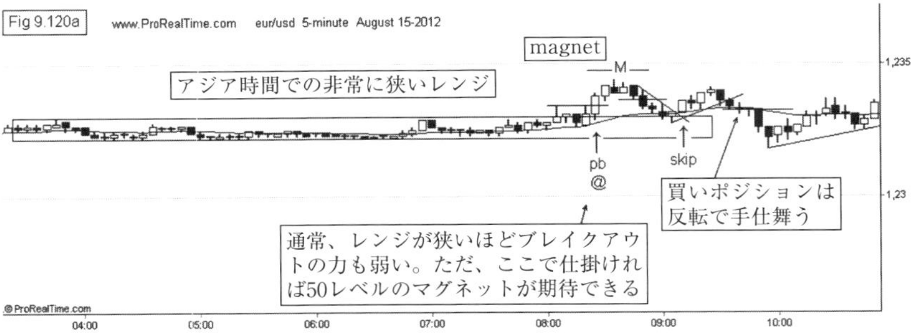

Fig 9.120a
www.ProRealTime.com eur/usd 5-minute August 15-2012
magnet
M
アジア時間での非常に狭いレンジ
pb
@
skip
買いポジションは反転で手仕舞う
通常、レンジが狭いほどブレイクアウトの力も弱い。ただ、ここで仕掛ければ50レベルのマグネットが期待できる
© ProRealTime.com
1,235
1,23
04:00 05:00 06:00 07:00 08:00 09:00 10:00

図9.120b

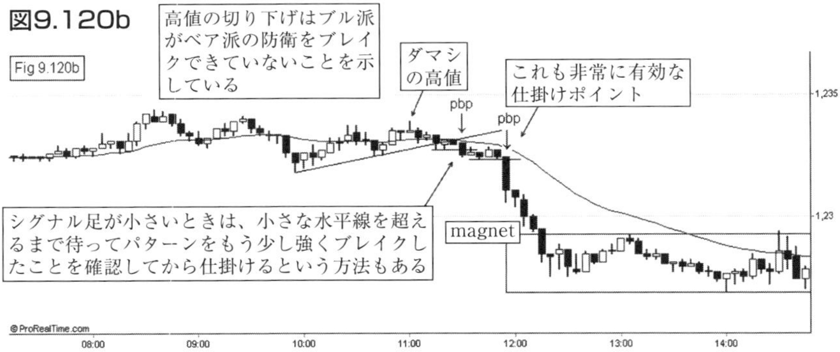

高値の切り下げはブル派がベア派の防衛をブレイクできていないことを示している
Fig 9.120b
ダマシの高値
pbp
pbp
これも非常に有効な仕掛けポイント
シグナル足が小さいときは、小さな水平線を超えるまで待ってパターンをもう少し強くブレイクしたことを確認してから仕掛けるという方法もある
magnet
© ProRealTime.com
1,235
1,23
08:00 09:00 10:00 11:00 12:00 13:00 14:00

図9.120c

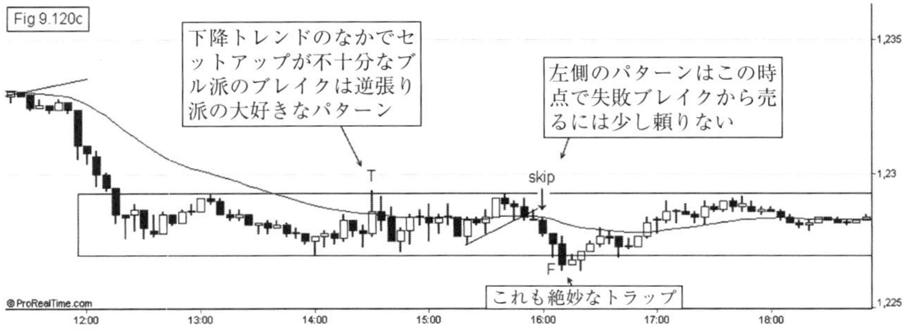

Fig 9.120c
下降トレンドのなかでセットアップが不十分なブル派のブレイクは逆張り派の大好きなパターン
左側のパターンはこの時点で失敗ブレイクから売るには少し頼りない
T
skip
F
これも絶妙なトラップ
© ProRealTime.com
1,235
1,23
1,225
12:00 13:00 14:00 15:00 16:00 17:00 18:00

図9.121a

図9.121b

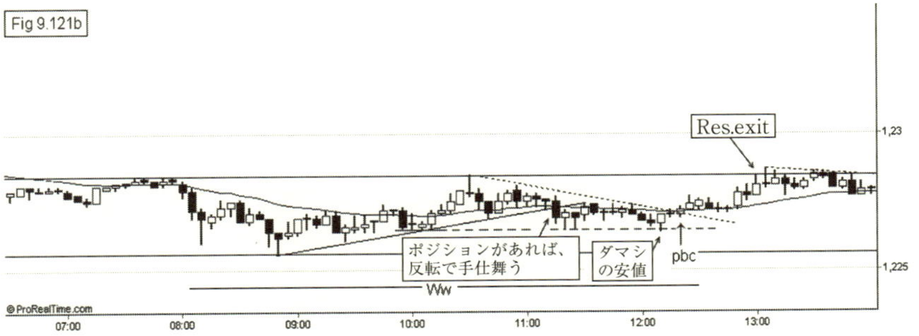

図9.121c

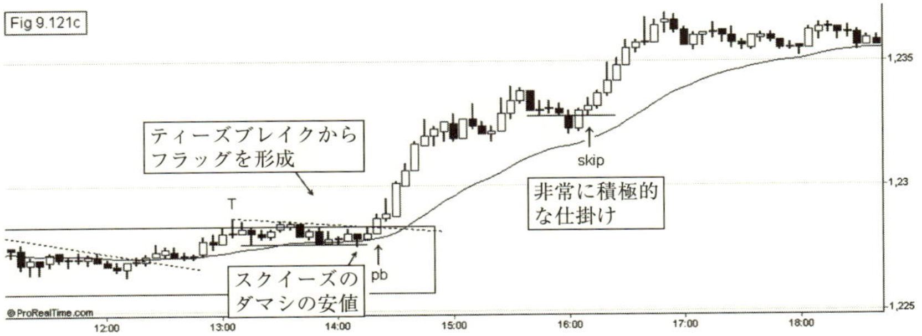

図9.122a

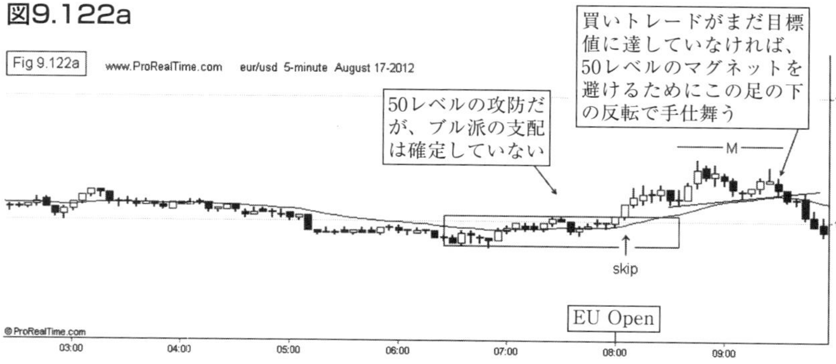
Fig 9.122a
www.ProRealTime.com eur/usd 5-minute August 17-2012
50レベルの攻防だが、ブル派の支配は確定していない
買いトレードがまだ目標値に達していなければ、50レベルのマグネットを避けるためにこの足の下の反転で手仕舞う
M
skip
EU Open
© ProRealTime.com

図9.122b

Fig 9.122b
M
レンジの安値圏なので売りは見送る
skip longs
© ProRealTime.com

図9.122c

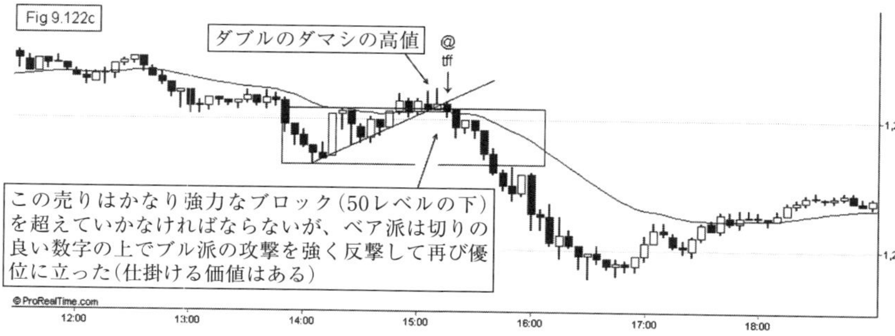
Fig 9.122c
ダブルのダマシの高値
@
tff
この売りはかなり強力なブロック(50レベルの下)を超えていかなければならないが、ベア派は切りの良い数字の上でブル派の攻撃を強く反撃して再び優位に立った(仕掛ける価値はある)
© ProRealTime.com

図9.123a

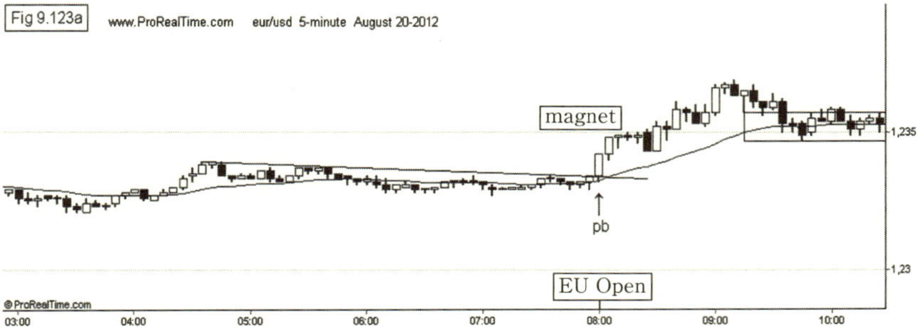
Fig 9.123a
www.ProRealTime.com eur/usd 5-minute August 20-2012
magnet
pb
EU Open
© ProRealTime.com
03:00
04:00
05:00
06:00
07:00
08:00
09:00
10:00
1,235
1,23

図9.123b

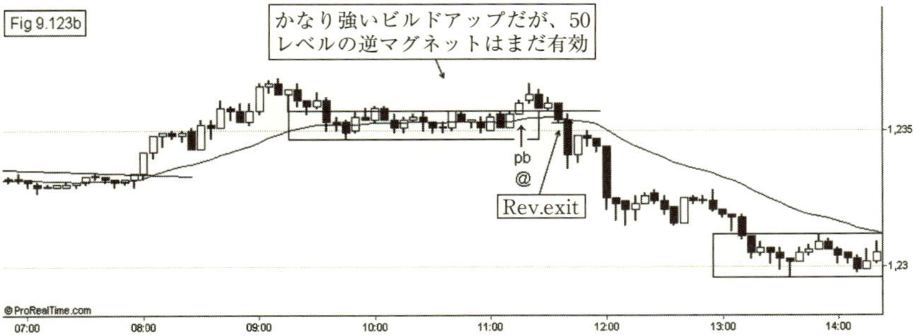
Fig 9.123b
かなり強いビルドアップだが、50
レベルの逆マグネットはまだ有効
pb
@
Rev.exit
© ProRealTime.com
07:00
08:00
09:00
10:00
11:00
12:00
13:00
14:00
1,235
1,23

図9.123c

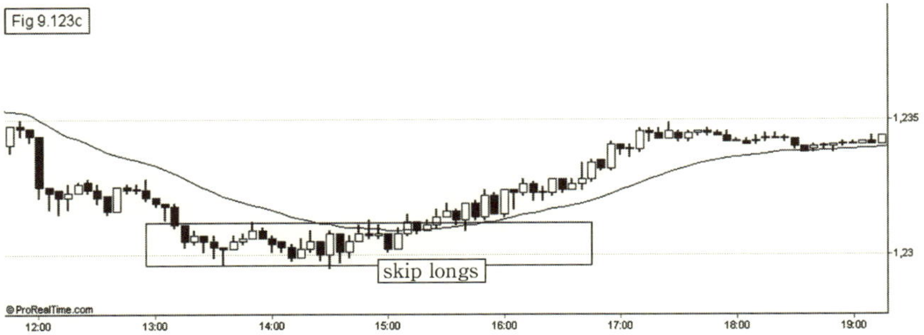
Fig 9.123c
skip longs
© ProRealTime.com
12:00
13:00
14:00
15:00
16:00
17:00
18:00
19:00
1,235
1,23

図9.124a

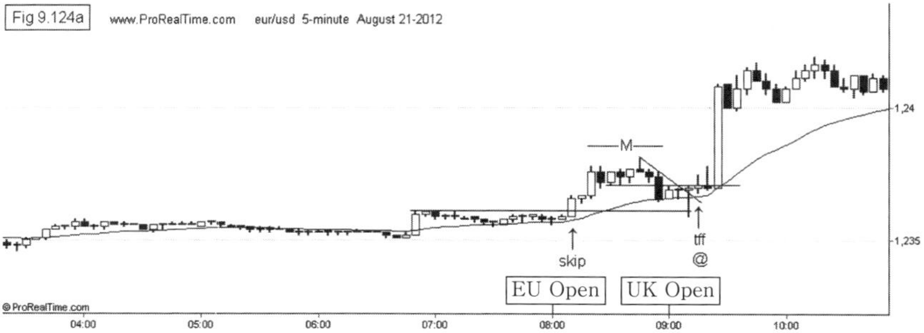

図9.124b

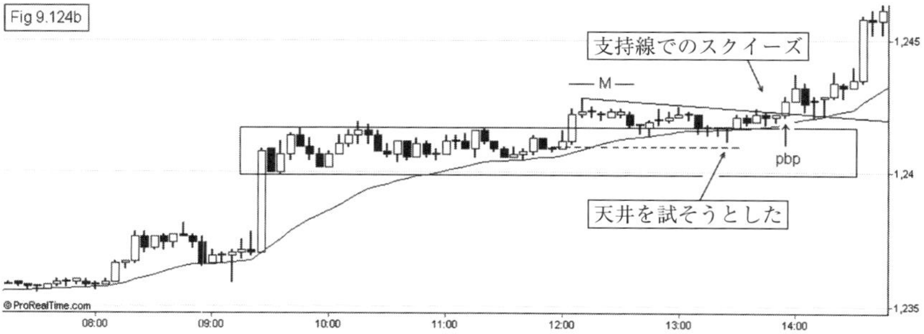

図9.124c

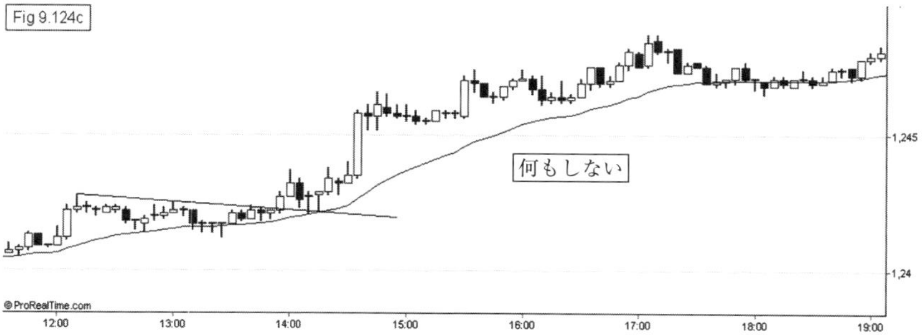

図9.125a

Fig 9.125a
www.ProRealTime.com　eur/usd 5-minute August 22-2012
M
pb
Rev.exit
SHS
© ProRealTime.com

図9.125b

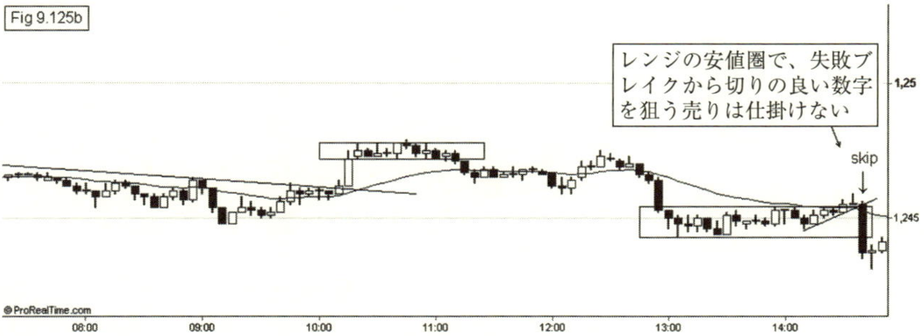
Fig 9.125b
レンジの安値圏で、失敗ブレイクから切りの良い数字を狙う売りは仕掛けない
skip
© ProRealTime.com

図9.125c

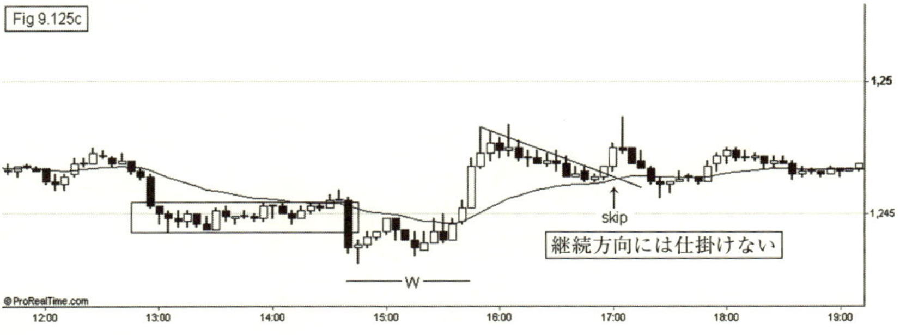
Fig 9.125c
skip
継続方向には仕掛けない
W
© ProRealTime.com

図9.126a

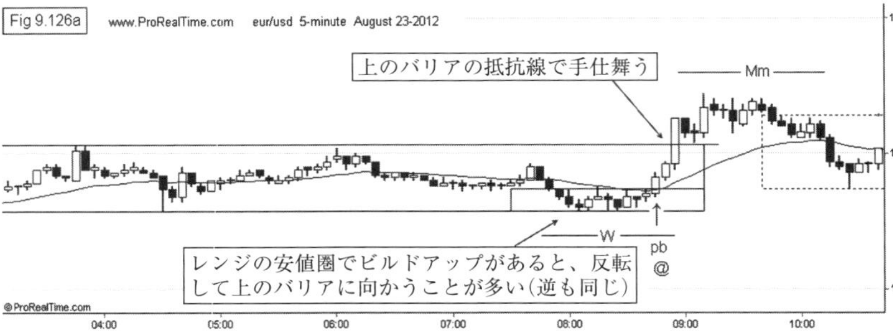
Fig 9.126a
www.ProRealTime.com eur/usd 5-minute August 23-2012
上のバリアの抵抗線で手仕舞う
Mm
W
pb
@
レンジの安値圏でビルドアップがあると、反転
して上のバリアに向かうことが多い(逆も同じ)
1,26
1,255
1,25
© ProRealTime.com
04:00
05:00
06:00
07:00
08:00
09:00
10:00

図9.126b

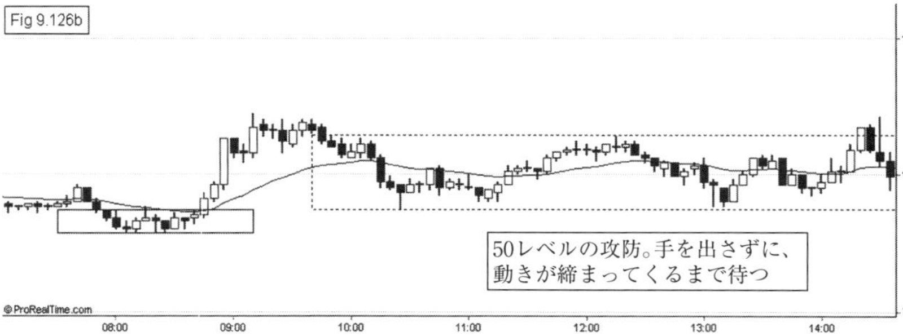
Fig 9.126b
50レベルの攻防。手を出さずに、
動きが締まってくるまで待つ
1,26
1,255
1,25
© ProRealTime.com
08:00
09:00
10:00
11:00
12:00
13:00
14:00

図9.126c

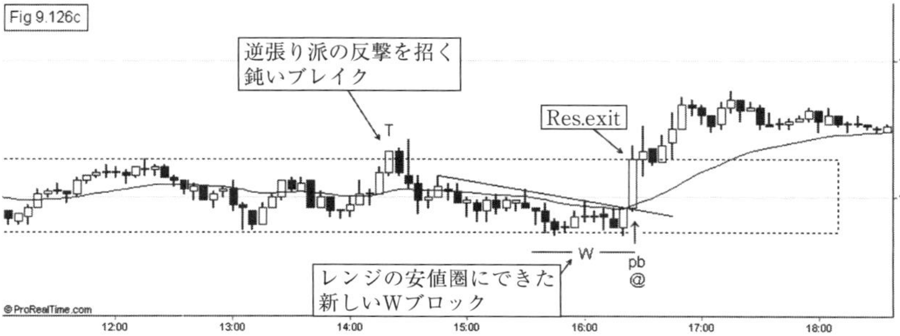
Fig 9.126c
逆張り派の反撃を招く
鈍いブレイク
T
Res.exit
W
pb
@
レンジの安値圏にできた
新しいWブロック
1,26
1,255
© ProRealTime.com
12:00
13:00
14:00
15:00
16:00
17:00
18:00

図9.127a

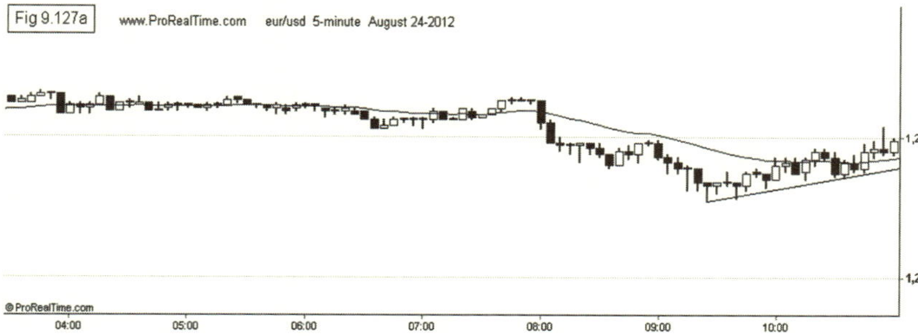
Fig 9.127a
www.ProRealTime.com eur/usd 5-minute August 24-2012
1,255
1,25
© ProRealTime.com
04:00
05:00
06:00
07:00
08:00
09:00
10:00

図9.127b

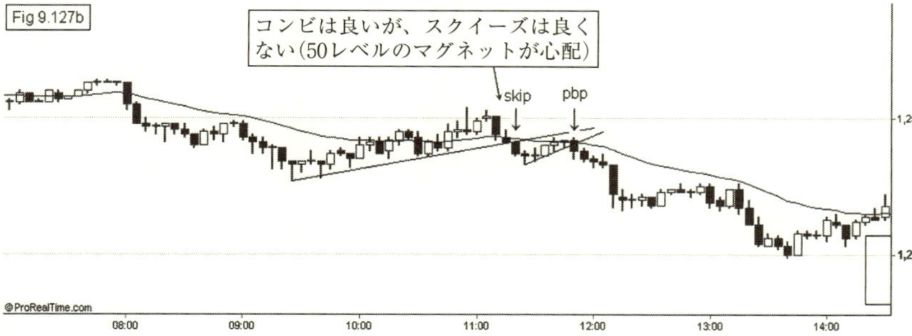
Fig 9.127b
コンビは良いが、スクイーズは良くない（50レベルのマグネットが心配）
skip
pbp
1,255
1,25
© ProRealTime.com
08:00
09:00
10:00
11:00
12:00
13:00
14:00

図9.127c

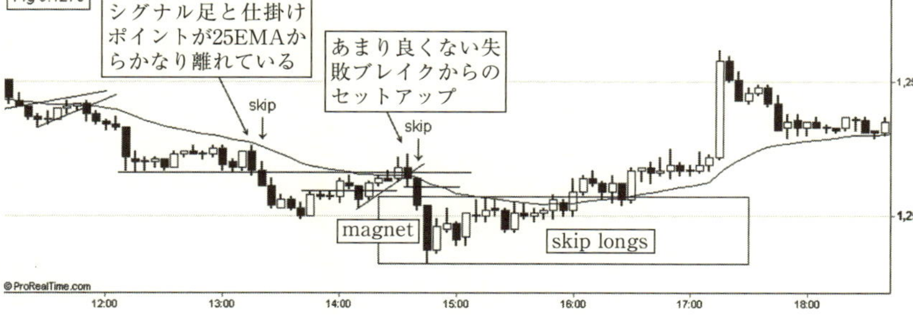
Fig 9.127c
シグナル足と仕掛けポイントが25EMAからかなり離れている
skip
あまり良くない失敗ブレイクからのセットアップ
skip
magnet
skip longs
1,255
1,25
© ProRealTime.com
12:00
13:00
14:00
15:00
16:00
17:00
18:00

図9.128a

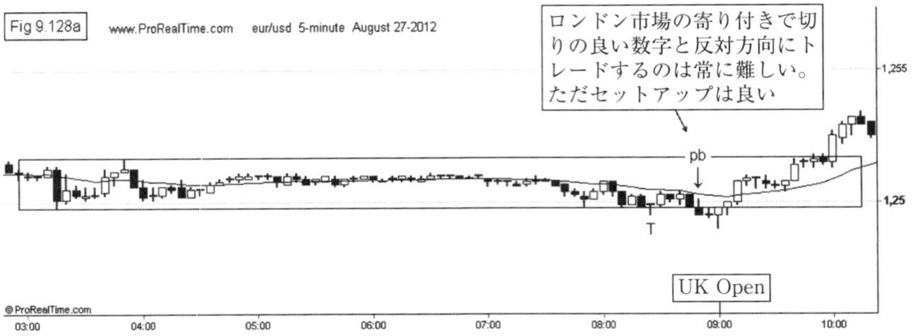
Fig 9.128a
www.ProRealTime.com eur/usd 5-minute August 27-2012
ロンドン市場の寄り付きで切りの良い数字と反対方向にトレードするのは常に難しい。ただセットアップは良い
pb
T
UK Open
1,255
1,25
© ProRealTime.com
03:00
04:00
05:00
06:00
07:00
08:00
09:00
10:00

図9.128b

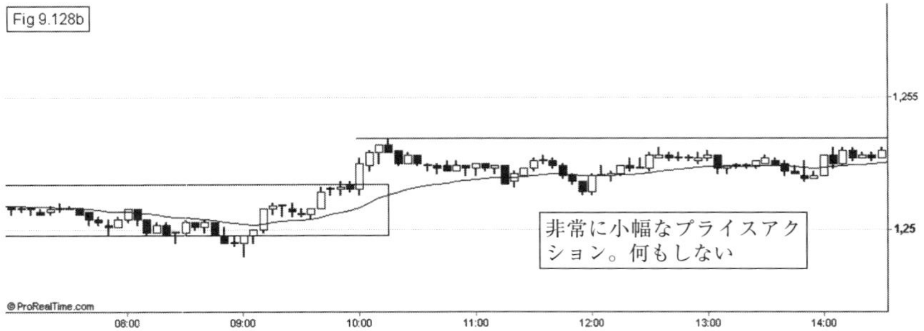
Fig 9.128b
1,255
1,25
非常に小幅なプライスアクション。何もしない
© ProRealTime.com
08:00
09:00
10:00
11:00
12:00
13:00
14:00

図9.128c

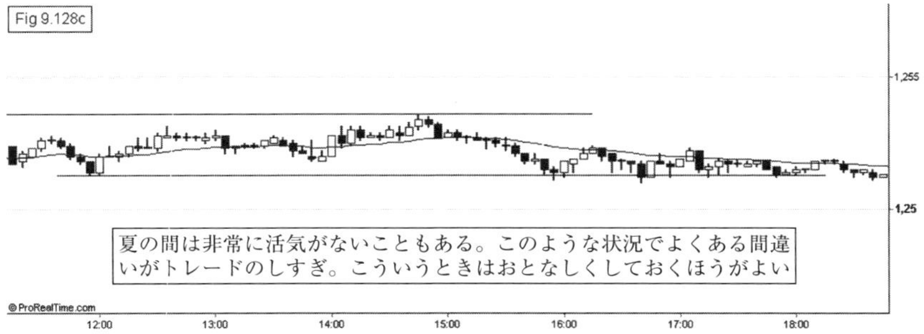
Fig 9.128c
1,255
1,25
夏の間は非常に活気がないこともある。このような状況でよくある間違いがトレードのしすぎ。こういうときはおとなしくしておくほうがよい
© ProRealTime.com
12:00
13:00
14:00
15:00
16:00
17:00
18:00

図9.129a

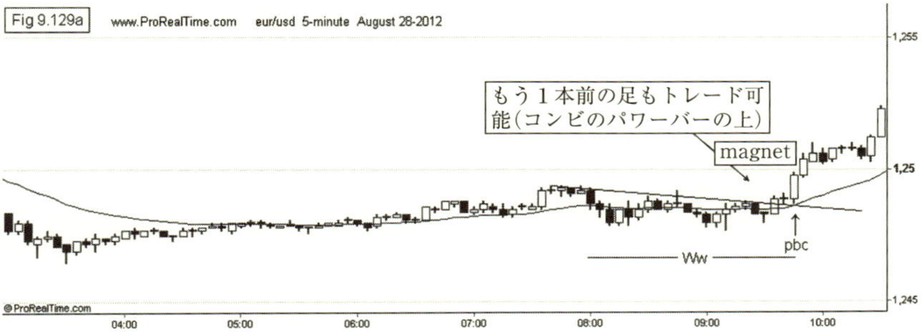
Fig 9.129a
www.ProRealTime.com eur/usd 5-minute August 28-2012
もう１本前の足もトレード可能（コンビのパワーバーの上）
magnet
pbc
Ww
@ProRealTime.com
1,255
1,25
1,245
04:00
05:00
06:00
07:00
08:00
09:00
10:00

図9.129b

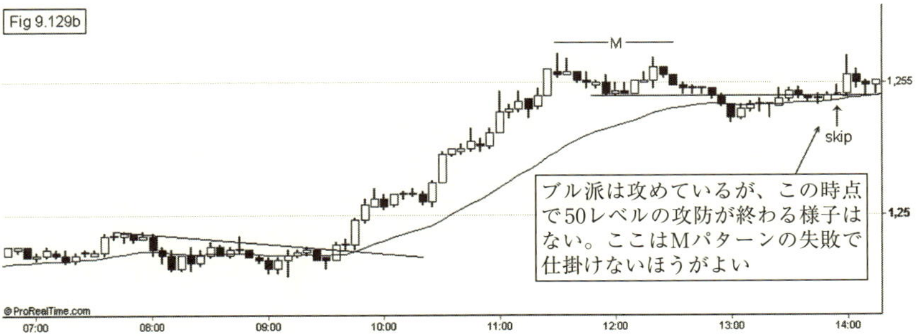
Fig 9.129b
M
skip
ブル派は攻めているが、この時点で50レベルの攻防が終わる様子はない。ここはMパターンの失敗で仕掛けないほうがよい
@ProRealTime.com
1,255
1,25
07:00
08:00
09:00
10:00
11:00
12:00
13:00
14:00

図9.129c

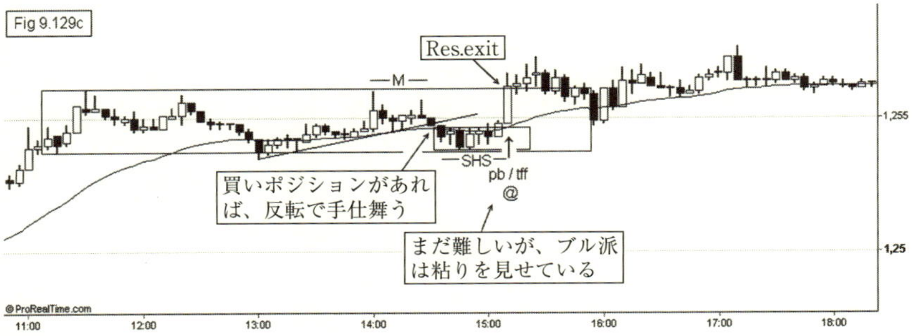
Fig 9.129c
Res.exit
M
SHS
pb / tff
@
買いポジションがあれば、反転で手仕舞う
まだ難しいが、ブル派は粘りを見せている
@ProRealTime.com
1,255
1,25
11:00
12:00
13:00
14:00
15:00
16:00
17:00
18:00

図9.130a

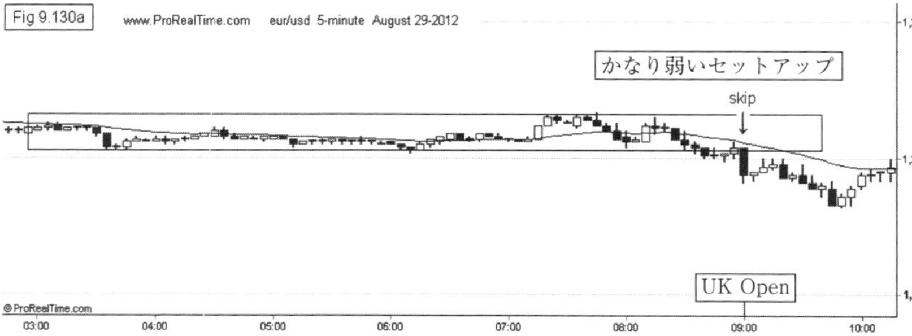
Fig 9.130a
www.ProRealTime.com eur/usd 5-minute August 29-2012
かなり弱いセットアップ
skip
UK Open
© ProRealTime.com
1,26
1,255
1,25
03:00
04:00
05:00
06:00
07:00
08:00
09:00
10:00

図9.130b

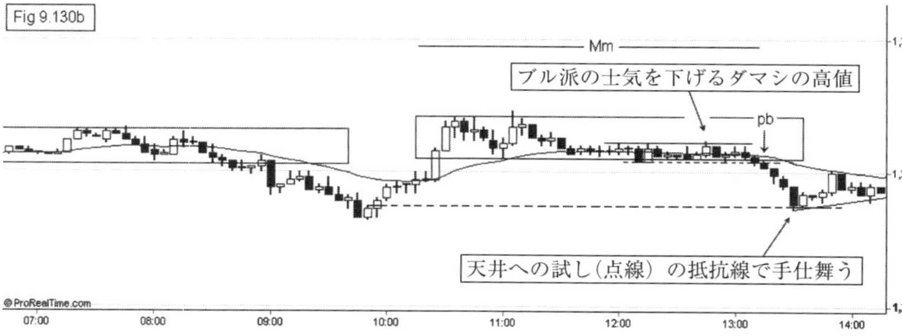
Fig 9.130b
Mm
ブル派の士気を下げるダマシの高値
pb
天井への試し（点線）の抵抗線で手仕舞う
© ProRealTime.com
1,26
1,255
1,25
07:00
08:00
09:00
10:00
11:00
12:00
13:00
14:00

図9.130c

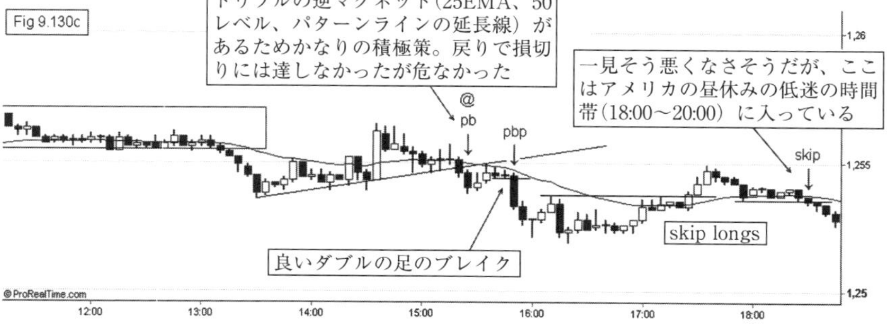
Fig 9.130c
トリプルの逆マグネット（25EMA、50レベル、パターンラインの延長線）があるためかなりの積極策。戻りで損切りには達しなかったが危なかった
@
pb
pbp
一見そう悪くなさそうだが、ここはアメリカの昼休みの低迷の時間帯（18:00～20:00）に入っている
skip
skip longs
良いダブルの足のブレイク
© ProRealTime.com
1,26
1,255
1,25
12:00
13:00
14:00
15:00
16:00
17:00
18:00

図9.131a

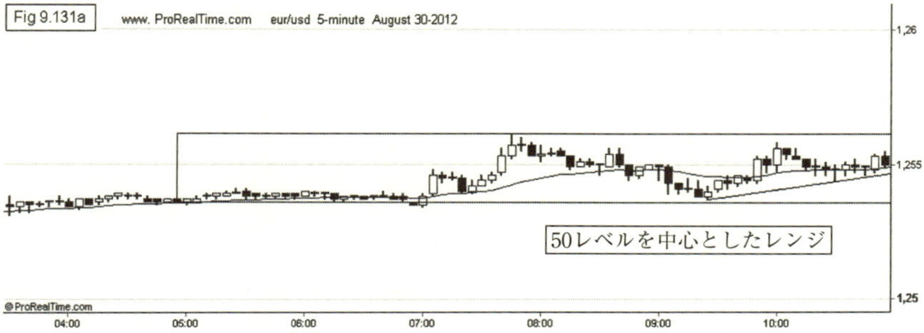
Fig 9.131a
www. ProRealTime.com　eur/usd 5-minute August 30-2012
50レベルを中心としたレンジ
1,26
1,255
1,25
© ProRealTime.com
04:00 05:00 06:00 07:00 08:00 09:00 10:00

図9.131b

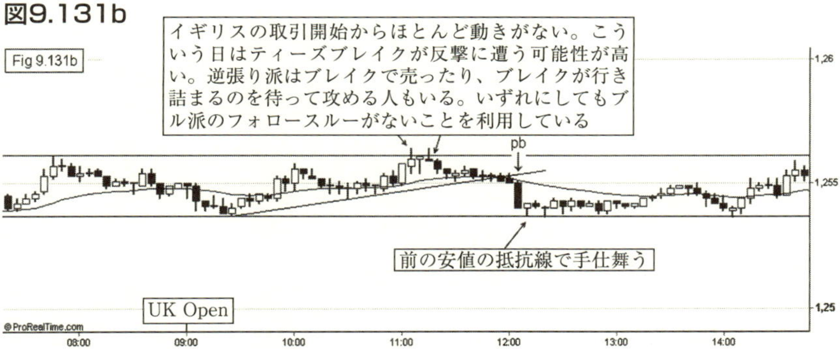
Fig 9.131b
イギリスの取引開始からほとんど動きがない。こういう日はティーズブレイクが反撃に遭う可能性が高い。逆張り派はブレイクで売ったり、ブレイクが行き詰まるのを待って攻める人もいる。いずれにしてもブル派のフォロースルーがないことを利用している
pb
前の安値の抵抗線で手仕舞う
UK Open
1,26
1,255
1,25
© ProRealTime.com
08:00 09:00 10:00 11:00 12:00 13:00 14:00

図9.131c

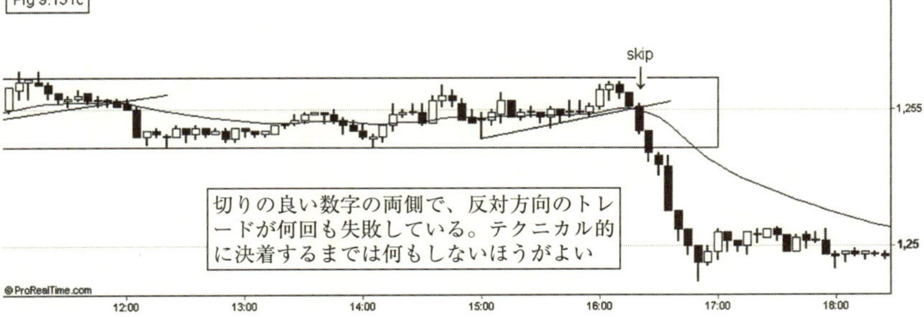
Fig 9.131c
skip
切りの良い数字の両側で、反対方向のトレードが何回も失敗している。テクニカル的に決着するまでは何もしないほうがよい
1,255
1,25
© ProRealTime.com
12:00 13:00 14:00 15:00 16:00 17:00 18:00

図9.132a

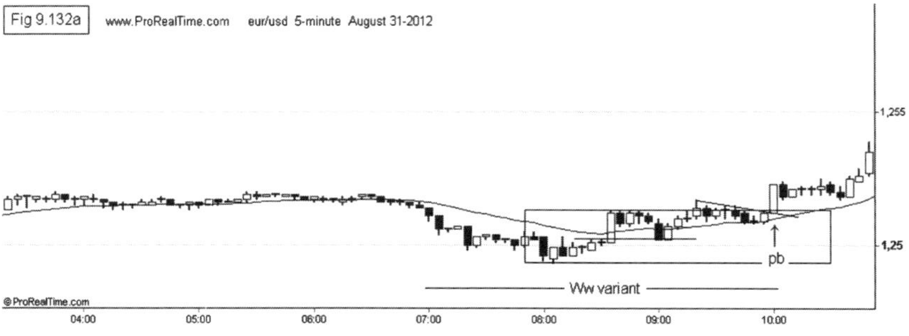
Fig 9.132a
www.ProRealTime.com eur/usd 5-minute August 31-2012
pb
Ww variant
© ProRealTime.com
1,255
1,25
04:00
05:00
06:00
07:00
08:00
09:00
10:00

図9.132b

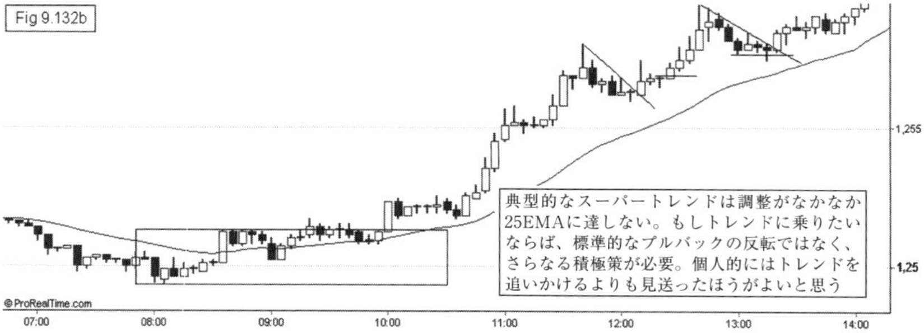
Fig 9.132b
典型的なスーパートレンドは調整がなかなか25EMAに達しない。もしトレンドに乗りたいならば、標準的なプルバックの反転ではなく、さらなる積極策が必要。個人的にはトレンドを追いかけるよりも見送ったほうがよいと思う
© ProRealTime.com
1,255
1,25
07:00
08:00
09:00
10:00
11:00
12:00
13:00
14:00

図9.132c

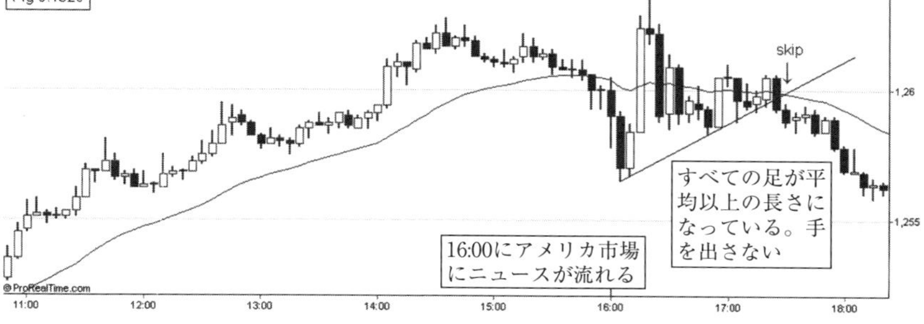
Fig 9.132c
skip
すべての足が平均以上の長さになっている。手を出さない
16:00にアメリカ市場にニュースが流れる
© ProRealTime.com
1,26
1,255
11:00
12:00
13:00
14:00
15:00
16:00
17:00
18:00

第10章

トレードサイズ――複利で増やす

Trade Size—Compounding

トレードではテクニカル面にばかり注目しがちだが、資金管理、なかでもトレードサイズの重要性は見過ごされやすい。トレードに真剣に取り組んでいる人、つまり仕事としてとらえている人ならば、時間を割いてこの章を読む価値はあると思う。

本章で紹介するのは、１トレード当たりの「正しい」サイズに関する厳格なルールではない。資金、スキル、リスク選好などの変数は幅がありすぎて、１つの公式には収まらないからだ。しかし、資金があまり多くない平均的なトレーダーが、トレードサイズを理解すれば、長期間の最終利益にどれほど大きな影響を及ぼすことができるかを示すことはできる。このことは、トレードのテクニカル面とはまったく関係がない。純粋に資金管理面の話である。

トレードサイズの決め方の本質は、実は非常に単純だ。基本は、トレード資金に合わせて１トレード当たりの金額（トレード単位）を決めることにある。トレード口座の残高が増えれば、トレード単位も増えていく。このように、トレード資金の一定割合をトレードサイズとすることは、利益を複利で増やすことでもある。例えば、もし資金が5000ドルから5500ドルに増え、１トレード当たりのリスクを１％とするならば、複利のトレーダーはトレード単位を10％増やすが、それでも１トレード当たりのリスクは１％を維持できる。同様に、トレード資金が減ったときはそれに応じてトレード単位も減らせば、リスクの割合は変わらない。

トレードサイズをいつ調整すべきかは人によって違う。スキャルピングや１つの銘柄をトレードしている人ならば、トレード日ごとに調整する場合もあるが、週ごとや月ごとに行っても複利の原則は変わらない。複利を使った増やし方は無数にあり、それぞれに結果は違うが、大事なことは細かいルールではなく、資金の増加に合わせて安定的にトレード単位を増やしていくことのメリットを理解することにある。本書では、複利の要素を、実行しやすい週ごとに調整するケースで説明していく。

注意　これから勧める資金管理方法は、継続的に利益を上げているトレーダー（少なくとも２～３カ月間は）を想定している。もしまだ安定的に利益を上げることができていない人は、資金を増やすことを気にするよりも、まずはトレード選びに集中してほしい。そのためには、つもりトレードをするか、できればごく小さなサイズで実際にトレードしてみることを勧める。後者はFXのトレードの貴重な経験になる。実際のマーケットに参加し、注文が執行されても大きな資金をリスクにさらしていなければ、心理的な負担なく学びの段階を踏むことができる(多くの個人ブローカーでは非常に少額のトレードも可能)。

１トレード当たりのリスクのとり方として、妥当かつ多くの人が採用している割合は、資金の１～２％である。もちろん、もっと少なくてもよいが、１回のトレードで２％を超えるリスクはとらないよう強く勧める。その必要はないし、すればいずれ裏目に出るだけだ。保守的にトレード単位を増やしていくリスクモデルでは、トレード資金は緩やかに増えていくが、避けることができないドローダウンも深刻な影響は及ぼさないため、最終的には資金は伸び悩むよりも増える可能性が高い。

複利の利点を十分理解するために、48週間まったく同じトレードをした２人のトレーダーのトレード資金の増え方を比較してみよう。トレーダーＡは資金量に関係なく同じトレード単位でトレードを続け、トレーダーＢは週ごとに複利の要素を取り入れた。２人とも5000ドルの資金でトレードを初め、１トレード当たり２％（100ドル）のリスクをとり、毎週2.5ポイントの利益を上げたとする（１回の損切りは１ポイントまたは10ピップスの損失で、損益は毎週25ピップス）。

トレーダーＢが複利を取り入れた結果は下に示してあるが、これはいわゆる複利計算ができる電卓で求めることができる。詳しくは後述するが、まずは結果を見ておこう。

トレーダーＡは毎週250ドルの利益を上げたため、この年の利益は１万2000ドルとなり（250ドル×48週）、トレード口座の残高は１万7000ドルになった。なかなかの成果だ。

一方、トレーダーＢも最初の週の利益は250ドルだったが、その利益を翌週のトレードサイズに取り入れた。そして、その後も毎週複利の要素をトレードサイズに反映させていった。そして48週間後、口座の残高はなんと５万2000ドルになっていたのである。

繰り返しになるが、どちらのトレーダーも48週間まったく同じトレードをして、同じように管理し、同じポイントを上げていた。言い換えれば、最終結果の大きな開きは、資金管理のみによるものなのである。

もちろんどこかの時点で、トレーダーＡも資金が安定的に増えていればトレードごとのサイズを増やすかもしれない。しかし、利益を上げているトレーダーが何カ月間も同サイズでトレードするのはそう珍しいことではない。例えば、先物市場でトレードしていれば１枚から２枚に増やすのは大変なことだし、利益のなかから頻繁に生活費を支出している場合もある。

必要性と希望は別として、トレード口座はできるかぎり引き出すことなくトレードのみに使えることが理想なのは明らかだ。そうすれば、

「少額の」口座でも時間とともに大きく育つ。

面白いことに、もし２人のトレーダーが毎週2.5ポイントではなく５ポイントの利益を上げることができれば、Aの年間利益は２倍の２万4000ドルだが（口座の残高は２万9000ドルになる）、Bは違う。実際、毎週５ポイントの利益を２％モデルの複利で増やすと、彼の残高は48万5000ドルという驚くべき結果になるのだ。これこそが複利の威力と言える。

これらのことは、将来金持ちになることを約束しているのではなく、トレードという仕事を効率的に行うための方法だということを理解してほしい。これらの数字からは、資金管理の仕方以外は同じことをした２人のトレーダーの最終結果が驚くほど違ってしまうことを分かってもらえたと思う。そこで、安定的に利益が上げられるようになったら、できるだけ早くトレードサイズに複利の要素を組み込むことを強く勧めたい。

面白いことに、複利のメリットはプラス面だけではない。この方法は、マイナス面でも口座を守ってくれるのである。実際、複利の手法を厳守していれば、残高がゼロになることはない。資金が減れば、翌週はトレードサイズを減らすからだ（１トレード当たりのリスクは変わらない）。例えば、前回と同様に5000ドルの資金で１トレード当たりのリスクを２％にした場合、もし毎週2.5％の損失を48週間続けて出せば、最終残高はプラスの426ドルになる。

別の言い方をすれば、利益を出していないFXトレーダーが追加資金を投入するのはバカげている。しかし、複利方式ならば、理論的には最初の資金がゼロになるまで好きなだけトレードを続けられる。トレード資金を増やすのは、安定的に利益が出るようになってからすることで、一発逆転を狙ってトレードサイズを増やすことは絶対にやめてほしい。ちなみに、これは主にFXトレードにおいて言えることで、最低残高が求められる先物や株式には当てはまらない部分もある。また、ブローカーによってはFXトレードでも最低残高を課される場合があるため、確認しておくとよい。

FXのトレードの大きなメリットで、特に複利がうまく機能するのは、トレードサイズを最小単位で増やしていけることである。先物市場のようにまるまる１枚増やさなくても（１枚は10万単位）、FXならば必要に応じてほんの少しずつ単位を増やすことができるのだ。

複利の驚くべきメリットを実際に体験するため、自分で複雑な計算をしてみるのもよいが、ウェブ上の複利計算ができるサイトを使えば簡単にできるし、無料のサイトも多数ある。できれば、年率のみ（四半期ではなく）を計算する単純なサービスを選ぶとよい。そのうえで、運用年数のところを運用週数と読み替えればよい。入力するのは３つの数字で――現在の元金（トレード口座の残高）、運用週数（結果を試算したい期間）、利率（後述する）――、追加資金の項目があれば、０にしておく。サイトによっては運用期間を40週（実際には40年）までしか入力できないものもあるので、制限がないサイトを探してほしい。そして最後に、別のサイトでも計算して算出結果に間違いがないことを確認するとよい。

利率の枠に入力する数字は、１週間の想定利益（ポイント）と１トレード当たりのリスクによって決まる。ちなみに、１ポイントは損切りまでのピップス数で、これはブラケット注文の設定とは関係ない（つまり、これまでのブラケットならば勝ちトレードは２ポイントになる）。例えば、１％のリスクモデルならば、１ポイントは１％になる。もし毎週３ポイントの利益を複利で増やしていくつもりならば、利率の枠には３と入力する。同様に、２％モデルで毎週３ポイントの利益ならば、利率は６になる。

複利計算が正しく行われているかどうかを確認するために、次の数字を入力してみてほしい――元本10000（ドル）、運用期間48（週）、利率３％。答えは41322.52になっただろうか。

ただ、実際にやってみれば分かることだが、積極的な２％モデルで毎週同じポイントを稼ぐことは、単純に難しい。上の例ならば、利率に３ではなく６を入力すると、48週後の口座の残高は計算上は16万3938.72ドルになる。

しかし、そうなると利益を上げているトレーダーで２％未満のリスクモデルを使っている人は自らの利益を減らしているということなのだろうか。公正を期して言うならば、その質問に答えはない。小さいリスクで安心して仕掛けることのほうが、積極的な２％モデルよりもはるかに勝る場合も十分あり得るからだ。安定的に利益が出るようになり始めてすぐは、まだ自信がない人もいる。自信や精神的な安定は経験とともに得られるものだからだ。この有望だが不安的な時期は、１トレード当たり0.5％のリスクから始めて、何週間かかけて１％に増やし、いずれは２％まで上げていくという方法もある。いずれにしても、これはトレーダー次第なのである。

注意　複利計算のサイトや電卓で算出した値は、毎週安定的にポイントを重ねた場合の結果ではあるが、実際にそうなるのは不可能に近いということを強調しておきたい。仮に２人のトレーダーが１カ月で同じポイントを上げたとしても、毎週の利益が違えば複利の適用の仕方が変わるため、運用結果もおそらく変わってくる。例えば、あるトレーダーが４週間安定的に５ポイントを上げれば（非常に安定している）、その月の利益はサイトの計算結果と同じになる。しかし、もし別のトレーダーは最初の３週間の利益が０で、４週目に20ポイントを上げれば、その月の合計は安定的に稼いだトレーダーよりも低くなると考えられる。最初の３週間は複利に適用できる利益がなかったからだ。

このように、複利の可能性は無限にあり、それぞれ結果が違う（負け越した週は翌週のトレードサイズが減るということもある）。つまり、さまざまな数字で試算するのは楽しいが、非現実的な将来の利益に惑わされないよう十分気をつけてほしい。また、複利の実践的なメリットが分かったら、もう計算はやめるほうがよい。そもそも将来の仮定の利益の試算は現実的ではないし、もし毎週の目標が達成できていなければ、むしろ不要なストレスやイライラを招くことになりかねない。それよりも、安定的な利益を上げることに集中していれば、結果は自然についてくる。

１トレード当たりの正しいユニット数を算出するための計算式はインターネット上に無料で提供されているが、手動の計算方法も説明しておこう。不要ならば、この段落は飛ばしても構わないが、とりあえず書いておく。

次の月曜日にトレードする単位を算出するためには、①トレード口座の残高、②リスクモデル、③トレード対象の「損切り係数」――が必要になる。

③を理解するために、ユーロ/ドルの具体例を見ていこう。この通貨ペアはベース通貨（ユーロ）とカウンター通貨（USドル）で構成されている。１枚は10万単位を表しているが、ドルの価値は為替レートによって変わってくる。もし今のレートが1.3000ならば、１枚の価値は10万×1.30＝13万ドルになるが、もしレートが100ピップス上昇すれば、１枚の価値は13万1000ドルになる。そして、これらのことから、為替レートに関係なく１ピップスは10ドルだということが分かる。

トレード単位を算出するには、「損切り係数」がカギとなる。計算方法を見ていこう。仮に損切りを１ピップスにしたときの損切り係数（リスク額）を100としよう。すると、ブラケット注文の損切りが10ピップスで１トレード当たりのリスク額を変えなければ、損切り係数は10になる（100÷10）。損切りが12.5ピップスならば、100÷12.5＝８である。ここでは10ピップスの損切りの係数10で話を進めていこう。

もしトレード口座の残高が5000ドルで、２％のリスクモデルを使うとき、トレードの単位は次のように計算できる。5000×２×10＝10万単位（1枚）。もし今週残高が例えば250ドル増えて（25ピップスの利益）5250ドルになれば、次の月曜日のトレードサイズは5250×2×10＝10万5000単位となる。

リスクモデルが1％の場合は、リスクの部分を調整すると5000×1×10＝5万単位になる。1週間の利益が同じ25ピップスならば、残高は5125ドルになる。翌週は、5125×1×10＝5万1250単位でトレードすればよい。

ここまでは、資金がUSドルの場合で計算してきた。しかし、もしトレード口座が例えばユーロ建てならば、「通貨換算の要素」も組み込まなければならない。そのためには、ユーロ/ドルの現在レートが必要になる。最も簡単な方法は、最初にUSドルベースで単位を算出し（上と同じ）、それに為替レートを掛ければよい。もしユーロ/ドルのレートが1.3000ならば、残高5000ユーロ、損切り係数が10、リスクモデルが2％の場合、5000×2×10×1.3＝13万単位でトレードすることになる。

もちろん、このレートは1週間の間に大きく変動することもあり、厳密に言えば途中で調整が必要になる。しかし、複利運用で大事なのは細かい点にこだわりすぎることではなく、安定的にトレード単位を増やしていくことなのである。

トレードサイズの計算を簡単に行うならば、ウェブ上で無料で提供されているポジションサイズの計算機といったたぐいのサイトを使えばよい。これらのツールを使えば、自分の通貨ペアや、リスクモデル、資金口座の残高や通貨に合わせて適切なサイズをすぐに計算できる。ちなみに、手で計算するときは、通貨によって小数点以下の桁数が違うことに気をつけてほしい（例えば日本円）。それから、サイズは必ず1トレード当たりの実際のリスク額も合わせて確認してほしい。トレードプラットフォームによっては、あらかじめ設定してあったサイズとかけ離れていると警告してくれるかもしれない（証拠金不足の警告）。

注意　ブローカーによっては、「使いやすさ」を優先して１枚の表記を10万ではなく10単位としていることもある。例えば、13万5000単位をトレードしたいときは、注文数を13.5と入力するのだ。この場合、次に大きい単位は13.6かもしれない。もちろん、これでは資金の割合を正確に反映したトレードサイズにはならないかもしれないが、少しずつ安定的に増やしていくことは十分できるため、複利の運用に支障はない。ちなみに、希望の割合と多少ずれた単位でトレードすることよりも、１回の避けるべき愚かなトレードをしてしまうことのほうが、週の利益に及ぼす影響ははるかに大きい。

要するに、計算上の単位と多少ずれていたとしても、資金量に応じてトレードサイズを増やしていくことが、この仕事を効率的に進めていくためには不可欠だ。複利のメリットを無視することはできないのである。

第11章

ボラティリティが低いときのトレード

Adapting to Low Volatility

個人的な好みかもしれないが、FXはトレードを始めるには最適のマーケットだと思う。大きなメリットのひとつは、前章でも書いたとおり、好きなサイズでトレードでき（小さいサイズでも）、それを小さい単位で増やしていくことができることである。また、すべての時間帯で活発に動いているとは言えないまでも、マーケットは24時間、５日間開いているため、ある程度の利益を上げることが可能な寄り付きから何時間かの時間帯がいつでも見つかる。

ただ、デメリットもある。ほかのマーケットにも言えることではあるが、FXマーケットも時にかなり低迷することがある。何らかの発表を控えているという場合もあるが、そうでなくても通貨ペアの動きが何日も、何週間も、ときには何カ月も狭いレンジを蛇行することは珍しいことではない。このページを執筆している2014年７月の時点でも、記録的な低ボラティリティが続いているが（少なくとも日中は）、世界中どこもゼロ金利に近い状態にあり、多くの中央銀行が近い将来、上方誘導するような介入はしないと公言していることを考えれば不思議はないのかもしれない。

実際の理由は何であれ、ボラティリティが低い状態が続くとトレーダーにとって良いことはほとんどない（抜け目ない逆張り派は違うかもしれないが）。価格が方向感もないまま狭いレンジを何時間もだらだらと蛇行するのを見るのは楽しいものではない。ブレイクしてもほとんどフォロースルーがなければ、特にブレイクアウトトレーダーはイライラしてしまうリスクがある。しかし、それでも何もないわけではない。このページを読んでいるとき、マーケットはゆったりとスイングしながら上下しているかもしれないが、ボラティリティの低い状態が続いていたり、その状態に戻ってしまったりしているならば、それにどう対処していったらよいかを見ていこう。

まず、言っておきたいのは、プライスアクションの原則が常にその時間帯の本質を示しているということだ。トレーダーがいるかぎり、動きは反動を生み、活発なマーケットと同じように需要と供給の原則に基づいて動いている。そのため、テクニカル的な作戦を大きく変更する必要はない。調整するのはだいたいが戦略的な手順なのである。

まず思い浮かぶ典型的な調整は、通常のブラケット注文の幅を縮めることと（目標値だけでも）、ビルドアップが少ないなかでできた継続方向のトレードのセットアップには手を出さないということで、特にその時間帯の高値や安値付近ならばなおさらだ。もうひとつよく行われているのは、短い時間枠に移行することで、小さい動きならば多くのチャンスが見つかるかもしれない。

あらゆるマーケット環境を何百回も見てきた経験豊富なトレーダーならば、ゆっくりのペースにも難なく適応できるかもしれない。しかし、テクニカル的な知識も全体的な経験も乏しい新人トレーダーは、状況が変わってもなかなか適応できず、負けトレードが続いたり、あきらめて途中で損切りしたりしてしまうかもしれない。もちろん、新人も通常とは違う状況で、ブレイクアウトしてもフォロースルーはほとんど当てにできないことには気づくだろう。ただ、そのような状況にどう対応すればよいかは簡単には分からない。

本章では、そのようなときに役立つ洞察をいくつか紹介していくつもりだが、その前に、価値ある代替策も提案しておきたい。それは手順を調整するのではなく、トレードするマーケットを増やすという方法だ。もちろん、それでもトレーダーには忍耐が必要だが、複数のマーケットで同時にトレードすれば、少なくともチャンスは増えると考えてよい。それに、1つではなく例えば4つのマーケットでトレードすれば、それぞれの目標値は4分の1でも同じ結果を得られる。また、マーケットを増やせばトレード時間を2回のシフトに分けて、最も活発な寄り付きから2～3時間に集中することもできる。例えば、アジアのトレーダーはアジア時間とEUの午前中（0:00～04:00と08:00～12:00）にトレードしてもよい。また、ヨーロッパのトレーダーは、EUの時間帯とアメリカの午前中（08:00～12:00と14:00～18:00）、アメリカのトレーダーはアメリカの早朝に加えてアジアの寄り付きを試してもよいのだ（14:00～18:00と0:00～04:00）。

ただ、このような対抗手段があったとしても、目標値に達するトレードが1件もなかったり、そもそもチャンスすらなかったりする日が何日も続くことだってあるだろう。それが、活気のないマーケットなのである。しかし、毎日利益を上げなければならないというバカげた概念を捨てて、トレードを例えば月単位（あるいは年単位）で見ることができれば、たとえ不利な環境でも、妥当なリターンの見通しが立たないことはめったにない。

それならば、なぜ手順を調整するのだろうか。ほかの人のことは分からないが、おそらく厳しい環境が続くとそれがトレーダーの心理に大きくのしかかってくるだろうし、そこに訪れたチャンスの受け止め方も変わってくる可能性があるからだ。しかし、そのようなときこそ十分試行したチャンスを探す価値はあると思う。

前述のとおり、本書ではプライスアクションの動きと戦略を説明する手段として5分足チャートを使っている。実は、これまで紹介してきたさまざまな知恵は、テクニカル的な調整をほとんどしなくても、そのまま短い時間枠に応用できる。

ただ、この方法を選ぶ前に、長い時間枠の動きが短い時間枠に影響を及ぼすということはぜひ理解しておいてほしい。つまり、忍耐とトレードの選択がここでもカギとなる。ただ、ひとつではなくいくつかのチャートを表示しておけば、少なくとも感覚と気持ちを維持できるくらいの動きはある可能性が高い。

それならば、どの時間枠を選べばよいのだろうか。もちろん、選択肢はたくさんある。１分足や２分足といった人気の時間枠に加えて、さまざまな設定のティックチャートやレンジチャート、出来高チャート、プラットフォームによってはさまざまな変数を組み合わせて独自のチャートを設計できるようになっているものもある。

５分足チャートの視覚的な特徴から乖離しすぎないようにするために、ここでは見かけはある程度似ていて、全体的な動きはかなり速い200ティックチャートを勧めたい（出来高に関係なく１トレードを１ティックとするチャート）。このチャートは、マーケットのペースによって２分足や３分足に似ていることもあるが、それもときとともに変わる。ティックチャートの明らかなメリットは、トレード件数が少ないときは時間枠と違って無理に足ができないということで、その間はトレード数を累積して既定の数に達したら足として表示する。例えば、１時間ほとんど動きがない場合、２分足ならばあまり意味のない足が30本並ぶかもしれないが、200ティックチャートならばせいぜい６本くらいかもしれない。しかしペースが上ってくると、２つのチャートは非常に似た形になっていく。

つまり、200ティックチャートを使えば、２分足のような動きの速い時間枠でトレードできるうえに、動きがないときは無駄な足がたくさん並ぶというデメリットを避けることができる。

公正を期して言うならば、ティックチャートはみんなに支持されているわけではないし、時間枠チャートよりも不利な点もある。設定は無数にあるし、業者によってティックデータが違うため（詳しくは後述する)、画面上まったく同じ足ができるティックチャートはほとんどない。そのため、ティックチャートのブレイクには、時間枠のブレイクほど切れのある反応がないという見方もある。ただ、このことは短い時間枠のチャートではほとんど問題にはならない。私たちはビルドアップをブレイクしたときにトレードしようとしているため、200ティックチャートのシグナル足のブレイクでも、素早いプルバックの反転ですら唐突に起こることはないからだ。結局、たくさんの足が集まって、全体ではこれまで５分足で見てきたようなビルドアップの境界線をはっきりと示してくれる。実際、５分足以上にきれいに並ぶかもしれない。

どちらを好むかは読者の判断に任せることにする。このあとは、200ティックチャートを使ってユーロ/ドル、オーストラリアドル/USドル、ドル/円の例をいくつか学んでいく。そして最後に、FX以外の人気のマーケット（S&P500、ナスダック100、ダウミニ先物）についても簡単に触れておく。これらを見れば、少なくともマーケットやチャートの種類が変わってもプライスアクションの概念が有効だということだけは分かると思う。

注意　これから見ていくティックチャートは、独立系チャート業者のプロリアルタイムのデータを使って作成している。通貨トレードは、取引所で集中管理されているわけではなく、取引データは地球上のさまざまなところで集計され、その方法もプロバイダーによって若干違っている。もし別のプロバイダーを使う場合は、ティックの設定を変えないと本書と同じような形にはならないかもしれないが、だいたい似ていれば十分だろう（それに読者に最も合うティックの設定が200とは限らない)。いずれにしても、最高の時間枠やティック枠などというものはない。大事なのは自分が使いやすいチャートやトレード方法を選ぶことなのである。

新しい設定を試すときは、そのマーケットのペースを感覚的につかむための十分な時間をかけることが不可欠だ。もし過去の十分なデータが入手できないときは、そのマーケットのスクリーンショットを保存しておいて将来の参考にすることを勧める。これは、分析のための信頼できるデータになるだけでなく、新しいマーケットの具体的な特性に目を慣らすためのテスト期間の短縮にもつながる（なお、チャート内の略語については、第９章の287ページを参照してほしい）。

ここからのチャートでも、これまでと同じ原則でトレードしていくが、本章では５分足チャートと200ティックチャートの戦略的な違いに注目してほしい。それから、初心者はチャートの目盛（薄い線）をこれまでの00レベルと50レベルから、いわゆる20レベル（00、20、40、60、80）に変更することを勧める。これは50レベルの重要性が失われたということではもちろんないが、ボラティリティが低いときは50レベルどころか、20レベルの間を、ときには何時間も執拗に上下することがあるからだ（ただし、40と60の間は常に注視しておく）。もちろん、このように蛇行していれば、それは５分足チャートでも分かるが、動きが速いチャートのほうがチャンスを生かしやすいかもしれない。ただ、このような小幅な値動きでは、１回のブレイクアウトで20ピップスを狙うようなことはせず、８～10ピップス程度を狙っていく。損切りのほうも、８ピップスくらいまでにしてほしい。そしてもちろん、スプレッドはできるだけ１ピップスに抑えたい。これはユーロ/ドルやオーストラリアドル/USドル、ドル/円などといった人気の通貨ペアならば、ほとんどのブローカーで問題はないだろう。注文を出すときに、ブラケットを例えば12ピップスの目標値と10ピップスの損切りで設定しておけばよい。ただ、実際にはこの範囲内で裁量で手仕舞うほうが良いだろう（特に損切りのほうは）。ちなみに目標値を決めないで仕掛けることもできるが、損切りはプラットフォームが壊れたり、接続問題が生じたりしたときに損失を最小限に抑えるため、必ず設定

図11.1

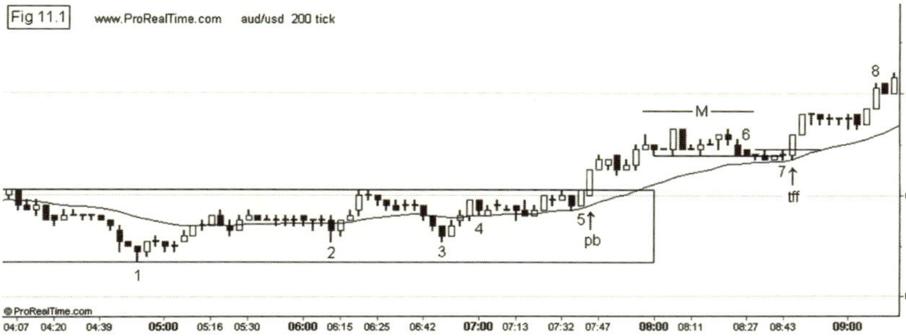
Fig 11.1
www.ProRealTime.com
aud/usd 200 tick
© ProRealTime.com
M
1
2
3
4
5
pb
6
7
tff
8
0.94
0.938
0.936
04:07
04:20
04:39
05:00
05:16
05:30
06:00
06:15
06:25
06:42
07:00
07:13
07:32
07:47
08:00
08:11
08:27
08:43
09:00

しておいてほしい。

それでは、実践的な**図11.1**を見ていこう。まず、動きが速いチャートで最も重要なのは、枠のテクニックを正確に理解することである。25EMA（指数平滑移動平均線）まで調整したときに継続方向に素早くスキャルピングするのをやめる必要はないが、結果的に最高の仕掛けは長い枠の展開からブレイクしたときなのである（基点は25EMAで、ビルドアップを経てからということは変わらない）。今回のオーストラリアドル/USドルのチャートは、ダブルの圧力によるフォロースルーがきれいに示されているものを厳選したように見えるかもしれないが、このようなプライスアクション、特に枠のブレイクアウトが非常によくあることは、バックテストをすればすぐに分かると思う。

テクニカル的なことについて言えば、枠の上のバリアは簡単に見つかる。そして反対側は、2－3がダブルボトムになっており、安値1よりも少し高い位置にある。また、4－5は25EMAと上のバリアで典型的なスクイーズになっている。ここでは、80レベルがベア派の防衛で重要な役割を担っていることにも注目してほしい。枠をブレイクしたら仕掛けて、損切りをスクイーズのなかの直近の安値に置けばよい（4ピップスの幅のビルドアップならば、両側のブレイクと1ピップスのスプレッドで損切りには7ピップスが必要)。ちなみに、損切りはスクイーズの最安値の下に置くこともできるが、それ以上離す意味はあまりない(希望的作戦になってしまう)。目標値については、もちろん00レベルを狙うこともできるが、動きが遅いマーケットでは、反転のブレイクで手仕舞うリスクを考えるとかなり距離がある。ここでは、最初のフォロースルーの波で2つのレベルの途中くらいまで上昇したときに8〜9ピップスで手仕舞い、次のマグネットに向かって再度継続方向に仕掛けるチャンスを待ってみることを勧める。

注意　200ティックチャートでは、ほとんどの足が2〜4ピップスしかなくても、それでそれぞれの足の重要性が下がるわけではない。そのため、ここでも陽線の上で買いを仕掛け、陰線の下での売りを仕掛けるのが望ましい。もちろん、このチャートでも中立的な同時線はたくさんできるし、シグナル足にもなり得る。

ほとんどの足が短いにもかかわらず、動きが速いチャートのプライスアクションの仕組みはこれまで見てきた5分足とあまり変わらない。80レベルと00レベルのなかほどでMパターンを見つけるのは難しくないし、弱気のブロックがコンビ6を下抜いてトレンドを示す25EMAに近づいたときも、失敗ブレイクからのトレードも、5分足チャートと何ら変わるところはない。

足7の上に来れば、00レベル(足8)を目指して仕掛けることができ、仕掛け足の前の4本足の下に損切りを置けばよい。ただ、このような継続方向のスキャルピングは、枠の中でしっかりとビルドアップした場合に比べると失敗が多いということも覚えておいてほしい。特に、出来高が大幅に減る昼休みの低迷の時間帯は注意が必要だが、逆に早朝は試す価値がある。

注意　通貨市場で5〜6ピップスの損切りは、自殺行為とは言わなくてもかなり積極的だと思う読者もいるかもしれない。ただ、これはボラティリティが低い環境で、しかもスキャルパーの視点で書いているということを強調しておきたい。そのことを除けば、これは最も可能な結果に対してリスクと利益をどう判断するかということでしかない。ただ、スキャルパーの道に踏み出す前に、圧力と状況とビルドアップが最も重要だということをしっかりと理解しておいてほしい。敵の力をけっして過小評価せず、たとえマーケットの動きが速くても、常に忍耐強くチャンスを待つのである。また、自分のトレードを必ず見直す習慣をつけることも大事で、特に負けトレードからはトレード選択を改善するヒントを探してほしい。

ヒント　現在の足が終わるまで「あと何ティックか」を知っておくために、チャートの端にティックカウンターを設定しておくとよい。これは、時間足チャートの残りの秒数を確認するための時間カウンターと同じようなものだ。カウンターはトレードの執行に不可欠なものではないが、ブレイクのタイミングとしても使うことができる。普通のチャートソフトには、ティックカウンターと時間カウンターの両方が標準装備されている。

図11.2もよくある枠の状況で、ドル/円の200ティックチャートから抜粋した。今回は80レベルに支持線があり、典型的な抵抗線が90レベル付近にある（枠の上のバリア）。２つの「20レベル」の中間付近で起こった長い攻防は、常に注目に値する。ブレイクすれば、マグネットで10ピップス程度の動きが期待できるからだ。ただ、ブレイクアウトが失敗に終わると、ポジションは反対側の切りの良い数字に引っ張られる可能性もある。もちろん、最初のブレイクの失敗がすべてうまくいかない前兆でないことは分かっているし、むしろその反対とも言える。

ベア派の防衛を突き抜けたブル派の最初のブレイクは１～２のセットアップから始まり、枠の中で安値を切り上げた。ただ、バリアのすぐ下にはこのブレイクが高勝率になるほどのビルドアップが少なくと

図11.2

も今の時点ではない。そのため、これはティーズ（T）とした。ブレイクアウト近辺で価格が行き詰まって、上のバリアの上に弱気のMmパターンの変形ができると、ブル派にとって有望とは言えなくなった。ただ、その下のブレイクの反応には特に注目してほしい。ブル派があわてて逃げ出すことはなく、3－4が1－2の天井を試したところで新しいブル派が参入してきた。

これまで何回も見てきたように、枠のブレイクアウトを防衛側がしっかりと打ち消すことができないと、それは近いうちに再度ブレイクして、そのときは前よりも勝率が高くなる可能性があるという興味深いサインになる。そこで、攻撃側が粘りを見せたときは、2回目のブレイクに備えておかなければならない。ただ、そこで仕掛けるときは、必ずテクニカル的にまだ有利であることを確認したうえで、ビルドアップからのブレイクで仕掛けるようにしてほしい。

実際に仕掛けるのは足4をブレイクしたところで、3－4の下にきつめの損切りを置く。25EMAの近くでMmの反転が失敗したことを考えれば、これも失敗ブレイクからのトレードのセットアップと言える。目標値は00レベルになる。

図11.3

Fig 11.3
www.ProRealTime.com　aud/usd 200 tick
F
1
3
pbp
4
T
2
0.942
0.94
0.938
© ProRealTime.com
08:15 08:25 08:36 08:45 09:00 09:12 09:21 09:30 09:40 09:50 10:00 10:10 10:21 10:32 10:49 11:00 11:15 11:30 11:41

図11.3のオーストラリアドル/USドルのレンジの高値は、20レベルに抵抗線があり、高値がずっと切り下げている。マーケットは、ゆっくりだが確実に00レベルのマグネットに向かっている。初めのころにベア派が枠をブレイクしようとしたが（T）、まだしっかりとしたビルドアップがなかった。また、その前のブル派のおそまつなブレイク（F）にも注目してほしい。これは典型的なダマシのブレイクトラップだった。

ブル派の反撃T－1が息切れすると、価格は再び下のバリアに向かって下げた（足2）。そのあと少し上げてダマシの高値3を付けたものの、再度下のバリアをブレイクしたが、今回も時期尚早だった。ここは手を出さないほうがよい。もしそのまま大きく動いたとしても、見送るしかない。よくあることだが、ブル派も精いっぱいブレイクを防衛したが、今回は前よりも良いセットアップになった（2－4のスクイーズ）。このとき、下のバリアの1ピップス下に3回同じ安値を付けたため、下のバリアをこの安値の水準に引き直すこともできる。ちなみに、私ならば足4の下ですぐ仕掛けるのではなく、小さな水平の線がブレイクされてから仕掛ける。

この場合、00レベルのマグネットまでの距離は仕掛けから6～7ピップスなので、価格はこの水準をブレイクしてさらに２～３ピップス進まないと８～10ピップスの目標値には達しない。このような場合は、20レベル（この場合は00レベル）に達したところですぐに利食うか、それを少し超えるまで待つかはトレーダー次第だ。もちろん、その時間帯の全体の方向は、その判断の助けになるかもしれないが、合わせて枠の縦幅も見ておくと良い。もし実際の状況が有利ならば、ブレイクアウトしたスイングはその幅と同じくらいになる可能性が高い。今回の枠の幅は約10ピップスだった。ちなみに、前の**図11.2**もよく似た構造になっていた。

図11.4のチャートは、枠の中心を切りの良い数字が通っている場合に注意すべき点を教えてくれる。５分足チャートのたくさんの例で見てきたとおり、このようなケースでは切りの良い数字が逆マグネットになる。特に、この水準から離れようとする最初の何回かについてはそう言える。これは、意味のあるブレイクアウトにはさらなるビルドアップが必要だということを意味している。今回は、チャートの左側でブル派が00レベルまで順調に進んだあと、２回小さくブレイクした（Ｔと足２）が、どちらも時期尚早だった。動きが遅いときに特に言えることだが、新たに征服した切りの良い数字から離れたところで継続方向のトレードを性急に仕掛けるのはやめたほうがよい。まずはマーケットが新しい水準でしっかりとした足場を築く時間を置いてほしい。また、足３で足１の水準をブレイクしたとしても、まだ仕掛けには不安が残る。良いビルドアップがあっても、ダマシのブレイクＴと足２によって上のバリアには疑問の余地があるからだ。もう少し様子を見たほうがよい。

ビルドアップについて言えば、14:00～15:00のＷパターンは前よりも質が高い。ここで面白いのは、せっかくバリアを貫通したのに、最も目を引くのはまだ最初の高値１の水準だということである。だから

図11.4

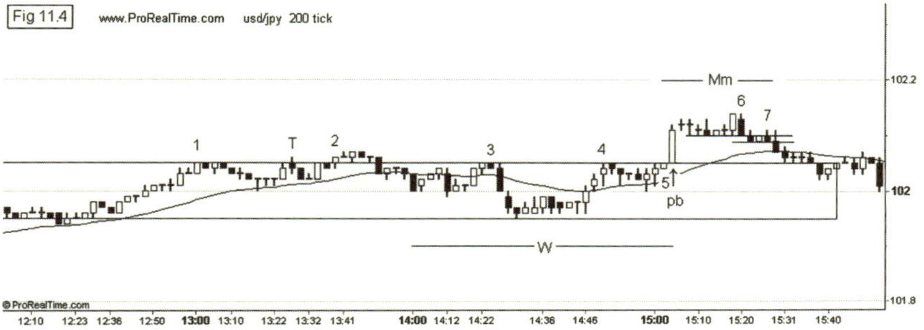
Fig 11.4
www.ProRealTime.com　usd/jpy 200 tick
Mm
6
7
1
T
2
3
4
5
pb
W
102.2
102
101.8
© ProRealTime.com
12:10 12:23 12:36 12:50 13:00 13:10 13:22 13:32 13:41 14:00 14:12 14:22 14:36 14:46 15:00 15:10 15:20 15:31 15:40

こそ枠がこのように描かれている。一方、下のほうはWの安値から勢いよく反転して、左端のクラスターから離れていった。

４－５のビルドアップは、枠のバリアと25EMAのスクイーズで、00レベルが支持線になっている（ダマシの安値に注目）。ここは、足５の上で仕掛けることができる。

このトレードは仕掛けの条件はそろっているが、それでも逆マグネットがなくなったわけではない（まだ下の00レベルのほうが上の20レベルよりも近い）。このような場合は、普通よりも少し積極的にトレードを追跡するとよい。足６の下の反転で手仕舞ってもよいが（トラップで手仕舞うことになるリスクもあるが）、遅くとも足７の下では手仕舞ったほうがよい。後者はMmの一種がブレイクしたところで、そのまま00レベルのマグネットまで調整される可能性が高い。

また、後学のために今回の枠のブレイクアウトと**図11.1**の状況を比較してみるとよい。テクニカル的に見ると、トレードの見通しは**図11.1**のほうが良い。理由は逆マグネットにある。**図11.1**の枠のブレイクは、80レベルの近くから始まっているうえに、もしプルバックがブレイクしたところを試せば、上のバリアと切りの良い数字がダブルの支持線になる（すぐに損切りに達するリスクはない）。一方、今回のチャートでは、切りの良い数字が上のバリアよりもかなり下にあって損切りに近い点があまり良くない。もちろん、ときどきある有害なプルバックを避けるために妥当なブレイクを見送る必要はないが、仕掛ければ懸念材料にはなる。そこで、逆マグネットの影響がはっきりしている場所に損切りがあるときは、反転が失敗するのを期待してそのままトレードを続けるよりも、WパターンやMパターンをブレイクして反転したところで素早く手仕舞うほうがよい。

図11.5のユーロ/ドルの200ティックチャートは、「新しい」切りの良い数字の抵抗線に向かっていく危険性と、その引きの方向にトレードすることのメリットを示している。

このチャートを一見すると、足２の上のブレイクで仕掛けるのはそう悪くないように見える。１－２で妥当なビルドアップがあるし、約10ピップス上にある常に重要な50レベルのマグネットの恩恵も受けられるかもしれない。ただ、このトレードはまず40レベルを突破していかなければならない。ここで、ブル派がそれまでこの水準を突破しようとしたことがないことに注目してほしい。このことは、今回のブレイクの見通しを損なう可能性がある。特に、このように動きが遅いマーケットでは、最初のブレイクであまり意欲的に仕掛けないことが重要だ。新たな20レベル（ここでは40レベル）を難なくブレイクして大きく上昇するよりも、それが抵抗線になる可能性が高い。

もうひとつ考慮すべきことは、今回のブレイクがイギリス市場開始の09:00よりも前だったことだ。このことは、マーケットが活発に動いているときは大きな問題ではないが、値幅が狭く、特にブレイク自体も控えめならば、多くのブレイクアウトトレーダーが傍観を続けることになるかもしれない。

イギリス市場が開いてすぐのベア派のブレイクＴはティーズと見られるため、簡単に見送ることができる。しかし、そのあとのＴ－３の

図11.5

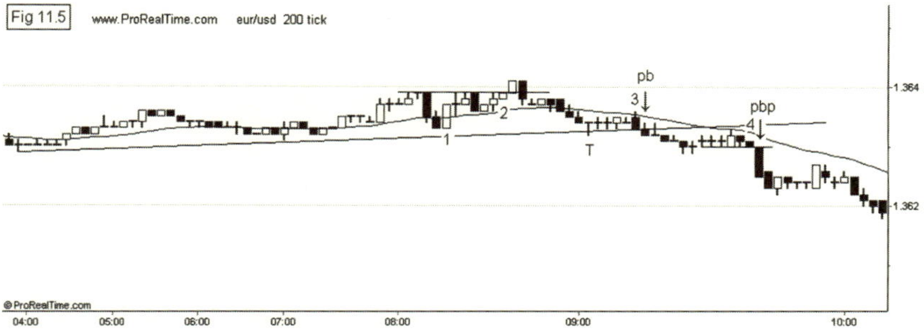
Fig 11.5
www.ProRealTime.com eur/usd 200 tick
pb
3
pbp
4
2
1
T
1.364
1.362
© ProRealTime.com
04:00
05:00
06:00
07:00
08:00
09:00
10:00

スクイーズは興味深い。形は控えめだが、このビルドアップは右の足３が上方にブレイクアウトしたがダマシになったあと、下げてパターンライン上で終わったため、間違いなく注目を集めた。これは、その下の20レベルに向けて売りができるセットアップと言ってよい。このとき、約12ピップス先のマグネットを目指すか、それとも８～10ピップスで利食うかは、トレーダー次第だが、目標値までの動きを見て決めてもよい。例えば、もしブレイクアウトしたあと再び同じパターンラインを上抜かないで、さらに下のパターンライン（６本足）をブレイクすれば（足４の下)、20レベルが目標値になる可能性は高い。また、足３の下で仕掛けていれば、ベア派は新しいスクイーズの上に損切りを置くことで、最悪の場合でもわずか２～３ピップスのリスクに抑えることができる。足４の下で仕掛けたベア派も、切りの良い数字で利食うことができるだろう。

このチャートの状況が停滞していることはすぐに分かる。08:00のEU市場の取引開始までのアジア時間には実質的にほとんどトレードがないし、09:00にイギリス市場が始まってもトレーダーの興奮をあおるような展開にはならなかった。それでも、早朝に多少のフォロースルーが期待できるところもあるということは分かったと思う。

図11.6

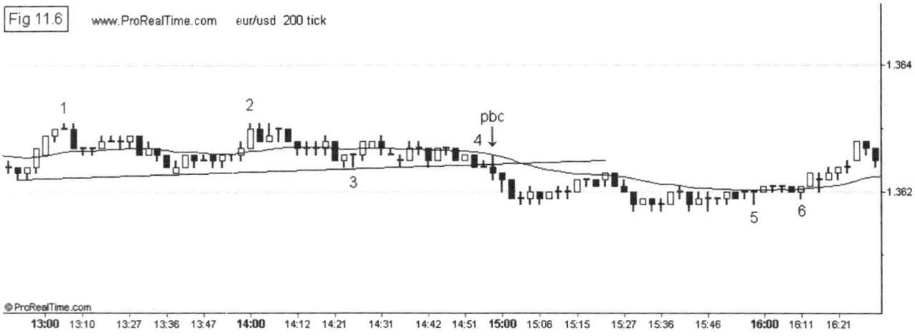

Fig 11.6
www.ProRealTime.com eur/usd 200 tick
1.364
1.362
1
2
pbc
4
3
5
6
© ProRealTime.com
13:00 13:10 13:27 13:36 13:47 14:00 14:12 14:21 14:31 14:42 14:51 15:00 15:06 15:15 15:27 15:36 15:46 16:00 16:11 16:21

図11.6も、切りの良い数字の回復力を示す好例になっている。コンビ４を下抜いたブレイクの前にある３－４のスクイーズは、左側のダブルトップ（１－２）から緩やかに高値を切り下げてきた。つまり、売り圧力としては問題ない。しかし、仕掛けの場所はすぐ下に20レベルがあるため、少し不安が残る。もしこのようなところで仕掛けるときは、切りの良い数字での反応を注視しておかなければならない。ただ、この仕掛けの良いところは、この水準が最初は有利なマグネットとして働くため、すぐに２～３ピップスは進むことである。そうなれば、たとえ手動で手仕舞うことになっても、最小限の損失かもしくは無傷で切り抜けられるかもしれない。ただ、それに期待して疑わしいチャンスで仕掛けるようなことはしてはならない。

この日は15:30にアメリカの取引が始まっても、マーケットが活気づくことはなかった。これは、トレーダーの不在が長引いているせいかもしれない。まだ売りポジションを持っているならば、いずれは足５の上か、20レベルを再ブレイクしたとき（ビルドアップと足５のダマシの安値のあと）か、足６の上で手仕舞わなければならない。

図11.7

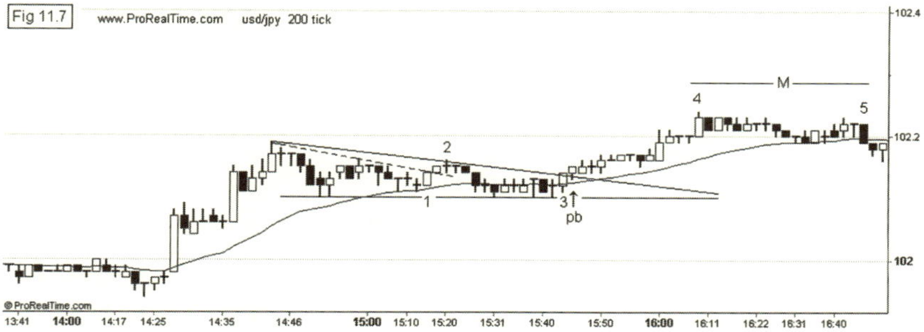

マーケットに多少動きがあると、平坦なパターンも良いセットアップになるが、大事なのはブレイク前のビルドアップの大きさと、仕掛けと反対方向の20レベルまでの距離をよく見ることである。**図11.7**をテクニカル的に見れば、足１が上にブレイクしたフラッグはポールに対して妥当な大きさではあるが、問題は頭上の20レベル（102.20）までの距離にある。価格が「不意に」切りの良い数字から次の切りの良い数字に急騰するときは（例えばアメリカの14:30のニュースで）、通常は後者の水準でブル派が利食うだけでなく、ベア派の抵抗が待っていることが予想される。つまり、足１の上では仕掛けないほうがよい。

しかし、２－３の動きが加わってから上にブレイクすると、状況は明らかに有利になった。結局、この動きによって、ベア派は足１を上抜いたブル派のブレイクを完全に撃退することができなかったことを暴露してしまったばかりか、２回目のブレイクにも見舞われた（フラッグのトリプルボトムの境界線にも注目してほしい）。この追加のビルドアップとベア派に対する精神的勝利は、20レベルを突破する確率を大きく改善した（足３の上で買いを仕掛ける）。

足４の高値から「調整」したときにまだポジションが残っていれば、

4－5の間に手仕舞う時間は十分ある。8～10ピップスの利益を狙っていても、その前に特定の反転による手仕舞いの形がないまま逃げ出せないわけではない。価格が本当に低迷し始めて、特にそれが抵抗線付近ならば、いつでもそこで利食ってやめるという選択肢はある。そもそもボラティリティが低い状況なので200ティックチャートを使っているということを思い出してほしい。このようなときは、仕掛けにはさらに注意が必要だし、目標値は楽観主義を抑えて考える必要がある。いずれにしても、足5の下でトレードを続けることは、標準的な反転で手仕舞う方針（Mパターンのブレイク）に反することになる。

図11.8のように、枠とフラッグパターンのあとでパターンラインに複数のアーチが乗る形は、200ティックチャートでもよく見かける。今回のオーストラリアドル/USドルのパターンは、ヘッド・アンド・ショルダーズの一種で、ヘッドがMパターンになっている（1－2）。ベア派のなかには、Mパターンだけでも足2の下で売る十分な理由になると思っている人もいるかもしれないが、それは私から見ればかなりの積極策だ。一方、Mパターンの失敗ブレイクから足3で買いを仕掛けたブル派は、完全に間違っている。失敗ブレイクからのトレードを正当化するようなブル派の支配はどこにも見られないからだ。

以前に、一方の側が繰り返し切りの良い数字に達することができないときは、反対側の切りの良い数字に向かうお膳立てになることが多いと書いたことを思い出してほしい。ブル派が明らかに20レベルを上抜くことができないと、多くの人が00レベルに目を向けることになるし、このようなきれいなパターンラインができていればなおさらだ。どれくらい積極的に行きたいかにもよるが、マグネットに乗るチャンスを逃さないためにパターンラインをブレイクした足4で売りを仕掛けるのも選択肢のひとつになる。また、足5を下抜いたブレイクは、典型的なパターンブレイクプルバックで、確実に売りが可能な仕掛け

図11.8

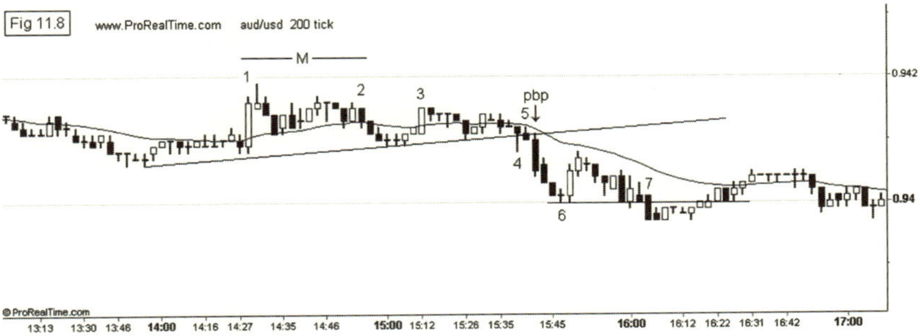
Fig 11.8
www.ProRealTime.com aud/usd 200 tick
M
1
2
3
pbp
5
4
6
7
0.942
0.94
© ProRealTime.com
13:13 13:30 13:46 14:00 14:16 14:27 14:35 14:46 15:00 15:12 15:26 15:35 15:45 16:00 16:12 16:22 16:31 16:42 17:00

ポイントになっている。

動きが遅いマーケットでは、切りの良い数字に初めて触って反転するという動きがよく見られる（足６）。もしまだ目標値に達していなくても、このような展開はそれまでの含み益を食いつぶしてしまう。ただ、それを怒ったり恐れたりするよりも、確率的な勝率を査定し続けることが重要だ。パターンラインの下で、ベア派はまだ出し抜こうとしている。つまり、テックニカル的に見れば価格はパターンラインに乗った直近のアーチを超えてトレードをふるい落とすよりも、反転して00レベルに再び達する可能性のほうが高い。もし本当にうまく反転すれば、あとは20レベルを突破するまで待つか、２回目にその水準で利食って終わりにするかはトレーダー次第だ。ここでも、全体的な圧力を考慮して判断を下してほしい。

もし手仕舞った場合、足７付近で再度売るのはやめたほうがよい。これは00レベルという目立つ難しいエリアであることに加えて、25EMAからも離れている。どんな時間枠でもティック枠でも、継続方向のブレイクは25EMAという「安全な基点」から始まって、近くの有利なマグネットが利用できるほうがよい。

図11.9

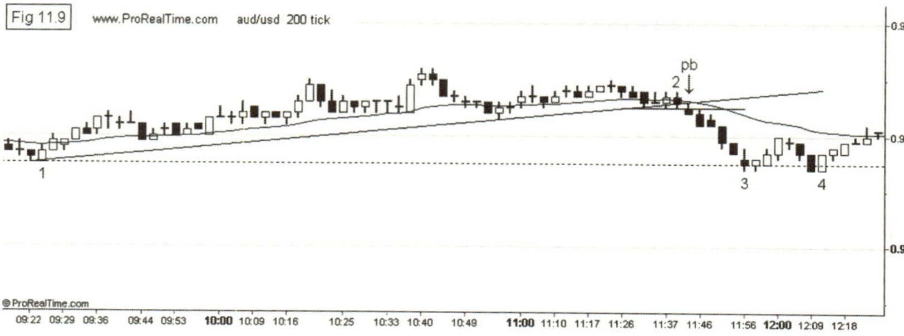
Fig 11.9
www.ProRealTime.com aud/usd 200 tick
0.944
0.942
0.94
pb
2
1
3
4
© ProRealTime.com
09:22 09:29 09:36 09:44 09:53 10:00 10:09 10:16 10:25 10:33 10:40 10:49 11:00 11:10 11:17 11:26 11:37 11:46 11:56 12:00 12:09 12:18

図11.9のブル派は数時間かけて30レベルに達したあと、ついにベア派の抵抗に屈したため、マーケットは20レベルが試されやすい状況になっている。そこで、足２の下で売りを仕掛ける（３本足のブレイク）。このような場合は、切りの良い数字の突破を狙うか、見送るか、あるいは以前の安値１の水準である足３（点線）の抵抗線で手仕舞うことにしてもよい。特に、小幅な値動きのマーケットでは、新しい切りの良い数字周辺で、たとえ１回突破したあとでも少なくとも何らかの抵抗が予想される。まだ売りポジションがあるならば、足４の上の反転で手仕舞うのも有効だ（Wパターンの中心部のブレイク）。

図11.10は、前の**図11.9**の続きになっている。２－３のビルドアップの長さを考えると、足３の下での売りは妥当だが、しっかりとしたビルドアップからでもダマシのブレイクの可能性を排除することができないことは分かっている。今回有利な点は、主要な00レベルがすでに視野に入っていることだが、20レベルの逆マグネットもまだ近い。また、足３のフォロースルーは、２～３の「フラッグ」（トライアングル）のポールである１～２を模倣するのかもしれないというポール・フラッグ・スイングの可能性も売りには有利になる。ただ、見通

図11.10

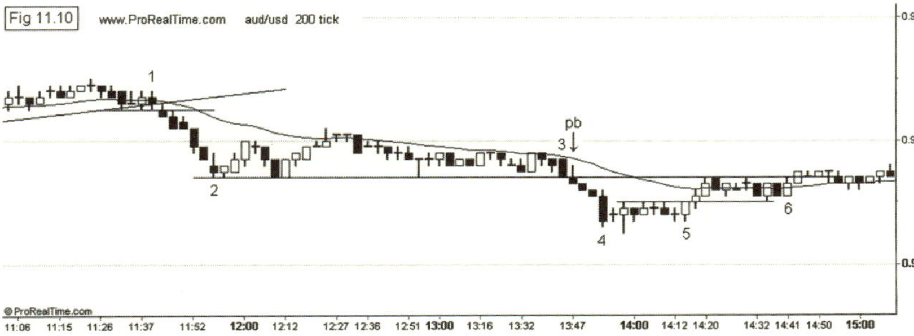

しは良くても、仕掛けたらしっかりと追跡を続けることが重要だ。最初の斜めのプルバックはすぐには脅威にならなくても、横ばいのクラスターができて、それがトレードと逆方向にブレイクすれば、ブレイクアウトの失敗という深刻なリスクの可能性がある。

明らかに問題があるのは４－５で、ここにはWパターンの中心部の特徴がはっきりと表れており、ダマシの安値とその右の陽線の「パワーバー」で完成した。足５の上の反転で手仕舞うのは、防御的だが、逆方向のダマシのブレイクで手仕舞わざるを得なくなるトラップのリスクが常にあることも理解する必要がある。

パターンラインの延長線上で抵抗に遭ったにもかかわらず、ブル派は粘って、結局は足６を上抜いた。これで、00レベルに達するのが遠のいたことは間違いない。まだ売っているのならば、損失を最小限に抑えるために足６の上で手仕舞うべきだろう。

有利なマグネットと十分なビルドアップを合わせて使うことの重要性はいくら強調してもしきれない。**図11.11**をテクニカル的に言えば、フラッグをブレイクした足１の下での売りは、妥当な判断だと思うが、この時点で動きが非常に少ないことは覚えておいてほしい。１

図11.11

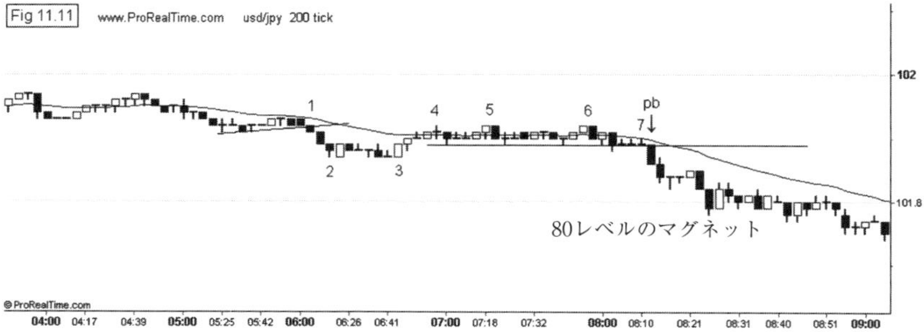
Fig 11.11
www.ProRealTime.com usd/jpy 200 tick
1
2
3
4
5
6
pb
7
80レベルのマグネット
102
101.8
© ProRealTime.com
04:00 04:17 04:39 05:00 05:25 05:42 06:00 06:26 06:41 07:00 07:18 07:32 08:00 08:10 08:21 08:31 08:40 08:51 09:00

時間に12本程度の足しかないと、200ティックチャートはほとんどの足がわずか１ピップスの高さしかない５分足チャートとよく似た形になる（５分足でも動きが少ないアジア時間では珍しいことではない）。

このような状況は、マグネットの有無にかかわらず、継続方向の素早いスキャルピングにはまったく向いていない。一方、足７がブレイクされたときも同じくらい低迷していたが、少なくともブレイク前には４倍近いビルドアップがあった。４－７は、長い主導権争いの末に２－３の中心部を上にブレイクできなかったことを確認した。また、その間に弱気のトリプルトップ（４－５－６）ができていることにも注目してほしい。これらのことと、足７のブレイクが08:00のEU取引開始直後であることも考えれば、80レベルを狙って早朝に仕掛けるベア派を含む追加的な売りが期待できる。目標値ですぐに利食うか、それを超えてあと何ピップス先まで粘るかはトレーダー次第だ。ただ、80レベルで横ばいになったのに欲を出してそれ以上を狙うのは絶対に勧めない。反対方向に動くことが多いイギリス市場の開始（09:00）が控えていればなおさらだ。

図11.12のチャートは、アジア時間の前半（通常、後半よりも活発）

図11.12

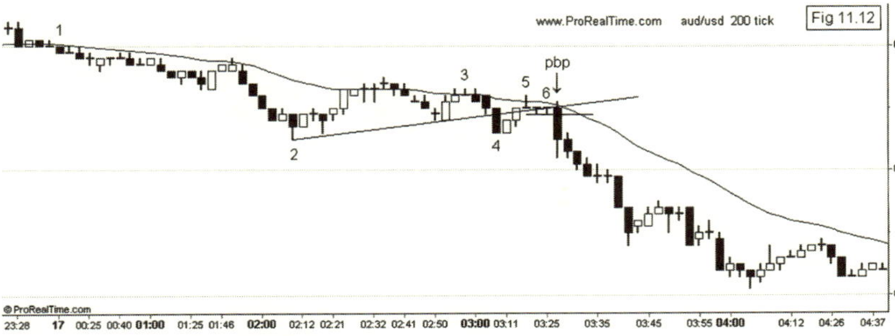

にオーストラリアドル/USドルのフラッグがブレイクアウトしたときの様子を表している。00:00に取引が始まってから価格は下降ぎみなので、保守的なブル派は手を出していない。とはいえ、ベア派も注意してトレードすべきことは変わらない。継続方向のブレイクアウトのトレードには、常に何らかのビルドアップが必要で、できれば25EMAに達する調整のたぐいが望ましい。また、有利なマグネットがあるところで仕掛けるよう勧めたい。これらは、どの段階のトレーダーでも簡単にチェックできることと言える。

02:00～03:00ごろに、ブル派はベア派の圧力から抜け出そうと頑張ったが、25EMAを確保しようとしてもそのたびに突破できず、上の00レベルよりも下の80レベルのほうが目標値になりやすい印象を強めてしまった。しかし、たとえ支配的な圧力が確立していて有利なマグネットがあっても、運用戦略において忍耐こそが最も重要であることに変わりはない。トレードのセットアップができるまでには、ある程度の時間が必要なのである。

保守的に見れば、チャンスはフラッグがブレイクした足４（ティーズ）の直後に戻りがブレイク前の最後のアーチの天井を試したときに訪れた（足５の高値が足３の安値を試した）。この試しがあったことで、それからほんの２～３本先には足６の下で売るためのセットアップが整った（良いダブルの足のブレイク）。損切りは足５の上に置くのが最適だが、少なくとも仕掛け足のダマシの高値よりは上にしてほしい。

仕掛けてすぐ、良いフォロースルーが始まり、80レベルに達するまで陽線は１本もなかった。ベア派の圧力のなかではあるが、80レベルを少しブレイクしたところで10ピップス程度で利食ってもよい。あるいは、もう少し楽観的に１－２のポールに２－６のフラッグが付いていると考えて、ポールを模すれば15ピップス程度を狙うこともできるかもしれない（ポール・フラッグ・スイングの原則）。個人的には、新たに超えた切りの良い数字を過ぎたら運に頼りすぎないことを勧める。マーケット全体が狭いレンジで動いているときはなおさらだ。

本書で紹介するテクニックがどんなマーケットにもどんなタイプのチャートにも応用できることを示すために、本章のまとめとして人気の先物市場のチャートもいくつか見ておこう。FXと先物の細かい違いについては本書の範疇ではないが、テクニカル面においての違いはない。むしろ、ほとんど同じと言ってよい。

図11.13は、ナスダック100Ｅミニのチャートで、200ティックの設定にしたが、ほかの設定でもまったく問題はない。このチャートは時間軸がアメリカ東部標準時間（EST）になっており、通常の取引時間は9:30（アメリカの取引開始）から16:00（アメリカの取引終了）だが、先物はそれ以外の時間もトレードできる。通常、取引終了後は動きが減るが、翌日の取引時間前（EUやイギリスの取引時間）には増え始める。もちろん最も活発なのはアメリカの寄り付き付近で、あとは8:30（中央ヨーロッパ標準時の14:30）にアメリカで重要な発表があるときは、その１時間前から増え始めることもある。

アメリカの取引開始後は、５分足チャートに非常に長い足や気まぐれな足ができることが珍しくないが、それではむしろトレードしにく

図11.13

Fig 11.13
www.ProRealTime.com　Nasdaq 100 e-mini 200 tick
F
T
1
2
3
4
pb
5
© ProRealTime.com

い。損切りを近くに置くならばなおさらだ。そこで、足の長さを短くするために、短い時間枠（例えば、２分足）を使うこともできるが、私は前述の理由からティックチャートを勧める。いずれにしても、短い時間枠に設定すればビルドアップは分かりやすくなり、損切りも近くに置くことができる。また、チャートから余計な情報を排除し、25EMAと、薄い線で必要な水準のみを表示するようにすれば、さらに見やすくなる。今回のナスダックのチャートは、５レベルと10レベルの線を表示した。

一目見れば分かるように、プライスアクションの仕組みはFXマーケットのそれとまったく同じで、ここでも良いブレイクでなければ反撃される。ブレイクFは典型的なダマシのブレイクトラップだし、ブレイクTはそれよりはマシなビルドアップがあってもティーズブレイクの特徴をすべて示している。今回のチャートは、わずか１時間分のプライスアクションなので、全体的な圧力に関する情報があまりない。いずれにしても、レンジをブレイクしたFで仕掛けたブル派は自ら災難を招くことになったし、Tで売ったベア派ももう少し忍耐力をつけたほうがよい。

それよりも興味深いのは、１－４のビルドアップに続く足４の上のブレイクで、これはその左のクラスターがテクニカル的な足場になっている。これは上昇トライアングルの一種で、T－１のポールに付いている。そこで、このブレイクで仕掛けてT－１と同じ距離のところを目標値にすると、次の足５レベルである3.875辺りになる。損切りは、足４か足３の下に置くが、足２よりも下に置く意味はあまりない。結局、ビルドアップからのブレイクでトレードする根拠は、ダブルの圧力によるフォロースルーを狙うからで、そうならなければ最小限の損失で手仕舞ったほうがよい。

今回のブレイクはレンジの中ごろにあるため、枠の高さと同じくらい先の目標値を狙うのは楽観的すぎる。むしろ、ここでは3.875で反転してレンジのバリアを試すか、それよりも下の天井（１～４のクラスター）を試す可能性もある。そこで、単純に足５で利食えば、リスク・リワード・レシオは１：２に近くなり、単純に徹して利益も上げることができる。

図11.14のダウミニのチャートは最適な切りの良い数字として、00レベルと50レベルに線を引くとよい。価格が17000ドルの水準なら、通貨のトレードでは1.70の水準に相当する。今回は、トレードしやすい足の長さにするため、400ティックに設定した。今回のプライスアクションに、これまでたくさん見てきたユーロ/ドルの５分足チャートとどこか違う点があるだろうか。ほとんどない。ただ、いくつか注目すべき点はある。まず、時間軸を見ると15:00～19:00が非常に短いということで、この４時間には、ほんの何本かの足しかない。ダウ平均の取引終了後（16:00）も先物市場は開いているかもしれないが、時間外は薄商いになるため、大きなフォロースルーも期待できない。もし１－２のビルドアップの上で仕掛けたのであれば、16:00の大引け前後には利食うことを勧める。特に、目立つ切りの良い数字や抵抗線などに達したときはそうしたほうがよい。

図11.14

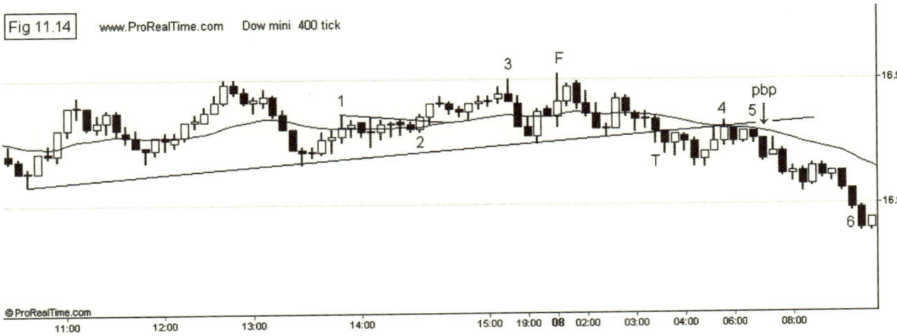
Fig 11.14
www.ProRealTime.com
Dow mini 400 tick
3
F
1
2
4
5
pbp
T
6
16.950
16.900
© ProRealTime.com
11:00
12:00
13:00
14:00
15:00
19:00
08
02:00
03:00
04:00
06:00
08:00

３－Ｆのアーチのなかの長い足は、時間外の取引で大きな動きがあったように見えるが、時間軸を見るとティックチャートによる目の錯覚だと分かる。ただ、時間外であっても、プライスアクションの構造が変わらないことは、ダマシのブレイクＦを見ても分かる。

また、時間枠の足の代わりにティック足をプロットしてみると、短い時間枠のプライスアクションはやはり短く、見た目にも「理解しやすい」し、そのことは時間帯をまたいでパターンをビルドアップしているときでさえ変わらないという点は興味深い。ティックチャートのパターンの境界線は時間枠のそれよりも妥当性が低いという意見もあるが、私はそれは誤解だと思う。むしろ、パターンラインの上にアーチが形成されたあとに、その延長線上で典型的なブレイクアウト後の攻防が起こっていることに注目してほしい。

イギリスの朝にできたＴのブレイクは、私たちにとっては少し時期尚早なので、もちろん見送る。そのあと、約３時間かけてプルバックがパターンラインを試し（足４）、それからさらに１時間かけてパターンブレイクプルバックで売りのセットアップができた（足５の下で仕掛け、損切りを足４の上に置く、目標値は00レベルのマグネット）。

これにはかなりトレーダーの忍耐が必要だと思うかもしれないが、

イギリスの朝の時間帯にわざわざアメリカの先物をトレードする必要はないため、動きが出てきたときのためにアメリカの株式市場が始まる09:30（EST）の２～３時間前からチャートを表示しておけばそれでよい。ただし、8:30ごろに主要なニュースが発表されることが多いため、その時間は気をつけておく必要がある。

図11.15のS&P500Ｅミニは、トレードが素早く行われるため、チャートはこれまでよりもはるかに大きいティックの設定になっている（ここでは2000)。この銘柄では、切りの良い数字は５ポイント間隔になっている（５レベルと10レベル)。

今回も、プライスアクションは非常に見慣れた感じになっている。１－２の上昇スイングではブル派が明らかに主導権を握っており、たくさんのブル派が傍観しながら調整のたぐいを探しているかもしれない。しかし、足３の「三川明けの明星」だけでは買いを仕掛けるのに足場が足りないことは説明するまでもないと思う（足４の仕掛けは見送る)。そのうえ、上昇スイングの高値近くで継続方向に仕掛けるだけでなく、目の前に切りの良い数字の抵抗線もあれば、勝率が高くなることはめったにない。また、「テクニカル的」な防御策として損切りを比較的遠くに置かなければならないことも（足３の下）不利な点と言える。ここは見送って、次のチャンスを待つべきだろう。

結局、それは約１時間後に５－７のなかの非常に良いビルドアップの結果として訪れた。これは足４から始まったＶｗパターンの変形の一部になっている。ブレイクアウトの前にダマシの安値６があるが、この意味は常に興味深い。非常にまっすぐなパターンラインがＴでブレイクされると、あとは高勝率のセットアップをただ待っていればよい（パターンブレイクコンビから足７の上で買いを仕掛ける)。

このようなトレードの場合、損切りは非常に近い足７の下でもよいし、もっと保守的にトリプルボトムの安値６の下に置いてもよい。一

図11.15

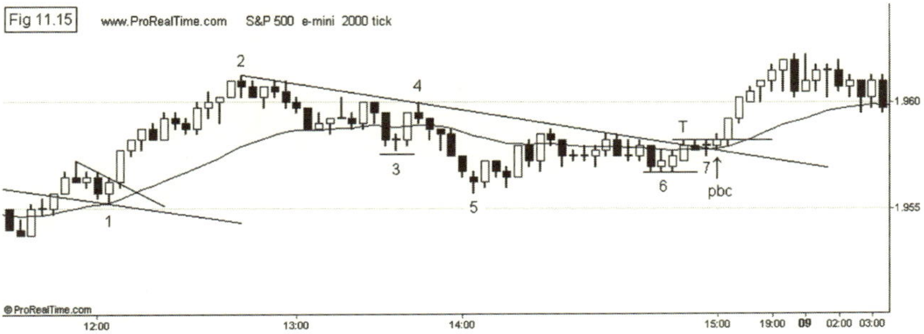
Fig 11.15
www.ProRealTime.com　S&P 500 e-mini 2000 tick
1
2
3
4
5
6
7
T
pbc
1.960
1.955
© ProRealTime.com
12:00
13:00
14:00
15:00
19:00
09
02:00
03:00

方、目標値は以前の高値2がよいだろう。ただ、そこに達していなくても、16:00にS&P500の取引が終了したら手仕舞うことも考えたほうがよい。

マーケット間の方向的な圧力には、たとえ大陸が違っても強い相関性があるのかもしれない。ただ、いつだれがだれを牽引しているのかは明らかでないこともあるが、それはどうでもよいことで、私たちはチャートが示していることに集中しておけばよい。**図11.16**のナスダック100ミニ200ティックチャートでは、もしかしたら5－6の下降スイングはEUやイギリスの株式市場が下げて始まったことが原因かもしれないが（アメリカの03:00はヨーロッパの09:00）、1－3－5のトリプルトップがブル派にすでに十分な警告をしている。ただ、それから数時間後の足8のパターンブレイクコンビのセットアップについて詳しく見ていく前に、早い時間帯の動きをおさらいしておこう。

初心者にとって、足1をブレイクしたところで買いを仕掛けるのは良い選択ではない。これはテクニカル的に見ても低勝率の継続トレードだし、すぐあとには前日の取引終了（16:00）が迫っている。ちなみに、もしこれが通常の取引時間内でも、損切りをどこに置くべきか

図11.16

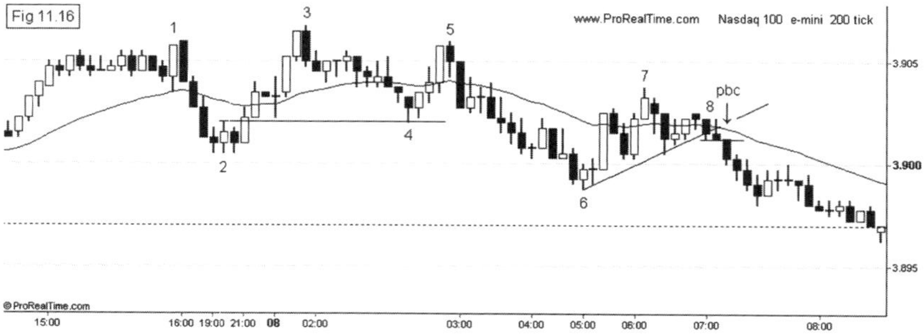

（足１の下）を考えれば、私たちにとってはやはり遠すぎる。

翌日、EUの早朝に３－４の下降スイングが「天井」（１－２－３のアーチの底）を試すと、大きく買われた。ただ、この熱意は価格が頭上の切りの良い数字にかかるダブルトップ（１－３）という危険ゾーンに入るとほとんどなくなった。結局、マーケットは５－６の下降スイングで00レベルまで下げた。

この目立つ下降スイングによって、そのあとの６－８で多くのベア派がプルバックの反転の選択肢を模索し始めた。そのため、これは荒いベアフラッグになった。ポールは５－６で、完成までに何時間もかかっている。ここでは、天井（足５の安値）を試しかけたダマシの高値７にも注目してほしい（ブル派は何を考えていたのだろうか）。そして、その約１時間後に、コンビ８のセットアップがフラッグの外側で２本足からブレイクしたが、それでもまだ基点となる25EMAに近い位置を保っていた（仕掛けても逆マグネットはない）。

この売りは、価格が00レベルを超えないとまともな利益が出ないが、セットアップの厚みは十分あるため、仕掛ける価値はある。点線は、前日の安値の水準を示しており、足６の安値の代わりにこの抵抗線（点線）で手仕舞うこともできる。ベア派のなかには、売りの目標値をコ

図11.17

Fig 11.17
www.ProRealTime.com　Dow mini 400 tick
1
2
3
4
5
pbp
6
T
M
16.850
16.800
© ProRealTime.com
09:41 09:50 10:00 10:11 10:21 10:30 10:35 10:40 10:52 11:00 11:15 11:25 11:35 12:00 12:15 12:26 12:40 13:00

ンビ８から５－６の下降スイングの長さに近い距離のところに設定している人もいるかもしれないが、それはかなり楽観的だと思う。むしろ主要な00レベルのマグネットを試したり、点線で反転したりする可能性も考えておくべきだろう。

図11.17のダウミニ400ティックチャートを純粋にテクニカル的に見れば、足５の上のブレイクは素晴らしい買いポイントになっているが、もしそれまでのマーケットが非常に弱気だった場合は（チャートには表示されていない）懸念が残る。それまでのレンジにはかなりしっかりとしたビルドアップがあるが、ブレイクは１－２の下降スイングを50％リトレースしたところにある。これは少し難しいところで、新たに逆張り派の動きを誘う可能性もある。もちろん、弱気のマーケットでこのブレイクを絶対に見送るべきだと言っているわけではないが（結局はトレーダーがどのくらい積極的に行きたいかによる）、流れに乗る前に状況があまり悪くないことを確認するため、最初に全体的な圧力の査定を忘れてはならない。

ちなみに、もし早い時間の動きが非常に強気ならば、１－２の下降スイングは押しで00レベルのマグネットを試したと見ることができ、そこから足5の上で、セットアップも状況も疑問の余地がないパターンブレイクプルバックで仕掛けることができる。

ちなみに、私は安値圏のレンジの高値3で、マグネットから反転した最初の高値に線を引いた。この水準に抵抗したのはブレイクTで、これはテクニカル的に言えばティーズブレイクアウトなので見送る。そのあと、T－5の押しがコンビの高値4でよくある天井への試しから反転して足5はレンジの外側で終値を付けた。これまでユーロ/ドルチャートでこのようなティーズブレイクアウトに反応したフラッグ型のプルバックを何回見てきたことだろうか。

このトレードには、目標値が50レベル（足6で手仕舞う）で損切りが足5の下になるブラケットが適していると思う。価格は前の高値を少し超えたが、小さなMパターンができており、逆マグネットの引きがあると思われる。

学習の最後の**図11.18**は、ナスダック100のEミニチャートの例を見てみよう。今回のチャートは400ティックで設定してあり、切りの良い数字は10レベルになっている（5レベルでも可能）。

アメリカの寄り付きで起こった切りの良い数字を巡る攻防1－2は、ブル派のほうが若干優位に見える（このなかにあるWの特徴に注目してほしい）。個人的には、足2の上で買いを仕掛けるのは反対だし、水平線のバリアの上で仕掛けるのもやめたほうがよいと思う（ティーズブレイクの候補）。切りの良い数字の守りは非常に回復力があり、気まぐれな小競り合いではさほどの反撃ではなくても近くに置いた損切りに達して手仕舞わざるを得なくなる。

ブル派はブレイクをさせたものの、勝ち名乗りを上げても追い風は吹かなかった。まず、ブレイクに抵抗するMパターンができ、そのすぐあとにできたベアフラッグ（3－5）も加わってMmパターンになり、逆風は強まった。

図11.18

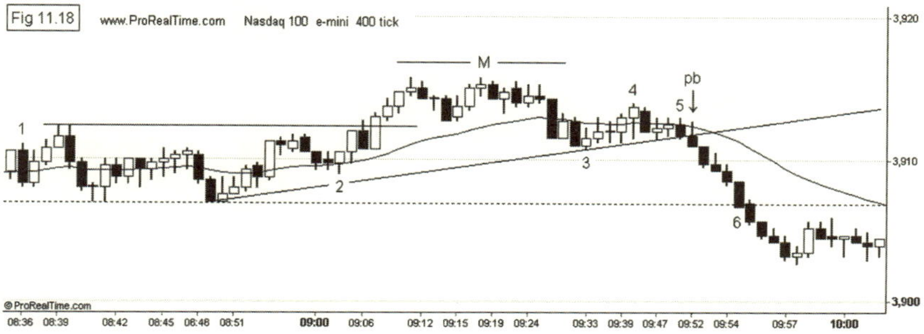
Fig 11.18
www.ProRealTime.com Nasdaq 100 e-mini 400 tick
M
pb
1
2
3
4
5
6
3,920
3,910
3,900
© ProRealTime.com
08:36 08:39 08:42 08:45 08:48 08:51 09:00 09:06 09:12 09:15 09:19 09:24 09:33 09:39 09:47 09:52 09:54 09:57 10:00

足4のダマシの高値は、ブル派がスクイーズから抜け出すための勇敢な試みだが、左にあるクラスターの抵抗線にまっすぐ向かっている。このような失敗がブル派の士気を高めないことは分かっているが、ベア派にとっては驚くほど効果がある。足5が表れてフラッグライン上で下げて終わると、この状況を生かすこれ以上のセットアップはない（足5をブレイクしたところで売りを仕掛ける）。

今回のセットアップは非常に良いため、すぐ下にある切りの良い数字を心配する必要はほとんどない。頭上にMパターンとベアフラッグがあるのに買いを仕掛けようとは思わないからだ。

ただ、これは仕掛けたあとで、売りトレードがうまくいっていても、切りの良い数字を心配しなくてよくなったということではない。このマーケットは、まだトレンドがあるとは言い難い状態なので、レンジの安値（点線）で買われる可能性が高く、そうなればブレイクされた切りの良い数字かそのすぐ上のフラッグのクラスターが逆マグネットに変わるかもしれない。それを避けるには、ある程度のところで利食って（足6の間に抵抗線で手仕舞う）、次のトレードに目を向ければよい。

第12章

最後に

Final Words

本書全体を通じたテーマがあるとすれば、それは最初から書いているとおり、マーケットは何回も同じ動きを繰り返すため、時間をかけて練習すれば、それを利用することができるということだろう。トレーダーによって戦略や作戦は違っていても、そのどれもが、すべてのチャートで繰り返し見られるいくつかの基本原則を守らなければならない。

ただ、これまで述べてきたことは、トレーダーがさらに成長するための足掛かりでしかない。概して、トレーダーとして成功する人はチャートソフトで簡単に手に入る数百枚、数千枚というチャートを勉強する意欲を持っている。その証拠に、マーケットは勉強を軽んじる人や、マーケットを負かせると思っている人は容赦しない。しかし、その一方で勤勉な人の勝率は高い。

マーケットでは、ある人の損失は別の人の利益だということを常に頭に入れておいてほしい。そして、この公式の有利な側にいるためには、マーケットのみんなよりもたくさん勉強する必要がある。トレードにおいては、自分に絶対的なエッジがあると納得していないかぎり、自分の資金を賭ける意味はないということは、どれほど強調してもしすぎではない。だからこそ、しっかりと学び、戦うチャンスをつかんでほしい。そして、目標を定めたら、そこまでの道のりを誇りを持って楽しみながら進んでいってほしい。

2014年 7 月

ボブ・ボルマン

■著者紹介

ボブ・ボルマン（Bob Volman）

1961年生まれの自己資金のみを投資している独立系トレーダー。その創意性と実用性で、積極的なスキャルパーに幅広く支持されている『FXスキャルピング』（パンローリング）の著者で、この本は2011年の出版以来、安定的な人気を誇っている。本書はプライステクニカルトレードに関する第２弾で、トレード本に期待できるすべての洞察と実践的な知恵が詰まっている。ボルマン氏の連絡先（upabook@gmail.com）。http://www.upabook.wordpress.com/ のウェブサイトから本書の一部を無料でダウンロードできる。

■監修者紹介

長尾慎太郎（ながお・しんたろう）

東京大学工学部原子力工学科卒。北陸先端科学技術大学院大学・修士（知識科学）。日米の銀行、投資顧問会社、ヘッジファンドなどを経て、現在は大手運用会社勤務。訳書に『魔術師リンダ・ラリーの短期売買入門』『新マーケットの魔術師』『マーケットの魔術師【株式編】』（いずれもパンローリング、共訳）、監修に『高勝率トレード学のススメ』『フルタイムトレーダー完全マニュアル』『システムトレード基本と原則』『ラリー・ウィリアムズの短期売買法【第２版】』『コナーズの短期売買戦略』『続マーケットの魔術師』『続高勝率トレード学のススメ』『トレーダーのメンタルエッジ』『バフェットからの手紙【第３版】』『コナーズRSI入門』『スーパーストック発掘法』『出来高・価格分析の完全ガイド』『40兆円の男たち』『遅咲きトレーダーのスキャルピング日記』『アメリカ市場創世記』『ウォール街のモメンタムウォーカー』など、多数。

■訳者紹介

井田京子（いだ・きょうこ）

翻訳者。主な訳書に『ワイルダーのテクニカル分析入門』『トゥモローズゴールド』『ヘッジファンドの売買技術』『投資家のためのリスクマネジメント』『トレーダーの心理学』『スペランデオのトレード実践講座』『投資苑３　スタディガイド』『トレーディングエッジ入門』『千年投資の公理』『ロジカルトレーダー』『チャートで見る株式市場200年の歴史』『フィボナッチブレイクアウト売買法』『ザFX』『相場の黄金ルール』『内なる声を聞け』『FXスキャルピング』『プライスアクショントレード入門』『トレーダーのメンタルエッジ』『破天荒な経営者たち』『バリュー投資アイデアマニュアル』『遅咲きトレーダーのスキャルピング日記』（いずれもパンローリング）などがある。

2015年9月3日　初版第1刷発行

ウィザードブックシリーズ㉘

FX 5分足スキャルピング
――プライスアクションの基本と原則

著　者　ボブ・ボルマン
監修者　長尾慎太郎
訳　者　井田京子
発行者　後藤康徳
発行所　パンローリング株式会社
〒160-0023　東京都新宿区西新宿7-9-18-6F
TEL 03-5386-7391　FAX 03-5386-7393
http://www.panrolling.com/
E-mail　info@panrolling.com
編　集　エフ・ジー・アイ（Factory of Gnomic Three Monkeys Investment）合資会社
装　丁　パンローリング装丁室
組　版　パンローリング制作室
印刷・製本　株式会社シナノ

ISBN978-4-7759-7195-6

関 連 書

ウィザードブックシリーズ 200

FXスキャルピング

ティックチャートを駆使したプライスアクショントレード入門

ボブ・ボルマン【著】　定価 本体3,800円+税　ISBN:9784775971673

無限の可能性に満ちたティックチャートの世界！ FXの神髄であるスキャルパー入門！

本書は、プロのスキャルピングの世界をFXトレーディングの初心者でも分かりやすく掘り下げて紹介した手引書である。日中のトレード戦略を詳細につづった本書は、魅力あふれるスキャルピングの世界に導いてくれる。そして、あらゆる手法を駆使して、世界最大の戦場であるFX市場で戦っていくために必要な洞察を与えてくれる。
しかし、どこからどのように始めればよいのだろうか。トレーディングの基礎を教える書籍・教科書はたくさんあり、初心者にFXトレーディングの世界をざっと見せることはできる。しかし、スキャルピングについてこれほど高いレベルまで踏み込んで、初心者の心をとらえるように書かれた本はあまりないだろう。本書の目的はただひとつ――スキャルピングというビジネスの本当の姿を紹介することなのである。

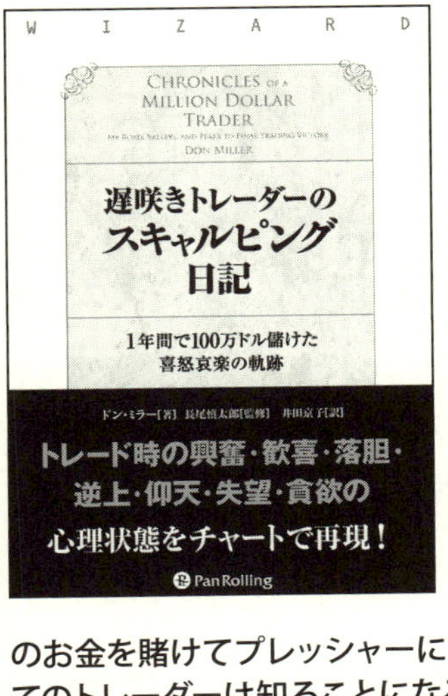

ウィザードブックシリーズ 225

遅咲きトレーダーのスキャルピング日記

1年間で100万ドル儲けた喜怒哀楽の軌跡

ドン・ミラー【著】　定価 本体3,800円+税　ISBN:9784775971925

トレード時の興奮・歓喜・落胆・逆上・仰天・失望・貪欲の心理状態をチャートで再現 100万回間違えて、100万ドルを達成した本当のプロ！

あるトレード戦略は、つもり売買ではいつも素晴らしいものに見える。しかし、実際にトレードしてみると、マーケットの混沌や人間の予測不可能な行動によって、最高のはずだった戦略でさえ効果が上がらないことも多い。トレードは、実際に自分のお金を賭けてプレッシャーにさらされると、大変難しいものになるという厳しい現実を、すべてのトレーダーは知ることになる。もしあなたがフルタイムのトレーダーでも、パートタイムのトレーダーでも、トレーダーになることを検討しているだけでも、著者の洞察に満ち、示唆に富んだ心の内をのぞくことで、勝者のトレードをするために不可欠な教えを受けることができるだろう。

アル・ブルックス

1950 年生まれ。医学博士で、フルタイムの個人トレーダーとして約 20 数年の経験を持つ。ニューイングランド地方の労働者階級出身で、トリニティ大学で数学の理学士号を修得。卒業後、シカゴ大学プリッツカー医科大学院に進学、ロサンゼルスで約10年間眼科医を開業していた。その後、独立したデイトレーダーとしても活躍。

ウィザードブックシリーズ 206

プライスアクショントレード入門

足1本ごとのテクニカル分析とチャートの読み方

定価 本体5,800円+税　ISBN:9784775971734

指標を捨てて、価格変動と足の動きだけに注視せよ

単純さこそが安定的利益の根源! 複雑に組み合わされたテクニックに困惑する前に、シンプルで利益に直結するチャートパターンを習得しよう。 トレンドラインとトレンドチャネルライン、前の高値や前の安値の読み方、ブレイクアウトのダマシ、ローソク足の実体やヒゲの長短など、相場歴20年のトレーダーが体得した価格チャートの読み方を学べば、マーケットがリアルタイムに語りかけてくる仕掛けと手仕舞いのポイントに気づくことができるだろう。

ウィザードブックシリーズ 209

プライスアクションとローソク足の法則

足1本の動きから隠れていたパターンが見えてくる

定価 本体5,800円+税　ISBN:9784775971734

プライスアクションを極めれば、隠れたパターンが見えてくる!

トレードは多くの報酬が期待できる仕事だが、勤勉さと絶対的な規律が求められる厳しい世界である。成功を手にするためには、自分のルールに従い、感情を排除し、最高のトレードだけを待ち続ける忍耐力が必要だ。

トーマス・K・カー博士

銘柄選択とトレーダー教育を提供するビーフレンド・ザ・トレンド・トレーディング（http://www.befriendthetrend.com/）の CEO。数年間テクニカル分析を学んだのち、1996年から積極的に市場にかかわってきた。プリンストン大学で神学の修士号を修得し、オックスフォード大学で修士号と博士号を修得。著書に『トレンド・トレーディング・フォア・ア・リビング（Trend Trading for a Living）』など。

ウィザードブックシリーズ 202

株式超短期売買法

ミクロトレンドを使ったスキャルピング法

トーマス・K・カー【著】

定価 本体3,800円+税　ISBN:9784775971673

デイトレーダー絶滅後のスキャルピング売買法

「寄り付き」「大引け」「月末」でも好きなときにパートタイムトレーダーでも、専業主婦でもできる！　ベテラントレーダーであれ、退職後に備えて貯蓄している虎の子を管理したい人であれ、この本を読めばサイドラインで傍観してはいられなくなるに違いない。

目次

●第1部 準備編

第1章 ミクロトレンドトレードのワークステーション

第2章 ミクロトレンドトレードに打ってつけの市場

第3章 ミクロトレンドトレードを成功に導くための5つのステップ

第4章 注文の種類、損切り、手仕舞い目標

●第2部 ワンデイ・ミクロトレンドシステム

第5章 ブレッドアンドバター・システム

第6章 5分トレンド・トレードシステム

第7章 VIXリバーサルシステム

第8章 ランチタイムスキャルピング・システム

- ランチタイムスキャルピング・システムの概要
- ランチタイムスキャルピング・システムのパラメーター
- ランチタイムスキャルピング・システムの実例

第9章 アフタヌーンリバーサル・システム

●第3部 マルチデイ・ミクロトレンドシステム

第10章 オーバーナイトトレード・システム

第11章 スナップバック・ボリンジャーバンド・システム

第12章 ターン・オブ・ザ・マンス・システム

●第4部 補遺

第13章 トレードとはギャンブルなのか

第14章 最後のことば

バカラ村

国際テクニカルアナリスト連盟 認定テクニカルアナリスト。得意通貨ペアはドル円やユーロドル等のドルストレート全般である。デイトレードを基本としているが、豊富な知識と経験に裏打ちされた鋭い分析をもとに、スイングトレードやスキャルピングなどを柔軟に使い分ける。1日12時間を超える相場の勉強から培った、毎月コンスタントに利益を獲得するそのアプローチには、個人投資家のみならず多くのマーケット関係者が注目している。

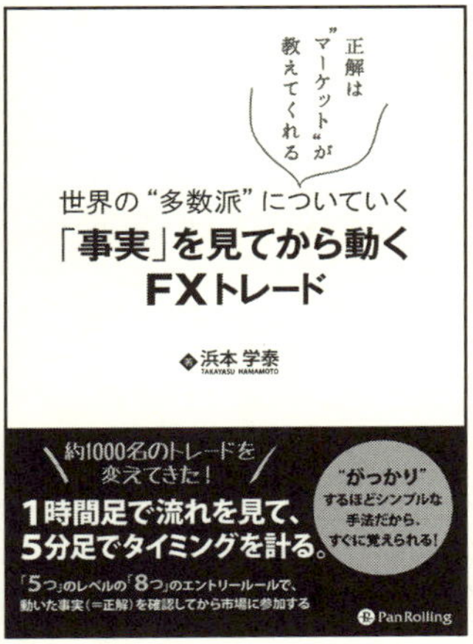

世界の“多数派”についていく「事実」を見てから動くFXトレード

正解は“マーケット”が教えてくれる

定価 本体2,000円+税　ISBN:9784775991350

「上」か「下」かを当てようとするから当たらない

一般的に、「上に行くのか、下に行くのかを当てることができれば相場で勝てる」と思われがちですが、実は、そんなことはありません。　逆説的に聞こえるかもしれませんが、上か下かを当てようとするから、相場が難しくなってしまうのです。なぜなのか。それは、「当てよう」と思った瞬間は、自分本位に動いているからです。

「当てたい」なら、正解を見てから動けばいい

では、当てにいこうとしてはいけないなら、どうすればよいのでしょうか？　私たち個人投資家がやるべきことは、「動いた」という事実を客観的に確認することです。例えば、世界中のトレーダーたちが「上だ」と考えて、実際に買いのポジションを持ったと確認できてから動くのです。正解がわかったら、自分も素早くアクションを起こします。自分の意思は関係ありません。世界の思惑に自分を合わせるのです。

FXトレード会社設立運営のノウハウ 改訂版

個人投資家が法人でハイレバレッジと節税を享受するために

定価 本体2,800円+税　ISBN:9784775991381

復興特別税など情報を更新した改訂版

「資金管理」は、トレードを“ビジネス”として成功させるのに不可欠な要素の ひとつ。しかし、資金管理というと、多くのトレーダーが「最適なリスク管理」や「効率的な利回り」に目を向けがちで、もうひとつの大切なポイントを見落としがちだ――「税金対策」である。

せっかくトレードで効率的に利益を挙げたとしても、税制度に無頓着であるがた めに、殖やした資金を“非効率的に”減らしている可能性があるのだ。トレーダーは、自分の生活環境や人生観と照らし合わせながら、最適な節税方法 について考える必要がある。

ウィザードブックシリーズ 118

FXトレーディング

キャシー・リーエン【著】

定価 本体3,800円+税　ISBN:9784775970843

外為市場特有の「おいしい」最強の戦略が満載!

外為(FX)市場は1日の出来高が1.9兆ドルを超える比類なき規模の世界最大の金融市場である。従来はインターバンクトレーダーの独壇場だったが、近年ではインター ネット技術を基盤として個人トレーダーがこの素晴らしい――稼げる!――市場に直接参加することができるようになった。

ウィザードブックシリーズ123

実践FXトレーディング

イゴール・トシュチャコフ【著】

定価 本体3,800円+税　ISBN:9784775970898

ソロス以来の驚異的なFXサクセスストーリーを築き上げた手法と発想!

予測を排除した高勝率戦略!
勘に頼らず、メカニカルで簡単明瞭な「イグロックメソッド」を公開。

ウィザードブックシリーズ 148

FXの小鬼たち

キャシー・リーエン/ボリス・シュロスバーグ【著】

定価 本体2,800円+税　ISBN:9784775971154

プロたちを打ち負かす方法が今、明らかに!

普通のホームトレーダーでもここまでできる!! マーケットで成功するための洞察と実践的なアドバイスが満載! 成功したトレーダーたちの経験から、普通の人が金融市場で成功し、初期資金を6桁や7桁のひと財産にするためのさまざまな戦略や心構えを学ぶことができるだろう。

ウィザードブックシリーズ 186

ザFX

キャシー・リーエン【著】

定価 本体2,800円+税　ISBN:9784775971536

これからFXトレードを目指す初心者とFXトレードで虎視眈々と再挑戦を狙っている人のためのバイブル

FXの専門家である著者は本書で、世界最大のマーケットである通貨市場で効率的にトレーディングと投資をする方法を初心者にも分かりやすく説明。

iCustom《アイカスタム》で変幻自在のメタトレーダー

定価 本体2,800円+税　ISBN:9784775991077　島崎トーソン【著】

今まで、メタトレーダーでEA作りに挑戦し、挫折してきた人に読んでほしい本

自分のロジックの通りにメタトレーダーが動いてくれる。自分自身はパソコンの前にいなくても自動で売買してくれる。そんなことを夢見てEA（自動売買システム）作りに励んでみたものの、難解なプログラム文に阻まれて挫折した人に読んでほしい。本書の中で使っている定型文と、ひな型として、一目均衡表を使ったEAのプログラム文をダウンロードし、メタエディターにコピペ。必要な部分だけ自分の好きなものに変えれば、すぐに EAが完成。

たすFX 脱・受け売りのトレード戦略

定価 本体2,000円+税　ISBN:9784775991145　島崎トーソン【著】

「足し算の発想」なくして、独自のトレードはできない

テクニカル指標にしたがったのでは勝てない？しかし、テクニカル指標を使って利益を上げている人も現実に存在している。テクニカル指標を使っていることには変わりないのに結果が大きくちがってしまう……。その要因はどこにあるのか。
何らかの条件を足していかなければ“負”の引力に引きずりこまれてしまう。では、負の引力に打ち勝つためにどうすればよいのか。

DVD メタトレーダーとiCustom《アイカスタム》はじめの一歩

定価 本体2,000円+税　ISBN:9784775963616　西村貴郁【講師】

本では書かなかったインディケータをicustom関数を使ってEAに変化させるノウハウを公開！

簡単にコピペでできる「icustom関数」を使って、インディケータをEAに瞬時に変身させるプロセスを解説。